제2판

딱 한 번 읽는

인적자원관리

강대석

HUMAN RESOURCE MANAGEMENT

정독
DEEP READING

『이 저서는 2023학년도 인하대학교의 지원에 의하여 연구되었음.』

제2판 머리말

한낱 파일 형태로 컴퓨터 속에나 남아있을 글들을 한 권의 책으로 출간한 게 엊그제 같은데 벌써 개정 2판을 내놓게 되었다. 누구든 한 번만 읽고서도 이해가 다 돼버려 '휙' 하고 내던져 버리길 바라는 심정으로 이 책이 집필되었다는 사실은 이제 많이들 아는 이야기이다. 다양한 독자들로부터 기대 이상으로 호평받게 되어 보람이 느껴진다. 이번 개정판에서도 '딱 한 번'을 제목에 내건 이상 가독성 향상을 최고의 우선순위로 놓고 이를 위해서 더욱 노력했다.

새로운 영화로 4장과 7장의 도입부를 교체했다. 각 장에서 영화를 가지고 다가간다는 점은 이 책만의 독특한 징점이다. 요즘 학생들이 유튜브 같은 미디어와 친숙한 세대이다 보니 영화 콘텐츠를 통해 학습 주제에 접근하는 것이 새로운 지식을 접하는 데서 겪는 불안이나 어려움 해소에 유익하게 작용했다. 앞으로도 각 장의 주제를 더 쉽게 연상할 만한 영화들을 발굴하고 선별하여 계속 다채롭게 만들어갈 생각이다. 각 장의 주제에 어울리는 영화의 선별부터 핵심 줄거리의 요약까지 그야말로 헌신적인 도움을 주신 분들께 진심을 담아 감사를 전한다.

장마다 주제와 관련된 새로운 시각이나 연구의 결과물들을 두루 포함하고자 애를 쓴 것은 이전의 책과 같았다. 다만 이번 개정에서는 회계사나 노무사, 그리고 각종 시험 등에 대한 준비서 기능을 강화하는 데 역점을 두었다. 본서가 더 많은 독자층을 확보하기 위해서는 수험서의 기능도 필요하다고 인식하여 이를 염두에 두고서 어떤 출제 의도를 가진 문제이건 수험생들이 잘 대응할 수 있도록 노력했다. 본서에서의 지식을 확장 응용해 가면서 더 완전한 지식에 가까워질 수 있게 효과적으로 활용해주길 바라는 마음이다.

초판에서도 언급한 바 있지만, 본서만의 또 다른 특색이라고 한다면 최근 세태를 반영하는 워라밸과 탤런트 매니지먼트의 시각에서 벗어나지 않으려고 시종일관 유념했다는 점이다. 저자는 인재경영과 직원들의 웰빙 실현을 통한 성과향상이 오늘날 추구되는 인적자원관리의 본질이라고 보기 때문이다. 그러다 보니 조직의 경영마인드와 개인의 커리어 관점이 적절한 균형을 유지할 수 있었다고 본다. 연륜이 좀 있는 경영자들이나 HR 제도를 기획 설계하는 일을 해 본 사람이라면 누구나 이러한 접근법의 중요성을 쉽게 이해할 것이다.

마지막으로 영문번역 투의 문장을 매끄럽게 수정했다. 나름 변명할 구실이 없는 것은 아니지만 초판 편집과정에서부터 이러한 오류들이 많았음을 시인한다. 이 책이 여전히 미흡하고 불충분하다고 생각하고서 앞으로도 끊임없이 보완하고 수정하며 긍정적으로 변화시켜 갈 것이다. 이것이 딱 한 번 읽을 생각에 책을 구매한 독자들에게 할 수 있는 예의이고 책임이라는 생각에는 변함이 없다.

2023년 동장군의 기세가 사납던 날

강 대 석

차 례

PART 02 채용(Staffing)

PART 03 개발(Developing)

PART 04 보상(Compensating)

PART 05 웰빙과 유지(Employee Well-being and Retention)

PART

01

HRM의 개념과 현실

An overview of HRM

Chapter 01

인적자원관리의 본질

학습 목표

이번 장을 마친 후 다음과 같은 것들을 할 수 있을 것이다.

1. HRM을 정의하고 그 목적을 규명한다.
2. HRM의 2가지(관리적, 운영적) 기능을 서술한다.
3. HRM과 비즈니스 성과 간의 상관관계를 논의한다.
4. HRM의 기원과 진화과정을 설명한다.
5. SHRM과 HRM, PM의 차이를 구분하여 서술한다.
6. 탤런트 매니지먼트(TM)의 개념에 대하여 이해한다.
7. 현대 비즈니스 환경에서 HRM의 수행 주체를 파악한다.
8. HRM을 수행할 때 필요한 역량에 대해 제안한다.
9. HRM의 윤리적 이슈에 대해 논의하다.

모던 타임즈

공업화되어 가는 각박한 사회, 지하철을 타고 우르르 출근하는 노동자들!

영화 〈모던 타임즈〉 포스터

'뿌우우우' 부저 소리와 함께 업무가 시작된다.

퍼즐 맞추기를 하고 신문을 보며 여유롭게 노동자들을 감시하는 사장, 5조의 속도를 높이라고 명령하는데 찰리(Charles Spencer Chaplin)는 작업대의 속도가 빨라 겨드랑이가 가려워도 긁지를 못한다.

작업반장에게 지적을 당한 찰리의 얼굴에 벌이 날아들어 벌을 쫓아내느라 잠깐 한눈판 사이, 옆의 작업자와 충돌하게 되지만 가까스로 위기를 넘긴다. 자꾸만 늦어지는 찰리에게 반장은 "더 빨리 조여, 더 빨리!!"를 외치지만, 결국 컨베이어 벨트를 찰리 때문에 잠시 멈추게 된다.

더 빨라진 속도에 노동자들이 점점 지쳐갈 즈음, 찰리에게 잠깐의 휴식시간이 제공된다. 찰리는 스패너를 손에 쥐고 있지 않는데도 조이는 손동작을 반복하며 몸을 계속 부르르 떤다. 쉬는 시간이라 화장실에서 담배를 피며 잠시 앉아 있는데, 그것조차 감시한 사장은 찰리에게 소리를 지른다. "그만 꾸물대고 자리로 돌아가! 일을 하라구."

사장에게 벨로우즈(Bellows)에서 발명한 급식기를 소개하는데, 작업 중 작업자들이 일을 하면서 식사를 할 수 있도록 도와줄 수 있다는 것이다. 급식기만 있으면 점심시간 없이 생산을 증가시켜 경쟁사들보다 앞서 나갈 수 있다고 강조한다. 찰리에게 시연을 해보는데 그러나 기계는 오작동을 일으켜 옥수수 기계는 찰리의 이빨을 갈아버리고, 수프는 찰리의 윗옷을 적시고, 입을 닦는 기계는 찰리의 얼굴을 사정없이 때린다.

늦은 오후, 사장은 5조의 작업속도를 최고로 올리라고 다시 명령한다. 속도가 너무 빨라 제대로 하지 못하는 찰리! 아차 하는 순간 컨베이어 벨트에 빨려 들어가 톱니바퀴에 낀다. 다른 작업자의 도움으로 무사히 구조되었지만 정신이 미쳐 버리게 된다. 아무거나 스패너로 조이고 여성 옷의 단추도 조인다. 또한 공장의 스위치를 마구 만져 기계가 폭발하게 되는데, 공장을 엉망으로 만든 찰리는 경찰에 체포되고 병원 치료를 받게 된다.

영화 모던 타임즈(Modern Times)는 우리에게 잘 알려진 찰리 채플린이 연출하고 직접 주연을 맡은 무성영화다. 찰리 채플린은 공장에서 나사 조이는 일을 반복하는 노동자로 등장해 인간소외를 코믹하게 그려내고 있다. 동그란 것은 무엇이든 조여 버리는 그의 행동에서 '웃프다'는 표현이 떠오른다. 상황을 더 잘 이해하기 위해서 우리는 인적자원관리라는 틀로 이 영화에 등장하는 사장의 행동에 주목해볼 필요가 있다. 사장 자신은 정작 여유를 즐기면서도 노동자들에겐 계속 빠르게 생산할 것을 지시한다. 생산성에만 혈안이 되어 최대한 착취해 이용하고 쓸모없다고 판단되면 바꾸는 식으로 직원들을 취급하는 것만 같다. 비록 오작동으로 구입은 거절했으나 급식기계 도입까지도 고려하는 사장에게서는 사람을 유용한 자원으로 보려는 의지가 없음을 또 한 번 확인할 수 있다. 인적자원관리란 직원들의 몰입, 헌신, 그리고 조직 목표의 달성을 이끌어내려는 하나의 통합관리시스템을 의미한다. 모던 타임즈에 등장하는 사장에게서는 인력 운영에 관한 이러한 마인드를 전혀 엿볼 수 없어 안타깝다.

01 인적자원관리란 무엇인가?

심리적 웰빙
한 개인의 자기 삶에 대한 주관적인 평가

몰입과 성과의 연관성을 입증한 연구들로부터 직원들의 몰입 증대와 유지가 중요하다는 사실이 알려지면서 인적자원관리의 초점은 종업원의 태도 변화에 모아졌던 적이 있다. 하지만 최근 들어 **심리적 웰빙**(psychological well-being)이 그 이상으로 성과에 영향력을 발휘한다는 결과들이 보고된다. 몰입하는 직원들이 긍정적 감정의 경험은 물론이고 정신, 신체적으로도 더 나은 건강상태를 유지한다는 데서 비롯된 연구들로 이들은 직무태도와 심리적 웰빙 간의 구체적 관계나 웰빙과 성과 간의 상관을 검토했다. 직무만족보다 웰빙이 직무성과에 대한 더 강한 예측변인이라면 직원들의 웰빙 실현을 통한 성과향상이 오늘날 추구되는 인적자원관리의 본질이 아닐까 싶다.

1.1 인적자원관리의 목적

한국인의 '삶의 질 만족도'가 낮은 편이라 알고 있지만 건강관련 지표들을 기반으로 선정한 2019 세계웰빙지수(Global Wellness Index) 조사에서는 생각보다 좋은 순위인 9위에 랭크됐다. 그러나 여전히 음주량이 많고 우울증이나 비만도가 높아지는 추세다.

인적자원관리(HRM: human resource management)는 조직의 미션, 목표, 전략을 뒷받침하기 위해 재능과 에너지가 넘치는 인력을 획득하고 개발시키며 유지하는 프로세스이다. 이러한 정의와 관련해서는 두 가지 견해가 있다. 즉 기업의 가치창출과 관련된 모든 활동의 주체는 결국 사람이므로 유능한 **인적자원을 보유**해야 한다는 주장과, 경쟁우위로서 지속가능한 **시스템을 설계**해야만 그러한 역량도 존속될 수 있다는 주장이다. 하지만 어느 쪽이든 전체 조직이 관리되는 방식에 HRM의 원칙과 기법이 영향을 끼친다는 데에는 이견이 없어 보인다.

HRM의 성공은 곧 조직의 성공으로 이어지게 된다. HRM이 효과적이게 되면 그 조직은 최상의 성과를 낼 수 있고, 그러한 조직의 직원과 고객들은 직무나 회사에 대한 만족도가 높아지기 때문이라고 풀이된다. 이에 따라 조직의 대외적인 인지도나 명성도 동반하여 상승하게 된다.

HRM은 조직의 성과를 강화시키기 위한 인적자원의 효과적인 활용이며, 인적자원

HR Map | 사람관련 3가지의 자본 개념

기업 자산을 크게 구분하면 금융자산, 실물자산, 무형자산 정도일 것이다. 기업들은 오늘날 모방과 복제가 어려운 무형자산과 인적 자본을 활용하여 경쟁우위를 점하고자 노력 중이다. 무형자산 중에서도 특히 사람과 관련된 자본 개념들을 소개하면 다음과 같다. 참고로 아래 〈그림〉은 Grafton & Ghoshal(2003)에서 약간 다른 시각으로 보는 지적 자본, 사회 자본, 정서 자본으로 이루어진 인적 자본을 보여준다.

❖ 인적 자본(human capital)은 조직 인력의 능력, 지식, 스킬, 인생 경험, 모티베이션의 집합적 가치로써 정의된다. 이는 단순히 조직 내의 사람만을 말하는 것이 아니라 그들이 조직의 성공을 위해 제공하고 기여하는 것들을 말한다. 다시 말해서 인적 자본은 피고용인의 지식, 경험, 스킬, 능력의 경제적 가치를 뜻한다. 종종 지적 자본(intellectual capital)이라고도 알려져 있다. 이 때 경영자는 반드시 종업원을 최소화해야 할 비용이 아닌 파트너로서 봐야 한다. 인적 자산의 전략적 가치를 어떻게 측정할 것인지에 대해 충분히 논의될 필요가 있다.

❖ 사회 자본(social capital)은 사회적 네트워크에서 비롯되는 공유의 능력이다. 인간 상호작용의 실제 산물로서 가장 중요한 기능이라면 신뢰의 확산이다. 네트워크 안에서 호혜성의 느낌을 잘 발전시켜 온 사람들에게서 발견된다. 종전의 인적, 물적 자본과 대응되는 개념인 이것은 사회구성원들이 힘을 합쳐 공동목표를 효율적으로 추구할 수 있게 하는 사회생활의 특성으로서 공동이익을 위한 상호 조정과 협력을 촉진하는 사회적 조직의 특성이라고도 말할 수 있다. 여기서 사회생활 또는 사회적 조직의 특성이란 상호 신뢰, 친사회적 규범, 그리고 협력적 네트워크이다.

❖ 심리 자본(psychological capital: Psycap)은 개인의 심리적 강점을 바탕으로 목표를 달성하고 성과를 향상시킬 수 있는 긍정적인 심리상태를 의미한다. 심리적 자본의 하위 요소로 첫째는 도전적 업무에 대해 성공할 수 있다는 자기효능감(self-efficacy) 또는 자신감(confidence)이며, 둘째로 현재와 미래의 성공에 대한 긍정적 귀인을 하는 낙관주의(optimism), 셋째는 목표를 향해 인내하고, 필요한 경우 성공을 위해 다른 방법을 선택하는 희망(hope), 그리고 넷째로 문제와 역경으로 힘들 때도 목표를 이루고자 지탱하고 극복하는 능력인 회복탄력성(resilience) 등의 특징을 갖는 개발된 긍정심리상태이다.

그림 | 지적 자본, 사회 자본, 정서 자본으로 이루어진 인적 자본

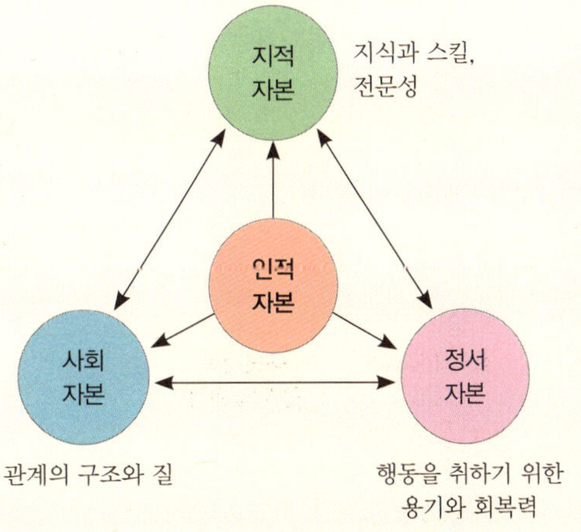

(human resources)이란 임금, 급여, 기타 보상을 대가로 여러 직무, 과업, 기능을 수행하기 위해 조직이 고용한 사람들을 의미한다. 기업의 성공에 영향을 주는 요인들은 다양하지만 인적자원의 효과적인 관리 없이 조직이 성공하기란 매우 어려운 일이다. 인적자원의 관리는 인력을 선발, 훈련, 평가하는 등 관리활동의 조직화 기능 가운데 필수 부분이다. 또한 조직의 지속적인 경쟁우위 획득에 도움을 주는 중요한 전략적 수단이기도 하다. 이외에도 인적자원의 관리는 **고성과작업관행**(HPWPs: high performance work practices)을 통해 개인 및 조직의 고성과를 유도함으로써 기업 가치를 드높일 수 있다. 이렇듯 HRM의 철학은 사람이 조직에서 제일 중요한 자산으로서, 다음의 방법들로써 무한정 개발하고 증진시킬 수 있다는 신념에 근거한다.

고성과작업관행
개인 및 조직 수준에서 고성과를 초래할 것으로 기대되는 일단의 HR 제도들

- 솔직함, 열정, 신뢰, 호혜와 협력의 가치를 지닌 건강한 조직문화를 조성
- 개인과 조직 모두에게 이로운 인적자원관리를 계획하고 감독
- 소속감을 향상
- 기본적 욕구와 더불어 상위 욕구의 만족을 실현
- 업무마다 개인별 능력과 잠재력을 개발하고 활용

HRM은 인적 자본에 대한 **투자수익률**(ROI)을 극대화하는 동시에 조직의 재정적 위험을 최소화하는 것을 목표로 한다. 근본적으로 직원들의 효과성을 높여서 조직의 생산성을 드높이는 것으로, 기업의 장·단기 목표와 직원들의 역량/행동이 부합되도록 조정하는 것이다. 좀 더 구체적으로 다음의 4가지 근본 목적들로 세분해 볼 수 있다([그림 1.1] 참조). 첫째는 조직의 경쟁력을 활성화하는 것이다. 경쟁우위란 경쟁자에 비해 우월한 시장 위치를 확보했을 때 회사가 차지하는 지위를 의미한다. 이것은 주로 원가리더십이나 제품차별화 등을 통해 달성될 수 있다. 또한 기업들은 인적자원을 효과적으로 관리해 경쟁우위를 얻을 수도 있는데, 인적자원의 관리는 모방이 쉽지 않기 때문에 이를 잘 실천하여 얻는 경쟁우위는 지속가능성이 더 크다. 하지만 외부인들에겐 이것이 잘 파악되지 않는 특성이 있을 뿐만 아니라 설령 파악할

투자수익률(ROI)
수익성을 판단하는 자료로서
ROI＝(순이익 ÷ 총자산) × 100

그림 1.1 | HRM의 목적

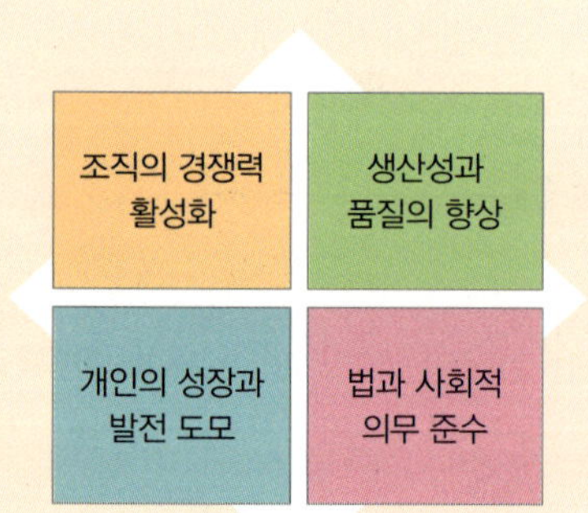

수 있다고 한들 경쟁자들이 이를 모방해 효과를 보기란 어렵다.

둘째로 생산성과 품질을 강화시키는 것이다. 연구들에 따르면 효과적인 HRM과 생산성 간에는 강한 상관이 있으며, 주주들의 배당수익에 대해서도 HRM 제도의 효과가 광범위하다는 사실이 입증되었다. 예컨대 전체 기업가치 중 약 15~30%는 HRM 제도의 결과로 인한 것이라고 드러났다. 셋째는 개인의 성장과 발전을 도모하기 위한 것이다. 이는 **OJT**(on-the-job training), 커리어개발, 멘토링 프로그램의 제공으로부터 얻어질 수 있다. 이 외에도 스트레스 관리, 건강 및 신체 단련, 재정계획 수립 같은 프로그램의 제공 등이 존재한다. 마지막으로는 법과 사회적 의무 준수이다. 만약 이를 위반하게 되면 막대한 금전적 배상, 부정적인 평판에 대한 위험을 져야 하며 내부 기업문화의 손상도 예상된다. 일례로 차별금지법의 영향, 정부 개입의 영향, 사회적 의무의 영향 등이 있다.

OJT
실제업무를 수행하는 중에 일터에서 행해지는 직원훈련

1.2 인적자원관리의 기능

HRM의 기능은 크게 **관리기능**(managerial functions)과 **운영기능**(operational functions)으로 구분된다. 이 두 기능이 서로 어우러져서 인적자원관리 기능으로 거듭나게 된다([그림 1.2] 참조). 관리기능부터 하나씩 살펴보면 이것은 기획(planning), 조직화(organizing), 지휘(leading), 통제(controlling)에 관한 것이다.

▶ **기획**이란 예정된 조치들의 흐름으로서, 사전에 조직의 목표에 기여할 HR 프로그램 및 변화 전략들을 수립하는 것이다. 이를테면 인력, 자격, 모집, 선발, 훈련 등에 관한 계획수립과 관련된다. 또한 종업원들의 니즈 예측이나 변화하는 가치·태도·행동의 예측과 더불어 이것들의 조직에 대한 영향까지도 포함한다.

그림 1.2 | HRM의 관리적/운영적 기능

▶ 다음은 **조직화**로서 목표를 이루려는 각각의 일마다 사람과 자원을 배치하는 것

을 일컫는다. 협력적으로 사람들이 모여서 업무를 분배하고 관계를 인식하며 공동 목표를 향해 활동을 통합시키는 구조이자 프로세스를 조직이라고 하듯이, 조직화를 통해 직원들 사이에 관계를 설정함으로써 집합적으로 기업목표의 달성에 기여토록 할 수 있다.

▶ 기획과 조직화 완료 후에는 계획의 실행, 즉 **지휘** 기능이 요구된다. 어느 수준에서든 HRM의 기본 기능은 사람들을 동기부여, 명령, 지휘하며 움직이도록 하는 것이다. 조직의 목표 달성을 위한 직원들의 자발적이고 효과적인 협력은 올바른 지시가 있을 때 가능한 일이다.

▶ 한편, HRM 기능이 조직의 계획에 준거하여 수행되었는지 알기 위해서 성과가 확인되어야 한다. 가령, 훈련 프로그램의 감사, 이직률 기록의 분석, 사기조사 실시, 개별인터뷰 수행 등의 **통제** 활동은 인사관리 기능을 제어하고 이를 효과적으로 만드는 수단이다.

다음으로 HRM의 운영기능은 채용(employment), 훈련/개발(training & development), 보상(compensation), 그리고 노사관계(industrial relation) 같은 특정 인적자원관리 활동들과 관련된다. 이러한 기능들은 모두 이미 언급한 관리기능들에 의해 서로 상호작용하게 된다.

▶ 첫 번째 운영기능으로서 채용은 조직의 목표를 달성하기 위해 필요한 유형과 수준의 **인적자원을 확보**해 사용하는 것이다. 채용은 직무분석, HR 플래닝, 모집·선발·배치, 유인과 내부이동 등의 기능들을 포함한다. 이러한 확보관리를 위한 과제들로는 다음과 같은 것들이 있다.

- 현재 사내 적정인원은 어떻게 판단할 것인가의 문제
- 미래 인력확보를 위해 어떠한 관점에서 노동시장을 분석하고 수요를 예측할지의 문제
- 우수한 인력을 유인할 수 있는 분위기 마련, 타당성과 신뢰성을 갖춘 선발 프로그램을 운영하고 적재적소에 배치하는 문제
- 인적자원의 관리에 적합한 직무설계, 이동관리와 관련된 직무순환 및 승진 문제

▶ 확보된 인적자원의 능력 개발과 핵심역량 강화를 통해 기업경쟁력을 향상시키는 기능이 다음으로 요구된다. 이러한 **인적자원의 개발**은 현재, 미래 요구사항에 근거해 스킬, 지식, 창의력, 적성, 태도, 가치관, 몰입을 향상/형성/변화/개발시키는 과정이다. 이 기능은 교육훈련, 커리어플래닝과 개발, 변화와 조직개발 등을 포함한다. 관련된 과제들로 다음의 것들이 있다.

- 구성원들을 대상으로 한 훈련의 니즈분석, 훈련 프로그램의 내용·대상·방식의 선정/실행/평가와 그리고 피드백에 관한 효과적인 방안 마련의 문제
- 인사평가의 활용, 평가도구의 적정성, 평가절차의 적용과 결과의 활용에 관한 문제
- 직원들의 커리어개발 성향, 커리어경로에 따른 개발 프로그램의 활용 문제

▶ 개발된 인적자원을 공헌도에 따라 금전·비금전적인 보상을 제공하는 기능도 뒤따라야 한다. 직원에게 적합하고 공정·공평하게 보답함으로써 **모티베이션을 제공**한다. 금전 및 비금전적인 보상의 적절한 관리를 통해서 매니저들은 직원들이 조직을 위해서 최선을 다하도록 만든다. 보상은 직무평가, 급여관리, 인센티브, 보너스, 복지혜택, 사회보장연금정책 등을 포함하며 다음은 관련된 과제들이다.

- 조직 전체의 임금수준 책정과 그에 따른 총액 인건비를 어떻게 관리할지의 문제
- 임금구조 중 가장 적합한 유형 선정 및 복합 기준을 마련하는 문제
- 개인 및 그룹 성과에 대한 인센티브
- 수당과 퇴직금, 복지혜택의 문제

▶ 이 밖에 직무수행과정에서 나타나는 다양한 문제들(인간관계, 작업환경, 임금인상, 직무불안 등)을 극복하고 최대한으로 능력을 발휘하도록 **인적자원을 유지시키는** 기능 또한 중요하다. 특히 이들 문제를 해결하는 과정에서 노사 간의 상생과 협력을 통한 경쟁력 강화가 주요 이슈가 되기 쉽다. 이해관계자 간 모든 유형의 관계를 일컫는 노사관계의 의미 속에는 노동시장, 노동조합 조직, 단체교섭, 노동분쟁, 종업원경영참여, 품질관리서클이 포함된다.

- 인간관계 개선을 위한 유용한 기법들을 도입하는 문제

- 위해 환경을 개선하고 산업재해 발생 시 피해를 보상하는 문제
- 자발적 이직의 원인을 규명하여 이를 효과적으로 예방하는 것과 같은 이직 관리의 문제
- 비정규직 근로자의 정규직 전환 문제
- 바람직한 노사관계 유지를 위해 어떤 제도를 채택할 것인가의 문제

1.3 인적자원관리와 비즈니스 성과

제반 경영자원 모두가 성과에 기여한다 해도 효과적이고 효율적인 성공을 거두는데 있어서 인적자원만큼 필수적인 것은 없다고들 말한다. 인적자산만이 오직 학습하고 성장하면서 기여하기 때문일 것이다. 인적자산은 다른 모든 자산을 결집하고 그 사용을 통해서 성과를 이룰 수 있게 한다. HRM과 성과 사이에서 HRM의 부가가치를 실증한 연구들은 그 중요성을 계속 보여주고 있다. 하지만 이들 간에 통계적으로 미약하거나 애매한 결과들도 많았다. 뿐만 아니라 조직에 가치를 제공하는 것이 바로 **'인적자원'** 때문인지 아니면 **'인적자원의 관리'** 때문인지도 사실상 애매했다. 아직 미지의 영역으로 있는 이 메커니즘을 블랙박스(black box)라는 용어로 흔히들 표현한다. 과연 HR 제도들은 비즈니스 성과에 어떻게 영향을 줄까? 연구자들은 처음에 종업원들의 스킬, 태도, 행동들에 집중했었다. 성과향상은 더 나은 스킬, 태도, 행동을 지닌 자들에 의해 이루어질 수 있다는 전제에 의한 것으로 이는 HR 제도들이 경영성과에 직접적인 영향을 주지 않는다는 통념들을 반영한다.

HRM의 결과가 [그림 1.3]처럼 일반적인 연쇄구조를 만든다는 데에는 이견이 없지만 블랙박스의 비밀을 풀기 위해서 많은 모델들이 제안되었다. 그중 가장 영향력 있는 것이 **AMO 모델**이다. 이 모델은 필요한 스킬, 지식을 보유한 직원이 업무 동기가 유발된 상태에서 조직성과가 가장 잘 달성된다는 주장을 통해 HRM과 성과 간의 관계를 설명했다. 즉 성과는 능력(ability), 모티베이션(motivation), 기회(opportunity)의 함수라고 말한다. AMO가 잘 작동되도록

그림 1.3 | 'HRM-성과' 관계의 일반적인 인과 모형

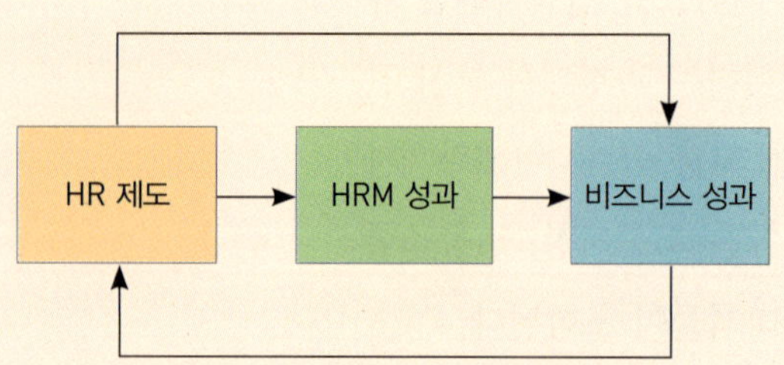

만드는 HRM 정책들로는 흔히 다음과 같은 것들이 거론된다. 이를테면 모집·선발, 훈련·개발, 커리어기회 등은 능력 및 스킬과 관계되며, 보상이나 복지혜택 등은 모티베이션 및 인센티브와 관련된 것들이다. 또한 참여의 기회와 관련해선 종업원 관여, 팀 협업, 일과 삶의 균형, 도전적인 직무, 자율성 확보 등이 연관되는 것들이라 할 수 있다.

AMO 정책들에 의해서 조직몰입, 모티베이션, 직무만족 등의 태도가 개발된다. 이렇게 변화된 태도들로 말미암아 직원들은 긍정적인 행동변화를 보이게 된다. 직무수행 시의 속도조절과 주의, 혁신 등을 분별하여 하는 행동(discretionary behavior)이나 조직시민행동(organizational citizenship behavior)이 고용관계에서 핵심으로 자리매김하면서 이는 곧 수행 결과로 직결된다. 효과성, 효율성 같은 운영상의 성과가 될 수도 있고 ROI 같은 재정적인 성과가 될 수도 있다. 더 나아가 이들 성과는 회사에 대한 자부심을 갖게 만들고 근속하고 싶은 긍정의 태도를 유발하는 역인과성(reverse causality)마저 보일 수 있다. HRM 정책들과 태도 측면의 성과들은 사실상 라인 매니저의 행동에 의해 영향을 받기 쉽다. 거의 대부분의 정책들이 일선 관리자들에 의해 수행되기 때문에 그들이 정책수행을 바르게 하는지, 지속적으로 하는지 등의 여부가 그러한 정책들의 성과에 영향을 줄 수밖에 없다.

블랙박스 안을 조명하는 또 다른 접근법으로 **심리적 계약 모델(psychological contract model)**이 있다. 심리적 계약이란 개인과 조직 간의 교환적인 합의에 관한 것으로 조직에 의해서 형성되는 한 개인의 신뢰구조이다. 심리적 계약은 비형식적이고 암묵적인 합의이며 조직과 개인들의 역동적인 상호작용에 근거한다. 조직과 직원 쌍방에게 교환방식에 대한 기대를 발생시키는 이러한 계약에는 단기적이고 구체적이며 주로 금전과 관계된 믿음인 거래적 계약(transactional contract), 그리고 직무안정, 충성, 성장기회, 몰입, 신뢰 등의 금전 및 비금전의 특성들을 동시에 지닌 장기적인 관계로서의 관계적 계약(relational contract)이 있다. 심리적 계약의 이행은 호혜(reciprocity)와 사회교환(social exchange)의 개념을 전제로 하기 때문에 종업원들은 지각된 사용자의 약속 준수정도에 따라 그들의 의무를 완수하여 화답하게 된다.

심리적 계약
상대에게 서로가 이행할 의무에 관한 고용관계의 지각

HR 정책의 주요 기능들이 구성원들의 일상 행동들에 영향을 끼침으로써 심리적 계약의 상태(the status of psychological contracts)를 결정지을 수 있다. 즉 운영 중인 HR 정책들에 의해 심리적 계약의 성격 자체가 형성되므로 이 모델에선 HR 정책들이 심리적 계약의 이행 결과로써 조직의 성과에 영향을 미친다고 말한다. 심리적 계약은 HRM 정책과 제도들에서 생기는 신뢰라고도 볼 수 있는데, 효율적인 HR 정책들은 이를 긍정적으로 형성할 수 있게 하고 태도변화를 일으켜 결국 조직의 성과를 향상시킬 수 있다. 이런 식으로 HR 정책들을 잘 활용하면 노사 간의 계약이행 정도를 높이는 바람직한 조직문화를 만들 수 있다. 오늘날에는 커리어개발과 훈련/개발 등에 직원들 자신의 책임이 있다는 점을 감안, 조직이 업무 몰입에 대한 대가로 공정한 급여 및 대우를 제공하는 것으로 새로운 형태의 심리적 계약을 묘사한다.

이상 요약하자면 'HRM → 성과'라는 가정 근저에 깔려있는 사고는 HR 제도들이 직원들의 태도와 행동에 영향을 주고, 이는 다시 생산성, 품질, 혁신과 같은 운영상의 성과에 영향을 줘서 결국 재정적이거나 혹은 시장의 성과에 긍정적인 영향을 준다는 것이다. 하지만 HRM 그 자체가 성과에 영향을 주기보다는 우호적인 환경을 만들고 이것이 성과로 이어진다는 점에서 HRM과 성과 간의 직접적인 관계는 상대적으로 약하다고 보는 연구자들이 있다. 이들은 HRM과 성과의 관계를 역인과성도 감안하여 인과관계(causality)보다는 상관관계(correlation)로 봐야 한다고 주장한다.

하이데거의 숲 | 'HRM-성과'의 연계성에 대한 보편적 견해

HRM와 성과 사이에 보편적인 연관성을 주장하는 사람들은 HR 제도들 및 시스템이 어느 조직 어떤 상황에서든 성과 향상의 길을 터준다고 본다. Pfeffer의 연구(1998)도 바로 이와 같은 관점에서 7가지의 실천을 강조했다. 즉 고용안정(employment security), 선별적 고용(selective hiring), 자율관리팀과 의사결정의 분권화(self-managed teams and decentralization), 성과에 대한 충분한 보상(performance-based high compensation), 광범위한 훈련(training in relevant skills), 지위 구분과 장벽의 철폐(reduction of status differences), 정보의 폭넓은 공유(sharing information) 등이 그것이다. 본질적으로, 이러한 견해를 가진 연구자는 어떤 전략이나 특정 조직적 맥락에 따라 HR 실행을 일일이 따로 조정할 필요가 없다고 믿는다.

인적자원관리 기능의 전략적인 역할

02

HRM의 역할은 조직의 목표들을 달성하기 위해 빠르게 변모해 왔다. 즉 직원 채용과 해고 위주의 역할에서 관계 구축, 그리고 규정 마련의 역할로, 또다시 보호자/감시자에서 전략적 파트너/변화주도자로서 그 역할이 변화하고 있다. 행정지원과 같은 단순한 역할은 이제 직원들이 IT 기술의 발달과 활용으로 셀프서비스가 증가하면서 점차 줄어드는 추세다. 게다가 전통적인 HR 기능뿐만 아니라 채용과 같은 주요 분야에서까지 아웃소싱 서비스가 확대되고 있는 것도 이유들 중 하나이다. HRM이 현재에 이르기까지 어떻게 발전되어 왔는지부터 살펴본 다음, 이어서 전략적 인적자원관리의 역할에 대해 더 논의하기로 한다.

2.1 인적자원관리의 역사

HRM이라는 말은 언제부터 사용했을까? 지금의 용어로 똑같이 쓰이진 않았을지라도 이미 여러 기록들엔 HRM의 기능들이 언급되어 있다([표 1.1] 참조). 예

표 1.1 | HRM의 발전사와 관련된 중요 사건들

용어	시대	내용
특정 용어가 사용되지 않음	B.C.2000~B.C.500	피고용자의 선발기법을 중국인들이 사용했으며, 그리스인들은 도제시스템을 활용
	1700~1800년대 초	영국에서의 산업혁명, 그리고 영국 출신 이민자들에 의해 미국에 산업화 지식이 전파됨
	1790~1820	종업원들의 권리 보호를 위해 미국에서 노동조합들이 출현
PM	1900	미국 B. F. Goodrich Co.에서 HR 부서가 최초로 설치됨
	1911	차별화된 임금시스템을 위해 테일러(F. Taylor)가 과학적 관리 원칙을 수립
	1920~1930	호손 연구(Hawthone studies): 물리적인 작업환경의 변경을 통해 증가된 생산성
	1938	공정노동기준법(Fair Labor Standards Act)에 따라 최저임금법이 마련됨
HRM	1960~1980	동일임금법(Equal Pay Act), 시민권리법(Cvil Right Act), 직업건강안전법(Occupational Health and Safety Act), 임산부차별금지법(Pregnancy Discrimination Act) 등은 종업원 차별과 안전에 초점을 둠
SHRM*	1990	장애인고용법(American with Disabilities Act), 고령노동자권익보호법(Older Workers Benefit Protection Act)이 장애인과 40세 이상의 노동자들을 보호하기 위해 제정됨
	2010	환자보호 및 부담적정보험법: 2014년까지 개인들이 건강보험에 가입하도록 하는 논란이 되었던 입법

* SHRM은 strategic human resource management의 줄임말.

컨대 기원전 1750년 당시 바빌론의 함무라비법전에는 최저임금, 견습생에게 장인이 스킬을 전수할 의무, 건축자의 품질기준, 노예에 대한 노예주(主)들의 건강관리 의무 등이 규정돼 있었다. 서기 1세기경 로마 철학자 플리니우스(Pliny)는 아연과 황을 취급 시 건강 위협을 경고하며 동물 방광으로 만든 보호마스크 착용을 의무화하기도 했다. 또한 1556년 독일 과학자 게오르기우스 아그리콜라(Georgious Agricola)는 저서 『*De Re Metallica*』에 산업재해와 노동위생의 개선 방안을 서술한 바 있다. 현재 의미로의 용어는 미국에서, 2차 세계대전 이후 HR 담당자들이 타 관리기능들과 **인사관리(PM: personnel management)**를 구분 짓기 바라는 가운데 생겨났다고 한다. **'HRM'**이라는 용어는 1960년대 초반에 그러한 'PM'으로부터 진화하게 된다.

PM
조직의 정책과 규정에 따라 직원을 관리하는 전통적인 접근법

직원들을 관리하는 기능을 전담 부서나 시스템적으로 처리하기 시작한 것은 1900년경부터라고 한다. 비에프 굿리치社(B. F. Goodrich)가 최초로 인력관리 부서를 설치했고, 내셔널캐시레지스터(NCR)社도 파업이 있고난 후 노조와의 분쟁에선 이겼어도 피고용자들의 고충, 해고, 안전 등의 사안들을 다뤄 노동자와의 관계 개선에 전념할 인사담당 부서를 두었다. 하지만 이때까지도 PM의 단계로서 HR 각 기능들이 하나의 시스템으로 조정·통합되는 측면에서는 미진하기가 그지없었다. 'human resource'라는 용어가 처음으로 등장한 것은 『*Merriam-Webster*』 사전을 근거로 1961년이라고 한다. 이는 조직 내에서 인적 요인의 중요성을 인식하고 조직의 성공은 개인의 잠재역량 개발과 함께해야 함을 인식한 데서 마침내 비롯된 것이다. 이후 HRM이라는 용어가 1980년대 중반부터 출현하여 빠르게 PM을 대체하기 시작했다.

HRM
인적자원의 획득, 개발, 활용 및 유지에 중점을 둔 현대적인 직원 관리 접근법

PM이 무난하게 수행된다 하더라도 모집·선발, 훈련, 보상, 노사관계 등의 각 활동 간 혹은 이들과 전체 조직 목표와의 효율성은 다소 불충분하다. 따라서 엄밀히 말해 특별한 철학을 지닌 HRM은 PM과 같이 취급되는 때가 있어도 이와는 차이가 있다. HRM은 기업의 전략과 연계되는 인력정책의 개발과 실천까지도 포괄한다. 게다가 조직의 문화나 가치와 구조, 그리고 구성원들의 모티베이션과 몰입이 조직의 목표 달성을 위해서 기여할 수 있게 만든다. 경영진과 직원 간의 중재에 관한 것이 PM이라면, HRM은 자원에 대한 플래닝과 모니터링, 통제 측면에 더 집중한다고 할 수 있다. 인력 충원과 급여명부 관리 같은 전통적인 인사관리의 확장이라고 볼지 모르지만, HRM은 이러한 기능들을 질적으

표 1.2 | PM vs. HRM

	인사관리(PM)	인적자원관리(HRM)
시간과 기획	단기적, 반응적, 임시방편적	장기적, 선제적, 통합적
심리적 계약	순응 기대	몰입 기대
통제시스템	외부 통제	자기 통제
노사관계	다원적, 집단적, 저(低)신뢰	일원적, 개별적, 고(高)신뢰
조직구조 및 시스템	관료적/기계적, 집권화, 공식화	유기적, 분권화, 유연성
역할	전문가/전문성	경영활동 내에 녹아 듦
평가기준	비용 최소화	활용 극대화

로 다르게 수행한다. [표 1.2]는 PM과 HRM의 주요 가정들을 시간과 기획, 심리적 계약, 통제시스템, 종업원 관계, 선호되는 구조 및 시스템, HR의 역할, 평가기준 등과 관련해 상호 비교하고 있다.

최소한 PM보다는 HRM이 더 나은 선택임을 알 수 있을 것이다. 하나씩 살펴보면 PM은 발등에 불끄기처럼 단기적이고 반응적인 사람관리법인 데 반해, HRM은 선제적이고 장기지향적인 것으로 개념화된다. 심리적 계약에서도 순응적인 종업원을 가정하는 PM과 그들을 자율적인 몰입 주체로 인식하는 HRM은 차이가 크다. 뿐만 아니라 개별적인 종업원 관계에 초점을 두는 HRM과 집단적인 관계로 보는 PM은 뚜렷이 구별된다. PM에서 선호되는 구조/시스템 또한 관료적 조직으로서 이는 HRM에서 선호되는 유기적 조직 형태와는 거리가 있다. HR의 역할에 있어서도 PM하에서는 전문인을 지향하므로 라인 매니저와의 통합을 추구하는 HRM과 서로 대조된다. 이 밖에 비용 최소화를 성과로 간주하는 PM과 최대한의 활용을 성과지표로 간주하는 HRM이 더욱 극명한 대조를 이룬다. HRM은 사실상 인적자원을 확보·개발·보상·유지해서 기업의 경쟁력 향상을 유도한다는 식의 자원의 관점에서 다루는 것이다.

HRM의 기원과 관련해 더 부연하면, 테일러(F. Taylor)와 **과학적 관리(scientific management)**로까지도 거슬러 올라갈 수 있다. 테일러 자신의 실험에 대한 설명과 그 효과성을 보장/증진시키는 방법은 현재 우리가 아는 직무분석, 선발, 훈련, 그리고 보상을 통한 동기유발 등과 흡사하다. HRM에 관한 연구는 1900년쯤부터 미국에서 태동했는데, 초기 테일러 시대부터 산업심리, 산업사회학 및 노동경제이론의 영향을 받게 되었다. 테일러는 정확한 측정원칙들로써 주먹구

구식의 규칙들을 대체했다. 행동의 예측을 강조하며 성과를 높이기 위한 훈련과 각종 테크닉의 활용을 장려한 최초의 인물이 그다. 테일러는 특정 직무에서 요구되는 스킬들을 규명했으며 기준을 달성할 수 있는 적합한 종업원을 고용했고 산출량에 따라 지급되는 '차별적 성과급' 시스템에 따라 보상했다. 하지만 테일러가 과업 수행을 위한 '최선의 방법'을 제안했을지 몰라도 노사분규, 정리해고, 불만증폭에 따른 위협만 가중되는 결과를 초래했다.

1920년대부터 메이요(E. Mayo)의 호손 실험(Hawthorne studies)과 더불어 인간관계운동이 시작된다. 이것은 사람관리에 관한 관점 변화를 가져왔다, 즉 과학적 관리의 기계적인 원칙에서 벗어나 종업원의 사회적 욕구를 만족시키기 위한 행동 관찰이라는 새 접근법을 채택하게 만들었다. 사람에 대한 관심이 저생산을 뜻하는 게 아니라 오히려 그 반대라는 교훈을 매니저들에게 주었다. **인간관계 접근법**은 1950, 60년대에 보다 포괄적인 **행동과학운동**으로 흡수되었다. 이 시기엔 직원 모티베이션의 효과에 관한 굵직한 이론들이 많이 만들어졌다. 이를테면 **직무충실화**(job enrichment)와 **직무확대**(job enlargement)와 같은 직무설계의 개념이 탐구된 것도 이 시기다. 사람들이 직무에서 만족을 얻는다면 조직을 위해 더 열심히 일할 것이라는 인식이 자리 잡게 되었다. 사실상 현대 HRM의 핵심 테마다. 그러나 동료관계와 비공식 조직을 지나치게 강조하면서 경제적 인센티브에 대한 관심은 퇴보하여 인간의 경제적 욕구가 경시되는 부작용도 나타났다.

직무충실화
작업자 스스로 작업을 기획하고, 조직하고, 통제하도록 직무를 수직적으로 확대하는 것

직무확대
권한과 책임에는 변동 없이 작업자가 다양한 과업을 수행할 수 있도록 직무를 수평적으로 확대하는 것

1960년대 후반 노사관계의 시대에는 PM 기능이 양과 질 모두에서 큰 진전을 보게 된다. 조직의 활동들이 종업원 중심이었고 사람관리라는 명분하에 그것들

하이데거의 숲 | Soft와 Hard: 몰입과 통제

1980년대 HRM이 도입되면서 HRM의 소프트 모델과 하드 모델을 구분했다. 흔히 미시간 접근법(Fombrun et al., 1984)으로 불리는 하드 버전은 종업원에 대한 수단적 관점이라는 특징이 있으며, 사실상 계산적인 방식으로 이들을 최대로 활용하는 것에 큰 중점을 둔다. 한편, 하버드 접근법(Beer et al., 1985)이라고도 불리는 HRM의 소프트 버전은 종업원에 대해 보다 인간적인 접근방식이라는 특징이 있는데, 이 접근법에서는 사용자와 종업원 모두의 이익을 위해 종업원의 잠재력과 가치를 개발하는 데 초점을 두고 있다. 또한, 스킬과 능력을 향상시키는 것 외에도 소프트 접근법에서의 HR 제도는 조직과의 심리적인 유대가 강한 몰입하고 몰두하는 종업원을 만드는 것을 목표로 한다.

을 분류했다. 그러나 개별 문제들과 관련된 각 활동은 분명한 목표가 있었음에도 PM 전체의 목표는 불분명했다. 그러던 중 1970년대 석유파동과 후발 선진국들의 비약적인 발전으로 국가 간, 기업 간 경쟁이 심화되는 환경 변화 속에서 HR 기능이 PM에서 HRM으로 급속히 전환되기에 이른다. 이러한 용어 변화는 종업원들에 대한 새로운 사고방식을 의미했다. 즉 조직효과성을 달성하기 위해 다른 제반 수단들과 더불어 관리되어야 할 자원으로 종업원들을 간주하기 시작했다. 또한 활동과 제도 전반에 대한 보다 전략적인 견해도 취해지기 시작했으며, PM/HRM 전체의 목표는 가시화돼서 조직효과성을 향하게 되었다. 이직, 결근, 그리고 직무만족과 같이 특정 문제들의 해결책으로 여겨지는 활동들로 PM은 주로 이루어졌지만, 차츰 문제해결에서 조직성과의 평가로 그 초점이 옮겨지면서 비용 및 수익 측정에 관심 갖는 **증거기반 HR**(evidence-based HR)이 시작되었다.

증거기반 HR
HR 제도가 회사의 이익과 주요 이해관계자들에게 긍정적인 영향을 준다는 것을 실증적으로 보여주는 것

2.2 전략적 인적자원관리의 출현

사람 관리에 대한 새 접근법으로서 HRM이 소개되면서 폭발적인 연구의 증가와 함께 고용 담당자나 부서 명칭에까지 변화가 일어났다. 여기에는 라인 매니저들의 참여가 확대되고 회사 전체가 전략적인 정렬을 이루는 것이 포함되었으며, 게다가 유연성, 품질 및 종업원 몰입에 대한 HRM의 기여가 결근, 이직, 성과 등에 긍정적인 영향을 미칠 수 있음을 더욱 강조했다. 이러한 관점은 조직 구성원을 잠재력을 가진 자원으로 간주하는 것으로서, 그 중요성을 점점 더 인식하면서부터 조직목표와 개인목표 간의 균형도 부각되기 시작했다. 직무와 사람, 성과와 만족을 각기 취급되는 것이 아니라 균형 있게 함께 추구할 필요성을 인식하게 되었다. HR 부서도 역시 기업의 타 부문, 특히 전략부서와 따로 떨어져서 별개로 기능을 수행하는 차원이 아니라 **CEO**(chief executive officer)의 전략적 의사결정을 돕는 데 적극적인 참여가 요구되었다. 이와 같은 **전략적 인적자원관리**(SHRM: strategic human resource management)로의 전환은 개별 종업원의 운영 효율성에서 전체 조직의 관리 효율성으로의 변화를 강조한다.

CEO
조직 경영을 책임지는 가장 최고위 임원

전략적 인적자원관리
HR 정책과 제도를 조직의 전략적 비즈니스 목표와 연계시키는 것

그러나 HR 업무라는 것이 대체로 모두들 선망하는 직종도 아니고 조직 내의 위상도 그리 높지 않았다. HR 임원에 대한 인식은 그저 사기를 북돋우는 '백 슬래퍼(back slapper)'에 불과한 회사들도 아직까지 많은 게 사실이다. PM은 물론,

표 1.3 | HRM vs. SHRM

	인적자원관리(HRM)	전략적 인적자원관리(SHRM)
접근법	개별적	통합적
시야 범위	종업원과의 관계	내·외부의 파트너십
시간 범위	단기	장기
변화	변화추종	변화주도
인력관리 소임	HR 전문가	라인 매니저
책무	비용 관리	투자 관리
종업원 통제	엄격함	관대함

HRM마저도 여전히 관리차원의 역할에서 못 벗어난 점 때문에 전략적 관련성이 결여되었다는 비판으로부터 자유롭지 못했다. 하지만 이제 HR이 일상적인 관리 업무는 테크놀로지의 도움을 얻거나 다른 대상에게 넘기고 조직의 핵심에 주력해 보다 전략적이어야 한다는 주장이 설득력을 더해가고 있다. 전통적인 HRM 제도들도 기업성과에 영향을 미치지만, SHRM은 전통적인 HRM과 비즈니스 전략을 통합시켜서 가치가 더해진 책무를 제공한다. 성과를 향상시키기 위해 HR 기능을 조직의 전략적 목표와 연계시키는 프로세스를 SHRM이라고 한다.

[표 1.3]에서 볼 수 있듯이, SHRM이란 구인, 훈련에서부터 보상과 인력감축에 이르기까지의 전체 인력관리 프로세스를 보다 넓은 관점에서 기업의 비즈니스 관심사와 통합해 전략적인 방법으로 다루려는 시도이다. 통합과 적합이 SHRM에서는 핵심이며, 조직목표 달성과 경쟁우위를 득하기 위한 인적자원의 활용을 말한다. 따라서 조직의 성과를 향상시키고 혁신을 장려해 경쟁력을 득할 수 있는 문화를 유지하는 것이 주요 목적이다. SHRM은 체계적으로 계획된 HR 제도에 강조점이 있으므로 HR 임원은 최고경영진과 함께 일해야 하고 비즈니스 변화에 적응해서 기업의 미션 수행을 확실히 지원할 수 있어야 한다. 따라서 HR 임원은 비즈니스의 운영 측면을 이해해야 하고 복잡한 조직설계까지도 파악해야 할 필요가 있다. 회사 인력의 전략적 메커니즘 역량을 그들이 가늠할 수 있어야 하며, 이것이 회사에 기여하는 바를 입증하는 것은 HR 부서의 몫이 된다. 이런 상황에서 최고경영진이 전략적 파트너로서 HR에게 기대하는 것들은 다음과 같다.

- 인력에 관한 전략을 회사의 전략 및 목표와 연계시키고,

- 전략적 플래닝, 합병, 인수와 같은 변화주도 시 HR의 역할을 제고하고,
- 경영진 회의에 참여하여 발언권을 행사하고,
- 비즈니스에 대한 식견 그리고/혹은 이해를 증진시키고,
- 재무관리와 수익을 이해하고,
- 라인 매니저들이 목표를 달성하도록 도움을 준다.

2.3 향후의 인적자원관리: 탤런트 매니지먼트

탤런트 매니지먼트

조직차원에서 고성과자들(high performing employees)을 채용, 개발, 유지하기 위한 전반적인 전략

기업의 가치를 높이는 방법은 여러 가지가 있지만 이 모든 것들을 가능케 해주는 근본 원천은 조직의 인재들이다. 지명도 있는 주요 기업들에서는 전체 인력의 규모를 감축하더라도 우수 인력에 대한 투자를 늦추지 않고 있다.

탤런트 매니지먼트(TM: talent management)라는 용어도 최근 사용 빈도가 늘고 있다. 그러나 학술 연구들에선 이미 SHRM의 여러 측면들을 포함하고 있어 그런지 두 개념 간에 혼동이 초래된다. 실제로 Lewis와 Heckman의 연구(2006)에선 TM을 전형적인 HRM 제도들의 집합으로 설명하기도 했다. 하지만 종업원들과 기업경영 간의 연계라 할 SHRM이 주로 보상, 복지혜택, 훈련, 안전, 성과 등과 관련된 관리기능들을 수행한다면, TM은 하나의 비즈니스 전략에 가깝다고도 한다. 즉 전체 프로세스와 활동들 안으로 전략이 철저하게 스며들어 융합되어야 한다. TM은 조직 최고의 인재를 고용, 지원, 훈련, 성장, 유지하는 데 초점을 둔 전사적이고도 장기적인 전략이다. 이러한 TM의 관점에서는 한 개인이 특정 직위에 적합한지보다도 그가 현 직위나 회사와 적합한지, 아니면 미래 역할들에 적합할지에 관심을 기울인다. 이 밖에도 다차원적인 환경

표 1.4 | HRM vs. TM

인적자원관리(HRM)	탤런트 매니지먼트(TM)
폭넓은(전체 직원) 관점	일부(핵심 직원/부서와 주요 직위들)에 초점
평등주의(egalitarianism) 강조	잠재성을 지닌 자들에게 초점
관리적인 기능에 중점	탤런트의 유인, 개발, 유지에 중점
개별적인 접근방식(silo approach)을 이용한 시스템	HR시스템의 통합

변화에 대처하기 위한 개인 및 조직의 개발을 포함하며, 지원적이며 인간중심의 조직문화를 창조·유지하는 것도 포함한다.

[표 1.4]는 TM과 HRM을 비교해 보여준다. HRM을 대신 비교하는 이유는 SHRM과 TM 간에는 그저 '낡은 병에 담긴 새 와인' 정도가 아닌가 하는 논쟁이 많다. SHRM의 일부인지, 아니면 새 분야인지를 논의하고 해석하려 했던 시도들이다. TM이 채용과 개발 같은 SHRM 관련 여러 활동들에 기반하고 있음은 부인할 수 없다. 다만 TM에서 활용되는 전략적인 관점이 SHRM과 차이가 있는 듯하다. 다시 말하지만, 지속가능한 기업경쟁우위 달성에 기여할 핵심 업무를 할 탤런트를 지닌 자를 규명, 유인, 개발, 배치, 유지하는 것이 TM이다. 알맞은 탤런트를 고용하는 것에서 시작하여 성과관리에서도 개발적 목적을 강조하며, TM 목표 중 하나인 그들의 유지를 위해 커리어개발 플랜을 논의하는 것도 중요한 부분이 된다. 이에 따라 직원들에 대한 조직의 투자는 신중을 기해 그들의 현재 및 예상된 기여를 바탕으로 이루어져야 한다. 이는 중요 핵심 직위의 규명과 더불어 충원과 기타 대안개발이 뒷받침돼야만 가능해질 수 있는 것이다. 학자나 연구자들이 TM에 대한 명확한 정의가 없음을 지적하지만 최근 몇 년 사이에 연구가 상당한 증가세를 보이고 있다.

03 인적자원관리의 책임과 윤리

아주 소규모인 조직을 제외한 대부분의 기업들에서는 HRM 업무를 전담하는 부서가 있다. HR 부서가 적극적으로 나서서 최고경영진에게 조언을 하는 기업들이 있는가 하면, 경영진의 결정에 따르는 대응차원에서만 HR 활동들을 실행하는 기업들도 있다. 조직의 규모와 인력특성, 산업분야, 그리고 경영자의 철학이 다르기 때문에 어디서나 HR 부서들이 같은 역할을 수행하지는 않는다. 다만 HR로서의 기본 책무나 그들이 적용하는 HRM 제도들이 윤리적인 토대 위에서 이루어진다는 것만은 공통적이다. 전략적 인적자원관리(SHRM), 탤런트 매니지먼트(TM) 개념이 등장한 지금까지도 윤리와 HRM의 관계는 변함없이 여전히 주요 관심사가 되고 있다.

3.1 HRM 업무는 누가 행하는가?

전통적으로 HR의 제 기능들에 대한 책임을 담당하는 이들은 HR 매니저였다. 어느덧 전체를 아우르던 이러한 직무가 사라져가고 있지만 HRM 업무는 예나 지금이나 그대로다. 오늘날 HR 매니저는 보통 자문이나 협조 역할을 하는 사람들로서 타 매니저들이 HR 문제들을 처리하는 것을 돕는다. HR 매니저는 조직이 목표를 달성하게끔 주로 인적자원의 관리를 조율하는 책임이 있으며, 또한 **라인 매니저**들에게 선발, 훈련, 승진에 대한 가이드라인을 제공한다. 앞에서도 설명했듯이 이처럼 라인 매니저들과 HR 담당자들은 함께 HR에 관한 책임을 서로 공유하고 있다. 사실 이제는 HR 업무를 수행하는 정해진 사람이나 부서가 따로 없다고 해도 과언이 아니다. HR 기능을 전담하는 부서를 유지하고 있는 회사가 아직 많기는 하나 그러한 기능을 다른 데서 일부분 맡아 함으로써 HR 부서는 점점 규모가 축소되고 있는 게 보편적인 추세이다.

라인 매니저
부하들의 일을 지시하는 권한을 가지며 조직의 과업을 달성할 책임도 있는 매니저

위에서 말한 라인 매니저란 조직의 주목적을 달성하는 데 직접적으로 관여하는 관리자를 말한다. HR 매니저의 전통적인 직무가 줄어듦에 따라 그동안 담당해왔던 일들 일부가 라인 매니저들에 의해 수행되는 경우가 늘고 있다. 특히 소규모 회사에서는 기본적인 HR 기능들을 처리하는 데 있어 각 부문 일선 관리자들을 많이 활용한다. [표 1.5]는 그들이 관여해야 할 몇 가지의 HR 책임들을 제시한다. 예컨대 어떤 유형의 작업이 이루어져야 하고(직무분석 및 설계), 얼마만큼의 인원(HR 플래닝)이 필요한지를 결정하는 데에 라인 매니저들의 의견이 반영된다. 그들은 직무 지원자의 인터뷰를 하며 누굴 고용할지에 대한 의사결정에도 참여한다. 또한 직무훈련을 담당하기도 하며 성과평가를 실시해서 임금인상 추천을 하기도 한다. 이뿐만이 아니라 라인 매니저들은 노사관계에 있어서도 결정적인 역할을 하게 되는데, 그것은 경영자의 대리인으로서 그들의 역할 때문이다.

아웃소싱
지금까지 자체적으로 해오던 업무를 외부 제공자를 고용해 수행하는 것

표 1.5 | 라인 매니저들의 HRM 책임

라인 매니저들의 HRM 책임
인력의 적재적소 배치
신입직원 오리엔테이션
새로운 직무를 위한 훈련
개개인의 직무수행 향상
협력 유도와 원만한 관계의 개발
회사의 정책 및 절차 해석
노동비 통제
개개인의 능력 향상
부서의 사기 앙양과 유지
직원의 건강과 컨디션 보호

요즘은 서비스 질을 높이고 비용과 시간, 그리고 핵심 기능에 쏟을 노력을 절약한다는 취지로 **아웃소싱**도 점차 빈번해지는 추세다. HR 아웃소싱(outsourcing)이란 한 조직이 HR 서비스를 외부로부터 구입해 운영하는 것이다. 제3자에

게 HR 서비스의 대부분을 이관하기도 하나 모집과 복지혜택 같은 일상적인 단순 사무들을 주로 대상으로 하고 전략적인 부문까지는 보통 외주화하지 않는다. 더 많은 외주화가 향후 예견되지만 HR의 전략적 요소들만은 기업 내에 그대로 존치될 가능성이 크다. 한편 종업원을 타 업체에 임대하는 회사를 인력파견업체(professional employer organizations)라 하는데, 이들도 제반 관리적인 사안들과 HR 이슈들을 다룬다. 파견업체는 해당 조직이 침체를 겪더라도 고용안정을 제공하고, 자격을 보유한 전문가들을 다수 보유하고 있어 수준 높은 HR 역량과 지식이 적용될 수 있는 장점이 있다. 단, 직접 고용된 직원들과 달리 급여와 복지혜택을 파견업체로부터 받으므로 충성도 면에선 문제가 있을 수 있다.

이 밖에 조직 도처에 흩어져 일상적인 단순 활동들을 수행하고 있는 것들을 한 곳에 통합시킨 일종의 전문가 센터(HR shared service center, SSC)에서도 HR 기능을 수행할 수 있다. HR 아웃소싱의 대안이 될 수도 있는 이것은 외주와 비슷한 수준의 비용절감과 서비스를 제공하며 주로 복지혜택, 연금관리, 급료명부, 재배치 지원, 모집지원, 훈련/개발 및 **승계기획**, 인재유지 등의 HR 기능들과 관계된다. 전략적 파트너로서의 HR 역할이 점차 요구되면서 많은 회사들에서 HR 기능 중 일부는 아웃소싱하고 또 다른 일부는 라인 매니저나 전문가 센터에 주문하게 될 것이다. HR 직종은 이처럼 끊임없이 변화하고 HR 매니저 역할 또한 바뀌고 있기 때문에 기업의 HR 임원들은 전략적인 비즈니스 파트너이자 의사결정자로서 차츰 변모되어 갈 것이다.

승계기획
리더십을 요하는 중요한 관리 직위의 결원을 대비해 인재육성의 목적으로 마련된 내부의 절차나 과정

3.2 HRM 전문가에게 요구되는 역량

현시대 관점에서 HRM 업무를 누가 하는지 살펴봤다. HR 매니저가 조직의 어느 위치에서 어떤 역량을 필요로 하는지 고려할 차례다. 처방적 HR에서 전략적 HR로의 전환 배경에는 상당수 관리업무가 테크놀로지의 도움으로 자동화되면서 HR 담당자들이 지식 및 스킬을 적용할 또 다른 곳을 모색케 된 점과 그리고 경영자산으로서 탤런트가 더욱 각광을 받게 되었다는 점, 이 두 가지가 있었다. HR 운영을 잘하기 위해선 그들의 전문성(professionalism)에 대한 중요성이 더욱 뚜렷해졌다. 전문성은 일종의 핵심역량(core competency)으로, 굳이 구분하자면 역량에다가 특정 분야에서 성공을 거두기 위해 요구되는 행동들까지 포함된다.

HR 담당자들의 역량은 HR 기능들을 궁리해 적용해야 하는 이들에게서 기대되는 성공 및 고성과를 위해 요구되는 것들이다. HR 담당자들도 보유 역량에 따라 성과가 좌우되는 것은 마찬가지다.

그림 1.4 | HR 컴피턴시 모델

Vicere의 연구(1987)에서는 HR 매니저들에게 요구되는 역량들과 타 분야 매니저 입장에서의 중요성을 검토한 바 있다. 비즈니스 및 전략에 대한 이해도와 함께 조직 니즈를 반영한 HR 방안/기법의 성공률을 분석하여 다음과 같은 HR 매니저 역량들, 즉 전략 운영, 비즈니스 지식, 조직 내 컨설팅, HRM 전문성, HR 프로그램 설계/적용, 매니지먼트/리더십을 언급했다. 또한 Heneman의 연구(1999)도 HR 매니저를 포함한 모든 HR 담당자들이 조직에서 가치를 창출하려면 분석 역량과 사회 역량이 필요하다고 했다. 데이터 가공, 결과의 분석/해석과 관계된 것이 전자라면, 후자는 리더십에 주로 관련된다. HR 담당자들의 역량에 관해 가장 많이 알려진 것은 역시 Brockbank와 Ulrich가 이끌었던 연구(2012)일 것이다. 그들은 HR 컴피턴시 모델을 통해 전략입안, 전략실천, 능력증진, 변화주도, HR 개혁/창안, 기술제안 같은 6개의 역량들을 구체화했다([그림 1.4] 참조).

컴피턴시(역량)
고성과를 내는 대상(개인, 조직)으로부터 지속적으로 관찰 가능한 행동 기반의 특성

- 전략입안(strategic positioner) 조직의 의사결정 프로세스에서 기여할 수 있는 역량으로 시장 판도를 꿰뚫어 보는 것도 이 역량의 한 부분이다.
- 전략실천(credible activist) 이 역량은 굳건한 대인관계를 구축하고 조직에서 선도해가는 것으로 설명된다.
- 능력증진(capability builder) 조직이 잘할 수 있는 것을 규정하고 이를 구축함으로써 효과적이고 강한 조직을 만드는 역량이다.
- 변화주도(change champion) 조직의 변화 역량을 신장시켜 프로세스와 조직 구조의 효과적인 변화를 이룩해내는 역량이다.
- HR 개혁/창안(HR innovator and inventor) 중요한 이슈들에 총력을 쏟을 수 있게 HR 제도들을 통합하고 나아가 성과를 계속 낼 수 있는 새로운 HR 제

도나 프로세스를 창조하는 역량이다.

- 기술제안(technology proponent) 네트워킹 기술을 적용하여 사람들 간에 결속이 되도록 돕고 정보관리 측면에서도 역할을 다하는 역량을 말한다.

이상의 역량들을 고려해 볼 때 HR 직무를 희망하는 구직자라면 HR 및 관련 분야의 석사학위를 취득한 후 하위 HR 관리직에 해당되는 채용기회를 탐색해 볼 것을 권장할 만하다. 또 다른 경로라면 라인 매니저가 우선 되는 것을 생각해볼 수도 있겠다. 많은 기업들에서는 마케팅이나 재무 분야에서 업무를 시작한 사람들이더라도 어느 시점에선 기본적인 HR 책무를 수행할 기회를 갖게 되어 있다. 다만 좀 더 유능해지기 위해선 적극적인 경청 스킬, 사회적 스킬, 리더십 스킬, 개념화 스킬, 조직역학 스킬, 의사결정, 적응력, 분석력, 언어 스킬 등의 역량이 필요하다.

3.3 윤리와 HRM

HR 컴피턴시 모델에서는 조직 내 윤리적 이슈들을 다루는 기능은 다소 간과되었다는 느낌이 든다. HR 담당자들에겐 직장 내 윤리적 행동을 촉진시킬 만한 기준을 마련할 책임이 요구된다. 그들은 차별(discrimination)이나 성희롱(sexual harassment) 금지법이 준수되도록 하며 부적절한 행동을 보이는 사람에겐 합당한 교육이나 징계를 결정한다. 또한 HR에선 직원 선발과 해고, 보상 같은 일을 하므로 민감한 정보를 다루기가 쉽다. 사생활(privacy) 보호는 그들이 당면한 윤리적 문제 가운데 하나이며 그에 대한 비밀유지가 HR 담당자들로서는 당연한 의무다. 이 밖에 종업원 안전(safety)도 HR의 중요한 당면 과제다. 잠재된 위험 상황들을 사전 예방하거나 즉각 시정해야 한다. 이처럼 HR이 소홀하면 회사의 평판과 이익에 치명적일 각종 윤리적 위험들이 많으므로 이를 이해하는 것이 모든 매니저에게는 필수적이다. 업무 현장에서 윤리적인 행동을 증진시키기 위해서 사생활 보호, 이해 충돌, 차별과 괴롭힘, 그리고 다양성 등에 관한 회사의 기대를 명시한 윤리강령(code of ethics)을 수립하는 것이 일반적이다.

어느 문화나 사회, 조직에서건 사람들의 의사결정과 책무를 인도하는 옳은 행동에 대한 규칙 및 원칙시스템을 **윤리(ethics)**라고 한다. 즉 "거짓말하는 것은 나쁘다."라는 식으로 어떤 행동이 옳고 그른지 알려주는 하나의 규칙체계인 셈이다. 옳고 그름을 판별하는 데 이용되는 규범을 또한 **도덕**(morals)이라고도 한다. 외부 원천에 의해 제공된 규칙이 윤리라면, 도덕은 옳고 그름에 대한 개인 자신의 원칙이란 점에서 차이가 있다. 하지만 윤리와 도덕의 연관성을 고려해보면 이들과 관계된 이슈들은 사실상 다른 것이라고 보기가 어렵다. 가령 환경보호를 중시하는 어느 기업 CEO를 생각해보자. 그는 일단 도덕적이라 할 만하다. 환경단체와 협약을 맺거나 기부 등의 활동도 함께 펼치기 쉬운데 이번엔 그가 윤리적임을 나타낸다. 한편 **법**(law)은 무엇이 윤리적이냐에 관한 설명과 더불어 구분이 비교적 용이하다. 예컨대 어떤 행동은 위법적이더라도 윤리적일 수 있다. 물론 합법적이며 윤리적인 행동도 있다. 하지만 어떤 행동은 합법적이지만 비윤리적일 수 있고, 위법적이며 비윤리적일 수도 있다.

표 1.6 | HR 활동의 비윤리적인 예

	비행의 유형
충원/균등 고용	• 고용과 승진에서의 편애, 정실인사 • 성희롱 • 고용, 징계, 면직에 있어 성, 인종, 연령 간 차별
훈련	• 정치 논리로 참가자 결정 • 피훈련자에 대한 비인격적 대우 • 프로그램의 결과 조작
성과평가와 보상	• 성과평가와 급여인상에 대한 사적 편견 • 평가결과의 유출 • 노동 시수 및 시간 왜곡 • 지출품의서 위조 • 초과근무기록 위조
노사관계	• 상사에게 허위 보고 • 대중, 고객, 거래처에 허위정보 제공 • 거래처로부터 뇌물 수수 • 회사 자산과 물자의 남용/절도 • 안전/보건 규제의 고의적 위반

기업은 사실상 종업원들을 통해 활동하는 것이고 그러한 직원들의 선발과 개발은 모두 HR 부서의 권한 안에서 존재하는 것이므로 HR은 조직을 위한 윤리 시스템을 개발, 유지하는 데 있어서 중요한 역할을 하게 된다([표 1.6] 참조). 게다가 이미 말한 것처럼 HRM의 상당 부분은 여러 윤리적인 이슈들과 필히 결부되어 있기 때문에 HR 부서에 근무하는 사람들은 매일매일 윤리적인 영향을 초래하는 결정을 해야 한다. 따라서 만약 HR이 비윤리적이게 되면 비윤리적인 직원들이 꼬이게끔 하고 개개인의 의욕을 상실케 하며 회사에 대한 직원들의 신뢰 부족을 야기해서 훌륭한 직원들이 회사를 등지게 하는 결과를 낳고 만다. 가령 HR 담당자가 친지나 가족 중의 한 명인 입사지원자를 마주한다고 해보자. 균등하게 기회를 부여하는 자 같으면 사적인 감정 이전에 타 지원자들과 대비 그의 자격요건을 검토하는 것이 채용담당자로서 윤리적 의무를 다하는 것이 된다. 만약 객관성이 흔들릴 것 같다면 여러 사람의 평가를 반영하거나 아예 다른 이들이 평가하도록 할 수도 있을 것이다.

HR News | (비즈인사이트)인재 모셔오기 전쟁…인사가 만사다

핵심인재 채용 위한 성공요건 '고용주 브랜딩'

인재 경영하면 떠오르는 사람이 있다. 바로 삼고초려(三顧草廬)로 유명한 중국 후한 말 사람 유비다. 유비는 제갈공명을 얻기 위해 한 번도 아니고 세 번을 직접 찾아갔다. 관우와 장비는 두 번이나 허탕을 치자 짜증을 냈지만, 유비는 세 번 만에 공명을 설득했고, 공명의 지략에 힘입어 삼국시대의 한 페이지를 장식할 수 있었다. 비록 천하를 통일하지는 못했지만, 유비의 인재 경영은 중국을 넘어 온 세계에서 지금까지 회자되고 있다.

인재가 중요하다는 데 토를 달 사람은 아무도 없다. 특히 기업은 한 번의 사업 실패로도 모든 것을 잃을 수 있기 때문에 업무에 적합한 인재를 영입하려고 항상 혈안이 돼있다. 삼고초려가 문제가 아니다. 이들은 확실한 인재만 있다면 어떤 대가도 감내하겠다는 열의를 지니고 있다. 그러나 글로벌 기업 총수들은 뽑을 사람이 없다고 아우성이다. 공명 같은 인재는커녕 업무에 적합한 인력을 구하기도 쉽지 않다고 토로한다. 하버드비즈니스리뷰(HBR)에 따르면 지난해 인재부족에 시달린다고 답한 미국 내 최고경영자(CEO)는 무려 73%에 달했다. 이는 지난 2007년 이후 최고치다. 기업이 적합한 인재를 찾는 데 실패해 일자리 공석을 메우지 못하면 생산성은 떨어지고 마련이다. 기업이 사람을 뽑지 않으니 실업률이 엄청나게 치솟았다. 국제노동기구(ILO)의 2015년 보고서를 보면, 작년 전 세계 실업자는 2억100만 명으로 지난 2008년 글로벌 위기가 시작되기 직전 보다 3,000만 명이나 늘었다. 종합하면 일자리 공석은 많아졌는데, 채용되는 사람은 오히려 줄었다.

표 | 입사하고 싶은 세계 기업 1~10위

순위	기업
1위	구글
2위	언스트앤영
3위	프라이스워터하우스쿠퍼스
4위	KPMG
5위	딜로이트
6위	마이크로소프트
7위	프록터앤갬블
8위	골드만삭스
9위	애플
10위	JP모건

인재 영입은 집안 단속부터

영국의 경제지 이코노미스트는 그 이유를 2010년 노벨 경제학상 수상자들의 '탐색마찰(Search friction)' 이론을 끌어와 설명했다. 고용·구직 과정에서 매칭(Matching) 문제가 발생해 기업이 원하는 인재와 그 조건에 맞는 인재가 서로 만나기가 어렵다는 것이다. 기업과 구직자가 지닌 정보력의 한계 때문에 이런 일이 발생했다는 것. 괜찮은 이성이 어딘가에 있지만, 그와 관련한 정보를 다 알 수 없어 솔로 남녀가 넘쳐나는 현상과도 비슷하다. 이런 교착 상태를 극복하려면 고용에 더 많은 돈과 시간을 들여야 한다. 이에 따라 기업은 구인광고나 인재채용 과정에서 더 많은 자원을 투입하는 한편, 인력자원(Human Resource) 전문가를

채용해 인재 모시기 전쟁을 치러왔다.

그러나 최근 들어 고용주 브랜딩(employer branding)이란 개념이 재부각되면서 HR 전문가를 중심으로 한 채용시스템에 의문이 제기됐다. 고용주 브랜딩은 기업의 직원이나 기업이 채용하고자 하는 잠재 직원에게 고용주가 지닌 가치를 전달하는 것을 말한다. 과거 HR 중심의 인재채용이 외부에 집중했다면, 고용주 브랜딩은 무게중심을 내부로 끌어왔다. 인재를 뽑으려면 지금 있는 직원들부터 제대로 대접해줘야 한다는 것이다.

이런 변화는 소셜미디어 혁명에서 비롯됐다. 기업의 내부 사정이 인터넷에서 투명하게 공개되자 구직자들은 기업의 광고보다 내부 직원의 말에 더 민감하게 반응하기 시작했다. 직원들의 도움 없이는 인재를 영입하기 어려운 환경이 조성된 셈이다. 페이스북나 트위터에 올라오는 직장인들의 자기 기업 평가는 기업 HR팀의 채용광고를 능가하는 영향력을 지니게 됐다. 이에 기업들이 부랴부랴 도입한 제도가 직원가치제안(employee value proposition)이다. 이 제도는 직원이 가치 있다고 느끼는 것을 충족시키겠다는 취지로 마련됐다. 직원들의 자부심을 높여주면 기업의 브랜딩 가치가 높아져 인재 채용이 쉬워질 것이란 분석이다. 2000년대 중반 유니레버, 쉘, P&G가 이 제도를 도입해 인재 채용에 쏠쏠한 재미를 봤다. 그러나 이들의 독주는 오래가지 못했고 2000년 후반 들어 검색업체 구글이 고용주 브랜딩계의 신흥 강자로 급부상했다. 구글은 지난 2008년부터 지금까지 유니버섬(Universum)이 미국 대학 275개를 상대로 한 여론조사에서 '학생들이 가고 싶어 하는 기업 1위'를 한 번도 놓치지 않았다. 학생들의 '구글앓이'에는 다 이유가 있다.

구글, 화끈한 사원복지, 브랜딩 가치 키워

구글의 사원복지 제도를 보면 이렇게 해서 남는 게 있나 싶을 정도로 화끈하다. 그 내용을 살펴보면 구글 건물 한 켠에는 의사와 간호사들이 현장의 직원들만을 위해 상주하고 있어 몸이 아픈 직원은 멀리 갈 필요 없이 구글 전용 의료진에게 즉시 진찰을 받을 수 있다. 또 구글 직원이 일하다 사망하면 10년 동안 매년 그가 받던 임금의 50%가 가족에게 지급되고, 가족 중에 누군가가 아프면 최대 22주까지 유급휴가가 주어진다. 이런 금전적인 보상만 있었다면 오늘날의 구글은 존재하지 못했을 것이다. 구글은 업무 시간의 20%를 가만히 앉아서 생각만 하는 데 쓴다. 직원들이 창의성을 발휘할 환경을 제공하겠다는 것이다. 이런 제도 덕분에 구글 직원들은 자신이 인류의 발전과 행복에 공헌하고 있다고 확신한다. 무인차를 개발하면 이동 간에도 쉴 수 있고 웨어러블 기기를 만들면 몸이 불편한 환자들이 건강한 사람과 동일한 활동을 할 수 있을 것이란 믿음이 있다.

한편 인재 육성에 집중하는 기업도 있다. 인재를 찾는 데 드는 비용을 교육에 쓰겠다는 의도다. 중국 이커머스 알리바바는 지난 5월 해외 시장 확대 전략의 일환으로 '알리바바 리더십 발전 프로그램'을 마련했다. 모집 대상은 세계 각국 경영학 석사과정 학생들이다. 뽑히면 2년 동안 이커머스 운영법, 국가간 물류관리, 사업개발 전략 등을 차례로 배우고 눈에 띄는 학생은 졸업 후 알리바바 정규직으로 채용될 예정이다.

출처: http://www.newstomato.com/ReadNews.aspx?no=560727#

단원요약

1. HRM은 조직의 미션, 목표, 전략을 뒷받침하기 위해 재능과 에너지가 넘치는 인력을 획득하고 개발시키며 유지하는 프로세스이다. HRM의 목적은 기업의 장·단기 목표와 직원들의 역량/행동을 부합되도록 조정하는 것이며 아울러 법과 사회적 의무를 준수하는 것에 있다.

2. HRM의 기능은 크게 두 가지가 있다. 그중 하나인 관리적 기능은 기획, 조직화, 지휘, 통제와 관련되며, 다른 하나인 운영적 기능은 채용, 개발, 보상, 노사관계와 같은 활동들로 이루어진다.

3. HRM과 성과 사이에 있는 블랙박스의 비밀을 풀기 위해 AMO 모델이나 심리적 계약 모델 등이 제안되었다. 이들은 HR 제도들이 직원들의 태도와 행동에 영향을 주고 이는 다시 생산성, 품질, 혁신과 같은 운영상의 성과에 영향을 줘서 결국 재무적 또는 시장의 성과에 긍정적인 영향을 준다고 설명한다.

4. 비록 지금의 용어로 사용되진 않았을지라도 이미 HRM의 기능들은 오래전부터 존재했다. 1960년대 초반, 주로 경영진과 직원 간의 중재에 초점을 두었던 PM이 자원에 대한 플래닝과 모니터링, 통제 측면에 더 집중하는 HRM으로 진화했다. 특히 테일러의 과학적 관리와 메이요의 인간관계 접근법은 HRM의 출현과 관련이 있다.

5. HRM이 여전히 관리차원의 역할을 벗어나지 못하고 전략과의 연관성이 결여되었다는 비판에서 SHRM은 비롯되었다. SHRM이란 성과를 향상시키기 위해 HR 기능을 조직의 전략적 목표와 연계시키는 프로세스로서 통합과 적합이 그 핵심이며 조직목표 달성과 경쟁우위를 얻기 위한 인적자원의 활용을 말한다.

6. 하나의 비즈니스 전략으로서 TM은 지속가능한 기업경쟁우위 달성에 기여하는 핵심 업무를 할 탤런트를 지닌 자를 규명, 유인, 개발, 배치, 유지하는 것이다. 탤런트는 인재를 말하며, 보다 구체적으로는 그들을 빛나게 하는 뛰어난 스킬이나 능력보다도 재능을 지닌 리더나 관리자로 이해되어 왔다.

7. HR 업무를 수행하는 정해진 사람이나 부서가 오늘날엔 따로 없다고 해도 과언이 아니다. HR 매니저와 라인 매니저가 협력적으로 업무를 수행하기 때문이다. HR 매니저는 조직이 목표를 달성하게끔 주로 인적자원의 관리를 조율하는 책임이 있으며, 또한 라인 매니저들에게 선발, 훈련, 승진에 대한 가이드라인을 제공한다.

8. HRM 담당자에겐 전략입안자, 믿음직한 실천가, 능력 구축가, 변화주도자, HR 혁신/발명가, 기술 발의자와 같은 6개의 컴피턴시가 필요하다. 이 밖에도 적극적인 경청스킬, 사회적 스킬, 리더십 스킬, 개념화 스킬, 조직역학 스킬, 의사결정, 적응력, 분석력, 언어스킬 등의 역량이 요구된다.

9. HR이 소홀하면 회사의 평판과 이익에 치명적일 각종 윤리적 위험들이 많으므로 HR의 윤리적 중요성을 이해하는 것은 모든 경영자들에게 필수적이다. HRM의 상당 부분이 윤리적 이슈와 결부되어 있기 때문에 HR 담당자들은 잠재된 위험 상황들을 사전 예방하거나 또는 즉각 시정해야 한다.

논의할 문제

1. HRM은 기업의 성공에 어떤 방식으로 공헌하게 되는 것일까?

2. 'HRM-성과'의 연계성을 부정할 수 있는 논리로는 무엇이 있을까?

3. HRM이라는 용어가 PM에서부터 SHRM으로까지 진화를 거듭한 이유는 무엇일까?

4. 왜 모든 매니저와 감독자들이 HRM의 개념과 기법을 숙지해야 할까?

5. 라인 매니저들이 HRM 업무의 개발과 적용에 지금보다도 더 관여해야 한다고 생각하는가?

6. 창업 초기라면 특히 HRM의 어떤 기능을 전문가에게 위탁하는 것이 좋을까?

7. HR 담당자에게 어울리는 성격특성이 있다면 무엇일까?

8. HR의 노력에도 불구하고 각종 인사비리가 끊이지 않는 이유는 무엇일까?

더 읽을거리

Beer, M., Spector, B., Lawrence, P. R., Mills, D. Q., & Walton, R. E. (1984). *Managing human assets*. New York: Free Press.

Boxall, P. F., & Purcell, J. (2003). *Strategy and human resource management*. Palgrave Macmillan, Basingstoke.

Brockbank, W., & Ulrich, D. (2012). *Global HR competencies: Mastering competitive value from the outside-in*. McGraw-Hill.

Fombrun, C., Tichy, N., & Devanna, M. (1984). *Strategic human resource management*. New York: Wiley.

Gartton, L. & Ghoshal, S. (2003). Managing personal human capital: New ethos for the "volunteer" employee. *European Management Journal, 21*(1), 1-10.

Guest, D. E. (1987). Human Resource Management and Industrial Relations. *Journal of Management Studies, 24*, 503-552.

Guest, D. E. (1997). Human resource management and performance; a review of the research agenda. *The International Journal of Human Resource Management, 8*(3), 263-276.

Heneman, R. L. (1999). Emphasizing analytical skills in HR graduate education: The Ohio State University MLHR program. *Human Resource Management, 38*(2), 131-134.

Huselid, M. A. (1995). The impact of human resource management practices on turnover, productivity and corporate financial performance, *Academy of Management Journal, 38*(3), 635-672.

Huselid, M. A., & Becker, B. E. (1996). Methodological issues in cross-sectional and panel estimates of the human resource-firm performance link. *Industrial Relations, 35*(3), 400-422

Katou, A. A. (2013). The link between HR practices, psychological contract fulfilment, and organisational performance in Greece: An economic crisis perspective. *Journal of Industrial Engineering and Management, 6*(2), 568-594.

Lewis, R. E., & Heckman, R. J. (2006). Talent management: A critical review. *Human resource management review, 16*(2), 139-154.

Purcell, J., Kinnie, K., Hutchinson, S., Rayton, B., & Swart, J. (2003) *People and Performance: How people management impacts on organisational performance*. CIPD, London.

Robinson, S. L., & Rousseau, D. M. (1994). Violating the psychological contract: Not the exception but the norm. *Journal of Organizational Behavior, 15*, 245-259.

Ulrich, D. (1997). Human resource champions. Harvard Business School Press, Boston, MA.

Wood, S. (1999). Human resource management and performance, *International Journal of Management Reviews, 1*(4), 397-413.

Vicere, A. A. (1987). Break the mold: Strategies for leadership. *Personnel Journal, 66*(5), 67-73.

Chapter 02

전략적 인적자원관리

학습 목표

이번 장을 마친 후 다음과 같은 것들을 할 수 있을 것이다.

1. SHRM의 핵심 개념을 이해하고 이를 통해 조직이 얻는 이익들을 설명한다.
2. HR의 핵심 영역들 안에서 SHRM의 중요성을 논의한다.
3. 기업의 전략적인 비즈니스와 더불어 SHRM의 프로세스를 설명한다.
4. 전략경영의 의미와 조직의 목표수립 능력인 전략적 플래닝이 주는 이점들을 이해한다.
5. HR 플래닝 프로세스를 단계별로 파악한다.
6. 비즈니스 전략에 맞춰 HR 전략이 성공리에 실행되기 위한 조치들을 서술한다.
7. 전략과 환경 간의 관계를 전략적 상황이론이나 자원준거관점을 토대로 논의한다.
8. HRM과 전략적 플랜의 다양한 연계수준을 제시한다.
9. HR의 역할 변화를 통해 과거와 현재의 차이를 규명한다.

남한산성

종사의 앞날을 위해서 적의 요구를 들어주자 아뢰는 이판 명길!

영화 〈남한산성〉 포스터

남한산성으로 피신한 인조, 전쟁할 뜻이 없다는 청의 요구를 받아들여 화친을 맺자고 하는 이조판서 최명길과 오직 청과는 맞서 싸움만이 있을 뿐이라는 예조판서 김상헌 사이에서 깊은 번민에 빠진다. 하지만 화친 조건으로 세자를 볼모로 보내야 한다는 것에 인조는 주저하게 된다.

적장 용골대를 재차 만나고 온 명길은 세자를 보내라는 요구엔 변동이 없다는 답변과 함께 칸이 곧 온다는 이야기를 들은 대로 전한다. 조정 대신들은 그를 용골대의 아들이라며 조롱하며 참하라고 왕에게 청한다. 아랑곳하지 않는 명길은 자기 목을 들고서라도 세자와 함께 가겠다고 왕에게 다시 고한다.

명길은 새해 첫날 인조의 세찬을 갖고 다시 적장을 한 번 더 방문하지만 역시 거절당하고 돌아와 고한다, 칸을 직접 보지는 못했지만 그의 도착에 맞춰 공격이 임박했음을… 다른 대신들은 여전히 그가 부풀려 고하며 왕을 겁박하려 든다고 맞선다. 칸이 오기 전에 적들을 물리치자는 그들의 주장대로 선공도 해보지만 결국 실패하고 만다.

명길에게 떳떳한 죽음을 맞을지언정 군왕에게 만백성 앞에서 치욕스런 삶을 구걸하게 한다고 말하는 상헌! 이에 죽음은 견딜 수 없어도 치욕은 견딜 수 있다고 반박하며 약한 자가 살아나기 위해서는 못할 게 없다고 하는 명길! 만고의 역적이 될까 두려워서 모두 기피하는 적장의 최후통첩 답서를 자청하며 제때 보내지 않으면 온 세상이 불타고 무너진다고 말한다.

상헌은 의로우나 말을 중요히 여기고 삶은 가벼이 여기는 자라고 평하며, 오랑캐의 발밑을 기어서라도 임금은 제 나라 백성이 살아 걸어갈 길을 열어주는 사람이라고 명길은 고한다. 부디 왕께서는 치욕을 견뎌달라고 간청한다.

"이 답서를 가지고 가면 경은 전쟁이 끝나도 그 욕을 면치 못할 것이다. 모두가 경을 역적이라 할 것이다."

"전하, 궁으로 돌아가시더라도 상헌을 버리지 마시옵소서. 그는 이 성안에 하나밖에 없는 충신이옵니다."

"경도 나의 충신이다."

병자호란을 배경으로 한 이 영화는 척화론자 김상헌과 주화론자 최명길의 날선 대화에서 대립의 묘미가 있다. 주요 배경인 영화 속 조선조정은 전략적 의사결정 기구와 닮았다. 이조판서는 기업으로 치면 인사담당 임원쯤 된다고 한다. CEO 인조가 당면한 전쟁과 화친이라는 전략적 의사결정에서 이조판서 명길이 적극적으로 제안하는 모습에 주목하자. 목숨을 내걸고 적진을 오가며 적의 동태까지 보고해가면서 국가의 존망이 달린 전략 결정을 지원하는 것이 마치 전략적 파트너로서 HR 역할과 오버랩된다. 정세 변화를 읽은 그가 인조에게 삶이 있어야 이 치욕을 갚을 수 있다는 말로써 나중을 도모하라고 하는 것은 이미 환경 조사를 마치고 그에 적합한 전략을 구상했음을 말해준다. 영화에서는 그려지지 않지만 화친이라는 전략을 제안하며 이러한 결정을 뒷받침할 수 있는 후속 방안들까지도 그는 인조와 함께 마련했을 것이다. 끝내 주화의 길로 인조를 이끌어 항복문서의 집필을 맡아 처리하는 그를 현실적인 HR 전략가라 할 수 있겠다.

01 전략적 인적자원관리란 무엇인가?

전략경영에 대한 관심이 높아지면서 기업 내 각 부문들의 역할을 전략경영 프로세스와 정렬시키는 경향이 보인다. SHRM은 조직 전략과 부합하는 HRM 활동들을 통해 조직의 성과를 올릴 수 있다는 시각에서 비롯된 것이다. 학계에서도 HRM의 개별 활동들을 검토하던 방식에서 벗어나 여러 활동들을 시스템화하여 조직의 경영성과에 미치는 영향을 분석해야 한다는 것이 설득력을 얻게 되었고, 개별 HRM 활동들의 단순 합이 아닌 더 큰 시너지를 일으켜 기업의 성과에 유의한 영향을 준다는 사실도 연구들에서 입증되었다. 특히 어떤 과정을 통해 SHRM이 성과에 기여하는지, HR 제도와 성과 간의 블랙박스를 찾으려 한 연구들은 내적 프로세스를 밝힘으로써 큰 기여를 했다.

1.1 전략적 인적자원관리의 함의

전략적인 사고
앞을 내다보고 생존을 위해 해야 할 것을 계획하는 장기적인 사고

오늘날처럼 복잡한 사회·경제적 환경에서는 분야를 불문하고 성공의 핵심이 **전략적인 사고(strategic thinking)**에 있다고들 말한다. 이와 관련해 성공적인 조직들은 경쟁우위의 주요 원천이 인적자원임을 깨닫고서 HRM의 전략적 역할을 더욱 강화시키고 있다. HR 매니저들 사이에서도 직무에 대한 전략적인 관점을 적용해 조직의 전략과 HR 전략들 간에 중요한 연결고리를 인식하려는 것이 하나의 트렌드가 돼가고 있다. HRM에 대한 이러한 전략적인 지향은 조직의 규모나 분야에 상관없이 중요하다. 모든 HR 기능들과 비즈니스 전략 간의 연계를 요구함으로써 HRM과 조직의 전략경영(strategic management) 간의 관계를 정립하여 비용발생처(cost center)라는 부정적인 이미지로부터 탈피해 전략적 비즈니스 파트너(strategic business partner)가 되게끔 해주기 때문이다.

전략적 인적자원관리
HR 정책과 제도를 조직의 전략적인 비즈니스 목표와 연계시키는 것

챕터 1에서 설명한 것처럼 숙련도, 몰입도 및 동기수준이 높은 인력들을 통해 경쟁우위를 점하고자 HRM과 전략적인 비즈니스 목표들을 일치시키려는 조직의 실천방안(action plan)이 바로 **전략적 인적자원관리(SHRM: strategic human resource management)**이다. 즉 모집, 훈련부터 보상과 인력감축에 이르기까지 인력 관리의 전체 프로세스를 보다 폭넓게 기업의 비즈니스 관심사와 통합해서 전략적인 방식으로 다루려는 시도를 일컫는다. SHRM의 핵심 특성이라고 한다면

전략적인 사고는 한 수 앞을 내다보며 행동하는 것이다. 우리가 할 행동의 장기적인 효과를 예상하고 오늘의 이 행동을 하는 접근법인 셈이다. 따라서 전략적 사고는 삶에 목적을 부여한다. 매뉴얼을 읽어서 알 수 있는 것이라기보다 경험을 통해 학습된다.

조직의 목적과 HR 기능들을 서로 일치시키기 위한 경영관리와 HR 간에 형성된 연계이다. SHRM은 인적자원을 현재와 미래로뿐 아니라 수직적, 수평적으로도 연결시킨다. 수직적 연결(vertical linkages)은 HR 제도들과 조직의 전략경영 프로세스를 서로 연계시키는 것이며, 수평적 연결(horizontal linkages)은 하나의 계획된 조치를 통해 HR 내 다양한 제도들의 조화를 이끄는 것과 관련된다.

기본적으로 SHRM은 장기 목표들을 갖고서 HR 프로그램들에 초점을 맞춘다. 내부의 HR 이슈들보다도 그러한 프로그램들에 영향을 끼치는 문제들을 처리하고 해결하는 데에 SHRM은 더 중점을 둔다. HRM을 비즈니스/기업 전략과 결합시키는 것과 함께 **라인 매니저**들로 하여금 HRM을 분담케 하는 것은 SHRM의 2가지 핵심사항이 된다. HR 담당자들은 인적자원을 운영하는 데 있어 더 이상 단독 책임을 갖지 않으며 일선 매니저들과 그 책임을 분담한다. 기업 전략과 HRM을 결부시켜서 얻는 이득 외에 라인 매니저들을 HRM에 관여시킴으로 인해 다양한 이익들을 기대할 수 있다([표 2.1] 참조). 기업은 이로써 특히 비즈니스 성과를 향상시키고 혁신, 유연성 및 경쟁우위를 불러올 조직문화를 개발할 수 있게

라인 매니저
하급자들에게 업무를 지시하고 이에 대한 완수 책임을 지는 관리자로 한 직원의 직속 보고 라인을 의미

표 2.1 | SHRM 접근법에 따른 이익들

HRM과 기업 전략의 결합으로 얻는 이득	라인 매니저와의 책임 분담으로 얻는 이득
복잡한 조직 문제들의 해결을 위한 보다 폭넓은 해법을 제공	경영진이 간과하기 쉬운 특정 이슈들을 부각시켜 줌
기업 전략의 성공적인 실행을 보다 확실시해줌	직원들의 모티베이션을 드높이고 보다 더 효과적인 관리가 이루어지도록 해줌
조직성과를 효과적으로 달성, 유지하는 데 결정적인 요인으로 작용	현안문제나 상황들에 라인 매니저들이 보다 신속히 대처
목표를 세우고 실행력을 평가하는 데 있어서 모든 인적/기술적/재무적 자원에 대한 합당한 고려가 이루어지게 함	HR 담당자들이 전략적인 기능들을 수행하는 데 시간적으로 좀 더 여유를 가짐
경시 또는 도외시되는 HR 이슈들마저도 전략적 차원에서 고려하게 만듦	라인 매니저들의 행태를 체계적으로 지시·감독하는 데 도움
HRM에 장기적인 초점을 제공	의사결정 스킬을 연마할 기회를 부여함으로써 미래의 매니저를 육성
기업이 경쟁우위를 갖는 데 도움	관료제적인 인사기능을 재편함으로써 비용절감에 일조

된다.

실제로 SHRM은 비즈니스 및 경영 분야에서 오늘날 가장 중요한 개념 가운데 하나다. SHRM이라는 개념은 **고성과조직**(high performance workplaces)을 장려하고 인적 자본의 관리를 촉진하기 위한 것이다. SHRM은 지난 수십 년 동안 관심과 주목을 받게 되었고 특히 HRM과 성과에 대한 논쟁에 관해서는 다음과 같은 몇 가지의 동의가 이루어졌다. 첫째, 인적 자본은 경쟁우위의 원천이 될 수 있다. 둘째, HRM 제도들은 한 기업의 인적 자본에 직접적인 영향을 미친다. 셋째, HRM시스템 및 제도들의 복잡성이 모방불가성을 강화시킬 수 있다. 요컨대, 자주 거론되는 SHRM의 근본 요소들 중에서 중요한 것은 본래 SHRM이 거시적이고 적극적이며 장기적인 관점을 취한다는 것, SHRM 제도의 실행으로 인해 조직성과와 연계될 수 있다는 것, 그리고 경쟁우위를 얻는 수단으로써 인적자원과 기업전략 간의 정렬에 중점을 둔다는 것까지 3가지다.

고성과조직
성공적인 조직이 되려면 필요한 것으로 구성원들이 독특하고 혁신적인 기법으로 제품과 서비스를 생산할 때를 의미

HR Map | HRM에서 라인 매니저들의 역할 비중이 커지는 이유

근래에 들어 HRM에서 라인 매니저들의 참여가 왜 더 두드러지는지 그 공통된 이유들이 Brewster & Larsen(2000)에 의해 제시되었다.

- 몇 가지 이유들 가운데 하나는 우선 HRM에 대한 종합적인 접근이 필요하다는 데 있다. 직원들과 가장 많은 접촉을 갖는 사람이 각 부서의 부서장들이므로 일상에 대해 가장 잘 아는 라인 매니저들이 책임을 통합적으로 가짐으로 인해서 이러한 접근법이 잘 달성될 것이라는 주장이다.
- 두 번째는 서비스 산업의 발전 때문이다. 고객 니즈에 대한 재빠른 반응과 서비스 제공의 질/시간/유연성에 중점을 두게 되었다. 비용과 효율에서 인적자원은 핵심 요인이고 고객의 면전에서 결정이 바로 이루어져야 하는 상황이 되었다. 따라서 고객서비스의 책임을 지는 매니저가 HRM에 대한 책임도 갖는 것이 합당하다.
- HR 관련 의사결정이 실시간으로 이루어진다는 점도 라인 매니저의 HRM 관여 이유이다. 과업지시나 역량개발과 같은 HR 의사결정은 보통 다른 결정으로부터 분리된 채 독립적으로 시행되기가 어렵다. 뿐만 아니라 HR 담당자의 결정을 마냥 기다리는 것은 의사결정 프로세스를 지체시킬 위험마저 있다.
- 조직들이 코스트 센터(cost center)나 프로핏 센터(profit center) 접근법의 도입을 서두르고 있는 것도 이유다. 이러한 센터를 운영하고 있는 조직들은 그 비용의 상당 부분을 차지하는 인적자원이 라인 매니저들의 책임에서 배제되는 것을 원치 않는다.
- 마지막으로 경영철학과 조직구조가 변화하고 있기 때문이다. 조직들은 간접비(고정적인 관리비)를 줄여서 보다 경쟁력을 강화하기를 원한다. 이를 위한 방법 중 하나는 HR 부서의 직원을 줄이는 것으로, 이는 결국 그들의 책임 일부가 라인 매니저에게 이양되는 결과로 나타났다.

1.2 전략적 인적자원관리의 중요성

SHRM은 사람을 통한 비즈니스의 성과 향상에 관한 것이다. SHRM 접근법을 취하는 것은 바로 인적자원의 운영을 최우선순위에 놓고 기업의 전략·사명·목표와 HRM을 통합시키는 것이다. 일개 조직으로서는 HR 활동들을 통해 기업의 전략을 수립, 실행하면서 그러한 HR 기능을 전략적 파트너로서 이해하고 참여시키는 것이 곧 SHRM인 셈이다. 그러므로 전략적인 HR의 주요 목표는 생산성을 증대시키고 이러한 생산성과 함께 모티베이션을 향상시킬 핵심영역들을 아래와 같이 규명하는 데 있다.

- HR 플래닝 조직의 목표 달성을 용이하도록 인적자원의 수요와 가용성을 분석, 규명하는 프로세스를 말한다. 이것의 필요성은 직무 요건의 인식과 그러한 직무의 적임자 충원 사이에 소요시간을 줄이는 데 있다. 오늘날 HR 플래닝은 전략적인 운영 프로세스로 간주되어 전통적인 고용 및 충원으로부터 돌발 상황들을 다루기 위한 예측 및 승계기획으로 그 초점이 옮겨가고 있다.
- 전략적인 모집과 선발 장기 비즈니스 목표와 모집/선발 간의 전략적 통합을 말한다. 이로써 조직의 전략적인 요구들이 모집과 선발에 적절히 반영될 수 있게 된다. 하지만 이는 주로 비즈니스를 키우는 데 중추적 역할을 하는 핵심 직무들에 한정된 것이지 전체 직무의 모집, 선발과는 구분된다.
- 전략적인 훈련/개발 비즈니스 전략과 같은 방향으로 직원들이 유능해질 수 있도록 훈련 프로그램들을 규명/설계/제공/평가하는 것에 관계된 모든 것을 의미한다. 시장 지위를 철저히 분석하여 조직은 성공을 위해 필요한 인재와 스킬 및 기술을 결정해야 하는데, 이러한 전략적 접근법은 목표 지향적이고 측정도 가능해 더욱 효과적이다.
- 전략적인 성과관리 비즈니스 요구에 걸맞은 HR 컴피턴시를 규명하고 이를 위한 선발과 개발 제도를 마련하는 것 외에도 직원들의 성과와 전략적 목표를 연계시키는 성과평가를 실시하는 것도 중요하다. 이러한 전략적인 성과관리는 비즈니스 전략과 부합하는 바람직한 결과를 냄으로써 가치를 전달하기 위한 전략실행(strategy implementation)에 관한 것이라 할 수 있다.

- **전략적인 보상관리** 비즈니스와 보상정책 간의 일관성을 드높이기 위한 것이다. 훌륭한 성과를 가져온 사람이나 직무에는 반드시 보상과 복지혜택이 주어지게끔 해야 한다. 이것은 데이터기반 접근법(data-driven approach)을 통해서 촉진될 수 있으며, 어쩌면 성과급시스템(variable pay rewards system)이 건전한 하나의 방법이 될 수도 있을 것이다.

SHRM의 활용과 주가, 종업원 생산성 등의 실질 성과 간에는 정(+)적인 상관이 있다는 것이 실증연구들에서 입증되었다. 테크니컬한 HR 업무들과 조직성과가 서로 무관한 것과 대비하면 이는 HRM의 전략적인 중요성을 강조하는 것이 된다. 인적자원을 조직의 전략적 사고 프로세스에 결합시켜서 SHRM은 기업의 비즈니스 플랜을 완벽해지도록 만든다. 환경이 불확실할수록 더 보편적인 플래닝으로 적응력을 높여가듯이 불확실성 정도에 따라 조직이 이를 알맞게 조정할 수 있어 가능한 일이다. 게다가 전략적으로 중요한 **HR 플래닝(HR planning)**을 통해 조직들은 CEO와 매니저, HR 전문가 간에 긴밀한 상호작용을 요하는 프로세스를 갖게 되는데, 이로 인해 적절한 사안을 적시에 적임자와 논의하는 것이 가능해진다. 환경 변화에 따라 플랜 자체의 갱신과 수정은 불가피한데 이를 거친 프로세스가 그 플랜을 더 의미 있고 유용하게 해주므로 SHRM은 다양한 이해관계자를 만족시키기에 유리하다.

HR 플래닝
필요한 스킬을 가진 적정 수의 인력을 보장하고자 행하는 HR 요구사항들에 대한 체계적인 검토 과정

인적자원에 대한 관리책임 상당수가 위임됨으로써 HR 담당자들만큼이나 라인 매니저들에게도 조직의 충원과 직무설계, 팀 구축, 스킬개발, 성과 및 서비스 향상방안 마련, 그리고 보상 등이 중요해졌다. 인간행동을 잘 이해하여 직원들과 효과적인 협업을 해야 하고 또한 동기 및 숙련도 높은 인력을 준비시키기 위한 다양한 시스템과 제도들도 매니저가 숙지해야만 한다. 인적자원과 관련된 경제, 기술, 사회, 법적인 이슈들까지 그들은 파악해야 하며 전략적인 목적의 달성을 위해선 노력의 강약도 조절할 수 있어야 한다. 어떤 의미에선 모든 매니저들이 HR 매니저인 셈이다. 매니저로서의 효과성이 인적자원에 대한 책무를 행하는 방식에서 결정된다는 사실을 다들 아는 것처럼, SHRM을 통해 그만큼 기업의 목표 달성을 위한 통제가 한층 더 진화한다. 부적격자를 고용해 이직이 증가하는 것을 원치 않으며, 차별로 인해 자신들이 피소당하거나 서툰 직원의 행동으로 고객만족이 추락하는 것은 더더욱 원치 않기 때문이다.

HR 제도가 다양한 이해관계자들 간의 갈등을 고조시키거나 혹은 반대로 해결책도 제공할 수 있다는 사실을 점차 조직의 경영자들도 이해하게 되었다. HR 전략과 비즈니스 전략 간 정렬(alignment)을 가져오는 SHRM은 HR로 하여금 플랜 주도와 팀 프로젝트에 관해 고려케 하고, 여기서 생길 기회들의 규명은 물론 관련 위험들까지 파악하게 만든다. 이러한 것들은 모두가 전략적인 의사결정기구에서 논의될 안건들로서 HR은 그 일원으로 참여해 플랜 수립에 영향력을 발휘해야 한다. 하지만 알다시피 인적자원을 통해 경쟁우위를 점하는 것은 조직의 인적 자본, 전략, 그리고 타 기업과 차별화된 역량, 이들 간의 삼박자가 잘 맞아야 하는 것이다. 제아무리 훌륭한 전략들이라 한들 타 기업을 생각만큼 쉽게 벤치마킹할 수 없음이 이를 대변해주기도 하다. 따라서 경영자들로선 자신의 HR 전략들을 개발해야 하는데, SHRM이 이를 가능케 하여 지속적인 경쟁우위가 달성될 수 있다.

1.3 SHRM 모델

SHRM에 대한 이렇다 할 공통된 정의가 없는 와중에도 이에 대한 방법론이나 전략적인 프레임워크는 꽤나 알려져 있는 편이다. SHRM은 항상 인적자원에 대한 전략적인 사고와 연관되는데, 이것은 바로 비즈니스 플랜에 대한 일종의 정교화로서 전략을 실행 가능한 HR 활동 및 프로젝트들로 세분하는 것이다. 이러한 SHRM은 주로 예측(forecasting), HR 전략수립(HR strategy formulation), HR 전략실행(HR strategy implementation)의 3단계를 밟는 게 일반적이다. 예측은 조직의 내·외부 환경을 분석해서 조직에 영향을 줄 만한 미래 사건들을 예견하려는 시도다. HR 전략수립은 전략적으로 중요한 HR 플래닝을 일컫는 것으로 조직의 미션, 전략 목표, 강·약점 및 위협·기회를 고려한 계획을 준비하는 것과 관련된다. 마지막으로 전반적인 조직의 전략을 지원할 만한 HR 프로그램들을 가지고 HR 플랜을 실행시키는 것이 HR 전략실행에 해당된다. [그림 2.1]은 우측(녹색) 부분에서 HRM에 관한 전략적인 접근을 나타낸다.

내·외부 환경 변화는 조직운영과 인력관리의 방식에 직접적인 영향을 미친다. 기업으로선 기회가 되는 변화도 있지만 위협으로 인식되는 변화도 있다. 조직에 영향을 주는 환경요인들을 체계적으로 모니터링하는 것이 환경 조사이다.

내부적으로도 리더십, 문화, 조직역량이 변화함에 따라 조직의 강·약점은 달라진다. 다음은 적합한 비즈니스 전략을 고려하기 위해 조직의 미션, 비전, 가치들 또한 평가된다. 비즈니스 전략이 확정되면 조직은 이를 강화시킬 HR 전략을 개발해야 한다. 필요한 스킬을 갖춘 적정수의 인적자원으로 비즈니스 전략을 지원할 수 있어야 하고, 또한 적시에 이러한 전략이 수행되게 해야 한다. HR 전략이란 경쟁자들에 대한 우위를 득하거나 유지하고자 HR을 신중하게 활용하는 것을 지칭한다. 최근에 조직들은 전략의 실행에 더 많은 관심을 쏟고 있다. HRM이 전략의 실행을 위한 좋은 방편이 되기 때문이다. 이러한 프로세스에 관해서는 다음 섹션 02에서 더 자세히 논의될 것이다.

그림 2.1 | 전략적인 비즈니스 및 HR 플래닝의 단계들

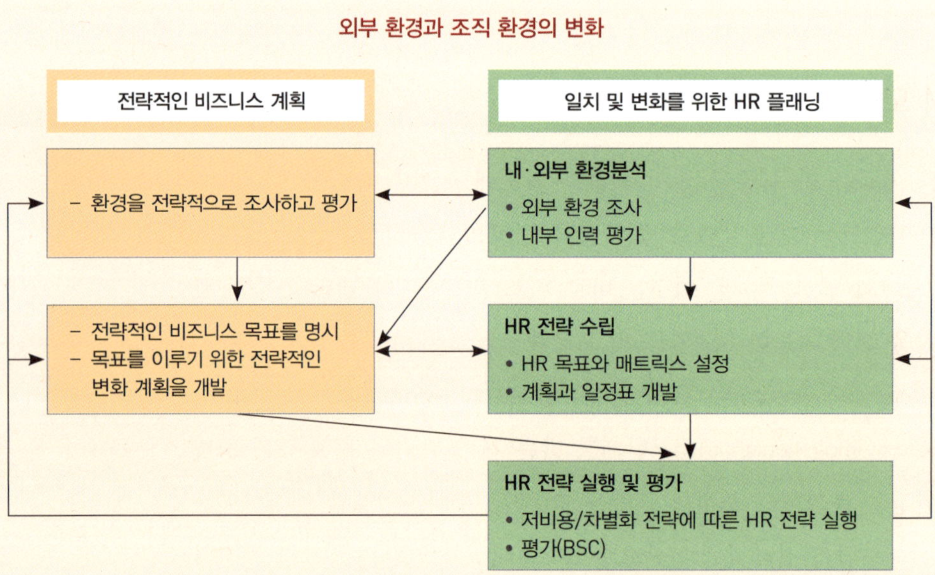

전략경영과 HR 플래닝

02

혼돈이 전략적 변화를 불러오게 하므로 혼돈 속에서 기업들이 번성해 간다고도 말한다. 기업들은 변화를 모색하는 동안 체계적인 플래닝을 함으로써 질서를 부여하고 가급적 혼란을 통제하에 두려고 애쓴다. 대부분의 조직들에선 외부 환경을 검토하고 향후 5년, 10년 후 희망 목표를 설정하면서 이 프로세스가 시작된다. 전략적 목표가 일단 정해지면 경영진은 보다 단기간의 영향을 고려하게 되고 이후의 수많은 단기 플래닝 사이클을 적용해가며 차츰 전략적인 목표를 향해 나아간다. 비즈니스 플래닝과 HR 플래닝 간의 긴밀한 조정도 바로 이러한 프로세스 중 하나라고 볼 수 있다.

2.1 전략경영

전략경영(strategic management)이란 경영을 하되 '전략적'으로 하는 것을 말한다. 주먹구구식으로 하지 않고 경영전략에 따라 명확한 목표를 정하고 가능한 수단을 동원해 최대 이익이 남도록 경영하는 것이다. 전략경영은 전략적 플래닝(strategic planning)에 전념토록 만드는데, 이는 성과를 내기 위한 의사결정 및 조치들을 확정하는 조직의 목표수립 능력을 일컫는다. 전략적으로 중요한 플래닝 과정을 거치며 조직은 목표에 관한 의결사항들을 비롯해 그러한 목표를 이룰 방안들을 구체화한 하나의 **전략적 플랜**(strategic plan)을 얻을 수 있다. 현재 우리는 어디에 위치해 있는지, 향후 어떤 위치로 가고 싶은지, 어떻게 해서 그 위치에 도달할 것인지 등이 적시된 이러한 전략적 플랜은 일종의 경영 툴(management tool)로서 비즈니스를 성장 발전시키는 데 도움을 준다. 즉 아래와 같은 내용이 주로 담겨 있으므로 모든 구성원들이 미래 가능성에 초점을 두고서 조직의 의도나 그 이유 등을 가늠해 볼 수 있게 해준다.

전략경영
회사가 성공에 이르는 길을 계획하고 실천하는 하나의 체계적인 접근법

전략적 플랜
경쟁우위의 유지를 위해 내부의 장/단점을 어떻게 외부의 기회 및 위협과 대응시킬지에 대한 기업의 플랜

- 조직의 미션과 목적을 정의한다.
- 조직의 방향을 설정한다.
- 경쟁우위를 구축하게 만든다.
- 현재 처한 환경과 미래 비전 간의 갭을 평가한다.

- 조직 구성원들과 전략에 대해 소통할 수 있게 한다.
- 활동 간의 우선순위를 부여하여 계획이 실천되도록 해준다.

전략경영은 이미 언급한 바와 같이 조직의 장기적 성과를 향상시키기 위해 경영 의사결정 및 조치들에 관해 다루는 분야다. 전략경영을 잘하는 조직들에서는 자원배분 등의 프로세스가 플랜 속의 비전을 잘 지원한다고 확신을 주는 제도들을 전략경영을 통해 만들어 간다. 즉 전략경영은 전략의 개발과 실행인 것

하이데거의 숲 | 전략의 3가지 수준

조직들은 전략을 세 수준에서 수립한다. 즉 기업, 비즈니스, 그리고 기능 수준이다. 기업 수준에서는 전체로서의 조직을 위한 전략이 수립된다. 주로 기업이 경쟁할 사업 영역들과 관련된 결정을 다룬다. 비즈니스 수준에서는 기업 비전을 현실화하기 위해 수립되며, 기능 수준에서는 기업의 강점과 역량으로 사업단위의 목표들을 실현시키고자 수립된다.

❖ 기업 전략(corporate strategy) 일개 기업이 경쟁하고자 하는 장소와 관계된다. 예) 성장 전략, 축소 전략, 안정화 전략

❖ 비즈니스 전략(business strategy) 특정 시장 내에서 어떻게 경쟁할지와 관계되는 경쟁전략이다. 예) 저비용 전략, 차별화 전략, 집중화 전략

❖ 기능 전략(functional strategy) 마케팅, 재무, HR 같은 주요 기능들을 어떻게 관리할지 고려하는 것과 관계된다.

〈그림〉과 같이 최상위에는 기업 전략이 위치하고 그로부터 비즈니스 전략이 도출되며, 다시 기능 전략은 비즈니스 전략을 바탕으로 수립된다. 전략 간의 위계는 이처럼 분명하다.

그림 | 전략적 의사결정의 위계

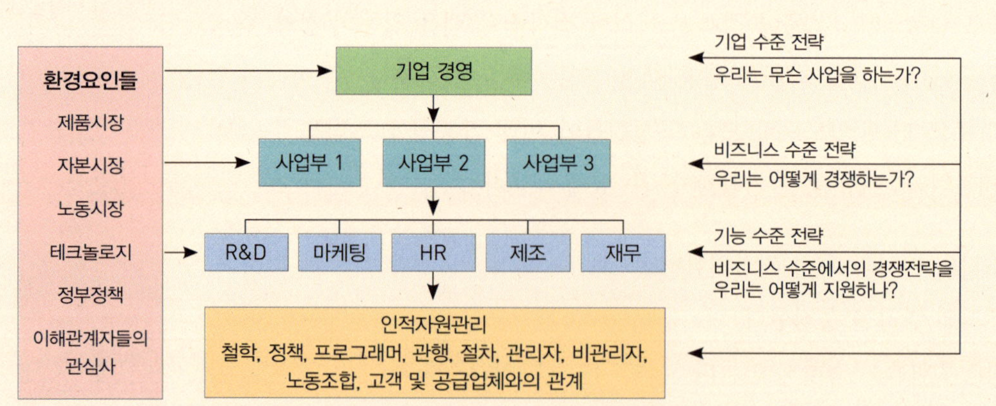

이다. 종종 혼용되긴 해도 일반적인 장기 플랜과는 완전히 다르다. 계획대로 된다고 맹신할 만큼 장기 플랜에서는 현시점에서 미래에 대한 해석이 확실하지만, 전략적 플랜들은 미래가 불확실하므로 플랜을 달성해가면서 조직이 유연해져야 할 필요성을 인식시켜준다. 전략적 플래닝은 단계별 활동 그 이상의 것으로 전략적 사고력을 요한다. 즉 정보를 얻고 또 그 정보가 조직의 미래에 미칠 영향에 대한 통찰력도 줄 수 있어야 한다. 이런 차이로 인해 성공적인 조직들에서는 전략적 플랜을 정적인 로드맵이 아닌 늘 주기적으로 참고해야 하는 일상의 지침으로 여긴다.

전략적 플래닝의 이점들은 사실상 여러 가지가 있다. 우선 미래의 기회와 위협들에 대해 알 수 있다. 이러한 기회와 위협들을 잡거나 극복하기 위해 어떤 자원이 필요한지도 조직들은 알게 된다. 게다가 개인들에겐 목표를 인식시키고 공동의 미션에 정렬되도록 해주며 이로써 규범과 의무도 만들어 낸다. 전략적 플래닝은 무엇보다도 예측과 준비가 불가한 예기치 않은 변화에 대응하는 리스크관리(risk management)에 투입될 시간을 줄이는 데 도움을 준다. 기본적으로 전략적 플랜이 없다는 것은 지도나 내비게이션 없이 전혀 가보지 않는 곳을 여기저기 헤매는 것과 같다. 수많은 도전들이 넘쳐나는 오늘날의 비즈니스 환경에서 전략적 플랜이 없이는 길을 잃는 것이 너무도 자명하다.

2.2 HR 플래닝 프로세스

HR 플래닝(HRP: human resource planning)이란 용어는 인적자원에 대한 니즈와 가용성을 분석, 규명하는 프로세스로서 이러한 인사기획을 통해 조직의 목표를 실현할 수 있다. HRP의 전반적인 목적은 인적자원을 조직의 목적과 일치되도록 관리하는 것이다. 전략적으로 중요한 HRP는 적시에 적절한 스킬의 인력을 준비시킴으로써 조직이 경영상의 목표를 이루는 데 적절한 인력운영이 되도록 해준다. 즉 기업은 HRP를 통해 수직 및 수평 적합도를 달성해간다. 따라서 다른 경영자원들과 직원들을 전략적인 정렬이 되게 하려면 HRP 프로세스가 작동되는 방식에 대해 이해할 필요가 있다. HRP는 조직의 전략, 목표 및 정책에 대한 환경 조사나 검토 등 모든 조치를 파악하여 언제 어디서든 질과 양에서

HR 플래닝
기업이 인력 변동의 균형을 맞춰서 팀원 부족이나 과잉의 상황을 막기 위해 사용하는 기법

하이데거의 숲 **HRP를 할 수밖에 없는 이유?**

인적자원의 현 상태를 평가하고 미래의 인력 요건들을 예측하는 것을 목표로 하는 HRP는 체계적이고 전략적인 프로세스이다. HRP를 할 수밖에 없는 이유라면 다음 것들을 생각해 볼 수 있다.

- 자원 사용을 최적화하고 이를 더욱 유연하게 해줌으로써 실질적인 효과를 얻을 수 있다. 사실상 개발에 시간을 요하는 스킬의 습득과 육성 면에서도 그러하며, 잠재적인 문제를 파악하여 그릇된 결정을 내릴 가능성도 최소화할 수 있게 해준다.
- 다음과 같은 과정상의 이점 때문에도 HRP를 행한다. 여기에는 미래에 대응하고자 현재를 이해하기, 가정에 도전하며 사고를 자유롭게 하기, 뒤탈이 없도록 확고한 의사결정을 하기, 한발 물러나서 개요를 제공하기, 장기적인 시각을 갖기 등이 포함된다.
- 마지막으로는 조직적인 이유에서다. 지지/헌신을 얻기 위해 플랜에 대해서 소통하고, 또한 이에 영향을 미치도록 HR 플랜을 비즈니스 플랜과 연계하며, 나아가 운영 단위에 대한 기업 통제권을 확보하고 조직의 의사결정과 행동을 조정/통합하는 것까지 관계된다.

모두 적정한 인적자원을 이용할 수 있도록 보장한다. 앞서 보여준 [그림 2.1]은 전략경영 프로세스상에서의 HRP를 함께 보여준다. 회사마다 현재 혹은 미래의 니즈에 따라 약간씩 다른 플랜을 갖게 되지만 공통의 기본구조가 있을 것으로 보고 설명을 이어가도록 하겠다. 언제나 똑같이 진행된다고 볼 수는 없어도 기본적인 요소들은 대동소이하다.

1단계: 보유한 인적자원 평가

HRP 프로세스의 첫 단계는 현 보유 인력에 대해 평가하는 것이다. HR 담당자들은 직원들의 **역량**(capabilities)을 상세히 검토한다. 모집, 선발, 인적자원개발에 대한 미래 니즈를 알아내기 위해 KSA 인벤토리(KSA inventories)를 활용할 수 있으며, 어떤 역량이 추가로 미래 인력에게 요구될지도 같이 고려한다. 또 다른 면에서는 인력의 **구성**(composition)을 정하는 일이다. "내부에 인재가 있는지 아니면 외부로 눈을 돌려야 할지?", "내부에선 누가 적절하며 외부라면 누구와 접촉해야 할지?" 그리고 "다양한 스킬 보유자들을 어떻게 관리할지?" 등을 고민해야 한다. 평소 HR이 개개인의 KSA 인벤토리를 준비해 놓게 되면 여러 가지로 유리하다. 미래에 필요한 스킬의 가용성 추정이나 공석에 대한 내부 후보자 규명을 용이하게 할 뿐만 아니라 단기 프로젝트에 투입될 특정 스킬 보유자의 규명을 위한 귀중한 자산이다. 신규 채용을 고려하기에 앞서 가용범위 내에 있는 인재부터 파악하는 것이 매우 중요하다.

내부 인력을 평가할 때 고려해야 할 것은 역량, 구성 외에도 문화가 있다. **문화(culture)**란 가치관, 신념, 태도의 평가이다. 인력의 태도나 신념 외에도 그들이 관여하는 활동들을 검토하기에 알맞다. "직원들은 시간을 어떻게 쓰는지?", "상호작용은 서로 어떤 식으로 하는지?", "사기는 어느 정도인지?", "권한을 부여받고 동기가 유발된 상태인지?", "매니저들의 주류 리더십 스타일이라면 어떤 것인지?", "어떻게 직원들은 성장하고 있는지?" 등의 질문들이 여기서 주어진다. 조직문화의 이해가 필요한 것은 이것이 전략 개발 및 실행 국면에서 무슨 전략이 통할 수 있을지 통찰을 제공하기 때문이다. 이와 같이 HR 담당자들이 '3C(capabilities, composition, culture)'에 초점을 맞춤으로써 내부분석은 의사결정자에게 조직의 스킬과 자원의 대한 정보뿐 아니라 그 회사의 전반적인 수행 정도를 알 수 있게 해준다. 변화를 위한 어떤 조치를 취하기 전에 조직에 대한 분석(organizational analysis)부터 선행되어야 한다는 것인데, 실무에서는 이에 대한 중요성이 간과되는 경향이 있다고 한다.

2단계: 인적자원의 요건들 예측

가용한 인적자원에 대한 인벤토리를 갖추게 되었다면 이제 미래 니즈에 대한 예측을 시작할 차례다. 회사는 인력의 수를 늘릴 것인지, 현 인원을 유지하는 대신 효율성이나 스킬 훈련을 통해 생산력을 높일 것인지, 그리고 노동시장에서는 필요한 인재 구하기가 쉬운지 등 조직 안팎에서의 인력에 대한 수요와 공급을 종합적으로 평가하는 것이 중요하며 이를 주의해서 관리해야 한다.

그림 2.2 | 인적자원의 공급 및 수요 예측

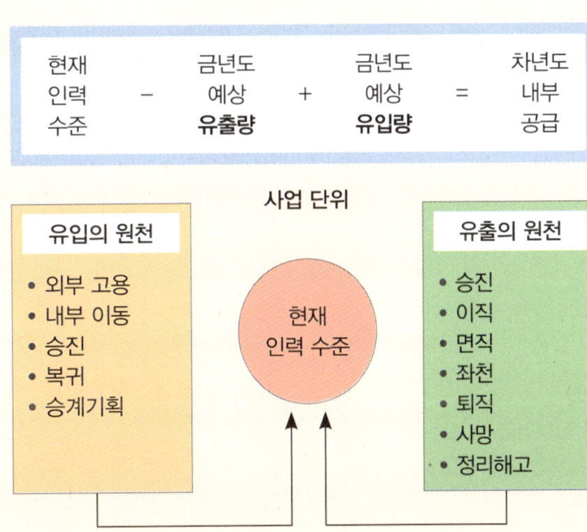

- **수요 예측(demand forecasting)** 기업 니즈를 충족시키기 위해 요구되는 인원 및 역량과 관계된 미래 인적자원 니즈를 확정 짓는 세부 프로세스이다. 그 목적은 향후 요구되는 인력의 수와 유

형을 정하는 데 있다. 과거 및 현재 요건들뿐 아니라 미래 조직의 목표들까지도 여기서는 고려되어야 한다. 다양한 조직 하부 단위의 니즈들을 종합하여 미래 인적자원에 대한 니즈를 예측하고자 사용되는 방법 중 하나가 상향식 예측(bottom-up forecasting)이다.

- 공급 예측(supply forecasting) 니즈를 충족시키기 위한 가용 자원을 고려하는 것이다. 내·외부 원천들로부터 직원 고용을 할 수 있는데, **스킬 인벤토리** 방법은 내부공급을 추적하기 쉽게 만드는 기법들 중 하나다. 이에 기초하게 되면 현재의 수요를 위해서 어느 인력을 사용할지 알 수 있게 된다. 현재의 인력으론 채울 수 없는 니즈를 충족하기 위한 모집 활동처럼 외부로부터 유입되는 인력 공급을 예측하는 것 역시 필요하다.

스킬 인벤토리
직원들의 경력, 교육, 특수 스킬 등을 기록하는 설명서 또는 전산시스템

- 수요 공급의 매칭(matching the demand and supply) 인재에 대한 조직 수요와 시장의 가용한 공급 사이를 연계시키는 플랜을 마련하는 것이다([그림 2.2] 참조). 인력 공급이 니즈를 초과할 것으로 예상되면 감축안이 고려될 것이다. 그리고 니즈가 예상 공급을 초과할 때는 공격적인 구인을 단행하게 될 것이다. 여기서 예측의 질은 사건의 예측가능성과 사용된 정보의 정확성에 달려있다.

3단계: HR 목표 및 평가 매트릭스 설정

다음 단계는 조직이 미래에 있어야 할 곳과 현재 위치하는 곳의 차이를 밝히기 위한 것이다. 이러한 전략적 변화는 명확한 목표가 있어야 성공가능하다. 일례로 HR 목표는 전략적 비즈니스 목표와 결부되어야 하며, 이에 대한 평가 매트릭스 역시 구체화된 HR 목표와 일치해야 한다. 이럴 경우 인적자원의 관리를 위한 방향성은 더욱 분명해진다. 만약 전략적 목표가 조직의 학습능력 향상을 요구하는 것이면 HR 목표는 다양한 비즈니스 간의 학습을 돕고, 전사 차원의 시너지를 도출하는 것이 될 것이다. 또한 고객서비스 전략의 실행을 요구한다면, HR 정책과 제도 적용은 고객서비스와 관련된 행동을 직원들이 표출할 수 있게끔 맞춰져야 할 것이다. 이와 같이 비즈니스 목표와 HR에 의해 취해지는 주요 플랜 간의 연결에 초점을 두는 것이 **수직적합**(vertical fit)이다. 이것 말고도 매니저들은 HR 활동들 간에 내부적으로 서로 강화시키는 양상을 구현해야 한다. 이를테면 직무설계, 충원, 훈련, 성과평가, 보상과 같은 기능들은 동일한

수직적합
기업의 전략경영 프로세스와 HRM 제도들 간의 정렬

그림 2.3 | HRM 제도들과 전략경영 간 수직적합, 그리고 HRM 제도들 간 수평적합

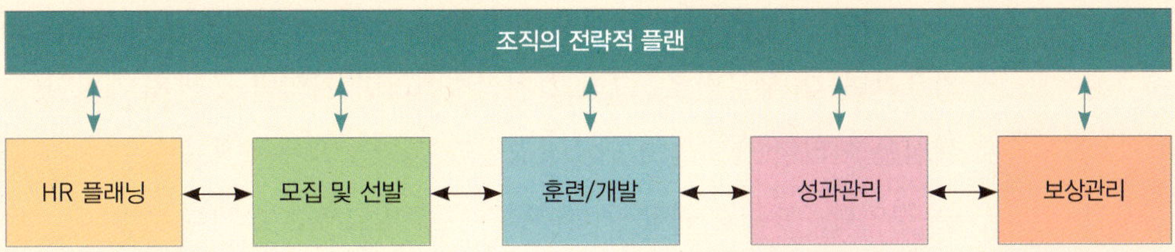

목표들을 위해서 초점이 모아져야 하는데, 이것이 **수평적합**(horizontal fit)이다.

수평적합
하나의 일관성 있는 시스템이 되고자 상호 지원하는 다양한 HRM 제도들 간의 정렬

이미 언급한 것처럼 기업들은 변화의 효과성 측정 차원에서 진척도를 평가할 매트릭스를 함께 개발한다. 목표설정에서 양적인 목표가 선호되는 까닭은 계획된 프로그램의 성공 여부를 결정짓는 비교기준을 제시하려 하기 때문이다. 따라서 목표가 인력 공급 및 수요의 분석과 직접 연계되어야 마땅하고, 직무 영역 혹은 기술 분야에서 언급돼야 할 세부 밑그림이나 기한 등이 적시된 상세 일정표를 포함하는 것이 바람직하다. 타당성이 인정되며 사용이 편한 매트릭스들로는 HR 투자수익률(HR ROI), HR 부가가치(HR value added), HR 지출비율(HR expense ratio), HR 수익비율(HR revenue ratio) 등이 있다. 대부분이 CEO에게 보고되는 전형적인 재무 수치들의 검토를 위한 것들이다. 효과성 검토를 위한 간단 지표를 제공해주므로 편리하긴 하지만 인적 자본의 관리와 무관한 요소들에 의해 이들 지표가 영향 받을 수 있다는 점은 늘 주의해야 한다.

$$\text{HR 투자수익률} = \frac{\text{수익} - (\text{운영비} - [\text{인건비} + \text{복지혜택비}])}{\text{인건비} + \text{복지혜택비}}$$

$$\text{HR 부가가치} = \frac{\text{수익} - (\text{운영비} - [\text{인건비} + \text{복지혜택비}])}{\text{정규직과 이에 준하는 직원 수(FTEs)}}$$

$$\text{HR 지출비율} = \frac{\text{HR 비용의 총액}}{\text{운영비 총액}}$$

$$\text{HR 수익비율} = \frac{\text{수익 총액}}{\text{정규직과 이에 준하는 직원 수(FTEs)}}$$

4단계: HR 실천방안 마련

HRP에서 축적된 데이터의 분석, 그리고 대안들을 바탕으로 실천방안들을 마련하는 것이 어쩌면 최종 단계일지 모른다. 만약 조직이 기능 부문별로 구조화된 경우라면 각 부문별로, 그리고 지역별이라면 지역별 플랜을 개발한다. 그래도 핵심은 이러한 플랜들이 최고경영진과 직원들 모두에게 수용될 수 있어야 한다는 것이다. 성공을 위한 우선순위가 실천방안에는 포함되어 있어야 하고 핵심인력이나 장애요소들도 규명하고 있어야 한다. 탤런트 활용계획, 인사평가계획, 교육훈련계획, 그리고 인적자원 조달계획 등이 실천방안에 해당될 것이다.

- 모집과 선발　회사의 니즈와 어울리는 스킬을 보유한 지원자를 발굴하여 인터뷰와 스킬 평가를 통해 조직에 최적인 사람을 결정한다.
- 훈련/개발　훈련을 통해 역량을 끌어올리는 것뿐만 아니라 회사의 니즈에 부합하는 스킬을 스스로 지속 개발하도록 장려한다.
- 성과관리　모든 직원을 대상으로 성과 검토가 정기적으로 이루어지고 성과뿐 아니라 향상을 요하는 부분도 규명한다. 고성과자가 성과를 유지하도록 고과를 평가한다.
- 보상과 복지혜택　경쟁력 있는 보상과 복지를 제공하여 기존 및 신입직원 모두 행복할 수 있게 해준다. 좋은 직원을 유지하는 것이 시간, 비용 모두에서 절약하는 길이다.
- 노사관계　최고 인재를 유인하는 데에는 강한 조직문화가 한몫을 한다. 직원의 건강, 안전, 근로생활의 질 등에 중점을 두고 최고의 근무환경을 제공하고 있다는 확신을 준다.

5단계: HR 실천방안의 이행 및 평가

전략을 수립한 다음엔 실행에 관심을 기울인다. 효과성 증진을 위해 HR 실천방안을 이행하면서 HR 매니저는 직원들의 참여 독려, 책임 배분, 저항에 대한 대처, 힘든 시기를 함께하는 데 대한 감사 표시 등 여러 조치를 한다. HRP 프로세스의 마지막 단계는 결과를 평가하는 것이다. 그러나 HRP는 사실상 순환적이기 때문에 이것은 다음 주기의 투입물(input)이 된다. 회사의 수준별 전략들이 일치를 이루도록 맵핑(mapping)하기 위한 수단들 중 하나가 바로 균형성과표(BSC: balanced scorecard)이다([표 2.2] 참조). BSC는 매니저들이 자사의 전략적

표 2.2 | 균형성과표(BSC)

관점	주요 질문사항	주요 비즈니스 지표들	주요 HR 지표들
고객	고객들은 우리를 어떻게 바라보는가?	시간, 품질, 성과, 서비스, 비용	HR 부서 서비스에 대한 직원만족, 고용주체인 회사에 대한 직원들의 인식
내부 비즈니스 프로세스	우리가 무엇에서 탁월해야 하는가?	고객 만족, 제조/서비스 과정에 관한 정보 유용성에 영향을 주는 프로세스	직원 1인당 교육비용, 이직률, 공석 충원 소요시간
학습과 성장	우리는 지속적으로 가치를 향상시키고 창조할 수 있는가?	운영 효율성 향상, 신제품 발주, 지속적인 개선, 직원들에게 임파워먼트를 통한 동기유발, 직원 만족	직원들의 역량 수준, 조직몰입도 조사결과, 변화관리 능력
재무	우리가 이해관계자들을 어떤 시각으로 바라보는가?	수익성, 성장성, 주식가치	직원 1인당 보상 및 복지혜택, 이직 비용, 직원 1인당 이익, 직원 1인당 수익

목표를 운영적 목표로 옮기는 것을 용이하게 해주는 측정의 프레임워크로써, 회사의 성과를 고객, 내부 비즈니스 프로세스, 학습과 성장, 그리고 재무의 4가지 관점으로 측정한다. 회사의 사업 전략과 경쟁적 요구를 기초로 선택된 중요한 지표의 강조로 BSC는 전통적인 기업성과 척도와는 다르다.

2.3 전략과 HRM 간의 조정

이미 2.2의 '3단계: HR의 목표 및 평가 매트릭스 설정'에서 수직적합의 중요성에 대해 언급한 바 있다. 이 같은 관점에서 조직이 전반적으로 **저비용**(low cost)을 고려한다면, 그들의 관심은 주로 효율과 효과성의 극대화에 있을 것이다. 즉 보유 인력으로 더 많이 생산하거나 혹은 적은 인력으로도 동일한 양을 생산하는 것이다. 이에 맞춰 HRM은 스킬과 능력에 근거한 채용이 이뤄지고 구체적인 직무기술서를 토대로 직무훈련을 강화하게 된다. 보상에 있어서도 비용의 절감과 효율성 증대를 강조하는 인센티브를 채택하고 성과평가 또한 비효율 /비효과적인 직원을 퇴출시킬 통제메커니즘으로 활용하기 쉽다. 저비용 전략은 이밖에 인적자원의 아웃소싱과도 관계된다. 저렴한 비용으로도 특정 활동이나 서비스를 더 잘 수행하는 외부 파트너와 계약 맺기를 원하기 때문이다.

또한 조직이 **차별화**(differentiation)를 꾀한다고 하면, 보다 유연성 있고 적응력이 뛰어난 직원들에게 관심을 더 보일 것이다. 이들 직원은 혁신할 능력을 가지고 있고 새로운 프로세스를 창조할 수 있다. 불확실한 환경의 다기능팀

(cross-functional team)에서도 업무를 잘 수행할 사람들이다. 이들을 위해 채용과 보상은 입사 시점에서 맡을 직무를 기반으로 이루어지는 것이 아니라 그 개인이 보유한 지식과 스킬에 근거해 결정된다. 인센티브 역시 그들이 기여하는 혁신과 창의성에 따라 제공된다. 성과평가는 저성과자를 벌하거나 퇴출시키기 위한 용도보다는 일반적으로 조직에서 중요한 지식근로자로서의 스킬 세트(skill sets)를 개발하기 위한 수단으로 쓰이게 된다.

SHRM에 관한 연구들도 위에서와 같은 성공사례 관점(best-practice perspective)에서 적합성과 안정성을 중시하는 것들이 대다수였다. 회사의 전략과 부합되는 인적자원이야말로 경쟁우위를 위한 토대가 될 수 있다고들 했다. 예를 들면, Dyer와 Reeves의 연구(1995)는 저마다 다른 조직의 환경이 다른 유형의 직원들과 행동들을 요구하게 되며, 각기 다른 HR 전략들 또한 다른 유형의 직원들과 그들 행동들을 유도해내야 한다고 주장했다. 자원준거관점(resource based view)에서 중국의 음료 및 전자 산업 내 기업들을 대상으로 했던 Li의 연구(2003)에서도 저비용 전략과 저임금, 단기고용 간의 상관을 발견했고, 또한 고임금과 생산성, 수익성 간의 상관도 함께 보고했다.

03 환경, 전략, 그리고 인적자원관리

결국 SHRM은 한 조직의 인적자원을 잘 관리하기 위한 전략적 접근법인 셈인데, 이러한 SHRM이 전략적 플랜의 일부임을 앞에서 설명했다. 이것은 조직구조가 전략을 따르기 마련이라는 Chandler의 연구(1962)가 주장하는 내용과 관련된다. 전략과 구조는 또한 기회나 위협을 제공하는 환경과도 따로 분리될 수 없다. 이들의 관계는 복잡해서 논쟁거리를 양산해내지만 이들이 서로 긴밀한 관련이 있다는 것은 부인할 수 없는 사실이다. 환경과 전략, 전략과 HRM의 관계를 좀 더 살펴보자.

3.1 환경과 전략의 관계

경영 분야에서 '전략(strategy)'이라는 용어는 성취를 위한 실천방안들과 더불어 조직의 미션/목표/목적 체계화를 말하는 것으로, 경쟁과 외부 환경요인들의 영향까지 명시한다고 볼 수 있다. 잘 조율된 선택과 조치들이라고도 할 수 있는 이러한 전략이 어정쩡한 기업은 실패를 범하기 쉽다. 예컨대 미국 자동차 제조사인 크라이슬러는 원가를 낮추는 전략도 아니고 그렇다고 고급차를 생산하거나 특정 부문에만 특화하는 전략도 아니어서 고전을 면치 못한다는 평을 얻고 있다. 전략은 기업성과에 영향을 주는 결정적 요인이자 시장에서의 경쟁우위에 기여하는 요인이다. 장기적인 초점을 갖는 것, 최고경영진이나 이사진이 관여돼 만드는 계획, 특정 정책/절차 선택을 위한 관점을 제공하는 보편적인 프레임워크를 의미하기도 한다.

다른 한편으로는 기업의 내부 자원, 기술, 그리고 외부 환경의 기회/위협 요인과의 적합성(fit)으로 전략을 보기도 한다. 경영전략의 적합성 분석을 위한 관점은 크게 다음의 두 이론에 근거한다. 그중 하나가 기업의 외부 환경에 대한 전략의 적합성을 중시하는 **전략적 상황이론**(strategic contingency theory)이며, 다른 하나는 기업의 경영자원 및 내부역량을 기초로 경쟁우위의 결정요인을 찾는다는 **자원준거관점**(resource based view)이다([표 2.3] 참조). 즉 전자는 기업의 외부 환경을 파악하여 전략을 결정짓고 이것이 경영성과에 주는 영향을 분석하는 데 초점을 두는 반면, 후자는 기업이 보유한 경영자원이나 내부역량이 성과에 영향을 준다는 식으로 내부 자원에 중점을 두어 기업의 경쟁역량을 파악하려는 시각이다. 이들 두 이론은 전략경영의 핵심주제를 외부 환경의 특성과 내

전략적 상황이론
상황적 요인에 적합하게 조직을 설계해야 한다는 조직설계에 대한 접근법을 설명한 이론

자원준거관점
경쟁우위를 창출하는 데 있어서 핵심자원에 의해서 수행되는 역할을 강조하는 관점

표 2.3 | HRM과 성과를 설명하는 3가지 주요이론

이론/관점	연구자	주요 입장
전략적 상황이론	Jackson & Schuler(1987) Delery & Doty(1996)	더 나은 조직성과를 위해서는 HRM 전략이 비즈니스 전략과 부합돼야 한다.
자원준거관점	Barney(1991) Grant(1991)	경쟁우위는 조직이 보유한 내부 자원으로부터 나온다.
AMO 프레임워크	Appelbaum, Bailey, Berg, & Kalleberg(2000)	직원들에게 관심을 기울이는 HRM시스템에 의해서 조직의 이익이 실현된다.

그림 2.4 | 환경, 전략, 그리고 조직구조의 관계

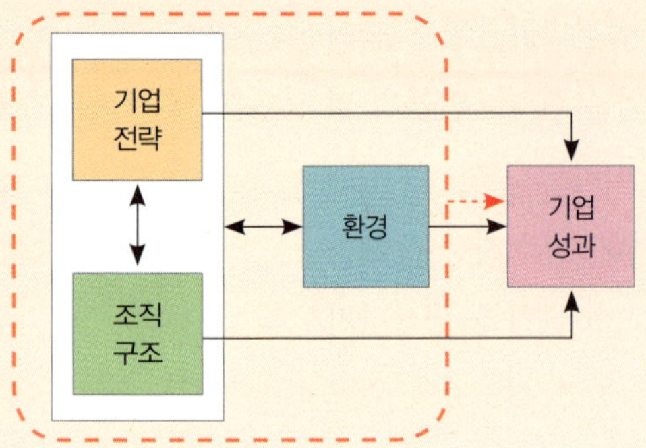

부 자원 및 역량 간의 조화를 어떻게 구축하고 유지할 것인가 하는 문제로 귀결시키고 있다.

전략과 환경, 조직구조는 성과에 영향을 준다([그림 2.4] 참조). 전략적 상황이론에 따르면, 기업이 경쟁우위를 확보하기 위해서는 환경과 전략의 적합을 추구해야 할 뿐만 아니라 환경의 제약조건을 완화시킬 수 있는 전략을 택해야 한다. 환경은 조직의 전략에 영향을 주며 조직은 처해있는 **환경에 전략을 부합시켜야만 높은 성과를 얻을 수 있다는 것**이 전략적 상황이론의 기본 논리다. 환경이 조직구조를 결정한다고 하더라도 환경은 그저 일방적으로 주어지는 것이 아니라 조직을 이끄는 의사결정자(CEO)에 의해, 전략에 따라 선택된 것이다. 그러므로 환경이 조직에 미치는 영향력의 중요성보다 조직 의사결정자가 그 환경을 어떻게 인식하느냐가 더 중요할 수가 있다. 즉 경영자는 환경의 일방적 지배를 받는다기보다 환경을 자의적으로 혹은 전략적으로 해석하고 선택할 수 있다고 본다.

전략적인 선택에 있어서 또 다른 중요한 관점, 자원준거관점은 내부로부터 특히 기업이 **보유한 자원에 의해 전략이 결정된다는 논리**이다. 이에 따르면 장기적으로 고성과를 내기 위해 기업은 경쟁력 있는 자원을 끊임없이 축적하고 이러한 보유 자원에 근거해 전략을 수립해야 한다. 또한 어느 자원이든 경쟁우위의 원천이 되려면 반드시 희소하고(rare) 가치가 있으며(valuable) 모방이 어려운(inimitable)데다가 대체불가한(non-substitutable) 특성을 지닐 필요도 있다. 따라서 오늘날과 같은 역동적인 글로벌 환경에서 성공을 추구하는 조직들이라면 경쟁자들보다 더 나은 스킬과 역량을 가진 직원들을 획득, 개발해야 한다. HR 제도들을 통해 인적 자본의 풀(pool)을 개발시킴으로써 경쟁우위로 이끌 수 있다.

3.2 전략과 HRM의 연계

SHRM은 전략적 플랜의 일부지만 전략적 플래닝과의 그 연계 정도가 실제로 다양하다. [그림 2.5]에서처럼 가장 초보단계는 관리적 연계(administrative linkage)이고, 다음으로는 일방적 연계(one-way linkage)이며, 세 번째는 쌍방적 연계

그림 2.5 | 전략적 플래닝과 HRM의 연계

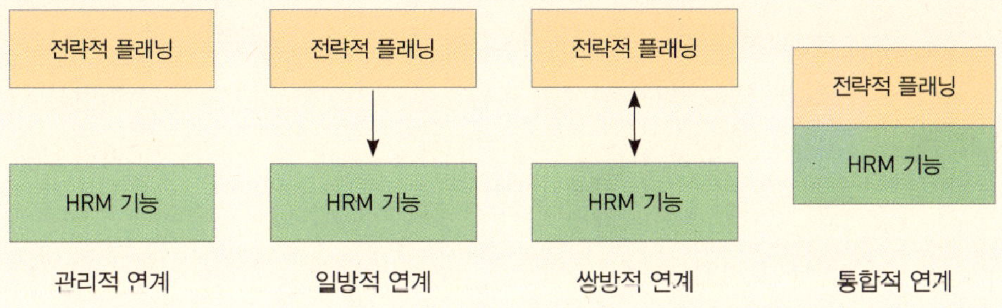

(two-way linkage), 그리고 가장 높은 수준이 통합적 연계(integrated linkage)이다. 먼저 관리적 연계는 조직 관리상 필요한 최소한의 교류만 있는 상태로서 HRM은 전략의 수립, 실행 등 전략경영 프로세스의 요소들과는 거의 분리된 상태이다. 일방적 연계에서 HRM은 전략의 실행단계에서만 작동되기 시작한다. 기획부서가 전략적 플랜을 수립하여 이를 HR 부분에 알려주는 형태이다. 쌍방적 연계에서는 HRM이 전략의 실행단계에 관여될 뿐만 아니라 기업전략 형성단계에도 참여하는 보다 상호적인 상황이다. 마지막 통합적 연계에서 HRM은 비즈니스 개발을 위해 조직의 다른 기능적인 부문들과 동등한 참여를 한다. 지속적이며 역동적이고 다차원적인 상호작용이 특징이다.

새로운 경쟁 앞에서 기업은 성공을 얻고자 전략, 문화를 바꿀 필요가 있듯이, 새로 요구되는 행동을 지지하고 독려하기 위해서 HR 정책/제도들의 상당부분을 변화시켜야 할 때가 있다. HRM시스템이 조직의 성공을 위해 필요한 역량과 행동을 지원하고 촉진한다면 이 시스템과 조직의 니즈 간엔 **전략적인 정렬(strategic alignment)** 상태에 이른 것이다. 언급했듯이 SHRM은 기업의 미션, 핵심가치, 장기목표 등을 수립하거나 갱신할 때 구성원 모두가 이를 수용하여 몰입토록 하는 데 일조한다. 전략을 수립하고 나서 개개인의 업무와 직접적인 연계가 이루어지게 메커니즘을 만들어 전략이 실행되도록 하는데도 기여한다. 이밖에 SHRM은 내·외부 환경분석 때 도움을 준다. 가령 직원들의 특성, 역량 및 몰입도, 문화적 특성, 부서 간 협력정도 등에 관한 정보를 충분히 공유하고 방향을 정하도록 해준다. 또한 산업군 내 임금수준이나 고용관련 법규의 변화, 정부의 정책기조 등을 읽고서 이를 반영할 수 있게끔 도와준다.

직원들로부터 적절한 행동을 이끌어내는 HRM 능력에 의해 전략의 성패가 달려있다. 이러한 관점에서 Rowe와 Wright의 연구(1997)는 기업의 다각화 전략과 HRM 통제의 관계를 제안했다. 즉 비관련다각화를 하는 기업은 재무성과에 집중하므로 HRM 전략은 적합성을 강조하는 방향으로 취해지는 반면, 관련다각화의 경우는 협력과 전체성과를 강조하여 유연성을 강조하는 HRM 전략을 택한다. 한편 비즈니스 수준의 전략과 HRM을 다룬 Arthur의 연구(1992)는 차별화 전략의 기업들에선 몰입증대 노사시스템이, 그리고 원가우위 전략을 가진 기업들에선 비용축소 노사시스템이 주로 발견됨을 밝혔다. Miles와 Snow의 연구(1984) 또한 전략 형태별 HRM 유형을 언급했는데, 특히 방어형과 공격형 전략이 대조적이다. 방어자들(defenders)는 몇 안 되는 안정적인 제품범위를 보유한 조직으로서, 외부구인 대신 현 인력의 육성을 선호한다. 반면 한창 성장 중이며 틈틈이 제품/시장의 기회를 노리는 조직, 탐사자들(prospector)로서는 구인에 관심을 보이며 육성보다 평가의 목적으로 인사평가를 활용했다.

3.3 HR의 역할 변화

오늘날 HR 부서는 더 이상 비용발생처(cost center)으로 인식되지 않는다. 비용을 발생시키더라도 측정가능한 명확한 재무이익을 제공하는 그런 목표를 가진 역할로서 그 인식이 바뀌었다. 이러한 데에는 전통적으로 수행해온 행정 서비스/처리의 역할이 줄면서 전략적 파트너나 비즈니스 파트너로서의 역할 강화가 있었기 때문이다. 특히 IT 기술의 발달과 인트라넷을 이용한 셀프서비스의 증가로 이러한 역할은 기업들에서 현격히 줄었다. 가령 직원들 스스로 인사기록을 조회하거나 복지혜택 서비스를 신청하는 등의 비교적 사소한 일들이 HR의 손을 떠나게 된 것이다. HR 부서가 CEO의 전략 컨설턴트로서 역할을 수행하는 일이 다반사인 가운데 [그림 2.6]에서 볼 때 운영적 역할 및 종업원 대변의 비율이 계속 유지되는 것도 흥미롭게 볼일이다.

- 관리적 역할 HR이 사무 관리와 기록 보존 등에 주력하는 것
- 운영적 역할 및 종업원 대변 경영진이 수립한 전략에 따라 HR 활동들을 관리하고 직원들의 애로사항을 해결해주는 것

그림 2.6 | HR의 역할 변화

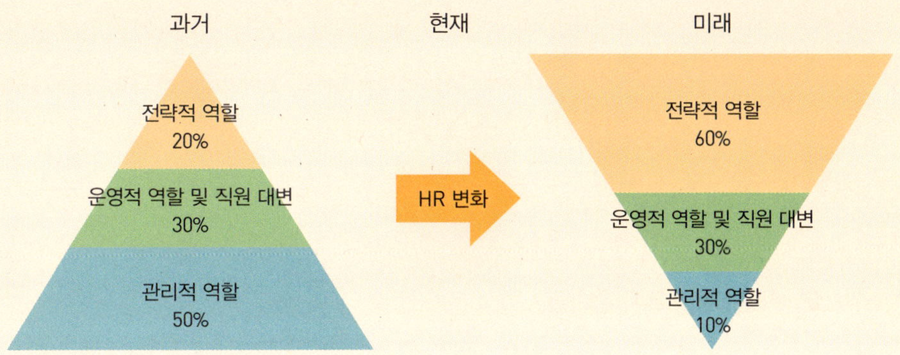

- 전략적 역할 인적 자본과 적합한 전략 수립을 돕고 조직성과로 이어지게 하는 것

오늘날 HR에 주어진 제일 큰 과제는 SHRM에 보다 주안점을 두어 전념하는 일이다. 인트라넷을 이용한 셀프서비스의 증가 외에도 또 다른 큰 변화는 아웃소싱(outsourcing)의 증가일 것이다. 아웃소싱이란 전문성을 보유한 외부 타 회사의 서비스를 받는 것을 의미한다. 전통적인 HRM 기능뿐만 아니라 신규 채용 같은 전략적으로 중요한 분야에까지 이 서비스를 도입하는 기업들이 늘고 있다. HR을 아웃소싱하는 주요 이유는 비용절감부터 더 나은 서비스의 제공까지 매우 다양하다. 전략적 파트너 업무에 집중함으로써 HR 부서가 사업 가치를 높이는 일에 더 기여를 해줄 것을 요구하기 때문이다. 아웃소싱이 발달함에 따라 최근에는 주문자상표 부착(**OEM**)과 생산자 개발방식(**ODM**)으로 아웃소싱을 전문으로 하는 기업들까지 등장했다. 코스맥스와 한국콜마는 그 대표적인 기업들로 세계 화장품 업계에서 1, 2위를 다투는 세계적 기업으로 성장했다.

OEM
주문자의 설계도를 받아다가 그대로 만드는 방식

ODM
제작자가 제품의 개발·생산을 책임지고 만드는 방식

HR 매니저들은 이제 두 가지 도전, 즉 미래를 위한 전략적 파트너로 그 업무의 중점을 변화시키는 것과 각 부서장들이 HR 제도를 개발 시행해 나갈 수 있게 준비시켜 주는 것에 전념할 것을 요구받는다. 그동안 HR에서는 눈에 띄는 변화가 일어났음을 알 수 있다. HR 부서는 기업의 비즈니스 전략과 밀접한 관련을 지닌 실세 부서로 다시 태어나고 있다. 실제 글로벌 기업들에서는 HR 임원이 타 임원들보다도 높은 지위를 차지하고 영향력을 발휘하는 경향이 관찰되기도 한다. 달라진 HR 부서의 기능과 역할은 조직구조에도 영향을 미친다. 이젠 HR 부서의 인사기능 독점은 더 이상 찾아보기 어렵게 되었고 일선 부서에 분산되면서 두 기관 간 공조가 어느 때보다도 절실히 요구되고 있다. 이러다보니 인사기능이 대폭 위임되어 현장이나 공장에도 HR 담당자들이 속속 임명되고 있는 실정이다.

하이데거의 숲 | 아웃소싱의 유사 용어들

아웃소싱이 그 활용 분야와 용도가 매우 다양해 많은 의미를 포함하고 있다. 흔히 하청, 외주, 용역, 컨설팅 등의 용어들과 혼동을 일으키는데 상당 부분 유사점이 있는 게 사실이다. 하나다 마쓰요(戸村聖一, 1998)는 아웃소싱을 컨설팅, 인재파견, 업무대행의 개념들과 비교함으로써 그 개념을 구분하고자 했다. 제시한 〈그림〉을 보게 되면, 아웃소싱은 업무의 기획·설계에서부터 운영까지를 포함하는 포괄적 활동에 속한다. 비핵심 분야나 혹은 주변 분야의 활동이 외주화된 형태로서 아웃소싱은 기획·설계의 전문성이 낮은 대신에 운영에 대한 경험이 축적된 서비스를 말한다.

한편 컨설팅은 업무의 기획과 설계만을 담당하며 실제 운영은 고객사가 진행해야 하는 서비스이다. 기획과 설계를 담당한다는 면에서 아웃소싱과 유사하지만 이 단계에서 전문성을 갖고 있기 때문에 아웃소싱보다 복잡하고 전략적인 서비스, 이를테면 환경변화에 따른 조직의 혁신전략, 신제도의 도입, 경영문제의 진단 및 해결안 등 일회적이고 전략적인 서비스에 집중된다.

대행은 고객사가 업무를 기획설계하고 운영만을 외부조직이 담당하는 활동을 말한다. 대행은 앞서 아웃소싱과 컨설팅에 비해 가장 전문성이 낮은 영역이다. 고객사의 업무를 외부 인력이 대행해주는 인력파견이나 공급사가 관리인력 포함 업무대행을 해주는 하청의 형태로 나타난다. 대행은 업무의 기획, 설계, 운영 모두를 고객사가 관리하게 되고, 단지 실행만을 대행해주는 형태이기 때문에 비용절감이 가장 큰 도입 목적이다.

	운영 주관 못함	운영 주관함
설계기획 참여	컨설팅	아웃소싱
설계기획 비참여	인력파견	업무대행 (외주)

HR News

인사부서는 영업의 전략적 파트너가 될 수 있는가?

어느 영업 조직장의 한탄

A 조직장은 매일 8시 이전에 출근한다. 8시에 팀원들의 업무를 챙기며 지시사항을 개별적으로 문자로 전달한다. 현장으로 출근하고 현장에서 퇴근하는 팀원들 전부를 만날 수 있는 날은 1주일에 1번이다. 목요일 오후에 만나 각자 실적과 계획을 발표하고 가능한 저녁을 함께 하지만, 실적을 챙기고 회사의 방침을 전하기에는 한없이 부족하다. 목요일을 제외하고 매일 2~3명의 팀원들 지역을 방문하여 동행을 하며 매출을 독려한다. 회사의 목표가 높아 1주일 실적을 점검하면 항상 90%선을 넘기가 어렵다. 팀원들에게 분기 110%를 달성해 인센티브를 받자고 하지만, 100%를 넘은 주는 한 주도 없다. 이미 인센티브는 포기했고, 퇴직하려는 팀원들을 격려하는 것이 일과가 되었다. 오늘도 힘들어하는 팀원을 격려하고 11시 넘어 귀가했다. 반복되는 일과 스트레스로 가장이 아니었다면 하는 생각이 많다. 오늘도 잠자고 있는 두 아들을 보며 내일을 계획한다.

영업 지점장이 기대하는 사항

영업 지점장은 영업 매출과 이익, 시장점유율만 생각한다. 이들이 원하는 것은 목표를 달성할 수 있는 직접적인 지원책과 직원의 동기부여이다. 이들과의 인터뷰에서 가장 많이 들은 이야기는 본사와의 인식의 차가 너무 높다는 것이었고, 본사에 기대하는 바는 다음과 같은 6가지였다.

1. 본사가 시장 트렌드를 알고 분석하여 제대로 된 전략과 방안을 결정하는 것
2. 현장의 성공과 실패 비결을 분석하여 현장에 맞는 영업인력 육성
3. 시장 환경, 고객 니즈, 제품 특성 이해를 통한 제대로 된 시장분석, 트렌드에 맞는 자료, 지속적인 고객 서비스 제공과 디테일한 지원
4. 현장 직원의 애로사항 청취 및 현장에 맞는 지원책과 동기부여
5. 현장과 본사의 gap 개선(공문이나 안건 공지 시, 사전 현장의 의견 청취 및 지원)
6. 성과 있는 곳에 인정 있다는 공정한 보상(인센티브) 제도

인사부서가 제대로 영업을 지원하려면 어떻게 할 것인가?

인사부서가 리딩 조직이 되지 못하는 이유는 다양하다. 인사부서장이 임원은 될 수는 있어도 최고경영자(CEO)가 되지 못하는 이유는 사업의 본질과 트렌드를 읽지 못하기 때문이다. 제품과 서비스의 밸류체인이 어떻게 이루어지고 중점사항이 무엇인가 알지 못한다. 회사 재무상태의 추이와 중요 지표의 상태를 알지 못한다. 조직의 미래 방향과 전략, 현장의 정서를 알지 못하며 현재 이슈가 무엇인가를 이해하지 못한다. 사업과 재무가 나아갈 방향과 전략, 시장의 트렌드와 고객의 니즈를 알지 못하니까 전략 회의 멤버로 참석하지 못한다. 참석하더라도 의사결정에 큰 도움을 주지 못한다. 인사부서가 CEO의 전략적 파트너가 되고

리딩 조직으로 성공하기 위해서는 현업 부서와의 밀착경영이 매우 중요하다. 인사부서가 영업조직과의 전략적 파트너가 되기 위해서는 다음 3가지가 매우 중요하다.

첫째, 영업 전략과 인사 전략과의 연계이다.

인사부서에서 영업의 방향과 트렌드, 전략과 방안을 알고 이를 인사와 연계시키는 시스템이 구축되어야 한다. 이를 위해 영업전략/실적회의에 인사담당자가 참석해야 한다. 사업에 대한 의사결정이 끝나면 조직과 인사에 대한 안건에 대해 의사결정을 해야 한다. 인사담당자 중 한 명을 영업 전담 담당으로 임명하여 영업과 인사와의 이슈 해결 및 소통을 하도록 가져가는 방안도 큰 도움이 된다.

둘째, 영업 조직장의 사전 선발과 조직장의 유지관리이다.

영업인력에 대한 전반적인 수준, 경쟁사 대비 인적 경쟁력 비교, 영업 인력 유형별 관리 등의 방안을 통해 영업인력 중 우수인력을 조기 발탁하고 체계적으로 육성해야 한다. 영업담당 임원과 함께 조직장 후보자를 사전에 선발하고 마케팅과 영업뿐만 아니라 경영 전반, 일과 사람관리의 리더십, 인성 등과 같은 포괄적 지식을 함양하도록 해야 한다. 조직장에 대해서는 본사 팀장과의 정보 교류, 최소 분기별 교육, 우수 조직장의 홍보와 저성과 조직장의 개별 코칭, 1년 1회 리더십 및 성과 진단 및 조치 등을 정례화한다. 성과와 경험이 높은 관리자가 멘토가 되어 동료 멘토링을 실행하는 것도 의미 있다. 또한, 영업 관리자 방을 만들어 영업 관리자가 직원들에게 해주는 교육, 상황별 해결 방안, 위험 요인과 대처 방안, 여러 도움이 될 수 있는 정보나 자료를 공유하고 활용하도록 한다.

셋째, 철저한 성과 지향의 보상과 동기부여 제도의 설계와 운영이다.

개인성과뿐 아니라 집단성과에 대한 성과제도를 설계하고, 성과에 따른 보상 차별화를 당연하게 인식하게 하되, 집단성과가 개인성과에 영향을 미치도록 가져가야 한다. 동기부여 방안은 회사의 프로모션과 연계하여 실시하되, 가장 큰 동기부여 방안은 현장 관리자(지점장 등)에 의한 개별 관심과 인정이라는 점을 잊어서는 안된다. 영업과 관련된 제반 제도와 시책은 반드시 시행 전에 영업 현장의 충분한 의견을 청취하여 공감대를 형성하고 높은 참여와 실행을 이끌어야 한다.

출처: https://www.hankyung.com/thepen/article/101621

단원요약

1. 숙련도, 몰입도 및 동기수준이 높은 인력들을 통해 경쟁우위를 점하고자 HRM과 전략적인 비즈니스 목표들을 일치시키려는 조직의 실천방안이 SHRM이다. HRM을 비즈니스 및 기업 전략과 통합하는 것, 그리고 라인 매니저들로 하여금 HRM을 분담케 하는 것이 그 핵심이다. 기업은 이로써 비즈니스 성과를 향상시키고 혁신, 유연성 및 경쟁우위를 불러올 조직문화를 개발할 수 있다.

2. SHRM은 인적자원을 조직의 전략적 사고 프로세스에 결합시켜 기업의 비즈니스 플랜을 완벽해지게 만든다. SHRM을 통해 기업의 목표 달성을 위한 통제가 한층 더 진화하게 되고 경영자들도 자신의 HR 전략 개발이 용이해져서 지속적인 경쟁우위가 달성될 수 있다.

3. SHRM은 항상 인적자원에 대한 전략적인 사고와 연관되며, 이는 전략을 실행 가능한 HR 활동 및 프로젝트들로 세분하는 일종의 비즈니스 플랜 정교화이다. SHRM은 일반적으로 예측을 시작으로 HR 전략수립, HR 전략실행의 세 단계를 밟는다.

4. 전략경영은 조직의 장기적 성과를 향상시키기 위해 경영 의사결정 및 조치들에 관해 다루는 분야이다. 전략적 플래닝은 개인들에겐 목표를 인식시키고 공동의 미션에 정렬되도록 해주며, 조직들로서는 리스크관리에 투입될 시간을 줄이는 데 도움이 된다.

5. HR 플래닝은 인적자원에 대한 니즈와 가용성을 분석, 규명하는 프로세스이다. HRP 프로세스는 보유한 인적자원을 평가하고 그 요건들을 예측한 뒤, HR의 목표 및 평가 매트릭스를 설정해 HR 실천방안을 마련한 다음, 이를 이행하고 평가하는 식으로 이루어진다.

6. 기업의 내부 자원, 기술, 그리고 외부 환경의 기회/위협 요인과의 적합성으로 전략을 보기도 한다. 경영전략의 적합성 분석을 위한 관점은 크게 전략적 상황이론과 자원준거관점 두 이론에 근거한다. 전자는 기업의 외부 환경에 대한 전략의 적합성에 중점을 두는 반면, 후자는 기업의 경영자원 및 내부역량이 성과에 영향을 미치는 것으로 본다.

7. SHRM은 전략적인 플랜의 일부에 해당되지만 HRM과 전략적 플랜의 연계 수준은 다양하다. 가장 낮은 수준인 관리적 연계부터 다음으로는 일방적 연계, 쌍방적 연계, 그리고 가장 높은 수준인 통합적 연계로 발전해 간다.

8. 한때 비용발생원으로 여겨졌던 HR 부서가 오늘날에는 비용을 발생시키더라도 측정 가능한 명확한 재무이익을 제공하는 목표를 지닌 역할로 인식되고 있다. 행정 서비스/처리의 역할이 줄고 전략적 파트너나 비즈니스 파트너로서의 역할이 강화되었기 때문이다.

논의할 문제

1. 기업의 경쟁력과 HRM 전략은 어떤 관련이 있을까?

2. 전략경영과 HRM을 통합시켜서 얻는 이익은 소규모의 기업에서도 마찬가지일까?

3. HR 플래닝 프로세스에서 활용되는 KSA 인벤토리는 어느 정도까지의 정보를 기록해야 할까? 또 다른 대안으로는 무엇이 있을까?

4. 고객서비스 강화를 통해 차별화 전략을 추구하는 기업들에 알맞은 HR 매트릭스는 무엇이 있을까?

5. 문화적 요소도 SHRM의 일부로서 다루어질 수 있을까? SHRM과 리더십, 학습 이들의 관계는 서로 어떤 모습일까?

6. HR의 성과를 측정하기 어렵다는 사고를 극복하기 위해 HR 담당자들이 취해야 할 조치들로는 무엇이 있을까?

7. 만약 내가 HR 매니저라면 인력 아웃소싱을 최소화하면서 부서 내 업무효율을 유지하기 위해 어떤 노력을 해야 할까?

더 읽을거리

Appelbaum, E., Bailey, T., Berg, P., Kalleberg, A. L., & Bailey, T. A. (2000). *Manufacturing advantage: Why high-performance work systems pay off*. Ithaca, NY: Cornell University Press.

Arthur, J. B. (1992). The link between business strategy and industrial relations systems in American steel minimills. *ILR Review, 45*(3), 488-506.

Barney, J. (1991). Firm resources and sustained competitive advantage. *Journal of Management, 17*(1), 99-120.

Boselie, P., Paauwe, J., & Jansen, P. G. W. (2001). Human resource management and performance: Lessons from the Netherlands. *The International Journal of Human Resource Management, 7*(12), 1107-1125.

Brewster, C. & Larsen, H. H. (2000). *Human resource management in Northern Europe: Trends, dilemmas and strategy*. Oxford: Blackwell Publishers Ltd.

Chandler, A. D. (1962). *Strategy and Structure: Chapters in the History of American Enterprise*. Cambridge, MA: MIT Press.

Delery, J. E., & Doty, D. H. (1996). Modes of theorizing in strategic human resource management: Tests of universalistic, contingency, and configurational performance predictions. *Academy of Management Journal, 4*(39), 802-835.

Delery, J. E., & Gupta, N. (2016). Human resource management practices and organizational effectiveness: internal fit matters. *Journal of Organizational Effectiveness: People and Performance, 3*(2), 139-163.

Dyer, L., & Reeves, T. (1995). Human resource strategies and firm performance: what do we know and where do we need to go? *International Journal of Human Resource Management, 6*(3), 656-670.

Fottler, M. D., Khatri, N., & Savage, G. T. (2010). *Strategic human resource management in healthcare.* Bingley, UK: Emerald Group Publishing.

Grant, R. M. (1991). The resource-based theory of competitive advantage: Implications for strategy formulation. *California Management Review, 33*(3), 114-135.

Li, J. (2003). Strategic human resource management and MNE's performance in China, *International Journal of Human Resource Management, 14*(2), 157-73.

Mathis, R. L., & Jackson, J. H. (2008). *Human Resource management* (12th ed.). Mason, OH: South-Western college publishing.

Miles, R. E., & Snow, C. C. (1984). Fit, failure and the hall of fame. *California management review, 26*(3), 10-28.

Miller, D. (1986). Configurations of strategy and structure: Towards a synthesis. *Strategic Management Journal, 7*(3), 233-249.

Pfeffer, J. (2005). Producing sustainable competitive advantage through effective management of people. *Academy of Management Executive, 19*(4), 95-108.

Rowe, W. G. & Wright, P. M. (1997). Related and unrelated diversification and their effect on human resource management controls. *Strategic Management Journal, 18*(4), 329-338.

Schuler, R. S., & Jackson, S. E. (1987). Linking competitive strategies with human resource management practices. *Academy of Management Perspectives, 1*(3), 207-219.

Tracey, J. B., & Nathan, A. E. (2002). The strategic and operational roles of human resources: An emerging model. *The Cornell Hotel and Restaurant Administration Quarterly, 43*(4), 17-26.

Chapter 03

경제·사회적 변화 그리고 법률적 환경

01 변화하는 인적자원관리 환경

02 경제·사회적 변화

03 법률적 환경

학습 목표

이번 장을 마친 후 다음과 같은 것들을 할 수 있을 것이다.

1. 변화된 HRM의 환경들을 이전과 비교하고 요약한다.
2. 고용불안의 효과로 인한 심리적 계약 위반을 논의한다.
3. 다중몰입의 개념을 이해하고 커리어리즘을 설명한다.
4. 정규직과 비정규직 직원들을 비교하고 비정규직의 유형을 나열한다.
5. 차별을 금지하고 평등한 고용기회를 보장하는 기본 법률에 대해 이해한다.
6. 종업원의 노동조건을 보장하는 법률에 대해 설명한다.
7. 종업원의 안전과 건강권을 보호하는 법률적 현안들에 대해 약술한다.
8. 종업원의 퇴직과 해고에 관한 법률 준수의 중요성을 설명한다.
9. 집단적 노사관계 범주에서 노동조합과 노사협의회를 이해한다.

카트

순응에서 투쟁의 삶으로 변모해 가는 비정규직 직원 한선희!

영화 〈카트〉 포스터

"고객은 왕이다. — 고객감동서비스!"

"회사가 살아야, — 우리가 산다!"

"사랑합니다."

마트점장은 아침 조회 중 '5년 동안 일하면서 벌점 1점 없는' 한선희를 칭찬하며, 앞으로 3개월 후면 정직원이 된다고 말해준다. 부러워하는 다른 직원들에게도 열심히 일하면 정직원이 될 수 있다고 하며 한선희에게 구호를 외치게 한다. "고객은 왕이다."

정규직 직원을 꿈꾸며 연장근무도 마다 않고 열심히 일하는 모범 계약직 한선희,

점심시간에 끼니도 거르며 반성문을 쓰는 면접만 50번 본 대졸 계약직 김미진,

규정대로 한 절차임에도 고객에게 무릎 꿇고 사과하게 되는 싱글맘 계약직 이혜미.

계약직원 모두들 성실히 일하며 최선을 다하지만, 본사는 그들을 모두 한 달 안에 해고하고 아웃소싱으로 인력을 대체하려 한다. 이를 알게 된 계약직원들은 부당함을 호소하며 노조를 만들고 점장과 면담을 요구하지만 끝내 무시당한다. 이들은 회사에 맞서서 파업에 돌입하여 마트를 점거, 농성에 들어간다.

정규직원들도 가세한 노조 덕에 중앙노동위원회에서 직원들의 부당해고가 인정되고 해고된 직원을 복직시키라고 회사에 명령하지만, 회사는 소수의 인원만을 복직시킬 것을 약속하고 집행부원들에겐 오히려 그동안 발생한 손해 배상을 청구한다. 또한 용역 깡패를 동원해 점거 농성중이던 천막을 철거, 뜻을 모은 계약직원들끼리 서로 싸우게 만들어 결속을 와해시키려 한다.

그러나 한선희를 중심으로 다시 뭉쳐 오랜 시간 투쟁한 결과, 파업을 주도했던 노조지도부들이 복직을 포기하는 조건으로 나머지 조합원 전원은 일터로 돌아갈 수 있게 된다. 절반의 성공으로 서술되며 영화가 막을 내린다.

직접 고용한 비정규직 직원들을 해고하고 파견업체의 직원들을 대신 고용하려던 한 대형마트의 처사에 여성노동자들이 힘을 모아 맞서는 이야기를 다룬 영화다. 영화를 본 대부분의 사람들은 사측의 부당해고와 노동자들의 권익이 보호되지 못하는 현실을 안타까워한다. 영화의 제작 의도가 그랬던 것이니만큼 어쩌면 당연한 반응일 것이다. 하지만 사측 입장에 서서 비정규직 직원들을 바라보면 그들 입장도 전혀 이해 안 되는 것은 아니다. 기업 측이 비정규직을 필요로 하는 이유는 주로 유연성 확보와 비용 감축을 위해서다. 사용자가 느끼는 부담 중 가장 큰 것이 매달 돌아오는 인건비 지급이라고 할 때 이해가 안 될 리 없다. 또한 직장인들 사이에 만연하는 커리어리스트 성향도 기업이 비정규직 직원이나 파견업체와의 계약을 선호할 수밖에 없는 이유가 된다. 약자로 간주되는 노측의 입장만 거론될 뿐 현실에서 사측의 입장은 고려하지 않는 경우가 대부분이다. 어느 한쪽으로 치우치지 않고 자본주의 경제라는 테두리 내에서 노사관계를 균형 있게 바라보는 지혜가 필요한 것 같다.

01 변화하는 인적자원관리 환경

환경의 테두리 내에서 기업은 경영활동을 하며 그 환경에 적응하고 또 새 환경을 창조함으로써 존속, 발전해 나간다. HRM도 다른 경영활동 분야와 마찬가지로 외부 환경요인들의 영향하에 놓일 수밖에 없으므로 이들을 염두에 둔 의사결정을 필요로 한다. HRM 환경의 변화는 기업이 운영되는 방식과 더불어 사람들을 관리하는 방식에도 직접적인 영향을 미친다. 그러나 이러한 영향력의 상당 부분은 불행히도 조직의 통제 밖에 있기 때문에 전략경영을 위한 탐색 과정에서부터 이들에 대한 고려가 있어야만 한다. 전략적 대응은 환경 변화에 대한 적응을 요구하게 마련인데, HRM 환경에 관한 이슈들로는 주로 다음과 같은 것들이 있다.

글로벌화
각국의 국가 경제가 세계경제로 통합되는 것

오프쇼어링
제품이나 제조설비를 해외로 재배치하는 활동

▶ **비즈니스의 글로벌화** 세계화(globalization)는 기업이 판매, 소유, 그리고 제조를 해외의 신(新)시장으로 확장해가는 경향이다. 거래와 투자의 형태로부터 인적자원의 관리에 큰 영향을 주는 글로벌 운영 및 생산, 전략적 제휴의 통합으로 비즈니스의 세계화는 변모해가고 있다. 글로벌 경쟁자들로부터의 거센 압력으로 인해 기업들은 자국에서의 생산설비를 폐쇄하고, 생산성을 높이고 노동비 절감이 가능한 저비용 지역으로의 이동을 강요받고 있다. 이러한 **오프쇼어링(offshoring)**을 통해 기업은 판매도 확대하고 인건비용을 축소할 수 있기 때문이다. 또한 고숙련의 동기수준까지 높은 노동력을 얻을 수 있기 때문이기도 하다. 다만 매니저들은 다른 문화, 고용법, 비즈니스 관습 등을 포함한 세계화와 관련된 복잡한 사안들에서 균형을 잡아야 한다.

▶ **기술적 변화** 기술은 세계 경제에서 경쟁방식의 변화를 가져왔다. 이에 따라 종업원의 수, 지역, 요구 역량 등에 영향을 끼쳤다. 기술적 변화는 조직에 적정 인원을 위한 우선 순위의 변경을 불러왔다. 결과적으로 이것은 새로운 훈련 니즈를 발생시켰고 종업원에 관한 중요 관심사를 바꾸었다. 기술의 발전, 특히 인터넷과 관련된 것은 너무 극적이어서 조직들은 비즈니스를 수행하는 방식을 바꾸고 있다. HR에서 기술을 도입하는 것은 관리 비용을 줄이는 데 결정적일 수 있다. 즉 자동화는 HR의 관리적 부담을 덜고 전략적 기능에 전념할 수 있도록 분명 기회를 제공한다. 예로 들어 IT기술의 발전이 의사결정

과정에서 인적자원에 관한 정보를 수집, 저장, 분석하는 데 사용되는 통합 시스템인 HRIS(human resource information system)의 활용으로 이어졌다.

HRIS
고용에서부터 복지혜택, 급여 지급 등의 과정을 단번에 처리할 수 있게 해주는 HR 소프트웨어

▶ 조직에서의 생산성 압박　생산성 압박은 세계화와 기술적 변화로 인해 가속화되었고 세계화와 기술적 변화 역시 생산성 압박으로 더욱 가속화되고 있다. 생산성(productivity)은 “일정한 양의 투입량으로부터 얻어지는 산출량”으로 정의된다. 조직은 투입량을 줄이거나 직원들의 생산량을 늘림으로써, 혹은 프로세스에 너 많은 인적, 물적 사본을 더함으로 그들의 생산성을 늘릴 수 있다. 그러나 인건비는 어느 조직에서든 지출에서 큰 부분을 차지한다. 서비스나 지식 집약적 회사에서는 더욱 그렇다. 조직변화의 일부로서 관리자층 제거, 설비 축소, 타 회사와 합병, 외주인력 등을 통해 조직들은 적정인원을 유지해간다. 또한 비용을 줄이면서도 생산성, 품질, 그리고 서비스 수준을 향상시키기 위해 직원들에게 영향을 끼치는 직무와 작업 프로세스를 재설계하고 있다. 인적자원 정책과 실행에 대한 전략적 접근은 이와 같은 노력들에 큰 영향을 미친다.

▶ 노동시장 판도 변화　요구되는 스킬을 지닌 노동자를 구하기 어렵다고 호소하는 경영자들이 많다. 이러한 인력부족은 이른바 신생 경제와 하이테크 직무들에서는 더 심각하다. 하지만 비교적 잘 교육받은 밀레니얼 세대 사회초년생들을 개발도상국에선 쉽게 찾아볼 수 있다. 세계 인구의 1/4 수준인 18억 명에 달하며 2020년 이후 세계 노동인구의 35%로 가장 큰 비중을 차지할 전망이다. 기업들은 오늘날 베이비부머를 제외해도 X세대, 밀레니얼 세대(Y세대), 심지어 Z세대까지 다양한 인력 구성을 갖고 있다. 각 세대는 일에 대한 그들의 가치와 태도를 형성시킨 서로 다른 환경에서 성장했다. 미국·유럽의 밀레니얼은 경제적 안정성을 위해 고군분투하는 세대로 미래에 대해 비관적, 타인에 대한 불신, 정부와 기업에 대한 회의적인 성향이 있다고 한다. 아시아 지역 밀레니얼 역시 비슷한 특성을 보이나 다만 미래에 긍정적이고 소비를 통한 표현을 중시하는 면이 다르다고 한다.

반복하건대, HRM이라고 예외적으로 조직 내·외부의 각종 영향요인들로부터 자유로울 수는 없다. 가령 지역적 특징이나 국가경제의 발전수준에 의해 영향

받으며, 기업에 대한 사회적 태도가 적대적인지 우호적인지에 의해서도 영향을 받는다. 게다가 노조활동이 협조적인가 적대적인가에 따라서도 경영성과의 차이가 발생하며, 세계화로 인한 기업 활동의 글로벌 전개에 적합한 HRM 방안도 강구해야 한다. 경제적, 사회적, 기술적 변화와 그리고 노동법을 비롯한 각종 법률적 영향요인들에 적절히 대응 못하면 곤란을 겪을 수밖에 없다는 것은 누구나 인식할 만큼 자명하다.

HR Map | 밀레니얼 세대의 채용과 동기유발

최근 몇 년간 경영자들 사이에서 노동시장에 밀려드는 밀레니얼 세대가 중요한 화두였다. 밀레니얼(Millennials)은 IT나 소셜미디어에 긴밀하게 연결되어 있고, 사회화와 협력, 개인 및 전문적인 문제에 대해 지속적인 피드백을 필요로 하는 특징을 보인다. 아래 〈표〉에서 보면, X세대는 1960년대 후반에 태어난 세대이며, Y세대(밀레니얼)는 1980년대 초반에 출생하여 기술의 발전을 처음 겪은 세대다. 이들 세대에 비해 Z세대는 보다 더 개인적이며 다소 비현실적이고 과장된 기대를 갖는 경향이 있다.

Z세대를 제외하고라도 이전 세대들과 뚜렷이 구분되는 밀레니얼을 채용하고 동기유발하기 위해 조직은 변화하지 않으면 안 된다. 조직은 글로벌 진출이나 이익 증대에만 초점을 두어서는 안 되며, 그들의 개인적/직업적 발전, 복지, 유연한 조직규정과 새로운 직무 개발 등에 관심을 두어야 한다. 또한 밀레니얼에게는 코칭과 분명한 피드백, 다소 느슨한 근무환경에 높은 급여, 커리어기회와 멘토 등도 함께 제공해야 한다. 밀레니얼에게 충성도를 바라기는 힘들 수 있기 때문에, 그들을 채용해 동기를 높이고 유지해가기 위해선 새 기술을 도입하고 전통적인 인사 관행을 바꿔야 할 필요가 있다.

표 | 세대 간 행동양식 비교

1950년 1960년 1970년 1980년 1990년 2000년

세대 구분	베이비붐 세대	X세대	밀레니얼 세대 (Y세대)	Z세대
출생연도	1950~1964년	1965~1979년	1980~1994년	1995년 이후
인구 비중	28.9%	24.5%	21%	15.9%
미디어 이용	아날로그 중심	디지털 이주민	디지털 유목민	디지털 네이티브
성향	전후 세대, 이념적	물질주의, 경쟁사회	세계화, 경험주의	개인주의, 강한 개성

출처: 통계청, 맥킨지코리아

경제·사회적 변화

02

하루가 다르게 급변하는 경쟁상황 속에서 기업들은 비용절감과 성과증진을 위해 다운사이징과 구조개혁 등 전략적인 조치들을 단행하게 되었다. 이로 인해 고용보장에 대한 기대는 점차 사라져가고 심리적인 계약의 형태도 관계보다는 거래의 형태로 바뀌어가고 있는 게 현실이다. 경제·사회적 변화들은 결국 직원들이 몰입해야 할 대상에서도 다양화를 불러왔다. 여기서는 이들 변화가 초래한 HRM 관련 주요 쟁점들에 대해서 살펴본다.

2.1 고용불안

경기 후퇴, 산업구조 재편, 정보기술 발전, 글로벌 경쟁심화 등의 여파로 직장생활에도 큰 변화가 찾아왔다. 비용을 절감하고 조직의 효과성과 경쟁력 강화를 위해 기업들이 대규모 인력감축(예: 다운사이징, 인수합병)을 단행하게 되면서 직원들의 **고용불안**(job insecurity)은 더욱 증폭되고 있다. 한 연구기관에 따르면, 만 19세 이상 서울 직장인의 65.5%는 평소 실직이나 이직에 대한 불안감을 느끼는 것으로 조사됐다. 고용불안을 느끼는 직장인 중 남성은 65.9%, 여성은 64.9%로 성별을 불문하고 불안감은 공통적이었다. 미국에서는 최근 뉴욕시 최저임금이 인상됨에 따라 뉴욕시 근로자 2명 중 1명이 고용불안 상태를 겪을 것이라는 전망도 내놓고 있다. 고용불안이라는 용어는 학계에서 정의하여 사용된 게 아니다. 사회에서 자연스레 생겨난 것으로 실직의 두려움과 재취업의 어려움에서 비롯되었다고 할 수 있다.

고용불안
실직의 두려움과 재취업의 어려움

고용불안은 현 직무의 지속성에 대한 잠재적인 위협의 지각을 의미하며, 다음의 특성들을 내포한다.

- 소속된 현 조직 내에서의 지속성과 안정성에 대한 근원적이고 비자발적인 변화를 반영한다.
- 현 직무 환경의 불확실성에 대한 주관적인 평가로서 이는 같은 위험하에 있더라도 지각하는 정도가 사람마다 다를 수 있음을 의미한다.
- 과거에는 당장의 실직 위협이라는 단순 개념에 초점을 두었지만, 최근엔

고용조건이나 커리어기회의 악화에 관한 사항들로까지 개념이 확장되고 있다.

고용불안은 정량적(quantitative), 정성적(qualitative)인 것으로 다시 구분할 수 있다. 현 직무의 유지나 손실에 관한 것으로 직무를 계속할 수 있을지 여부에 대한 불확실성이 정량적 고용불안이라면, 정성적 고용불안은 조직 내 커리어기회 감소, 기대수입 감소, 자율성 및 가용자원 상실, 팀의 해체 등과 같은 고용관계의 질적인 저하 가능성에서 비롯되는 위협의 지각을 일컫는다. 재정적·사교적·사회적 자원의 상실을 의미하는 정량적 고용불안이 정성적인 것보다 더 위협적이며 부정적인 결과도 더 초래한다고 한다. 정량적 고용불안은 대체로 건강, 심리적 스트레스와 같은 긴장지표와 강한 상관이 있는 반면, 정성적 고용불안은 직무만족과 같은 직무관련 태도변수들과 상관이 있다. **직무의 상실**은 직무 외적인 삶의 질에까지 부정적인 영향을 미치지만, **직무 특성의 상실**은 직무 외적인 삶보다는 직장생활에 주로 영향을 미칠 수 있을 것이다.

고용불안은 스트레스 유발원인(stressor)으로서 웰빙이나 직무태도, 직무행동과 같은 변수들에 영향을 미칠 수 있다. [그림 3.1]에서 보듯이 Sverke 등의 메타연구(2002)에서도 직무만족의 감소, 건강이상의 악화, 직무몰입의 저하와 관련 있으며, 또한 조직몰입이나 직무철회의 증가와도 관련 있는 것으로 나타났다. 최근 부쩍 잦아진 구조조정과 정리해고 같은 조직변화로 인해 잔류 직원들의 고용불안은 더해가고 있는 실정이다. 고용불안의 효과가 물론 직군(블루칼라, 화이트칼라)에 따라 다르며, **고용력(employability)**, **통제의 위치(locus of control)**, 그리고 부정적 혹은 긍정적 정서(positive and negative affectivity) 같은 개인의 특성에 따라서도 차이를 보이게 된다. 하지만 불안한 자신의 미래와 위치에 대한 불확실성은 직원들로 하여금 사기와 자발적인 참여 빈도를 낮추고 조직에 대해서도 냉소적 입장을 취하게 만든다.

고용력
고용을 획득하고 유지할 수 있는 개인의 속성

통제의 위치
상황에 대해 사람들이 내적이나 혹은 외적으로 통제할 수 있다고 지각하는 정도

고용불안이 커지고 심리적 계약 관계가 퇴색될수록 조직의 역기능은 증가하고 직원들의 불만족이나 저항도 커진다. 챕터 1에서도 언급했듯이 사용자와 상호 간에 존재하는 의무에 대한 종업원의 인식이 심리적 계약(psychological contracts)이다. 개인은 조직의 니즈에 부합하는 시간과 노력, 충성심 등을 제공하고, 조직은 이에 대한 대가로 개인의 니즈를 충족시켜 줄 임금, 고용안정, 인정

등과 같은 유인(誘因)을 제공함으로써 계약이 실현된다. 전통적으로 종업원들은 평생의 직장을 바랐고 조직도 이러한 기대에 부응하고자 다양한 혜택들을 제공하며 그들의 몰입과 헌신을 요구해왔다. 심리적 계약은 고용관계를 구체화시켜 주는 상호간의 의무에 대한 지각이라는 점에서 일반적인 기대와는 사뭇 차이가 있다. 더구나 바로 반응이 나타나는 것이 아니고 시간이 어느 정도 경과한 후 신중한 계산의 결과로 나온다. 심리적인 계약의 특징을 좀 더 살펴보면 다음과 같다.

그림 3.1 | 고용불안에 따른 결과의 유형

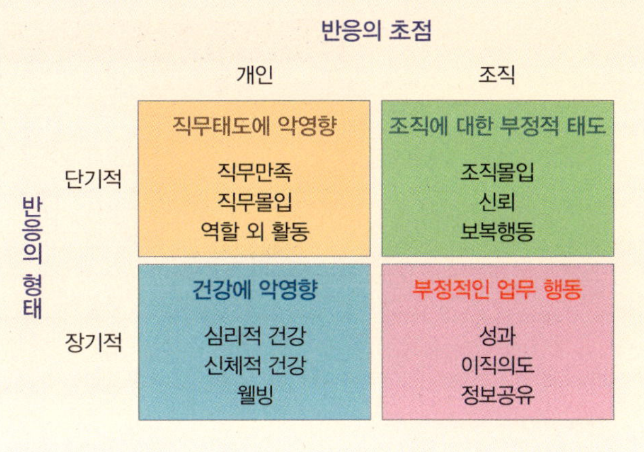

- **호혜적(receprocal) 특성** 상호간의 의무감은 사회적 교환관계의 핵심요소로서 기대가 서로 일치하고 교환물에 대해서도 동의할 때 성립된다. 계약 당사자들은 자신이 해야 할 것이 있고 그에 대한 대가로 상대방에게서 받아야 할 것 또한 있다고 믿는다.
- **동태적(dynamic) 특성** 한번 형성된 것으로 끝나는 것이 아니라 종업원이 그 조직에 근무하는 한 지속적으로 용인되는 특성을 가진다. 즉 조직에서 오랜 기간의 상호작용을 통해 세부 계약 내용이 구체화되거나 변경될 수 있는 것이다.
- **주관적(subjective) 특성** 심리적 계약은 주관적인 믿음 또는 지각으로서 계약 당사자들이 동일한 조건에 합의했다고 해도 쌍방이 동일한 이해를 하고 있다고는 볼 수 없다. 심리적인 계약 내용은 받아들이는 정도가 제각각이리시 그 가치와 의미가 불분명한 게 사실이다.

주목할 만한 심리적 계약의 중요 속성이라고 하면 그것이 종업원과 사용자의 기대가 변하고 경제/사회적 상황도 바뀌면서 계속 재협상된다는 점이다. 시장 경쟁과 다운사이징 같이 내·외부 환경에서 일어나는 변화들에 대한 반응으로 이러한 가변성은 생겨난다. 고용불안은 특히 단기, 임시 성격의 심리적 계약을 불러오면서 쌍방이 서로에게 생존과 발전을 위해 의지하던 것을 덜하게 만들었다. 이는 과거보다 유연성과 적응력이 중시되는 데 따른 것이기도 하다. 심리적

표 3.1 | 거래적 계약 vs. 관계적 계약

계약의 특성	거래적 계약	관계적 계약
초점	경제적, 외재적	경제적, 사회심리적, 내재적
계약기간	폐쇄적, 한시적	개방적, 영구적
안정성	정태적	동태적
계약당사자의 범위	부분적	당사자의 모든 면
계약조건의 범위	제한적	포괄적
형식	문서	문서, 비문서
실체	객관적, 유형적	주관적, 무형적

계약 형태는 제각각이라서 개인과 조직 양측의 행동에 관한 개별 예측이 가능하고 몰입에까지 영향을 끼치게 되었지만, 크게는 거래적인 것과 관계적인 것 외에 별다른 게 없다([표 3.1] 참조). 전자는 조직과 개인 사이에 단기 관계를 전제로 하며 서로의 의무와 권리 내용을 명시하는 계약을 의미한다. 성과기반 보상, 상호간의 약한 몰입, 계약해지 용이성 등의 특성이 있다. 반면 후자는 상호간의 장기 관계를 전제로 해서 의무와 권리는 명시하지 않는 계약이나 고용안정에 대한 약속을 통해 직원들의 높은 몰입을 유도한다.

심리적 계약 위반
둘 중 어느 한쪽이 심리적 계약상의 의무를 이해 또는 지각하지 못하는 상황

심리적 계약의 약속조건을 조직이 어겼다고 여기거나 느껴지면 이를 **심리적 계약 위반**(psychological contract violation)이라고 한다. 약속을 이행할 의지/능력이 없어서거나 혹은 어떨 수 없는 상황으로 인한 불이행(reneging)과 쌍방 간의 오해로 비롯된 불일치(incongruence)로도 위반이 발생된다. 이때 상호 의무 내지 호혜의 특성 때문에 사실상 계약위반의 느낌은 직원 자신이 회사에 기여한 정도에 비례하게 된다. 지각 상태에만 그치는 게 아니고 실망, 좌절, 화, 분노 등의 정서적인 경험으로까지 이어질 수가 있다. 자신의 기여 정도와 조직이 이행치 않은 것 간에 차이가 얼마인지, 조직이 왜 약속을 지키지 않았는지, 이러한 상태에서 자신을 어떻게 대했는지 등의 인지적인 평가 외에 잠재의식에서 나오는 감정 상태로도 이해된다. 심리적 계약 위반은 이처럼 복잡한 개인의 주관적인 해석과정을 거쳐 나타나지만 실증연구들에서는 인지적, 정서적 차원으로 구분하거나 아니면 이를 통합해 단일 개념으로 측정하는 것이 일반적이다.

2.2 커리어리즘

고용불안은 또한 직원들의 몰입 대상을 다변화시켰다. 최고경영자, 상사, 동료, 노동조합, 고객과 같이 각기 다른 조직 요소들에 대한 다양한 몰입 정도를 갖게 되었다는 의미다. 단일 차원의 **조직몰입**(organizational commitment)을 주로 다루던 연구들도 근래에 와서 몰입의 다차원적인 면에 관심을 갖기 시작했다. 몰입의 다차원성은 개인/그룹의 가치와 목표에 따라 직원들이 여러 가지에 몰입할 수 있는 현실을 반영한다. 이를테면 **커리어몰입**(career commitment)은 속한 조직에 대한 애착과는 별도 차원에서 생성되는 것으로, 조직몰입이 조직의 목표와 관련된 것이라면 커리어몰입은 개인의 내적 목표와 관계된다. 또한 커리어몰입은 조직몰입보다 더 장기적인 면이 있다. 커리어는 일생 동안의 직업 및 삶의 역할들이므로 커리어에 대한 태도는 현 조직에만 국한되지 않는 특성을 보인다. 이러한 두 유형의 몰입은 상호 견주며 균형을 찾으려 한다. 하지만 이들 간에 균형을 맞추거나 혹은 커리어 성공에 개인적으로 더 몰입할지, 조직에 더 헌신할지를 결정하는 일이 결코 쉽지만은 않다.

조직몰입
자신이 속한 조직과 자신을 동일시하고 그 조직에 몰두하는 경향을 나타내는 말

커리어몰입
한 개인인 자신이 추구하는 커리어에 부여하는 중요성이나 가치

한 직장 내에서의 성장이 커리어에 대한 전통적 사고였다면 요즘은 일생에서 직장과 직업을 수차례 바꾸는 것은 다반사이고 커리어를 조직과 별개로 보는 경향마저 생겼다. 사람들이 이처럼 가치관에 바탕을 두고 자기주도로 커리어를 이끄는 데에는 고용관계에서의 거래적인 심리계약이 점차 보편화된 것도 한몫했을 것이다. 커리어관리에 대한 오너십과 책임이 점차 조직에서 종업원들에게로 귀속된다고 여기는 것이 어쩌면 바람직한 일이다. 하지만 조직을 불신하고 역량만으론 자신의 커리어목표나 포부를 충족키 어렵다고 생각해 직장을 하나의 수단처럼 여기며 행동하는 것은 문세가 아닐 수 없나. **커리어리즘**(careerism)이란 이런 식으로 성과와 무관한 행동들을 통해 자신의 사적인 목표나 커리어목표를 달성하려는 경향을 말한다. 조직보다 자신의 이익을 더 우선시 하는 자들을 커리어리스트 성향(careerist orientation)의 사람이라고 일컫는다. 더 이상 지금의 조직이 입사에서 퇴직까지 성장을 도모하는 커리어 설계자가 아니라는 생각을 많이들

커리어리스트(careerist)를 사전에서 찾으면 출세주의자로 나온다. 남들이 우러러볼 커리어 목표를 이루는 게 인생의 유일한 목표인 사람들이다. 본인 스스로는 물론 남들까지도 정말 열심히 산다고 평하는 세상이다. 요즘은 특히 출세에 대한 열망이 다들 커 보인다.

하이데거의 숲 | 뉴 커리어리즘

능력이나 업적보다도 사회적 영향이나 개인적 이미지가 커리어에 더 큰 영향을 미칠 수 있다는 주장은 뉴 커리어리즘으로 묘사된다. 커리어리스트 성향이 강한 사람들의 가장 큰 특성은 커리어 성장이 성과만으로 이루어는 게 아니라고 생각하는 것이다. 다음 두 번째 특성은 인간관계를 수단으로 활용한다는 점이다. 그들은 자신들에게 이로울 만한 멘토나 동료 관계만을 추구한다. 세 번째는 성과라는 것이 눈에 잘 드러나기 어렵기 때문에 성공 이미지를 만들어낸다는 데 있다. 따라서 이러한 이미지가 성과로 둔갑할 때가 많다. 네 번째는 업무역량을 대신할 수 있는 정치적 행동의 중요성도 인식한다는 점이다. 마지막 다섯 번째는 개인과 조직의 목표는 장기적으로 양립할 수 없으며 결국엔 개인이 자기 몫을 스스로 챙겨야 한다고 생각한다. 따라서 이러한 관점에서는 조직시민행동 같은 선행도 결국엔 자신의 이득을 위한 수단적 행동으로 비춰질 수 있다

하게 된 것일 수도 있다.

커리어 성장과 관련하여 직원들이 종전과 다른 태도, 즉 커리어리스트 성향을 갖게 된 것은 그리 놀랄 일도 아니다. 고용관계가 예전보다 느슨해짐에 따라 사람들은 자기의 커리어관리에 대한 책임을 느끼기 시작했고 파트너로서 조직의 역할은 그만큼 희미해지기 시작한 것이다. 커리어리스트 성향 그 중심에는 개인의 커리어목표와 이에 대한 조직 입장이 결국엔 일치할 수 없으니까 자신의 이익을 알아서 챙겨야만 한다는 생각이 자리하고 있다. 조직에 대한 헌신은 결국 보상받지 못할 것이라는 의미이기도 하다. 자기주도적(being self-directed)이란 점에서는 커리어리스트 성향과 프로틴 커리어 태도(protean career attitude)가 흡사하다. 하지만 커리어리스트 성향은 인상관리 전술의 활용과 정치적 행동, 마키아벨리안적 행위를 인정하는 데서 차이가 있다. 커리어리스트 성향이 조직에 부정적 영향을 끼칠 수 있는 것은 바로 이러한 이유들로써 조직에 대한 충성심을 그들에게서 더 이상 기대할 수 없기 때문이다.

프로틴 커리어
스스로의 모습을 변화시켰던 신 '프로메테우스'에서 의미가 유래되어 자신의 커리어나 직업을 변화시키는 것을 의미

2.3 정규직과 비정규직

커리어리즘이 만연함에 따라 기업들도 유연성 확보와 비용 감축 등의 차원에서 비정규직 직원을 이전보다 더 많이 활용하고 있다. 임시·일용직을 의미하는 비정규직은 유통 또는 건설 업종에서의 영업이나 임시 업무에 주로 한정되어왔으

나 요즘에는 사무직과 서비스직 등 일반 직종에까지 확산되었다. 정규직 직원(permanent worker)은 대개 계약 기간을 따로 지정하지 않고 하루를 온전히 일하며 사용자가 직접 고용하는 근로자를 뜻한다. 이 요건에서 하나라도 벗어나면 비정규직 직원이라고 할 수 있다. 비정규직(contingent work)에 대해서는 1985년 고용안정에 대한 학술회의에서 프리만(A. Freeman)에 의해서 처음 언급된 바 있으며, 미국 노동통계청에 따르면 다음과 같은 유형의 근로자들이 비정규직 직원에 포함된다.

- 기간제 근로자(temporary worker)
- 파트타이머(part time worker)
- 용역회사 파견근로자(workers paid by temporary help agencies)
- 하청근로자(workers whose services provided by contract workers)
- 독립 계약자(independent contractor)

열악한 고용조건에도 불구하고 주로 생계유지 등의 이유 때문에 많은 이들이 어쩔 수 없이 비정규직 일자리라도 구한다. 하지만 비정규직 직원들은 정규직에 비해 업무 책임과 압박이 상대적으로 덜하고 노동시간도 탄력적인 편이다. 국내 언론 등에 자주 회자되는 **기간제 근로자**는 고용계약 기간이 1년 미만인 근로자를 말한다. 흔히 계약직, 임시직, 일용직 등이 이에 해당된다. **단시간 근**

표 3.2 | 비정규직 vs. 정규직 직원

비정규직	정규직
사용자와 종업원이 근로계약을 맺지만 고용의 지속성은 보장되지 않는다.	사용자와 종업원이 근로계약을 맺음에 따라 고용의 지속성이 보장되고 종업원의 지위는 사용자에게 종속적이다.
해당 기간만 한시적으로 근무한다.	특별한 사유가 없는 한 근로계약은 기간을 정하지 않는 상용고용이다.
근로시간의 변동이 크다.	근로시간은 전일제이며 그 시간의 배분은 일정하고(예: 하루 8시간, 주 40시간 근무), 근무장소도 일정하다.
임금은 시급, 일급, 주급, 월급의 형태로 지급된다.	임금은 월급 또는 연봉으로 지급되며 보너스, 각종 수당 등이 지급된다.
법과 단체교섭에 의해 보장받을 수 있는 권리의 범위가 제한적이다.	법과 단체교섭에 의해 임금을 보장받을 수 있고, 노동조합 등의 기구를 통해 고용의 안정성을 보호받을 수 있는 제도적 장치가 있다.
커리어 개발과 승진, 교육훈련, 복지혜택 등을 적용받기 어렵다.	해당 기업의 실정에 따라 커리어 개발과 승진, 교육훈련, 복지혜택 등을 적용받는다.

로자는 주당 근로시간이 36시간 미만으로 짧은 근로자들이다. 파트타이머 등이 여기에 속한다. **파견 근로자**는 인력파견(공급) 업체에 고용된 뒤 그 인력을 필요로 하는 업체에 파견돼 일하는 사람들이다. 파견 업체는 근로자가 일하는 직장의 업주한테서 소개해준 대가를 받아 근로자에게 급여를 준다. 근로자들은 일하는 직장 소속이 아니라 파견업체 소속이기 때문이다.

기업이 기간제 근로를 택하는 것은 직원 수와 관련된 비용(cost)의 문제가 주라고 할 수 있다. 직원 수가 증가하면 관리비용(administrative costs)이 늘고 추가로 들어가는 설비비용도 늘어남에 따라 기업의 자본비용(capital costs)은 증가할 것이다. 정규직 직원들에게는 상대적으로 고임금뿐 아니라 상여금, 퇴직금, 복지혜택을 지불한다. 반면 기간제 근로자에게는 저임금과 이에 따른 낮은 상여금, 퇴직금 그리고 제한된 복지혜택만을 지급하고 있는바, 정규직 직원과 동일한 업무성과가 기대되어진다면 상대적으로 저렴한 기간제 근로자를 활용하는 편이 인건비 절감을 위해 유리하다. 다만 단순한 업무가 아닌 상당한 숙련이 뒷받침 되어야 하는 업무 등에서는 기간제 근로자가 단기에 정규직 직원과 같은 성과를 내기란 분명히 어려울 것이다.

일부 OECD 국가들에선 비정규직 직원들 상당수가 2년이 지나면 정규직으로 전환되며, 임금 및 기타 근로 조건이 정규직 직원들에 비해 큰 차이도 나지 않는다고 한다. 저소득층일수록 비정규직 근로자가 많은 우리나라와는 여러모로 다르다. 근로시간, 급여조건 등을 명시한 근로계약서도 의무적으로 작성하도록 하고 있으며, 또 정규직에서 공석이 생길 시 희망하면 기간제 근로자가 우선권을 부여받는다고 한다. 정규직과 비정규직간 처우에 별 차이가 없기 때문에 유럽에서는 시간에 얽매이지 않기 위해 정규직 직원들이 파트타임을 자청하는 경우도 꽤 있다고 한다. 비정규직 신분으로 직장에 입사하게 된 상황이 개인 자신의 자발적 선택에 의한 것인지 아니면 다른 대안이 없어 어쩔 수 없이 택한 것인지의 여부를 **비정규직 선택의 자발성**이라고 한다.

비록 비정규직 직원이라도 직장선택의 동기가 자발적이라면 비정규직에 대한 처우나 고용조건뿐만 아니라 자신들이 맡은 직무내용이 상대적으로 열악하고 주변적이라는 사실을 스스로 결정해서 받아들였다고 볼 수 있다. 따라서 필요에 의해 시간제 근무를 하는 비정규직 직원들은 그들 자신이 조직에 부분적으로만 속한다고 느낄 뿐만 아니라 스스로가 아웃사이더임을 당연시하기도 한다. 자발적인 비정규직 직원들은 주변적 성격의 직무내용과 열악한 고용조건을 보다 자연스럽고 긍정적으로 지각할 것이고, 나아가 탄력적인 근무일정과 다양한 직장경험 등 비정규직의 상대적 장점을 효과적으로 활용하려고 함으로써 직무만족을 포함한 전반적인 직무태도가 오히려 긍정적일 수도 있다.

법률적 환경 03

정부의 노동정책 및 규제, 노동법 등을 제도적 환경이라고 말한다. 이 가운데 특히 법률적인 환경은 기업의 HR 의사결정에 직접적인 영향을 미친다. 기업의 산업적 속성에 따라 그 영향은 다양하겠지만 공통적으로 큰 영향을 끼치는 요인은 **노동법**(labor law)이다. 노동법은 기업과 종업원 사이의 고용관계를 규율하는 법 규범들을 총칭하는데, 고용관계의 시작인 채용부터 시작하여 유지단계인 고용조건과 노사관계, 나아가 퇴직과 해고와 같은 고용관계의 종료 시까지 HRM 전반을 규율하고 있다.

3.1 평등고용기회 부여

기업이 종업원을 고용함에 있어서 무조건적인 자율권이 보장되는 것은 아니다. 과거엔 기업의 인적자원관리적인 판단에 의해 선호하는 특정 부류에게만 고용기회를 부여하면서 사업하는 것이 가능했던 반면, 현재는 상대적으로 열악한 지위에 있는 여성, 장애인, 고령자에 대해 고용기회를 **차별**적으로 부여하는 것을 법적으로 규제하고 있다. 또한 공정한 채용절차가 이루어질 수 있도록 규정하여 채용에서부터 구직자들을 보호한다.

차별
특정 집단이나 개인에 대하여 외모, 성별, 장애유무, 종교 등을 이유로 불리한 처우를 하는 것

여성

HRM 차원에서 남녀 차별을 금지하는 법률은 **남녀고용평등과 일·가정 양립 지원에 관한 법률**(약칭: 남녀고용평등법)이다. 이 법에서는 모집과 선발, 임금, 복지혜택, 교육·배치 및 승진, 정년·퇴직 및 해고의 측면에서 남녀 차별을 금지하고 있다. 여기서 말하는 '차별'이란 성별·혼인·가족 안에서의 지위·임신 또

표 3.3 | 한국의 성평등 수준

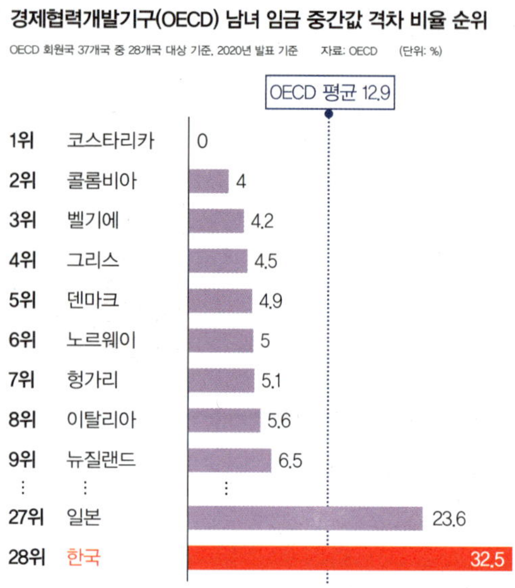

153개국 대상 성격차지수(GGI) 순위

지수 1은 완전 평등, 0은 완전 불평등 의미, 2020년 발표 기준 자료: WEF

순위	국가	지수
1위	아이슬란드	0.877
2위	노르웨이	0.842
3위	핀란드	0.832
4위	스웨덴	0.82
5위	미카라과	0.804
6위	뉴질랜드	0.799
7위	아일랜드	0.798
8위	스페인	0.795
9위	르완다	0.791
⋮	⋮	⋮
106위	중국	0.676
⋮	⋮	⋮
108위	한국	0.672
⋮	⋮	⋮
121위	일본	0.652

189개국 대상 성불평등지수(GII) 순위

지수 0은 완전 평등, 1은 완전 불평등 의미, 2020년 발표 기준 자료: UNDP

순위	국가	지수
1위	스위스	0.025
2위	덴마크	0.038
3위	스웨덴	0.039
4위	네덜란드	0.043
5위	벨기에	0.043
6위	노르웨이	0.045
7위	핀란드	0.047
8위	프랑스	0.049
9위	아이슬란드	0.058
⋮	⋮	⋮
11위	한국	0.064
⋮	⋮	⋮
24위	일본	0.094
⋮	⋮	⋮
39위	중국	0.168

출처: https://www.hani.co.kr/arti/international/international_general/985776.html

는 출산 등의 사유로 합리적인 이유 없이 채용 또는 근로조건을 다르게 하거나 불리한 조치를 하는 경우를 말한다. 이 법에서 남성과 비교하여 여성의 차별을 금지하고 있는 취지는 '동일노동 동일임금'의 대원칙에서 비롯된 것이다. [표 3.3]에서 2020년 발표된 유엔개발계획(UNDP) 성불평등지수를 보면 한국은 189개국 중 11위(0.064)로 아시아 최고 우등생이지만, 세계경제포럼(WEF)의 성격차지수는 153개국 중 108위로 하위권이다. 지수를 구성하는 요소와 반영하는 계산 방식이 다르기 때문이라고는 하지만 순위 차이가 크다. 5인 미만 사업장에 대해서도 남녀 노동자 간 임금, 승진, 정년 등에 대한 차별금지 조항이 전면 적용되는 등 실제로 남녀고용평등과 일·가정 양립 지원에 관한 법률의 적용범위가 확대된 것은 2019년 1월1일부터였다. 어쩌면 다음 조사에서 순위 변동을 긍정적으로 기대해볼 수도 있겠다.

장애인

장애인의 고용에 대한 부분은 **장애인고용촉진 및 직업재활법**(약칭: 장애인고용법)에서 자세히 규정하고 있다. 이 법에 따라 국가나 지방자치단체뿐 아니라 일정한 종업원 수 이상을 고용하고 있는 기업은 의무적으로 장애인을 고용해야 한다. 이를 어길 경우 부담금을 납부토록 하여 페널티가 주어지게 되므로 직원 채용과정에서부터 고려해야 할 사항이다. 나아가 장애인 채용이나 근무여건 개선을 위해 장애인 인식개선 교육도 의무적으로 실시해야 하므로 교육과정 설계에 있어서도 필수적으로 고려해야만 한다. 2019년 9월 9일자 최근 뉴스기사에서는 국내 5대 은행의 평균 장애인 고용률은 1.03% 수준으로 민간기업의 평균 고용률(2.9%)의 절반에도 못 미치는 상황을 보도하기도 했다. 50명 이상의 근로자를 고용한 사업주는 전체 상시근로자 중 3.1%를 장애인으로 고용해야 함에도 매년 수백억 원에 달하는 부담금을 납부하며 버티고 있다는 것이다([표 3.4] 참조). 현재 국회에는 장애인 의무고용률을 지키지 못하는 회사에 대해 이행 계획을 수시로 점검하고 과태료를 부과하는 법안이 상정돼 있는 상태다.

표 3.4 | 최근 5년 장애인 의무고용 미이행 부담금 순위(2016~2020년 기준)

순위	기업	부담금
1위	삼성전자	748억 600만원
2위	SK하이닉스	283억 7,100만원
3위	대한항공	272억 7,900만원
4위	국민은행	202억 900만원
5위	하나은행	190억 7,600만원
6위	학교법인 연세대학교	189억 9,100만원
7위	우리은행	179억 9,700만원
8위	LG전자	151억 9,100만원
9위	신한은행	111억 8,500만원
10위	홈플러스	100억 3,500만원

출처: https://futurechosun.com/archives/59309

고령자

우리나라는 고용상 **연령차별금지 및 고령자고용촉진에 관한 법률**(약칭: 고령자고용법)을 통해 정년, 고령자 차별금지, 고령자 직업능력개발훈련 등의 내용을 규정하고 있다. 이 법에 따라 만 55세 이상인 사람을 고령자로 만 50세에서 만 55세 미만인 사람을 준고령자로 각각 정하고 있으며 정년은 일률적으로 만 60세 이상으로 규정하고 강제하고 있다. 다만 우리나라의 급여체계가 주로 호봉제를 이루고 있어 정년이 확대됨에 따라 기업의 인건비 지급 부담이 가중될 수 있으

표 3.5 | 일본 정년연장의 특징

	만 65세 정년	만 70세 정년
고령자고용안정법 개정	2013년	2020년 목표
정년 연장 방법	❶ 정년 연장 ❷ 정년 폐지 ❸ 계약직 재고용	❶ ~ ❸ + ❹ 창업지원 ❺ 다른 기업 재취업 지원 ❻ 프리랜서 활동 지원 ❼ 비영리단체 활동 지원
기업 의무	원하는 종업원 만 65세 고용 '의무'	원하는 종업원 만 70세 고용토록 '노력'

출처: http://www.donga.com/news/article/all/20190603/95829117/1

임금피크제
고령자의 고용보장과 함께 기업의 인건비 부담을 경감시키기 위해 일정 연령을 기준으로 정년을 보장하거나 연장하는 조건으로 임금을 조정하는 제도(p.289 참조)

므로, 노사가 합의하여 임금체계 개편이나 **임금피크제**를 실시할 수 있도록 근거 규정을 마련해두었다. 우리보다 앞서 저출산 고령화의 사회문제를 겪은 일본에서는 정부가 정년 연장, 정년 폐지, 계약직 재고용 등 3가지 선택지를 기업에 제시하기도 했다([표 3.5] 참조). 알려진 바와 같이 고령자 인구가 계속해서 증가하고 있다. 이들의 경제활동 참여로 노령인구의 빈곤 문제와 더불어 복지비용의 증가 문제를 해결하고, 단순노무직종(청소, 경비, 생산직 등) 등에서의 구인난 해결을 위해 그들의 고용은 필요한 상황이라고 전문가들은 말한다.

채용절차 공정화

채용절차의 공정화에 관한 법률(약칭: 채용절차법)에서는 공정하게 채용절차를 진행하도록 규정하고 있는데, 이에 따라 기업의 HR 부서는 거짓채용광고 등의 금지, 채용일정 및 과정의 통지, 채용비용 부담금지, 채용 여부의 통지의무 등을 준수해야 한다. 특히 권장사항에 불과했던 외모나 성차별적인 채용 지양과 직무중심의 채용 유도가 최근엔 직무수행에 불필요한 개인정보 요구 금지로 개정되었다. 즉 구직자에게 그 직무의 수행에 필요하지 아니한 ① 구직자 본인의 용모·키·체중 등의 신체적 조건, ② 구직자 본인의 출신지역, 혼인 여부, 재산, ③ 구직자 본인의 직계 존비속 및 형제자매의 학력, 직업, 재산 등에 관한 정보를 요구하거나 수집하지 못하도록 규정했다(제4조의3). 이를 위반할 경우 500만 원 이하의 과태료를 부과하도록 했다(제17조 제2항). 기업들은 구직자에 대한 개인정보 요구를 삼가함과 동시에 채용에 관하여 부당한 청탁 등을 금지하여 채용절차의 공정성을 확보해야 한다. 법에서 규정하고 있는 내용들은 최소한으로, 그리고 기업의 이미지와 핵심 인력의 유인을 위해서는 그 수준을 넘어 공정한 모집 및 채용 절차를 설계할 수 있어야 한다.

3.2 고용조건 보장

종업원이 제공하는 노동 가치에 비해 열악한 대우를 한다거나 아무런 제한 없이 장시간 근로를 하도록 강요한다면 인간다운 삶을 영위하기 어렵다. 이에 따라 종업원들을 보호하기 위해 노동법에서는 최소한의 임금을 정해 이 이상의 임금을 지급하도록 하거나 노동조건의 기준을 정함으로써 그들의 기본적인 생활을 보장하고 있다.

그림 3.2 | 최저임금 인상에 따른 고용감소 규모

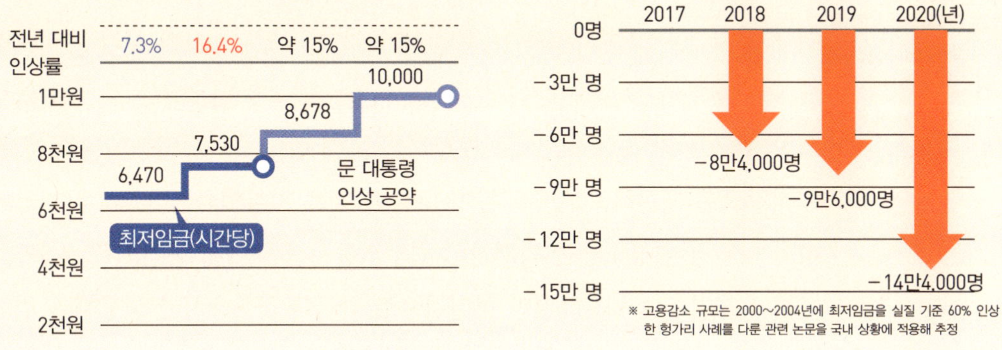

출처: https://jmagazine.joins.com/economist/view/321648

최저임금

최저임금(시급)
근로자가 받는 월 임금(기본급+고정수당+매월 지급 상여금·복지혜택 일부)을 근로시간으로 나눠 계산

최저임금이란 정부가 저임금 종업원의 생활 안정과 노동력의 질적 향상을 위하여 정책적으로 정한 임금의 하한선이다. 자유시장경제하의 노동시장에서는 당사자인 노사가 자율적으로 임금을 결정하는 것이 이론적으로 이상적이나, 현실에서는 기업이 요구하는 조건에 맞춰 노동을 제공하게 되면서 열악한 임금 수준으로 생계조차 어려워지자 이를 방지하고자 정부가 나서서 최소 수준의 임금을 정한 것이다. 우리나라에서는 **최저임금법**을 통해 매년 최저임금을 정하고 있으며, 이러한 최저임금은 노사정이 함께 참여한 최저임금위원회에서 생계비, 유사 노동자 임금, 노동생산성 및 소득분배율 등을 고려하여 정하게 된다. 최저임금에 미달하는 임금을 지급하는 경우 사법적 제재를 받게 되므로 임금이 최저임금 이상이 될 수 있도록 해야 한다. 최근 정부의 급격한 최저임금 인상 등으로 무인 편의점 개발에 가속도가 붙고 있다는 기사를 본 적이 있다. 이 밖에도 최저임금이 오른 후로 사업주들은 근무시간을 줄이는 방식으로도 임금상승을 최소화하고 있다. 연장근무와 야간근무도 최소화해 임금을 동결하고 있는 셈이다([그림 3.2] 참조).

노동시간과 연장노동

근로기준법에 따르면 기업은 종업원들에게 1일 8시간 주당 40시간을 넘게 일을 시킬 수 없도록 법정노동시간을 정하고 있다. 법으로 노동시간을 명확히 규정하고 있는 이유는 장시간 노동은 건강과 안전을 위협하여 조기 사망을 유도할 뿐 아니라 오히려 노동생산성을 크게 떨어뜨려 성과 창출에 악영향을 미치기 때문이다. 또한 최근 사회적으로 **일과 삶의 균형**(WLB)에 대한 니즈가 상승하면서 노동시간 단축을 요구하는 목소리가 커지고 있다. 이에 따라 우리나라에서도 1989년부터 주 48시간에서 주 44시간으로, 2004년부터는 주 5일 근무제를 위한 주 40시간 노동시간으로 꾸준히 단축해 왔다. 또한 연장노동의 시간도 주 12시간으로 제한하고 연장노동에 따른 임금을 기본임금의 1.5배를 지급하도록 하여 가급적 연장노동을 억제하고 법정노동시간 내에서 종업원을 운용할 수 있도록 유도하고 있다. 하지만 현실적으로 한국의 하루 8시간 노동제는 법전에만 존재하는 먼 나라 이야기라는 말이 있다. 하루 노동시간은 8시간으로 규정해놓고 1주일에 12시간까지 할 수 있는 연장노동은 하루 노동시간 제한이 없어, 이론적으로는 하루 20시간까지도 일을 시킬 수 있다.

일과 삶의 균형
일과 일 외의 영역에서 시간과 심리 및 신체적 에너지를 분배함으로써 삶에 대한 통제감을 가지고 삶에 대해 만족하는 상태

휴식권 보장

기업은 종업원에게 업무 수행을 준비키 위한 시간으로 충분한 휴식권을 보장해야 한다. 근로기준법에서는 이를 명문화하고 있는데, 4시간의 업무 수행에 대하여 30분의 휴게시간을 부여해야 한다거나 7일 중 하루는 **유급휴일**로 출근하지 않는 완전한 휴식을 보장해야 한다. 또한, 한 달 또는 일 년간 업무수행에 대한 대가로 연간 15일 이상의 유급휴가를 부여하여야 하며, 기업 운영에 막대한 지장이 있는 경우를 제외하고는 종업원이 선택하는 날짜에 우선적으로 휴가를 사용하게 할 의무가 있다. 최근에 법의 사각지대에 놓인 키즈 유튜버의 이야기로 SNS가 뜨거웠던 적이 있었다. 많은 수입으로도 주목을 받지만 아동학대 논란이 있다. 이들은 일주일에 2~3건에서 많게는 하루 한 건까지 다량의 영상을 촬영하고 있음에도 노동시간 제한이나 휴식권 보장에 대한 규제가 사실상 없다. 휴식권 보장과 관련해서는 택배·배달 노동자들의 노동환경 개선 필요성도 사회적으로 관심을 얻고 있다.

유급휴일
계속근로를 전제로 하여 1주일마다 만근 시 하루의 휴일을 보장하려는 제도로 이 유급휴일에 받는 것을 주휴수당이라 함

3.3 종업원 안전 및 건강권

노동법은 사용자에게 종업원이 안전하고 건강한 생활을 할 수 있는 업무 환경을 조성할 의무를 부과하고 있다. 예컨대 산업안전보건법에서는 기업에게 종업

원이 업무수행과정에서 사고가 일어나지 않게 안전장치를 마련하도록 하고 있으며, 그럼에도 불구하고 업무와 관련하여 발생할 수 있는 사고나 재해에 대해서는 산재보험에 의무 가입을 하도록 하여 산업재해보상보험법(약칭: 산재보험법)을 통해 보상할 수 있도록 한다. 기업 내에서 발생할 수 있는 성희롱이나 집단 괴롭힘 문제에 대해서도 남녀고용평등법, 직장 내 괴롭힘 금지법 등이 예방교육이나 가해자·피해자에 대한 조치에 대해 규정하고 있다.

안전·건강권의 보장

산업안전보건법에서는 기업에게 산업재해를 예방할 책임을 부여하고 쾌적한 업무 환경을 조성함으로써 안전과 보건을 유지·증진하려는 목적에서 산업안전·보건에 관한 기준을 정하고 있다. 이 법의 주요 내용에 기업 내 안전보건체계 확립, 종업원이 참여하는 산업안전보건위원회 설치, 안전보건교육 실시, 업무수행과정에서의 안전·보건조치 의무, 건강검진 실시 등이 있어 기업에게 사업장 내 물리적·화학적인 안전뿐 아니라 종업원의 참여를 보장해 실질적으로 안전하고 건강한 업무환경을 조성할 수 있게끔 의무를 부여한다. 또한 최근에 들어서는 '근로자'를 '노무를 제공하는 자'로 개정하여 산업안전보건법의 보호대상을 특수형태근로종사자와 배달종사자까지 확대했고 앞으로 새로운 노동관계를 고려하여 보호대상을 확대해 나갈 수 있도록 입법 예고되었다.

기업 내 성폭력 문제

'미투(metoo) 운동'을 촉발한 할리우드 영화 제작사 와인스틴 컴퍼니가 파산보호를 신청해 떠들썩했었다. 성폭력 문제가 투자자들의 신뢰에도 영향을 미칠 수 있다는 얘기다. **남녀고용평등법**은 기업 내에서 발생하는 성폭력 등을 '직장 내 성희롱'으로 명명하고 금지한다. 직장 내 성희롱이란 직장 내 지위나 업무와 관련하여 다른 종업원들에게 성적 언동 등으로 성적 굴욕감 또는 혐오감을 느끼게 하거나 성적 언동이나 요구에 따르지 않았다는 이유로 근로조건이나 고용에 있어 불이익을 주는 것을 말한다. 기업은 직장 내 성희롱이 발생하는 것을 예방하여 종업원들이 안전한 환경에서 일할 수 있도록 교육을 실시할 의무도 있다. 기존에는 성폭력 문제에 관대하게 대처하여 오히려 피해자가 불이익을 받는 경우도 있었는데, 이 법은 기업에게 즉시 조사, 피해자 보호 및 불리한 처우 금지, 가해자 징계 등의 조치를 하도록 하여 피해자 구제 의무를 명문화했다.

표 3.6 | 괴롭힘에 대한 모호한 판정 기준

	사례		판정
1	상습적으로 지각하는 후배의 한 달치 출근 시간을 따로 기록해 지적	×	업무 효율을 해치는 직원의 근태 관리로 인정
2	팀장이 단체 대화방에서 특정인에게 "똑바로 하라"면서 업무 실수를 공개 지적	×	반복적이지 않고 일회성 주의라면 해당되지 않음
3	같은 부서에서 한 사람만 뺀 단체 대화방을 만들어 운영	○	업무와 연관된 관계에서 고의적 '왕따'
4	직장에서 승승장구하는 후배가 특정 상사의 지시만 무시하고 반발	○	직급이 낮더라도 직장 내 실세라면 괴롭힘에 해당
5	보완이 필요한 부분 등 명확한 지시 없이 수차례 반복적으로 "다시 해보라"고 지시	×	업무 지시를 단순히 반복한다고 해서 '적정 범위를 넘었다'고 보기 어려움

출처: http://news.chosun.com/site/data/html_dir/2019/07/16/2019071600168.html

직장 내 괴롭힘 문제

일명 **직장 내 괴롭힘 금지법**이라고 불리는 개정 근로기준법(제76조의2)에서는 우월적 지위나 관계를 이용해 직장에서 신체적, 정신적 고통을 주는 행위를 '직장 내 괴롭힘'으로 규정하고 있다. 상사만이 아니라 후배가 한 행동이어도 후배가 관계의 우위에 있다면 직장 내 괴롭힘으로 인정된다. 직장인 약 70%가 피해의 경험이 있다는 조사결과로 볼 때 우리 사회에서 방치가 곤란한 문제인 것 같다. 괴롭힘 유형에는 개인사 소문내기, 음주·흡연·회식 강요, 욕설·폭언, 다른 사람 앞에서 모욕감을 주는 언행, 정당한 이유 없이 연차 못쓰게 하기, 지나친 감시 등이 있다([표 3.6] 참조). 회사는 이러한 괴롭힘을 예방하기 위해 교육, 괴롭힘 실태조사 등의 조치를 해야 할 의무가 있으며, 이를 내부 규정에 명문화해야 한다. 또한 피해자가 괴롭힘 사실을 회사에 신고하면 즉시 조사에 착수해야 하며 그 결과에 따라 신고자에겐 근무지 변경, 유급휴가 등의 조치를 취하고 가해자는 적절히 징계해야 한다. 만일 신고자에게 회사가 불이익을 주면 3년 이하 징역이나 벌금형을 받게 된다.

3.4 퇴직과 해고

기업이 종업원을 해고하는 대표적인 경우로는 경영악화로 인한 정리해고, 영업

종료에 따른 공장폐쇄, 성과미달이나 위법행위 등에 의한 징계해고, 종업원 개인의 일신상의 사유로 인한 해고 등이 있다. 자발적으로 퇴직하는 경우에는 노동법의 통제를 덜 받지만 비자발적으로 해고되는 경우에는 법에서 정한 절차나 기준을 따라야 한다. 자발성 여부를 떠나서 직장을 관두는 종업원에게는 퇴직금을 지급하거나 퇴직연금제도에 가입하여 안정적인 생활을 영위할 수 있도록 금전적인 지원 정책을 실시해야 한다.

해고의 제한

근로기준법에서는 '정당한 이유'가 있는 해고 외에 기업 임의로 종업원을 해고할 수 없도록 제한 규정을 두고 있다. '정당한 이유'라 함은 사회통념상 근로계약을 계속시킬 수 없을 정도로 근로자에게 책임 있는 사유가 있을 경우를 말하는데, 예컨대 무단결근·지각 등의 반복으로 인한 근로제공의무 미이행, 불성실한 업무수행으로 인한 성과미달, 사고·건강 악화 등에 따른 업무수행능력상실, 그리고 업무관련 위법행위 등과 같이 정상적인 노동을 제공치 못하는 상황으로 제한된다. 또한 정당하게 해고한다 하더라도 반드시 문서로 해고날짜, 사유 등을 적시하여 당사자에게 통보하지 않으면 무효화될 수 있다. 그리고 종업원을 징계해고하면서 기업 내부적으로 정한 징계절차가 있으면 반드시 그것을 준수해야 한다. 통상적으로 징계절차가 규정하는 내용은 징계사유 제한, 징계위원회 운영, 징계대상자에게 소명할 기회 부여, 재심의 절차 등이 있는데, 이에 위반하여 해고한다면 절차적인 요건을 충족치 못해 무효가 된다.

정리해고와 공장폐쇄

기업의 경영 상황이 악화되어 특정 부문, 부서를 해체하거나 직무, 직책을 없애야 할 경우 종업원을 정리해고하게 된다. **근로기준법**에서는 정리해고를 경영상 이유에 의한 해고라고 규정하며 제한하고 있다. 정리해고를 시행하기 위해서는 ① 경영 악화나 사업의 양도·인수·합병 등의 긴박한 경영상 필요가 있어야 하며, ② 해고를 회피하기 위하여 희망퇴직, 배치전환, 휴직과 같은 정책 실시 및 ③ 고령자·성별 차별 금지를 포함한 합리적이고 공정한 해고 기준을 세워야 한다. ④ 해고 회피방법과 해고의 기준에 대해서는 노동조합이나 종업원 대표에게 사전에 통보하고 성실하게 협의하여야 한다. 법에서 정한 기준을 지키지 않으면 정당하지 않은 해고가 되어 무효가 될 수 있으므로 사용자는 이를 주의해야 한다. 이와 같은 법적 제한은 전체 공장·사무실을 폐쇄와 같은 사업 자체의 종료과정에서 어쩔 수 없이 발생하는 해고에까지 적용되지는 않으나 일부 공장만 폐쇄하고자 하는 경우에는 마찬가지로 적용된다.

퇴직금 및 퇴직연금

근로자퇴직급여보장법에 따르면, 기업은 1년 이상 근무하다가 퇴직하는 종업원에게 30일분 이상의 퇴직금을 지급하여야 하며, 근무연수에 비례하여 퇴직금도 증가하게 된다. 이러한 퇴직금제도의 취지는 본래 노후생활의 안정에 도움을 주고자 했던 것이나, 퇴직금은 퇴직 시 한꺼번에 지급되어 종업원 자체적으로 자금의 운용이나 관리가 어려운 측면이 있었다. 기업의 입장에서도 종업원이 퇴직할 때 일시적으로 대량의 자금을 확보해야 하므로 퇴직금 제도는 부담으로 다가왔다. 이러한 퇴직금제도의 부작용을 방지하기 위해 2005년 12월부터 **퇴직연금제도**가 시행되고 있다. 퇴직연금은 종업원 퇴사 시 일시금을 정산하는 퇴직금제도와 달리, 직장을 옮기더라도 퇴직연금계좌 등에 이월되기 때문에 종업원이 최종적으로 퇴직할 때까지 적립된다는 점에서 장점을 가지고 있다.

3.5 집단적 노사관계

이상 살펴본 평등고용기회 부여, 근로조건 보장, 안전과 건강권, 퇴직과 해고는 개별 기업과 종업원 개인의 관계에서 법적인 의무와 권리를 규정하고 있는데, 이같이 노동관계 당사자의 행위를 규제함으로써 종업원을 개별적으로 보호하는 법규들을 개별적 근로관계 범주에 있다고 한다. 반면 종업원들이 스스로 뭉쳐 노동조합 같은 단체를 통해 집단적인 힘을 발휘하여 기업과 대등한 목소리를 낼 수 있도록 보호하는 법규들은 **집단적 노사관계법**이라고 하고, 대표적으로 노동조합 및 노동관계조정법이 있다. 여기선 집단적 노사관계 범주에서 기업이 접하는 종업원 집단인 노동조합과 노사협의회에 대해 간단히 살펴보겠다.

노동조합

노동조합은 기업의 개입이 배제된 상태에서 종업원 2인 이상이 자주적으로 단결하여 근로조건의 유지·개선 기타 경제·사회적 지위의 향상을 도모하고자 설립하는 단체로서, **헌법 제33조 제1항**에 따른 단결권·단체교섭권 및 단체행동권(노동3권)의 주체이다. 노동조합은 조합원들의 의견을 집단적으로 결집·수용하여 기업에 교섭을 요구하거나 단체행동으로 압박을 가하여 그 입장을 관철시키는 행위를 할 수 있다. 최상위 법이라고 할 수 있는 헌법에서도 종업원에게 노동조합을 결성할 권리를 인정하고 나아가 단체행동까지 인정하고 있는 이유는 생산요소 중 하나인 노동은 다른 요소들과 달리 노동하는 행위 자체뿐 아니라 노동력을 제공하는 사람의 인격을 함께 제공하므로 그저 단순히 기업의 소유나 지배의 관계로 설명하기 어렵기 때문이다.

노사관계는 대립적 관계와 협력적 관계의 양면성을 가지고 있으면서 수평적 관계와 수직적 관계가 복잡하게 얽혀 있는 속성을 지니고 있다. 기업과 종업원 개인은 동반자로서 생산성 향상을 위하여 상호협력할 수밖에 없는 필연성을 지니더라도 개개인은 기업과의 관계에서 지시·승복 관계를 형성하므로 상대적으로 기업의 지배관계 아래에 놓일 수밖에 없게 된다. 노동조합은 이러한 종속적인 관계를 종업원이 집단적으로 뭉쳐 한 목소리를 냄으로써 대등한 관계로 변화시키는 역할을 한다. 노동조합은 임금, 근로시간, 고용안전, 근로조건 등의 부분에 대해 기업에 교섭을 요구할 수 있으며, 교섭과정에서 의견대립이 있어 합의에 이르지 못할 경우 법적인 절차를 거쳐 파업·태업과 같은 쟁의행위를 할 수 있고, 정당한 노동조합의 행위는 민·형사상 책임을 면할 수 있다. 이에 따라 기업이 노동조합의 설립·운영 개입 및 정당한 조합 활동 방해를 하거나, 교섭요구에 불성실하게 응대 및 노동조합을 탄압하는 행위를 하는 경우 모두 부당노동행위로서 위법행위가 되어 형사처벌 대상이 되도록 하여 노동조합 활동을 보장하고 있다.

노사협의회

노사협의회는 **근로자참여 및 협력증진에 관한 법률**에서 규정하고 있는데, 노동조합이 기업과 상하관계를 탈피하여 대등관계를 추구하는 것과 다르게 노사협의회는 기업경영에 종업원이 참여할 수 있도록 하여 복지증진과 기업 발전을 꾀하는 것을 목적으로 한다. 따라서 노동조합의 단체교섭이나 활동은 노사협의회와 별개이므로 서로 영향을 미치지 않는다. 이 법에 따르면 30인 이상 종업원을 고용한 기업은 노사협의회를 설치해야하며 정기적으로 회의를 개최할 의무가 있다. 또한 경영/생산/인력 계획, 경제적/재정적 상황 등을 보고하여 회의에 참여하는 종업원대표가 기업 상황을 인지하고 기업에 적합한 의사결정을 하도록 해야 한다. 협의회에서 노사가 다뤄야할 사항으로는 생산성향상과 성과배분, 채용·배치 및 교육훈련, 고충처리, 안전·보건 그 밖의 작업환경 개선과 건강증진, 인사·노무관리제도 개선, 고용조정원칙, 작업·휴게 시간의 운용, 임금제도 개선, 작업공정 개선과 작업수칙 제·개정, 종업원지주제와 같은 재산형성제도 지원, 직무 발명 등 보상, 복지혜택, 감시설비 설치, 여성종업원 보호 등으로 기업 운영 전반에 걸쳐 종업원의 참여를 보장하고 있다. 또한 종업원의 교육훈련·개발 기본계획 수립, 복지시설의 설치 및 관리, 사내근로복지기금, 각종 노사공동위원회 설치에 대해서는 반드시 협의회의 의결을 거쳐야 한다.

하이데거의 숲 | 노동법과 HRM

노동법의 등장 배경은 자본주의 시장경제체제에서 기업과 종업원의 고용관계가 동등한 당사자로서 자유로운 계약관계로 유지되지 않고 기업이 상대적으로 우월한 지위를 갖게 되면서 이러한 불평등 해소를 위해서다. 노동법이 규율하고 있는 HRM 관련 분야는 아래와 같다.

- **평등고용기회 부여** 여성, 장애인, 고령자 차별 이슈, 채용절차 공정화
- **고용조건 보장** 최저임금, 노동시간과 연장노동, 휴식권의 보장
- **종업원 안전과 건강권** 기업 내 성폭력 문제, 안전·건강권의 보장
- **퇴직과 해고** 해고의 제한, 정리해고와 공장폐쇄, 퇴직금과 퇴직연금
- **집단적 노사관계** 노동조합, 노사협의회

노동법은 기업들이 의무적으로 준수해야 하기 때문에 강행적(强行的)인 성격이 강하여 이를 어길 시에는 사법적 제재의 대상이 되어 기업의 재량을 상당부분 제한한다. 기업의 노동법 위반은 대내·외 이미지 차원에서도 상당히 나쁜 영향을 미치게 된다. 예컨대 종업원과 최저임금에 미달하는 고용계약을 체결하게 되면 최저임금이 미달하는 부분은 무효가 되고 무효로 된 부분은 최저임금과 동일한 임금을 정한 것으로 보게 되며, 최저임금법을 위반한 것이 되어 형사처벌의 대상이 될 뿐만 아니라 언론 노출 및 부정적인 여론 형성 등으로 소비자들은 기업의 제품이나 서비스를 불매하게 되어 기업 활동에 제약이 뒤따른다. 게다가 위법행위를 일삼는 기업에 충성심을 가지려는 종업원이 줄어들게 되어 이직률도 증가하게 될 것이므로 핵심인재가 유출될 수 있어 기업의 장기적인 발전도 불투명해지고 만다.

HR News

비정규직 53% "자발적 선택"… "근로조건 만족" 50%

'비정규직=나쁜 일자리' 깨져

"불합리한 차별해소 집중해야"

비정규직을 선택한 근로자의 절반 이상은 자발적으로 선택했으며 '만족스러운 근로조건'을 주된 이유로 꼽았다.

비정규직의 처우개선을 위해선 획일적인 정규직화보다는 불합리한 차별을 해소하는 데 집중해야 한다는 지적이 나온다.

통계청이 지난해 8월 내놓은 '경제활동인구조사 근로 형태별 부가조사'에 따르면 전체 비정규직 근로자 중 53.1%는 자발적으로 현재 일자리를 선택한 것으로 조사됐다. 또 이들은 비정규직을 선택한 가장 큰 이유로 '만족스러운 근로조건'(50.3%)을 꼽았다.

조사 결과 임금 역시 반드시 정규직이 비정규직보다 높지 않았다. 고용노동부가 지난해 8월 조사한 '경제활동인구조사 부가조사 원자료'에 따르면 대기업 비정규직의 월 평균 임금이 258만8,000원으로, 중소기업 정규직(256만1,000원)보다 높았다.

'비정규직=나쁜 일자리'란 인식과는 거리가 먼 셈이다. 학계에서는 이에 대해 무분별하게 비정규직 개념을 사용해 온 때문으로 보고 있다. 비정규직은 정규직이 아니란 점을 표현하기 위해 만든 단어일 뿐 공식적으로 정의된 개념이 아닌데도 노동계는 정규직 중에서도 상용직 근로자 외에는 모두 비정규직으로 구분한다. 특히 기간제, 파견, 일용 근로자뿐만 아니라 시간제(파트타임), 청소·경비 등 용역 근로자까지 비정규직으로 간주하고 있다.

그림 3.4 | 비정규직 자발적 선택 비율 및 이유

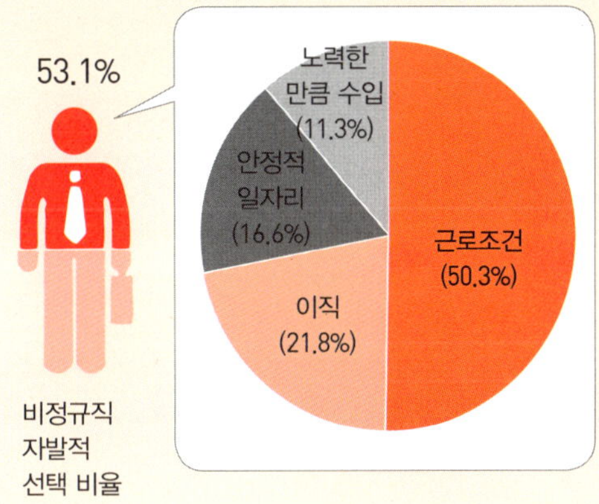

반면 외국은 우리나라보다 비정규직 범위가 훨씬 좁다. 경제협력개발기구(OECD)는 '고용의 한시성'을 기준으로 임시직 근로자만을 비정규직으로 본다. 일본은 1년 미만 기간제, 캐나다는 종료일이 정해진 경우, 영국·프랑스 등 유럽연합(EU) 14개국은 일의 종료가 객관적으로 정해진 경우만 비정규직으로 구분한다. 우리나라 비정규직 비중은 자체 기준으론 32.5%지만 OECD 기준으론 22.3%로 대폭 감소한다. 기간제만 고려할 경우 비정규직 비율은 14.9%까지 떨어진다.

윤창현 서울시립대 경제학부 교수는 "노동시장의 경직성과 더불어 생산성과 무관하게 인상되는 연공형 임금체계가 계속되는 한 비정규직은 계속 늘어날 수밖에 없다"면서 "직무급제를 도입해 과도한 정규직의 인건비 부담을 줄이고 중요한 일을 하는 비정규직도 정규직에 부합하는 대우를 해줘야 한다"고 조언했다.

출처: http://www.munhwa.com/news/view.html?no=20171127010304033324001

단원요약

1. 비즈니스의 세계화로 글로벌 운영/생산/관리 그리고 전략적 제휴가 통합이 되고, 또한 기술의 변화는 세계 경제에서 경쟁방식의 변화를 가져왔다. 생산성 압박은 세계화와 기술적 변화로 인해 가속화되었고 이는 또다시 생산성 압박으로 이어지고 있는 가운데 요구되는 스킬을 지닌 노동자를 구하기가 더욱 어려워지고 있다.

2. 고용불안이 커지고 심리적 계약 관계가 퇴색될수록 조직의 역기능은 증가하고 종업원들의 불만족이나 저항이 커진다. 심리적 계약의 가장 중요한 속성이라고 하면 그것이 종업원과 사용자의 기대가 변하고 경제/사회적 상황도 바뀌면서 계속 재협상된다는 점이다.

3. 몰입의 다차원성은 개인 또는 그룹의 가치와 목표에 따라 직원들이 여러 가지에 몰입할 수 있는 현실을 반영한다. 조직몰입이 조직의 목표와 관련된 것이라면 커리어몰입은 개인의 내재적인 목표와 관계된다. 극심한 커리어몰입은 커리어리즘으로 표출되는데, 이는 성과와 무관한 행동들을 통해 자신의 사적인 목표나 커리어목표를 달성하려는 경향을 말한다.

4. 임시·일용직을 의미하는 비정규직은 유통 또는 건설 업종에서의 영업이나 임시 업무에 주로 한정되어왔으나 요즘에는 사무직과 서비스직 등 일반 직종에까지 확산되었다. 비정규직 근로자의 유형으로는 기간제 근로자, 파트타이머, 용역회사 파견근로자, 하청근로자, 독립 계약자가 있다.

5. 상대적으로 열악한 지위에 있는 여성, 장애인, 고령자에 대해 고용기회를 차별적으로 부여하는 것을 법적으로 규제하고 있다. 남녀고용평등과 일·가정 양립 지원에 관한 법률, 장애인고용촉진 및 직업재활법, 연령차별금지 및 고령자고용촉진에 관한 법률, 채용절차의 공정화에 관한 법률 등이 이에 해당된다.

6. 노동법에서는 최소한의 임금을 정해 이 이상의 임금을 지급하도록 하거나 노동조건의 기준을 정함으로써 종업원들의 기본적인 생활을 보장하고 있다. 관련 법률로는 임금의 하한선을 두는 최저임금법, 워라벨을 지켜주는 근로기준법, 그리고 다음 업무를 위한 충분한 휴식권 보장에 관한 근로기준법이 있다.

7. 산업안전보건법에서는 사용자에게 사고가 일어나지 않게 안전장치를 마련하도록 하고 있으며, 사고나 재해가 발생 시에는 산업재해보상보험법을 통해 보상할 수 있도록 한다. 이 밖에 성희롱이나 집단 괴롭힘 등의 문제에 대해서도 남녀고용평등법, 직장 내 괴롭힘 금지법 등이 예방 교육이나 가해자·피해자에 대한 조치에 대해 규정하고 있다.

8. 근로기준법에서는 '정당한 이유'가 있는 해고 외에 기업 임의로 종업원을 해고할 수 없도록 제한 규정을 두고 있다. 직장을 관두는 종업원에게 기업은 퇴직금을 지급하거나 퇴직연금제도에 가입하여 안정적인 생활을 영위할 수 있도록 금전적으로 지원해야 한다.

9. 노동조합은 조합원들의 의견을 집단적으로 결집·수용하여 기업에 교섭을 요구하거나 단체행동으로 압박을 가하여 그 입장을 관철시키는 행위를 할 수 있고 노사협의회는 기업 경영에 종업원이 참여할 수 있도록 하여 복지증진과 기업 발전을 꾀하는 것을 목적으로 한다.

논의할 문제

1. 욜로족, 젊은 꼰대, 디지털 네이티브 등으로 표현되는 밀레니얼 세대를 조직이 효과적으로 포용할 묘안으로 무엇이 있을까?
2. Z세대들의 노동시장 진입에도 대비해야만 한다. 이들을 효과적으로 채용하고 동기유발시키기 위한 방법에는 어떤 것이 있을까? 밀레니얼보다도 더 각별히 유의해야 할 점은 무엇인가?
3. 커리어리즘 성향이 강한 직원들을 변화시켜 조직에 대한 충성도를 높이고 커리어목표를 조직 내에서 추구하도록 하려면 어떻게 해야 할까?
4. 우리나라와 다른 OECD 국가들 간에는 자발적 비정규직에 관한 인식차이가 존재한다. 이러한 차이가 발생하게 된 배경은 무엇이고 큰 차이라면 어떤 것이 있을까?
5. 차별금지나 약자보호에 대한 법을 기업들은 준수하려고 노력한다. 인권보호와 윤리에 기초를 둔 것인가 아니면 기업 경쟁력을 위해 꼭 필요하기 때문일까?
6. 한 팀원이 본인보다 낮은 직급의 후배에게 괴롭힘 당하는 것을 팀장인 내가 목격했다면, 이를 어떻게 해결해야 할까?

더 읽을거리

Berry, W. D., & Feldman, S. (1985). Multiple regression in Practice. Sage University Paper Series on Quantitative Applications in the Social Sciences, (series no. 07-050). Newbury Park, CA: Sage.

Carlson, D. S., Grzywacz, J., & Zivnuska, S. (2009). Work-family balance: Is balance more than conflict and enrichment? *Human Relations, 20*, 1-28.

Feldman, D. C., & Weitz, B. (1991). From the invisible hand to the gladhand: Understanding a careerist orientation to work, *Human Resource Management, 30*, 237-257.

Greenhaus, J. H., & Singh, R. (2003). Work-family linkages. In M. Pitt-Catsouphes & E. E. Kossek (Eds.), Work-family encyclopedia. Retrieved September 13, 2005, from www.bc.edu/wfnetwork.

Heany, C. A., Israel, B. A., & House, J. J. (1994). Chronic job insecurity among automobile workers: Effects on job satisfaction and health. *Social Science and Medicine, 38*, 1431-1437.

Hsiung, H. H., Lin, C. W., & Lin, C. S. (2011). Nourishing or suppressing? The contradictory influences of perception of organizational politics on organizational citizenship behavior. *Journal of Occupational and Organizational Psychology, 85*, 258-276.

Kang, D. Kim, H., & McLean, G. (2016). Career commitment as a mediator between organization-related variables and motivation for training and turnover intentions, *Journal of Career Development, 43*(2), 130-144.

Morrison, E. W., & Robinson, S. L. (1997). When employees feel betrayed: A model of how psychological contract violation develops. *Academy of Management Review, 22*, 226-256.

Rousseau, D. M., & Parks, J. M. (1993). The contracts of individuals and organizations. *Research in Organizational Behavior, 15*, 1-43.

Rousseau, D. M. (1995). *Psychological contracts in organizations: Understanding written and unwritten agreements*. Thousand Oaks, CA: Sage.

Shapiro, S. L., & Carlson, L. E. (2009). The art and science of mindfulness: Integrating mindfulness into psychology and the helping professions. Washington, DC: American Psychological Association Publications.

Sverke, M., Hellgren J., & Naswall, K. (2002). No security: A meta-analysis and review of job insecurity and its consequences. *Journal of Occupational Health Psychology, 7*, 242-264.

P A R T

02

채용

Staffing

Chapter 04

직무분석과 직무(재)설계

01 사람과 환경 간의 적합

02 직무분석의 중요성

03 직무(재)설계

학습 목표

이번 장을 마친 후 다음과 같은 것들을 할 수 있을 것이다.

1. 사람-환경 적합의 개념과 그 유형별 특징들을 설명한다.
2. 직무분석의 목적을 이해하고 그 절차에 대해 서술한다.
3. 직무분석을 위한 두 접근법과 정보의 수집 방법들에 대해 비교한다.
4. 직무분석과 역량모델링의 비교를 통해 직무분석의 최근 트렌드를 파악한다.
5. 직무특성모델을 활용해서 직원의 열의를 높이는 방안을 논의한다.
6. 직무설계의 여러 기법들을 비교하고 상황에 맞는 적용을 논의한다.
7. 잡 크래프팅의 개념을 이해하고 직무재설계와의 공통점, 차이점을 규명한다.

다이버전트

새 분파에서 생존하기 위해
목숨을 걸고 노력하는 트리스!

영화 〈다이버전트〉 포스터

지식과 논리를 탐구하는 '에러다이트(erudite)', 땅을 경작하는 '애머티(amity)', 정직과 질서를 중시하는 '켄더(candor)', 도시의 군인이자 경찰인 '돈트리스(dauntless)', 그리고 타인에게 헌신하는 '애브니게이션(abnegation)'.

끊임없는 전쟁으로 모든 것이 황폐해진 가까운 미래.

유일하게 살아남은 도시 시카고에서는 사람들이 일정 나이가 되면 다섯 분파(fractions)로 분류하고 관리한다. 한번 분파가 정해지면 모두 각 분파의 환경과 특성에 맞추어 살아가야만 한다. 비록 가족과 떨어진다고 할지라도….

"트리스(Tris), 내일 선택할 땐… 가족을 생각해야 해, 하지만 너 자신도 생각해야 해."

분파를 결정하는 중요한 날, 트리스는 가족과 함께 살아온 '애브니게이션'을 택할지, 어린 시절부터 동경해온 '돈트리스'를 택할지 선택의 갈림길에 선다.

고심 끝에 결국 '돈트리스'를 선택하면서 그녀의 시련은 시작된다.

"각 훈련의 꼴찌는 돈트리스에서 내보낸다."

"그럼 어떻게 돼요?"

"가족에게 갈 순 없으니 무분파로 살아야지."

훈련에서 퇴출당하면 오갈 곳 없는 방랑자와 같은 무분파로서의 삶을 살아야만 한다는 통보. '애브니게이션' 출신의 최약체 트리스에겐 청천벽력이나 다름없다.

어떤 식으로든 살아남기 위해 분파에 적응하기로 마음먹는데…, 계속되는 노력과 위기 때마다 도와주는 포(Four), 그리고 자신조차 모르던 재능에 힘입어 점차 '돈트리스'에 가까워지는 그녀.

이젠 주기적으로 시행되는 분파판정 테스트를 통과하는 일만 남았다. 너무나도 순조롭게 테스트를 끝마친 트리스! 하지만 그녀의 결과는 '돈트리스'가 아닌, 모든 분파의 성질을 두루 갖춘 '다이버전트'로 나타난다. 어떠한 분파로도 분류되지 못하는 동시에 어떠한 분파에도 적응할 수 있는 그녀지만, 지배층은 통제가 어려운 '다이버전트'를 제거 대상으로 인식한다.

"테스트를 믿으라면서요."

"넌 테스트가 통하질 않아."

영화 속에서 자주 언급되는 분파는 직무나 적성으로도 생각해볼 수 있다. 주인공 트리스의 고군분투를 바라보며 '사람-환경의 적합(person-environment fit)'의 중요성을 자연스럽게 떠올릴 수 있다. 트리스는 어느 한 분야의 스페셜리스트가 아닌 제너럴리스트에 가깝다는 분파판정의 결과를 받게 된다. 이들 제너럴리스트는 전문성의 결여로 유용성이 다소 아쉽고 그 특성상 변동성도 크기 때문에 경영진이 예측이나 통제에 어려움이 있다는 점을 대변하고 있는 듯하다. 그러나 긍정적인 시각에서 바라본다면 이들 제너럴리스트는 다양한 잠재력을 보유한 자들이므로 얼마든지 조직에서 요구하는 인재로 거듭날 수 있는 원석과 같은 존재들이다. 트리스처럼 도전의식을 가지고 끊임없이 노력하는 사람이라면 더더욱 그럴 수 있다. 조직이 이러한 면을 잘 활용하기 위해서는 엄격히 직무를 나눠서 이에 적합한 사람을 매치시키는 직무분석 방식만 고집하기보다 직무마다 공통으로 적용될 수 있는 역량부터 규명하고 이를 조직 전체의 미션과 연계시킬 수 있어야 한다. 게다가 서술적인 분석으로부터 예측적인 분석으로 변화할 수 있을 때 비로소 도전이라는 요소도 더 잘 반영되므로 일련의 노력이 요구된다.

01 사람과 환경 간의 적합

사람들은 저마다 자신의 특성을 잘 드러낼 수 있는 환경을 추구하거나 또는 만들어나간다. 가령 지배성향의 사람들이 리더십을 발휘할 수 있는 지위를 원하는 것과 같다. 업무 환경과 얼마나 적합한가에 따라 만족이나 성과, 스트레스, 이직과 같은 중요 결과들이 초래될 수 있는데, 당연히 적합도가 좋은 사람일수록 더 나은 결과를 얻기 마련이다. 이와 같이 사람이 환경을 만들고 환경이 다시 사람을 만드는 상호간의 지속적인 과정에 대한 설명이 바로 **사람-환경의 적합**(person-environment fit)이다. 사람과 환경 간의 적합은 조직의 구성원과 내부 환경 간의 상호작용이라도 할 수 있으며 여기엔 다양한 종류의 적합성들이 존재한다. 이를테면 '개인-직무 적합(P-J fit)', '개인-조직 적합(P-O fit)', '개인-상사 적합(P-S fit)', '개인-동료집단 적합(P-G fit)' 등이 있다. 이러한 적합의 개념은 오늘날 채용, 선발, 충원과 같은 조직 이슈들을 다루는 데 활용되며, 조직몰입이나 이직 등의 현상들을 설명하는 데에서도 중요한 역할을 하고 있다.

사람-환경의 적합
개인과 환경 간의 일치, 적합, 또는 유사성

'유유상종(類類相從)'이라는 말을 떠올리면 사람-환경의 적합을 더 이해하기 쉬울 수 있다. 적합성에 관한 문헌들이나 사람-환경의 적합이론들에는 비슷한 관심사, 성격, 가치관 등을 가진 사람들끼리 자연스럽게 동일한 환경 안으로 모여든다는 가정이 담겨 있다. 이들 가운데 Holland의 연구(1966)는 "환경의 두드러진 특징이야말로 그 구성원들의 전형적인 특성에 의해 결정된다."는 식으로 환경이 그 속에 있는 사람들을 반영한다고 주장했다. 그는 직업적 성격 유형의 분포를 통해 직업 환경을 규정함으로써 이러한 생각을 더욱 굳건히 했다. Schneider의 연구(1987) 역시 "사람이 상황을 만든다."는 말과 함께 적합성을 개인 목표와 조직 목표 간의 유사성으로 개념화했다. 그의 **유인-선택-소멸(ASA: attraction-selection-attrition) 이론**에 따르면 시간이 지남에 따라 한 조직의 구성원들은 유사해진다. 자신과 유사한 문화적 가치나 구조적 특성을 가진 조직에 이끌리며, 이와 마찬가지로 조직도 그 조직에 적합한 자를 선발하려 하기 때문이다. 환경에 부적합한 이들은 떠나고 남은 자들은 높은 수준의 유사성을 보이게 된다. 이런 형태의 적합성은 직무만족, 업무성과, 근속기간과 같은 중요 커리어 결과물들에 영향을 미치므로 커리어 평가나 카운슬링의 기초로도 활용되어 왔다.

유인-선택-소멸 이론
사람들이 왜 특정 조직에 매력을 느끼는지, 조직에 의해서 왜 선택되는지, 그리고 시간이 지나면서 어떻게 조직을 떠날 수 있는지를 설명하는 모델

한편 한 개인과 환경 내 다른 이들과의 일치, 즉 유사성에 따른 적합성을 일

컫는 이러한 **부가적 적합**(supplementary fit) 외에 **보완적 적합**(complementary fit)도 있다. 보완적 적합이란 한 개인의 특성이 전체를 이루는 데에 기여하는 정도, 즉 환경에서의 갭(gap)을 그 개인이 메우는 정도라 할 수 있다. 이렇듯 환경의 취약점이나 부족한 부분이 개인의 강점에 의해서 상쇄되며, 또한 마찬가지로 그 반대의 경우도 가능하다. 보완적 적합에서는 구성원들의 두드러진 특성보다도 환경의 **니즈**와 **자원**에 의해서 환경이 규정된다. 한 개인의 능력과 스킬이 환경의 요구를 충족시키는 경우 즉 요구-능력 적합(demands-abilities fit)에 의해 달성되거나, 또는 환경 내 자원이 개인의 니즈를 충족시키는 경우 즉 니즈-충족 적합(needs-supplies fit)에 의해 달성되게 된다.

부가적 적합
개인과 환경이 가치와 목표, 특징 등에서 유사한 특성을 공유하는 정도로서, 개인의 중요한 특성들과 조직의 유사성

보완적 적합
개인과 환경의 특성들이 상호 보완하는 정도로서, 개인과 조직이 서로의 결핍을 메우고 니즈를 충족시키는 것

- **요구-능력 적합**은 흔히 직원 선발과 충원 결정의 배후 논리가 되곤 한다. 요구는 과업요건, 역할기대, 제도 및 규범 등이 해당하며, 능력에는 이러한 요구를 충족시키기 위한 적성, 시간, 필요한 에너지 등이 포함된다. 예컨대 높은 수준의 계량적 스킬을 요하는 어떤 직위가 공석이면 수리적 스킬 면에서 우월한 지원자가 가장 적임자라는 것이다. 이 같은 채용 결정과 향후의 평가가 그렇듯이 집단성과와 조직효율성 같은 긍정적인 성과도 극대화된 요구-능력 적합의 산물인 셈이다.
- **니즈-충족 적합**은 어떤 환경 내에서 한 개인이 경험하는 만족 수준에 일차적으로 영향을 준다. 개인의 니즈와 그리고 이런 니즈를 만족시키려 환경이 제공하는 것 간의 적합이기 때문이다. 개인의 니즈, 가치, 선호를 충족시킬 수 있는 자원(물질적, 재정적, 또는 심리적)과 기회들(과제 관련, 성장, 또는 인간관계)을 조직이 제공할 때보다 개인은 더 만족하게 되고 이로 인해 그 조직에 잔류할 가능성은 더 커지게 된다.

이상 세 유형의 적합은 설명한 바와 같이 각기 상이한 강조점들을 갖고 있고, 개인의 직무선택 대(對) 조직의 직원선발처럼 서로 다른 커리어 결과물들을 예상해 개입하게 하는 데에 도움이 된다. 하지만 다르다고는 해도 이들 적합성 유형들이 완전히 구별된다고 보기도 어렵다. 적합성을 평가하는 일은 사실 동시에 진행되기 때문인데, 예컨대 비교적 잘 알려진 **TWA**(theory of work adjustment)는 광범위한 업무적응 개념의 직·간접적인 결과뿐 아니라 능력-요구 적합과 니즈-충족 적합을 모두 활용한다고 볼 수 있다. 초기 연구들에서만 이들이 구분되어 연구되었을 뿐 지금은 전반적인 사람-직무 적합성을 통합적으로

TWA
근로자가 작업환경에 적응하는 방법과 이유를 사람과 환경의 상호작용으로 설명하는 이론

HR Map | 사람과 환경 간의 다양한 적합

적합성 이론은 French et al.(1974)가 조직 구성원과 작업환경 간의 조정 과정을 이해할 목적으로 제안했다. 사람-환경의 적합에서 핵심 이슈라고 하면 아마도 적합성이 해석되는 환경의 수준일 것이다. 앞에서도 언급한 것처럼 환경의 여러 차원들에 따라 다음과 같이 세분할 수 있다.

❖ 사람-직무 적합(person-job PJ fit)은 직무가 요구하는 것들과 직무수행자의 스킬/지식/능력 사이의 적합성을 말하며, 개인의 직무기량, 스킬관련 이해도, 업무혁신 정도 등을 예측할 수 있게 해준다.

❖ 사람-조직 적합(person-organization PO fit)은 개인의 니즈, 목표, 가치와 조직의 규범, 가치, 보상체계 등이 양립 가능한 것을 의미하며. 조직시민행동이나 조직몰입, 잔류의도 등을 예측하는 데 도움이 된다.

❖ 사람-동료집단 적합(person-group PG fit)은 한 개인과 동료들 사이에 가치, 목표, 성격 및 대인관계면의 유사성, 그리고 집단 동료들 간 강점이나 기량의 이질성과도 관계된다. 따라서 집단의 성과와 협력 정도를 예측할 수가 있다.

❖ 사람-상사 적합(person-supervisor PS fit)은 한 개인과 그들의 상사, 양자 간의 관계에 관한 것으로 부하들과 상사들이 서로 공통된 특성들을 공유할 때 발생하는 매치이다. 주로 추종자-리더의 가치적합성, 부하-상사의 성격유사성, 종업원-매니저의 목표일치성 등이 검토되어 왔다.

미국 직장인들을 대상으로 실시한 연구에서 이직의도를 예측하는 데 있어 PO 적합이 PJ 적합보다 더 나은 지표임이 밝혀졌다. 직무와의 적합이 썩 좋지 않은 사람들이라면 현 조직 안에서 다른 직무를 찾을 수도 있지만, 직무와 달리 조직과의 적합이 좋지 않을 때에는 유사 직무를 찾아 타 조직으로 떠날 가능성이 높다. 비슷한 논리로 PS가 나쁘더라도 PO가 나쁘지 않다면 이직을 고려하는 대신 현 조직 안에서 새로운 상사나 직무를 찾아 나서기 쉽다. 한편 흥미로운 것은 한국에서는 PS 적합이 PJ, PO 적합보다 이직의도를 설명하는 데 주요할 것으로 예상했으나 구미의 연구들과 마찬가지로 PJ가 다른 적합보다 약간 더 중요하다는 결과를 보였다.

개념화하는 데 이용되고 있다고 해야 할 것이다.

직장에 출근해서 활기를 얻기는커녕 오히려 빼앗긴다는 직원들이 많다. 아마도 업무로부터 자신이 중요하다 여기는 가치를 발견하지 못하고 스스로 성장한다는 느낌도 받지 못하기 때문일 것이다. 조직에서 직원들이 별다른 성과를 내지 못하는 이유로 직원 개인의 역량부족(29.4%)이라기보다 직무가 잘못 배정된 직무 미스매칭(32.5%) 때문이라는 어떤 조사 결과가 있다. 즉 기업들마다 직무관리가 제대로 이루지지 않고 있다는 말이다. 직무관리를 제대로 하기 위한 그 기초 지식으로서 사람-환경의 적합을 먼저 소개했다. 이에 대한 이해를 가지고서 이어서 직무분석과 직무설계를 살펴보기로 하자.

직무분석의 중요성

02

개별 직원들에게 부여된 과제를 직무(job)라고 하며 대개 조직 구성원들이 각기 다른 직무를 수행한다. 하나의 직무는 어떤 의무, 책무, 지식 및 스킬을 수반하는 직위들(positions)의 집합이다. 직위는 한 개인에게 부여된 의무와 책무의 특정 조합을 말한다. '누가' '왜' '그 일'을 하며 '무슨 책무'가 있고 '어떤 성과'를 낼 수 있는지 명확히 하는 작업이 직무분석이다. 사실상 그 목적과 용도가 다양해서 쓰임새에 따라 조사되는 내용들도 달라진다.

과업(task)>직위(position)>직무(job)>직군(job family)>직렬(job series)

2.1 직무분석의 목적과 절차

직무분석(job analysis)이란 수행자가 무엇을 어떻게 왜 행하는지를 비롯해 요구되는 스킬과 교육/훈련, 다른 직무와의 관계, 신체적 요구사항들, 그 밖에 환경조건들과 같은 직무에 관한 세부 정보를 체계적으로 얻는 프로세스를 지칭한다. 직무에 대한 해부라고도 볼 수 있는 직무부석은 수행중인 직무에 대해서만 행한다. 예를 들면, G2 등급 매니저의 임무는 무엇인가? 이 직무를 적절히 수행하기 위해서는 최소한 어떤 지식, 스킬, 능력이 필요한가? G1 등급 매니저와 G2 등급 매니저의 직무 요건들을 서로 구별할 수 있는가? 이러한 질문들에 답을 주는 것이 바로 직무분석인 것이다. 요즘은 모든 게 빠르게 변하는 세상이다 보니 변화에 대한 대응 전략의 일환으로 기업이 구조를 변경할 필요성을 느낄 수 있는데 이로 인해 직무분석이 요구된다. 새로 직무가 만들어지기도 하고 또 어떤 것들은 사라지거나 통·폐합될 수 있기 때문이다.

직무분석
직무에 대한 정보를 수집하는 프로세스

화학을 뜻하는 chemistry에서 온 말로 사람과 사람 사이에 서로 섞이는 반응이 좋다는 뜻의 '케미'. 토정비결을 보는 사람들의 생각처럼 이러한 궁합은 사람 대 사람뿐 아니라 모든 관계들에서 행복과 불행의 원인이 될 수 있을까?

직무분석 자료를 HR 매니저들은 모집·선발, 성과평가, 훈련/개발 프로그램 설계 같은 활동들을 행하는 데 활용한다. 전략적 플랜에 따라 움직이는 조직은 그들의 현재와 미래를 위해 직무분석이 필요하다. 이를테면 필요한 능력과 자격조건을 과연 현 직원들에게서 조달할 수 있을지 판단하는 데

그림 4.1 | 직무분석: HRM을 위한 기본 도구

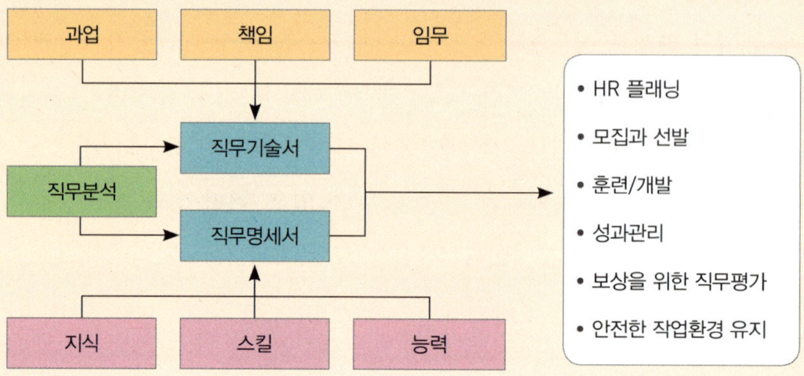

직무분석이 유용하다. 집중 훈련을 시키는 것과 직원을 새로 선발하는 것 중 어느 것이 더 나을지 결정하는 데 쓰일 수 있다. 임무와 과업을 정의하고 직무 간의 보고체계를 규명하며 상대적인 가치나 중복 여부를 판단하는 데도 쓰인다. 이 밖에도 고용결정에 대한 법적 타당성을 부여해줄 수가 있다. 기업들로 하여금 직무를 검토해 법규를 준수할 수 있게 해주기 때문에 직무분석의 실행은 아주 중요하다. 직무분석은 이처럼 모든 HR 활동들을 관리하기 위해 유용하게 활용된다. 대부분의 HRM 프로그램은 아래에서와 같이 직무분석으로부터 얻어진 정보를 필요로 한다([그림 4.1] 참조).

- HR 플래닝 인력의 양이나 질에 대한 예측이 필요하기 마련인데 충원을 요하는 직무마다 어떤 사람이 몇 명쯤 필요한지는 다르다. 따라서 직무분석에 따른 관련 정보가 인적자원에 대한 기획을 위해서 반드시 필요하다. 직무분석은 우리가 직무들을 잘 설계할 수 있게 해주므로 필요로 하는 결과를 얻게끔 해준다.
- 모집과 선발 개인의 의지와 능력을 모르고 또 얼마를 줘야 할지도 모르는 상황에서 구인을 하고 채용을 하기란 어렵다. 충원할 직무에 관한 정보를 갖고 있어야만 모집, 선발이 가능하다. 물론 이러한 정보는 최적의 직무에 적임자를 배치하는 것까지도 가능케 한다.
- 훈련/개발 직무의 구성요소에 대해 모른다면 직무 교육인들 제대로 이루어지겠는가? 직무 수행을 위해 요구되는 지식과 스킬 같은 세부 정보를 제

공하는 직무분석은 이러한 것들을 습득할 훈련/개발 프로그램을 설계할 수 있게 도와준다. **직무확대**, **직무충실화**, 직무순환 등을 위해서도 쓸 수 있다.

직무확대
권한과 책임에는 변동이 없이 한 직원이 수행하는 과업 수의 증가

- 성과평가 성과평가란 기준대비 실적을 검토하는 것으로 승진 결정이나 전보와 훈련니즈의 평가를 위한 기초가 된다. 누군가의 직무가 무엇으로 구성되어 있는지 모른다면 그들의 성과를 어떻게 평가할 수 있겠는가? 직무분석은 개별 직원의 실제 성과와 견주게 될 직무기준(job standard)을 설정하는데 도움을 준다.

직무충실화
직무의 내용과 책임 수준의 변화로 수행자에 게 더 큰 도전감을 제공하는 것

- 보상을 위한 직무평가 직무가 무엇으로 구성되어 있는지 모르면 조직에서 그 직무가 얼마나 가치 있는지, 그에 따라 어느 정도 급여 차등을 두어야 할지 판단도 곤란해진다. 기업의 목표를 실현해가는 데 있어 어떤 직무가 더 가치가 있는지 판정의 기준을 제공함으로써 직무분석은 합리적인 임금수준 결정을 가능케 한다.

직무평가
직무별 보상수준을 결정하기 위해 직무의 상대적인 가치를 비교 분석하는 과정

- 건강과 안전 등 직무분석은 위험한 작업환경과 건강상 유해한 환경요인을 규명, 발견하는 데에 도움을 준다. 따라서 경영진이 상해를 입힐 사고의 가능성을 최소화하거나 예방하기 위한 조치를 취할 수 있게 해준다. 이 밖에 경영 효율성을 높이고 의사결정을 지원하는 HRIS 운영에 도움이 되는 정보들도 직무분석에 의해서 제공될 수 있게 된다.

지금까지 살펴보았듯이 직무분석은 통합적인 HRM시스템의 토대가 된다. 직무분석은 인력을 과학적이고 합리적으로 관리하기 위한 기초 작업이다. 결국에는 시간과 비용을 절감할 수 있게 해준다. 직무분석의 주요 목적이라면 각 직무들에서 기대되는 수행과 그에 필요한 역량에 대한 명확한 이해에 있지만, 흔히 조직변화나 구조조정, 정원산정, 임금 불균형이나 근로조건 개선 등의 제반 이슈들을 수습하기 위한 목적으로도 쓰이곤 한다. 특히나 어떠한 형태의 변화에 직면하든 조직이 새로운 직무에 알맞은 HR 정책 및 제도를 개발하는데 필요한 정보를 직무분석이 제공함으로써 변혁을 용이하게 해준다. 일반적으로 직무분석과 관련하여 정보를 수집, 분석, 정리하는 일련의 프로세스는 그 목적과 기업 상황에 따라 다르므로 딱히 정해진 것은 없지만 대개 다음의 단계들을 거치게 된다.

- **1단계-조직의 배경정보 수집** 직무분석의 목적이 정해지면 하나의 직무와 관계된 배경정보를 얻는 것으로부터 시작된다. 그러한 정보는 기업의 문화나 전략 등을 비롯해 해당 직무와 다른 직무와의 관계, 그리고 조직성과에 대한 기여도 같은 것들이다.
- **2단계-분석을 위한 대표 직무 선택** 조직의 모든 직무를 다 분석하는 것은 비용이나 시간 면에서 바람직하지 않다. 따라서 세부적인 분석을 위해서 직무들 가운데 대표적인 것을 선택하게 된다.
- **3단계-직무분석을 위한 정보수집** 이 단계에서는 직무의 특성에 관한 자료와 수행자에게 필요한 자격요건들이 수집된다. 설문, 관찰, 인터뷰 등을 통해 수집할 수 있는데, 무엇보다 중요한 것은 현 상황과 잘 맞는 것을 적용하는 것이다.
- **4단계-직무기술서 준비** 위의 방식으로 수집된 정보를 가지고 직무기술서(job description)를 준비한다. 직무기술서는 효과적인 직무 수행을 위해 갖춰져야 하는 과업, 임무, 책무를 설명한 문서이다. 즉 직무에 관한 다양한 활동들을 설명하는 전체 정보를 담고 있다.
- **5단계-직무명세서 준비** 마지막 단계는 수집된 정보를 바탕으로 직무명세서(job specification)를 작성하는 것이다. 이것은 효과적인 직무수행을 위해 최소한 요구되는 개인의 자질, 특성, 스킬, 자격, 적성 등을 명시해놓은 문서다.

2.2 직무분석의 기법

직무들과 그 요건들에 관한 정보는 공정하고 효과적인 HRM 의사결정을 위해 필요하다. 산업사회의 발전과 더불어 기업이 점차 대규모화됨에 따라 직무분석도 진화해 왔다. 직무분석의 발전과정에서 일정시간 내 표준작업량을 연구한 테일러(F. Taylor)나 작업자의 신체적, 심리적 특성을 연구한 길브레스(F. Gilbreth)는 모두 중요한 역할을 담당했다. 얼마 전만 해도 직무분석은 수직적이고 정적인 기능 중심의 분석이었다. 직무 자체의 내용이 지극히 정형화되어 있고 직무들 간의 명확한 경계 구분을 전제로 했기 때문이다. 따라서 하나의 직무를 분석하기 위해선 전형적으로 다음의 상이한 두 측면에서 접근이 필요하다.

즉 직무에 중점을 둔 직무분석, 그리고 그것을 다루는 사람에 중점을 둔 직무분석, 나중엔 이들을 통합해서 직무기술서와 직무명세서를 단일 양식으로 도출해낸다([그림 4.2] 참조).

그림 4.2 | 직무기술서와 직무명세서

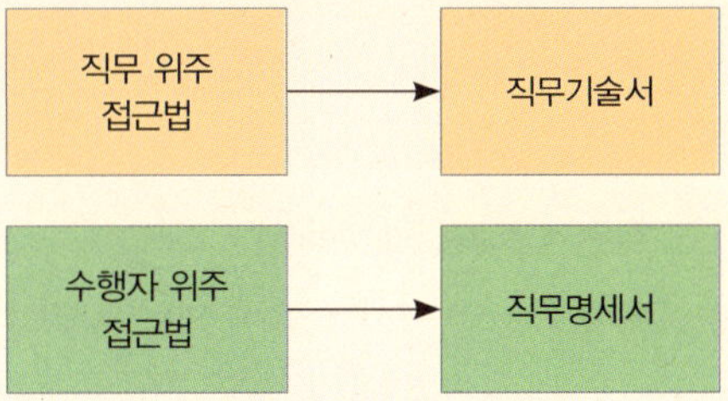

- 직무 위주의 직무분석(job-oriented job analysis)은 직무상에서 행해지는 과업들의 본질에 대한 정보를 제공한다. 예컨대 경찰관의 **임무(duty)**는 법집행이고, 이와 관련된 **과업(task)** 중 하나는 법을 위반한 용의자의 검거 등이 있다. 이러한 각 과업들은 다시 **활동들(activities)**로 나뉜다. 활동들로는 검거를 위해 용의자의 은신처로 순찰차를 운전해서 가기 등이 있을 것이다. 직무에서 무슨 과업들이 수행되는지를 조사해서 그 직무를 이해하므로 특정 직무상에서 발생되는 것에 관한 아주 구체적인 정보가 직무분석 속에 다량 포함된다.

임무
직무 수행자가 반드시 행해야 하는 유사한 과업들

과업
특정의 목적 달성을 위해서 행하는 신체적·정신적 노력

- 수행자 위주의 직무분석(person-oriented job analysis)은 한 개인이 특정 직무를 성공적으로 수행하는 데 필요한 태도, 자질, KSAOs에 대한 설명을 제공한다. 예컨대 경찰관은 합법적인 검거절차에 관한 **지식(knowledge)**, 총기 사용에 관한 **스킬(skill)**, 타인과 소통하는 **능력(ability)** 등이 필요하며 그밖에 개인 특성들(other personal characteristics)로 용기 같은 것도 범인검거를 위해 필요하다. 이처럼 사람의 재능에 초점을 둠으로써 작업자 개인의 특성들에 의해 직무가 표현된다.

지식
한 개인이 특정 직무를 수행하기 위해 알아야 하는 것

스킬
특정 과업을 수행할 때 한 개인의 숙련 수준

능력
특정 직무, 과업들을 수행하거나 또는 학습할 수 있는 적성 혹은 소실

다시 말하지만, 직무분석의 결과로 나타나는 문서가 바로 직무기술서와 직무명세서이다. 위의 예에서 경찰관이 행하는 과업과 임무, 책임에 초점을 둔 정보가 직무기술서로 만들어진다면, 직무명세서에는 이러한 직무의 수행 때 요구되는 개인의 자질에 초점을 둔 지식, 스킬, 능력에 관한 정보가 담긴다. 과업이나 임무, 책임, 즉 'TDRs'가 모두 관찰이 가능한 반면, 지식과 스킬, 능력 등 'KSAOs'는 관찰하기가 용이하지 않다.

제시된 [그림 4.3]은 직무기술서의 한 예시이다. 직무 명칭(Title) 밑에는 해당 직무의 개요(Job Summary)가 작성된다. 그러고 나서 과업과 임무에 관한 내역

그림 4.3 | 직무기술서 형식

레스토랑 지배인(Title)

직무 개요(Job Summary)

효율적이고 수익성 있는 식음료 서비스를 위해서 레스토랑의 직원 및 자원을 기획하고 조직화하며 지시하고 조정한다.

과업과 임무(Tasks & Duties)

1. 풍미로 고객들에게 인기 끌 메뉴를 기획하기 위해 주방장 및 그외 기타 직원들과 작업한다. 식재료의 효율적인 제공과 구매를 위해 주방장과 작업한다. 음식과 음료의 원가를 추산한다. 낭비를 최소화하기 위해 재료량을 조절하고 요리량도 감독한다. 요리와 서비스의 일관된 품질을 보장하기 위해 수시로 점검을 한다.
2. 수익성을 극대화, 법적 책임을 최소화, 그리고 주류 규제에 따르기 위해 바의 영업을 감독한다.
3. 레스토랑의 마케팅이나 광고, 그리고 어떠한 특별 행사들을 기획하기 위해 다른 매니저들과 협업한다.
4. 외식업 근무자의 채용, 교육, 그리고 근무스케줄 등을 지시한다.
5. 음식의 질이나 서비스와 관련된 고객불만을 조사하고 해결한다.
6. 음식 취급법과 전반적 청결, 그리고 주방과 식당의 유지 상태 등 위생을 강조하고 관리한다.
7. 종업원 보건 및 안전 규제에 관한 모든 사항을 준수한다.
8. 지출이 예산 범위 내에서 이루어지는지를 회계 담당자나 재무직원과 함께 검토하고 관찰한다.
9. 경영진이 지시하는 기타 여러 업무를 수행한다.

자격요건(Qualifications)

1. 호텔/레스토랑 경영학사 학위 보유가 바람직. 실무 경험이 많으면 전문학사 학위도 가능
2. 어느 직무나 직원을 다루는 데에 좋은 대인관계 스킬
3. 고객뿐 아니라 동료들을 대하는 유쾌하고 정중한 태도

보고대상(Report to):	과(Department):
감독(Supervises):	부(division):
날짜(Date):	승인(Approved):

(Tasks & Duties)을 기술하게 되는데, 여기 포함되어야 하는 내용들로는 수행되는 주요 임무, 각 임무들에 할애된 시간비율, 달성되어야 할 성과기준, 작업환경과 잠재 위험, 직무를 행하는 인원수와 그들이 보고해야 할 대상, 직무상 사용되는 기계와 장비 등이 있다. 뒤이어 자격요건들(Qualifications)에는 필수요건과 바람직한 요건이 명시되어야 한다. 필수적인 스킬과 능력은 이것들 없이는 수행자가 직무를 할 수 없으므로 그들과 완전히 매치가 이루어져야 한다. 바람직한 스킬과 능력은 수행자가 보유하게 되면 가치를 더할 수 있는 것들을 말한

다. 이 밖에도 직무기술서에는 희망급여라든가 근무시간, 작성일자 등의 부가정보가 추가될 수 있다.

그림 4.4 | 직무분석 정보의 원천

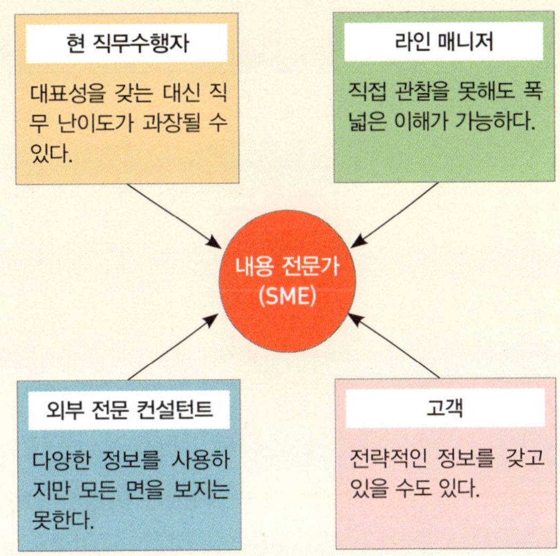

그렇다면 직무분석을 위한 정보는 누구에게서 얻으면 좋을까? 직무분석 정보의 원천으로서 우선 해당 직무를 현재 수행 중인 자를 고려할 수 있다. 직무에 관한 가장 직접적인 지식을 가진 사람이다. 그 수가 너무 많다면 표본을 추출해도 무방하다. 이들을 이용하면 참여의식을 높일 수 있고 직무기대 면에서도 매니저와 같은 시각을 갖게 해준다. 다음은 라인 매니저들이다. 직무 수행자에 비해 폭넓은 관점을 제공할 수 있어서 누락된 행동/활동들이나 직무 재설계시 포함해야 할 것들을 제안할 수 있다. 이들 외에 비용이 더 들어도 외부 컨설턴트를 활용할 수 있다. 여러 다양한 직무를 분석하기 위해 그들의 전문성, 객관성, 분석력을 활용하는 것이 그만한 가치가 있을 수 있다. 단 그들이 갖고 있는 스테레오타입의 영향을 최소화할 필요가 있다. 한편 고객만족이 전략적 목표의 핵심인 기업이라면 고객의 피드백을 직무분석 같은 HR 목적을 위한 정보의 원천으로 사용할 필요도 있다.

전문가들처럼 직무분석 정보를 제공할 수 있는 방법도 여러 가지가 있다. 해당 직무를 직접 수행(perform the job)해보거나 관찰(observation)을 할 수도 있고, 또는 직무 관련자와 대화하며 인터뷰(interview)를 할 수도 있으며 설문(questionnaires)을 구성해서 응답토록 하기도 한다. 이들 방법과 관련해서 시간이나 비용, 정확성 등을 따져봐야 할 것이며, 필요한 경우라면 복수의 방법들을 선택하는 것도 꽤 바람직하다. 직무분석의 대상이나 목적에 알맞게 정보수집의 기법을 선택하는 것이 무엇보다 중요하다. 이러한 직부분석 정보의 수집방법들에 대한 장·단점을 알아보도록 하자.

▶ 현장에서 직접 해보기 해당 직무를 수행해보면 직무가 이루어지는 상황에 대한 이해도가 올라가고 직무에 관한 세부사항을 폭넓게 제공할 수 있는 장

점이 있다. 하지만 비용과 시간이 많이 들고 분석가로서의 훈련이 요구되며 또한 위험할 수도 있다. 무엇보다도 동일 직무들 간 차이를 보여주는 데는 실패하기 쉬운 것은 큰 단점이다.

▶ 관찰 직무를 경험하는 또 다른 방법이 바로 관찰이다. 관찰은 어떻게 직무가 수행되는지에 대해 많은 정보를 제공할 수 있다. 주로 녹화나 녹음 등의 방법으로 모니터링된다. 하지만 다분히 시간소모적이며 감시하에 놓이는 것을 직원들은 무척 싫어한다. 이를 회피하려는 부정적인 반응이 꾸밈 등으로 나타나 정보수집 기법으로의 가치를 떨어뜨리거나 제한할 수 있다.

▶ 인터뷰 관찰이 곤란한 과업들을 직무가 내포하고 있거나 혹은 단순 관찰만으론 파악이 어려운 조직의 구조나 문화, 전략과 같은 대규모 시스템의 요소들을 파악코자 할 때 적합하다. 이외에도 직무에 대한 여러 관점을 제공할 수 있고 동일 직무수행자 간 차이를 보여줄 수 있는 장점이 있다. 반면 설문보다는 시간이 많이 들고 직무가 발생하는 상황설명이 난해하다는 단점도 있다. 직무의 목적 달성과 관련하여 중요한 사건들을 수집하기 위한 구조화된 인터뷰 절차가 바로 **중요사건법**(critical incident technique)이다.

> **중요사건법**
> 성과 수준을 결정지을 업무행동들을 발견하기 위해 적용되는 직무분석 방법으로, 일상적인 활동이 아닌 성패 차이를 만드는 드물더라도 중요한 사건을 강조

▶ 설문 관찰이나 인터뷰보다는 경제적인 대안이라 할 수 있다. 다수의 직원들을 한꺼번에 조사할 수 있고 목적에 맞게 얼마든지 문항의 설계가 가능하다. 정량화해서 통계적으로 분석하기가 쉬우며 동일 직무 차원에 대한 차이 비교가 가능하다는 장점이 있다. 하지만 묻는 질문에만 응답하고 직무가 수행되는 상황이 무시된다는 단점도 있다. 흔히 쓰이는 것 중에는 직무분석가를 위한 구조화된 직위분석설문지 **PAQ**(position analysis questionnaire)가 있다.

> **PAQ**
> 일의 기술적인 측면들보다 직무를 수행하는 데 필요한 행동들, 즉 투입 정보, 멘탈 프로세스, 투입 작업, 타인과의 관계, 직무상황, 기타여건에 관한 질문 196개로 구성

2.3 직무분석의 새로운 관점

직원들에게 요구되는 바람직한 속성들을 발굴해내기 위한 최근 트렌드는 바로 **역량모델링**(competency modeling)이다. 차별화된 성과를 가져오는 개인의 지식, 스킬, 능력 및 기타 특성들의 조합이 **역량**(competency)이다. 전통적인 직무분석에서 사용하는 용어로 표현하자면 역량은 중요 KSAOs인 셈이다. 다만 직무상의 과업들에만 초점을 맞추기보다 훌륭한 성과나 행동의 토대가 되는 보다

> **역량모델링**
> 직무에서의 효과적인 수행에 필요한 특성들이나 속성들을 규명해내는 활동

> **역량**
> 고성과를 내는 대상(개인, 조직)으로부터 지속적으로 관찰 가능한 행동 기반의 특성

광범위한 개인 특성들이다. **모델링**(modeling)은 그러한 역량의 목록을 찾아내는 것을 의미한다. 따라서 짐작할 수 있듯이 직무를 성공적으로 수행하는 데 요구되는 KSAOs를 규명해서 규정하고 측정하는 것으로 역량모델링은 정의된다. 이것은 지식, 스킬, 능력, 가치관, 흥미, 성격 등과 관련해 효과적인 수행을 위해 요구되는 개인 특성들을 강조하는 직무분석의 한 접근법이기도 하다.

직무분석은 직무에서 수행되는 작업과 그러한 작업 수행에 필요한 인적 특성 모두를 다 파악하는 반면, 역량모델링은 직무에서 수행하는 작업은 일일이 고려하지 않는다([표 4.1] 참조). 그러나 직무분석만큼의 엄격성이나 정확성을 갖고 있지 않더라도 역량모델링은 유용성면에서 좋은 평가를 받고 있기 때문에 많은 조직들에서 이를 채택하여 실시하고 있다. 역량기반 직무기술서(a competency-based job description)는 업무 배분에 있어서 매니저의 융통성을 증가시켜준다. 직무기술서의 사용연한도 자연히 늘려주며, 유사한 역량을 필요로 하는 직무들을 단일 직무기술서 내에 한 데 모을 수 있게 해준다. 이들 두 접근법 사이에는 주로 다음의 3가지 측면에서 큰 차이가 존재한다.

- 직무분석에서는 조직 내에 존재하는 각기 다른 직무들의 수행에 요구되는 KSAOs를 찾아낸다. 가령 사장의 비서에게서 요구되는 KSAOs는 무엇이고, HR 매니저에게 요구되는 KSAOs는 무엇인지를 규명하는 식이다. 반면에 역량모델링에서는 조직 내 모든 직무에서 일하는 직원들 전체에게 보편적으로 적용될 수 있는 역량들을 찾아낸다. 이러한 역량은 KSAOs보다 훨씬 더 보편적이고 추상적인 성격을 띠며 흔히 이것을 조직에서 요구되는 공통역량이라고 부른다.
- 역량모델링에서는 조직에서 중시되는 언어나 정신 등을 역량이 잘 반영하고 있는지 확인하기 위해 많은 수의 직원과 집단적으로 미팅을 하면서 검토하는 과정을 거친다. 따라서 직원들은 추출된 역량을 쉽게 확인할 수가 있고 또한 역량이 자신과 어떻게 관련되어 있는지를 알게 된다. 하지만 직무분석에서는 이러한 과정을 거치는 경우가 거의 드물기 때문에 직원들이 직무분석의 전체 과정에 대해서는 잘 모르기 쉽다.
- 조직의 비전이나 가치와 같은 이슈들을 직무분석에서는 잘 다루지 않는 반면, 역량모델링에서는 직원들 개인의 자질을 조직 전체의 미션과 연관시키려 한다. 조직 수준에서 규명한 핵심역량은 수행자 위주의 직무분석에서

표 4.1 | 과업중심 vs. 역량중심 직무기술서

과업중심의 직무기술서	역량중심의 직무기술서
과업과 의무, 지식, 스킬, 교육, 자격증에 초점	과업과 의무, 지식, 스킬, 교육, 자격증 외에도 직무행동에 초점
관찰 가능한 스킬을 설명	관찰 가능한 스킬과 직무행동을 설명
책무를 서술	책무를 서술하고 이들이 역량과 연결되는 방식까지도 서술
개인성과에 중점	개인성과를 조직성과와 연계
업무가 일관성 있게 묘사되지 않음	일반 용어를 사용해서 업무를 일관성 있게 묘사함
필수와 비필수 업무를 명시	필수와 비필수 업무를 명시
직원들은 그들의 스킬과 역량을 직무와 정렬시키지 못하고 이들이 전략적 목표에 어떻게 기여하는지 잘 알지 못함	직원들은 그들의 기술적 역량과 보편적 역량을 직무와 정렬시키는 법을 잘 파악하게 되고 성과기대를 이해하며, 이들이 전략적 목표에 어떻게 기여하는지 잘 알게 됨

규명한 것과 유사할 수도 있지만 조직의 문화, 가치, 목표들과 더욱더 밀접하다. 역량모델링의 목적은 직원들이 어떤 활동을 하든지 이를 기꺼이 하게끔 만드는 특성들을 찾아내고 이를 조직의 작업 문화에 부합하도록 하는 것이기 때문이다.

이제 직무분석은 수직적이며 정적인 기능 중심에서 수평적이며 동적으로, 또 현재는 물론 미래에 요구되는 직무에 대한 분석까지도 동시 실시하는 방향으로 발전해 가고 있다. 인지적 과업분석이나 성격위주의 직무분석으로 전통적인 직

하이데거의 숲 | 과업기반 HRM 접근법 vs. 역량기반 HRM 접근법

HRM에 대해서도 과업기반 접근법과 역량기반 접근법 간의 핵심 차이를 다음과 같이 요약하여 구분할 수도 있다. 역량기반의 HRM은,

- ❖ 사람 중심이라서 성취되는 것에 초점을 두기보다는 목표가 달성되고 일이 완수되는 방식에 더 집중한다.
- ❖ 단기 과업보다는 장기적으로 비즈니스 상황에 조직을 맞춰갈 수 있는 역량의 규명을 추구한다.
- ❖ 특정 직무 특정 과업을 행하는 데 무엇이 요구되는지 묘사하기보다는 특정 범위의 직무들을 수행하기 위한 개인의 핵심 및 공통 역량에 대한 상세 설명을 제공한다.
- ❖ 단지 기술적인 스킬에 집중하기보다는 HRM 모델에 행동특성들이 통합될 수 있게 해준다.
- ❖ 구체적인 과업 실행에서 사후적으로 성과를 평가하기보다는 요건과 책무 등에 대한 개인의 사전 평가를 하고 잠재적인 스킬과 행동특성이 발휘되도록 한다.

무분석을 보완하는 것을 보면 이를 잘 알 수 있다. 이러한 전략적인 직무분석은 곧 서술적 분석(descriptive job analysis)에서 예측적 분석(predictive job analysis)으로의 변화를 의미한다. 현재 시점에서 직무가 어떠한지를 기술하는 대신, 향후 미래에 어떠할지를 설명한다. **미래지향의 전략적 직무분석(future-oriented strategic job analysis)**은 앞으로 직무수행에 필요한 과업, 지식, 스킬, 능력을 규명 규명하는데 더 큰 주안점을 두는 것이다. 이를 위해서 보통 전문가가 활용되곤 하는데, 전략적인 직무분석의 필요성은 현대 조직의 역동성으로 말미암아 더욱 더 분명해지고 있다.

HR Map | 역량모델링의 적용 절차

Champion et al.(2011)에서는 역량모델링을 직무분석을 위한 트로이 목마에 비유하면서 이를 위한 모범적인 절차를 소개한다. 아래 〈표〉에서와 같이 3개의 범주로 구분되며 이는 모두 20개의 세부 단계들로 구성된다.

표 | 역량모델링의 모범사례

범주	단계
역량 정보의 분석 (역량의 확인)	1. 조직의 상황 고려
	2. 조직의 목표와 목적에 역량모델 연계
	3. 상부로부터 시작(top-down)
	4. 역량개발을 위한 엄격한 분석방법 적용
	5. 미래를 지향한 직무 요건을 고려
	6. 추가적으로 독특한 방법 활용
역량 정보의 조직화 및 제시	7. 역량을 분해하여 정의
	8. 역량에 대한 숙련도 정의
	9. 조직의 언어를 활용
	10. 공통적인(cross-job), 세부적인(job-specific) 역량을 포함
	11. 역량사전 활용
	12. 역량의 수와 정확한 양을 달성
	13. 역량모델의 커뮤니케이션을 위해 도표, 그림, 휴리스틱 기법 활용
역량 정보의 활용	14. 역량모델 수용과 활용을 위한 조직개발 기법 활용
	15. 역량을 활용해 HR시스템(채용, 보상, 승진, 보상)을 개발
	16. 역량을 활용해 HR시스템 정렬
	17. 역량을 활용해 조직에 맞춤화된 효율적인 직무성과의 '이론'을 개발
	18. IT를 활용해 역량모델의 활용성 강화
	19. 역량 유지가 지속되도록 노력
	20. 역량모델을 활용해 법규준수 강화

03 직무(재)설계

어떻게 직무를 설계하느냐에 따라 직원들의 몰입 수준에 상당한 영향이 있다는 것은 충분히 짐작할 만하다. 그러므로 최적의 효과를 불러올 직무설계를 하는 것이야말로 사용자나 매니저들에겐 주 관심사가 아닐 수 없다. 이는 업무 그 자체의 설계, 그 업무를 행하는 환경, 그리고 라인 매니저의 역할 등과도 긴밀하게 관련된다.

3.1 직무설계로 열의를 드높일 수 있나?

직무설계(job design)란 한 직원이 업무를 맡아 자기 일로 여길 수 있게 일정한 범위의 과업과 업무, 책무의 조합을 만드는 프로세스를 일컫는다. 직무설계는 개인적인 만족과 성취의 근간이 될 뿐만 아니라 일을 효율적으로 확실하고 안전하게 완수케 하는 데에 매우 중요하다. 직무설계가 수행자의 열의에 지대한 영향을 미친다는 것은 이미 이론과 실무를 통해 잘 알려진 사실이다. 그토록 직무설계가 열의에 중요한 이유라고 한다면 흥미롭고 다채로우며 도전적으로 잘 설계된 직무는 개인 보유의 자원을 늘려주는 동시에 당면한 여러 요구들을 완화시켜주기 때문일 것이다. 예컨대 일이 단조롭고 어렵지 않음을 알면 자원 소모에 따른 정신적 고충이 밀려와 열의가 떨어질 수 있는 반면, 흥미롭고 도전적인 일 앞에서는 동기가 유발되어 에너지를 쏟게 된다.

열의에 대한 동인 규명을 목적으로 한 『*People Insight*』의 조사에서도 10가지 주요 동인들 중 다음 8가지가 직무설계와 밀접한 상관이 있는 것으로 나타났다(괄호 안 숫자는 상관관계를 나타냄).

- 나는 여기서 일하면서 성취감을 얻는다(0.70)
- 나는 내 업무를 즐긴다(0.63)
- 업무에서 난 내가 가장 잘하는 것을 할 기회를 가진다(0.56)
- 나는 내가 하고 있는 일이 자랑스럽다(0.54)
- 나는 하는 일에서 가치를 느끼고 인정받고 있다(0.54)
- 업무는 내가 지닌 스킬과 능력을 가장 잘 발휘할 수 있게 만든다(0.54)

- 나는 일하면서 학습하고 성장할 기회들을 갖고 있다(0.53)
- 나는 업무를 하면서 어느 정도의 자율성을 갖고 있다(0.49)

직무특성모델(JCM: job characteristics model)을 개발한 Hackman과 Oldham의 연구(1980)에서 오늘날 직무설계에 관해 알려진 많은 것들이 나왔다고 할 수 있다. 그들은 [그림 4.5]처럼 5가지의 핵심적인 직무특성들(다양성, 정체성, 중요성, 자율성, 피드백)을 규명하고 이들 특성이 많은 직무일수록 높은 동기를 유발시킨다고 했다. 직무설계가 이러한 특성들을 충족시킬 때 해당 직무는 개인의 중대한 심리상태들(critical psychological states), 즉 의미성 경험(experienced meaningfulness), 책임감(responsibility for outcomes), 결과이해(knowledge of results)를 불러오기 때문이다. 이런 식으로 열의가 생기면 직장에서 타인들을 돕는 등 **시민행동**을 보이며 더 나은 성과를 낼 가능성이 높고, 또한 습관적인 지각 같은 **일탈행동**을 보일 가능성은 더 적어진다. 직원과 사용자는 사실상 공생관계이므로 직원들은 흥미롭고 다채로우며 자율적인 업무를 통해 사용자에게서 잘 대우사회적 규범과 가치에 부합하지 않는 행동받았다고 인식하고 자신의 일에 몰입의 형태로서 에너지를 쏟으며 화답하는 것으로 풀이된다.

시민행동
직무기술서의 내용을 넘어선 자발적인 공헌

일탈행동
사회적 규범과 가치에 부합하지 않는 행동

- 스킬 다양성(skill variety) 직원이 다양한 기능을 사용하도록 요구되는 정도
- 과업 정체성(task identity) 끝까지 책임을 지고, 업무의 '전체'를 완성시키는 정도
- 과업 중요성(task significance) 업무가 갖는 영향력과 업무가 만들어내는 공헌의 정도
- 자율성(autonomy) 직원이 무엇을 하고, 어떻게 할지에 대해 갖는 재량의 정도
- 피드백(feedback) 성능 필요조건에 대한 직접적인 정보

그림 4.5 | 직무특성모델(JCM)

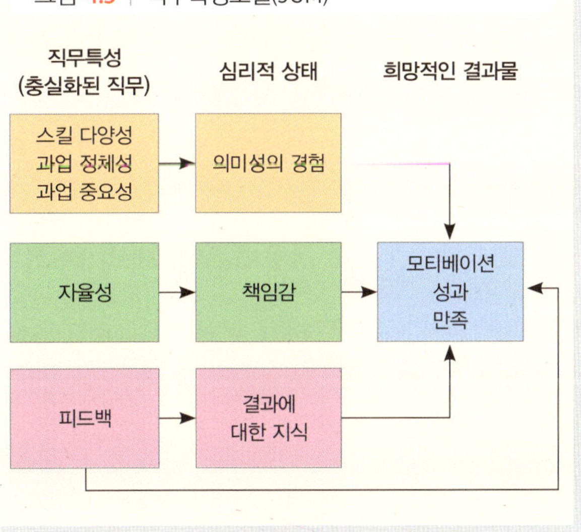

더 큰 자율성이나 다양한 스킬이 행해지게 직무를 재설계하려는 노력은 권장될 일이나 업무과중으로 점철된 근로환경에선 오히려 이러한 것들이 해가 될 수도 있다. 업무가 너무 과

중하면 아무리 잘 설계된 직무라 하더라도 수행자가 심한 스트레스로 건강을 잃거나 잦은 결석, 이직 등을 보일 것이 자명하다. 이렇듯 직무설계와 그 결과 사이엔 업무환경이 영향을 미치므로 직무/조직을 설계할 때엔 '전체시스템(whole systems)' 접근법이 요구된다. 최근 직무설계에 관한 재해석과 함께 계약직, 비정규직의 근로형태가 직무의 설계는 물론 이를 경험하는 방식에까지 상당한 영향을 끼칠 것이라는 점을 주목하게 된 것도 같은 맥락이다. 직무설계만 단독으로 고려하는 것은 이전에나 했던 방식이다. 팀, 리더 그리고 조직분위기 같은 사회적 맥락 안에서 직무를 생각해야 한다. 이것이 소위 말하는 '스마트 워킹(smart working)'이다. 즉 유연성과 자율성, 협력을 토대로 직무성과를 달성함에 있어 효율성과 효과성을 극대화하고자 할 요량으로 일을 조직화하는 접근방식이다.

직무콘텐츠를 고안하고 상호작용 중에 신뢰를 쌓는 등의 활동들로 직원들이 업무에 몰두할 여건을 조성하는 일은 대개 부서장(상사)들이 담당한다. 따라서 직무재설계에서 상사의 역할이 고려될 수밖에 없다. 일례로 수행자의 자율성을 드높이기 위해 재설계하는 경우라도 상황에 따라서는 이것이 '책임전가'로 오해를 사서 긍정보다는 부정적인 방식으로 해석될 수도 있는 게 현실이다. 『*The Economist Intelligence Unit*』에서 실시했던 2010년의 연구는 고위경영진의 비전, 가치, 카리스마 등과 같은 것들보다도 직속상사의 동기유발 능력이 단일 요인으로는 직원의 열의를 위해서 가장 중요하다고 밝힌 바 있다. 사실 리더십이 차이를 만든다는 명확한 증거는 찾기 어렵다. 하지만 자신들의 열의에 직접 영향을 미치는 요인에 관한 질문들, 이를테면 "내 스스로 가치 있다고 여기는가?" 혹은 "내 커리어가 진전되고 있는가?" 같은 질문에 긍정으로 답하게 도움을 주는 사람은 직속상사밖에 없다고들 말한다.

3.2 직무설계의 여러 기법들과 접근방식

앞서 설명한 직무특성모델 외에도 기본적으로 직무를 설계하는 데 사용되는 기법들로써 직무간소화(job simplification), 직무확대(job enlargement), 직무순환(job rotation), 직무충실화(job enrichment) 등이 있다. 기업마다 그 목적에 따라 상황에 어울리는 서로 다른 기법들이 적용될 수 있을 것이다.

▶ **직무간소화** 성과를 향상하기 위해서 과업을 제거 혹은 결합 그리고/혹은 작업 순서를 바꾸는 과정을 말한다. 직무간소화는 직무들을 작은 단위들로 분할한 다음에 이어서 분석이 이루어지게 하여 제거(elimination)나 결합(combine), 순서변화(change sequence)를 할 수 있게 한다.

- 제거 그 작업이 실제 필요한가? 아니라면 이를 수행하는 데 시간을 낭비할 필요가 없다.
- 결합 유사한 일들을 일괄 처리하는 것은 보통 시간을 절약하게 해준다.
- 순서변화 작업 순서에서의 변화 혹은 새로운 시스템의 설계는 전체적으로 시간을 절감시켜준다.

▶ **직무확대** 권한과 책임에는 변동이 없이 한 직원이 수행하는 과업 수의 증가로 정의된다. 즉 수행자가 동일한 책임 수준하에서 행하는 과업들의 가지 수를 늘리는 것이다. 직무의 범위와 다양성이 [그림 4.6]에서 보는 것처럼 핵심 과업에서부터 직접적, 비직접적 과업으로 점차 넓어진다.

▶ **직무순환** 한 직무에서 다른 직무로의 이동을 의미한다. 직무 자체가 변하는 것이 아니라 사람이 다양한 직무를 경험하는 것이다. 특정기간 동안 새로운 다른 업무를 하다가 원래의 직무로 복귀한다. 지루함이나 단조로움에서 벗어나게 하고 다양한 직무에 관한 스킬을 향상시킬 수 있어 개인의 성장을 도모한다. 이와 관련된 것이 교차훈련(cross-training)이다.

▶ **직무충실화** 직무의 내용과 책임 수준의 변화로 수행자에게 더 큰 도전감을 제공하는 것이다. 허쯔버그(F. Herzberg)의 이요인 이론에서 비롯된 것으로 사람들을 동기유발시키려면 직무 자체가 성취감, 인정, 책임감, 발전과 성장 등의 기회를 제공해야 한다는 가정에 기초한다. 수직적인 직무부여를 통해 높은 도전감과 성취감을 불어넣으려는 시도로서 다음의 4가지 특성이 있다.

- 직무충실화가 직원들과 그들의 업무 간 관계를 변화시킨다. 흥미롭고 도전적인 일은 만족의 원천이 될 수 있다.
- 직무충실화는 조직에 대해 점차 긍정적인 태도를 갖게 만들어 직원들의 행동을 변화시킬 수 있다. 자율성과 개인적인 자유가 자신의 직무를 호의적으로 보게 해준다.

그림 4.6 | 직무확대, 직무순환, 직무충실화

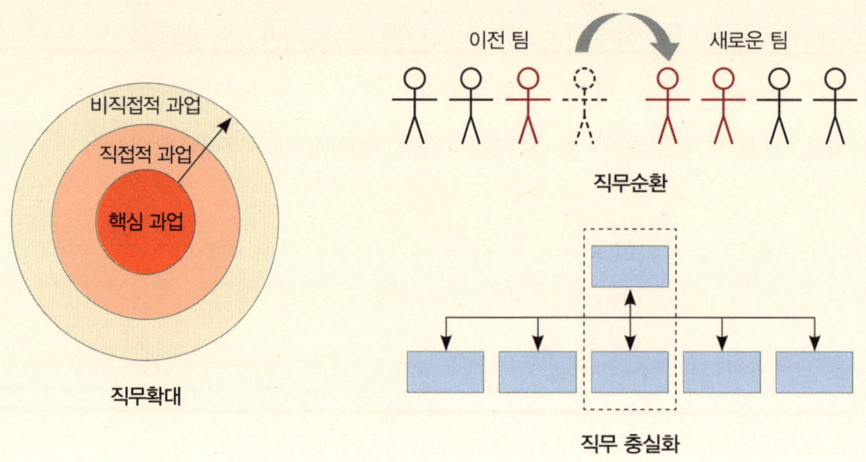

- 직무충실화는 직원들의 협력과 몰입을 유도해서 사용자로 하여금 조직변화를 수월하게 시도할 수 있게 해준다.
- 직무충실화로 개인들은 새로운 역량을 키운다는 느낌과 함께 직무를 잘하고 있다는 생각을 갖게 된다. 성장하기 위해서 스스로 독려하게 만든다.

한편, 직무설계를 위한 기계적 접근방식(mechanistic job-design approach), 동기유발 접근방식(motivational job-design approach), 생물학적 접근방식(biological job-design approach), 지각/운동 접근방식(perceptual/motor job-design approach)은 제각기 다른 결과에 이르도록 만들 수 있다. 저마다 독특한 이익과 손실이 있어서 오직 최상의 방식은 어떠한 것뿐이라고 단정적으로 말하기는 어렵다. 다만 상황에 알맞게 최적의 균형이 요구될 뿐이다. 모든 직무는 각 접근법에 따라 특징 지워지므로 HR 매니저들은 장·단점이 갖는 의미를 검토해야 한다.

▸ **기계적 접근방식** 이 접근법은 시간/동작 연구, 단순화/전문화와 같은 과학적 관리학파의 사고에서 출발했다. 주요 과학적 토대는 바로 산업공학(industrial engineering)이다. 기계적 접근법의 초점은 효율성을 극대화할 업무 구조를 찾는 데 있다. 기계적인 특성들이 다분한 직무에는 일반적으로 누구든 배치가 쉽고 훈련에 드는 시간이 꽤 짧다는 것이다. 정신적인 니즈가 적기 때문에 스트레스와 과부하가 생길 일이 적고 실수를 범할 가능성 또한 낮아서

오류는 좀처럼 잘 발생하지 않는다. 하지만 해당 직원의 만족과 의욕이 떨어지고 결근율이 높다는 것이 기계적 접근법의 단점이다. 일이 단순 반복적이라서 육체피로와 부주의로부터 야기되는 건강상의 문제나 상해로 이어질 때가 있다. 공장에서의 하급 일자리는 대개 기계적 관점에서 설계된다. 조립라인 직무는 생산성과 효율성을 극대화하기 위해 분석되고 세심하게 구성되기 때문에 이 접근법의 전형을 보여준다.

▶ 동기유발 접근방식 이 접근법은 직무충실과 직무확대에 관한 연구, 업무모티베이션과 조직행동에 대한 주요 이론들에서 비롯됐다. 그 바탕엔 조직심리학(organizational psychology)이 있다. 과업 중심으로 일의 의미를 증가시키는 특성들에 대한 고려는 물론이고 참여와 소통, 인정 같은 사회적인 혹은 대인 간의 상호작용 측면까지 고려하는 유일한 접근법이다. 동기유발 요인이 적은 직무들은 기계적 특성이 강한 것들로서 공장의 말단직이나 단순노동직, 기타 미숙련직들이다. 동기부여 접근법이 적용되면 결근이 줄고 직무성과가 높아지게 되는데, 이와 어울리는 직무는 더 큰 정신적 니즈로 인해 긴 훈련 시간을 요하고 아무나 배치할 수 없는 단점이 있다. 게다가 직원들이 스트레스와 정신적인 과부하를 겪기 쉽고 실수의 가능성도 증가한다. 매니저들은 실무적으로 동기부여 원칙을 적용해서 직장에서 의미감을 찾게 할 수는 있겠지만, 채용과 유지를 위한 인건비 상승의 한계도 유념해야 한다.

▶ 생물학적 접근방식 이 접근법은 생체역학, 노동생리학, 직업의학, 인체측정학 등에서 유래했다. 인체공학(ergonomics)이라고도 하며 작업의 물리적 비용과 생물학적 위험을 최소화하는 것이 핵심이다. 즉 직무설계를 통해 사람들의 신체적 능력과 한계를 초과되지 않게 하는 것이 목표인 셈이다. 생물학적 접근법을 적용하면 신체적 노력이 덜 요구돼 피로가 덜하고 건강상의 질환이 줄며 타 직무에서보다 부상을 덜 입게 된다. 심지어 육체적으로 덜 고되기 때문에 결근이 줄고 직무만족이 높아질 수도 있다. 이 접근법은 신체적 활동이 요구되는 작업에서 장비의 재설계 등에 광범위하게 적용돼오면서 특히 여성들의 수행을 더욱 수월해지도록 했다. 그러나 직무의 생물학적 측면은 직무설계의 여타 측면과 대개 무관하므로 단점이 없어 보이지만 이러한 원칙 실행에 따른 장비나 직무환경의 변화를 위해선 엄청난 비용이 들 수 있

다. 게다가 신체적인 요구가 적어져서 작업자들이 졸거나 무기력해지는 직무가 설계될 수도 있다.

▸ **지각/운동 접근방식** 이 접근법에 영향을 끼친 분야는 인적요인공학과 각종 스킬에 대한 연구, 그리고 인간의 멘탈정보처리 등이다. 지각과 운동력에 중점을 둔 이 접근법의 토대는 실험심리학(experimental psychology)이다. 생물학적 접근법과 달리 지각/운동 접근법은 사람들의 정신적 능력과 한계를 넘지 않게끔 직무설계를 하는 것이다. 그러나 직무설계 원칙이 직무 내용을 포함해 관련 장비와 작업환경에까지 확대될 수 있다는 점에서는 두 방식 서로 유사하다. 또한 직무의 인지적 요구를 줄이려 하는 점은 기계적 접근법과 유사하다. 이 접근법의 목적은 오류와 사고의 가능성을 줄이는 것이지만 때로는 어떤 직무의 보편적인 정신적 니즈들마저 줄일 수 있다. 기계적 접근법과 마찬가지로 지각/운동 접근법은 정신적 과부하와 스트레스의 가능성을 낮추고 훈련시간을 절감하며 인력의 활용도를 향상시킨다. 하지만 직무가 정신적인 자극을 미약하게 줄 수 있기에 만족과 동기를 떨어뜨릴 수가 있다.

표 4.2 | 각 직무설계 접근법의 결과 요약

직무설계접근법	긍정적 결과	부정적 결과
기계적	• 훈련시간 절감 • 높은 인력활용도 • 실수가능성 감소 • 정신적 과부하와 스트레스 감소	• 직무만족 감소 • 동기유발 감소 • 결근 증가
동기부여	• 직무만족 증가 • 동기유발 증가 • 직무열의 증가 • 결근 감소	• 훈련시간 소요 • 낮은 인력활용도 • 실수가능성 증가 • 정신적 과부하와 스트레스 증가
생물학적	• 신체적 노력 감소 • 신체적 피로 감소 • 건강질환 감소 • 의료사고 감소 • 직무만족 증가	• 장비나 직무환경 변화에 따른 금전적 비용 증대
지각/운동	• 실수가능성 감소 • 사고가능성 감소 • 정신적 과부하와 스트레스 감소 • 훈련시간 절감 • 높은 인력활용도	

3.3 잡 크래프팅

직무의 재구조화라 할 수 있는 직무재설계나 생산적인 작업단위로 과업과 임무, 책임 등을 조직화하는 직무설계 모두 지금까지 탑다운(top-down) 방식으로 설명되었다. 즉 조직이나 그 대리인이 주도적으로 상황을 고려하여 직무를 설계한 후 개인에게 부여하는 식이었다. 하지만 인간은 단순히 직무환경의 영향을 받는 수동적 존재가 아니라 오히려 적극적으로 이를 평가하고 그에 따른 직무 수행을 하면서 겪는 부정적인 감정을 줄이는 방향으로 일을 변화시키려는 성향을 갖고 있다. 또한 동일한 직무 역할을 수행하더라도 사람들은 그 수행 방법을 변화시키거나 직무 자체에 대한 가치를 변화함으로써 자신의 일에서 의미를 찾고자 한다. 자신의 일에서 스스로 의미를 찾기 위해서 이같이 하는 행동을 **잡 크래프팅**(job crafting)이라고 한다. 잡 크래프팅을 통해 개인은 성과나 일에 관련된 여러 결과들을 변화시키고 더 나아가 자아 정체성까지 변화시킬 수 있는 것으로 알려져 있다.

잡 크래프팅
조직 구성원이 직장에서 수행하는 각각의 과업들 및 그와 관련된 인간관계를 주도적으로 변화시킴으로써 직무 전체에 대한 인식을 근본적으로 바꾸는 일련의 과정

자발적인 직무변화 행동이라고도 할 수 있는 잡 크래프팅은 Wrzesniewski와 Dutton의 연구(2001)에 의해 처음 소개되었다. 대학병원 환경미화원들과의 인터뷰에서 근무 중에 어떤 느낌을 받는지 물어보면서 그들을 두 부류로 나눌 수 있다는 것을 발견했다. 별다른 스킬도 요하지 않는 만족스럽지 않은 일로써 돈벌이를 위해 한다는 사람들로부터 나름 의미가 있고 스킬도 필요하다며 자신의 일을 소명으로 생각한다는 또 다른 부류의 사람들에게 집중하게 된 것이다. 직무를 대하는 인간의 적극적 성향과 자신의 직무 안에서 의미를 찾고자 하는 심리적 요인이 잡 크래프팅의 토대인 것이다. 개인에 따라 주어진 일이 비슷하더라도 그 일을 해석하는 방식, 일에 대한 관심이나 흥미, 가치 등에 있어서 개인마다 차이가 있어서 일을 만들어 나가는 방법은 다르다고 할 수 있다. 좀 더 구체적으로 잡 크래프팅 활동은 다음의 3가지로 분류된다.

- 과업 가공(task crafting) 공식적인 과업지시서의 과업범위를 가감하거나 그 수행 방법을 바꾸는 것으로 직무에 변화를 주는 것이다. 즉 과업의 양과 형태, 특성 등 과업의 물리적인 범위를 변경하기이다. 예컨대 은행지점 청원경찰관이 혼잡한 피크타임에 대고객서비스 편의를 도모하기 위해 창구직원과의 의사소통과 정보공유를 과업에 추가시켜 수행하는 것이 이에 해당

된다.

- 인지 가공(cognitive crafting) 자신이 하는 일에 대해 사고의 전환을 통해 그 의미와 가치, 정체성을 변화시키는 것이다. 이는 직무 목적을 개인적 열망이나 목표와 결합시키는 것이며, 어려운 상황을 극복하기 위해 직무에 대한 개인의 생각과 신념을 변화시키는 것도 포함된다. 위에서 환경미화원이 자신의 일을 단순히 청소를 하는 것이 아닌 모든 이들에게 기쁨을 선사하는 과정으로 생각하는 것이 좋은 예다.
- 관계 가공(relationship crafting) 함께 근무하는 사람들과 상호작용함으로써 대인관계의 범위와 성격을 조정하는 것이다. 직무 관련자들이나 타 직무 수행자들과 정기적으로 소통하면서 상호 관계의 성격 자체를 바꾸거나 더 확장하는 방식이 있을 수 있다. 예를 들면, 동료와 서로 협력하는 관계 맺기, 특정 목적을 위한 사회적 관계 맺기, 불리한 관계 해소하기 등이 포함된다.

잡 크래프팅이 업무에 관련된 프로세스, 기능과 과업들에 걸쳐 체계적으로 조직되어 있는 점은 종래의 직무설계와 유사하다. 잡 크래프팅과 직무설계는 모두 직무역할에서 직무의 책임을 가감하는 직무 변화를 통해 실행된다. 양쪽 모두 직무차원에서 조직 구성원이 직무경험을 통해 성장을 이루고 일의 의미 획득에 영향을 미치며 내면의 동기를 일으켜 직무만족에 영향을 미치는 점도 유사하다. 하지만 조직의 매니저가 주체가 되어 효과적인 과업 수행 방법을 고안 실행하는 직무설계와 달리, 잡 크래프팅은 직무가 개별 직원들에 의해 재창조되거나 가공되는 것으로 여긴다. 바텀업(bottom-up) 방식의 직무재설계로서 잡 크래프팅은 수동적인 과업 수행보다는 주도적으로 과업 변화를 도모하는 차이가 있다.

HR News

스킬은 일의 일부일 뿐이다

업무 때문에 서점을 누구보다도 자주 찾는 편이다. 물론 책을 사러 가는 목적보다는, 새로 나온 책이 무엇이 있고, 당장 혹은 나중에 살 책들을 '찜'하기 위해 가는 것이다.

최근 눈에 띄는 카테고리가 있다. '일을 잘하기 위해 필요한…' 식의 내용을 '업무상 필요한 여러 소프트 & 하드 스킬'로 분류하여 이를 어떻게 익힐 수 있고, 같이 일하는 주변에서 일을 잘한다는 소리를 듣기 위해 필요한 활동이 무엇인지 말하고 있다.

"이런 이야기 들어서 무엇하나…?" 개인적으로는 이런 생각이 든다. 타인에게 아무리 인정받아 봤자, 오래가지 못할 것은 뻔하고, 오히려 스스로 얼마나 뿌듯함을 느꼈는가에 따라 그 지속성의 힘이 달라질 수 있기 때문이다.

물론, 사람은 (타인의) 칭찬에 약하다. 누군가의 칭찬 및 인정을 통해 성장하려는 계기를 발견하기도 하고, 앞으로 더욱 열심히 해야겠다 혹은 더 잘해야겠다는 다짐을 한다. 그만큼 어떤 일을 계속하게 만드는 중요한 부분이다.

하지만, 그 계기가 '나아진 스킬'만으로는 부족하다. 과연 스킬을 업그레이드 하는 것만으로도 어떤 가치를 지닐 수 있을까? 혹시 별다른 평가할 만한 기준이 없기 때문에, 어떤 결과물을 내기 위해 필요한 스킬 또는 여러 경로를 순발력 있게 해내는 것으로 우리의 평가 기준이 고정되어 있는 것은 아닐지 생각해볼 필요가 있다.

조직에서 일을 잘한다는 것에서 '스킬'의 의미

일을 잘한다는 것은 절대적인 기준이 없다. 그래서 모두들 그렇게 스킬에만 목을 매는지 모르겠다. 그리고 이를 측정하는 기준은 '빠르고 정확히' 어떤 일의 결과물을 만들어내는 것에 초점을 맞춰 모든 평가를 가능하게 만든다.

예를 들어, 개발자라면 얼마나 빠르고 정확하게 필요한 소스 코드로, 원하는 프로그램 구조 및 내용을 설계하는가, 디자이너라면, 얼마나 빠르고 정확하게 모두가 만족할 만한 디자인 템플릿 혹은 아웃풋을 만들어내는가, 기획자라면, 고객을 포함한 여러 이해관계자를 만족시킬 만한 전략과 실행 계획을 갖고 이를 기반으로 목표한 비즈니스 성과까지도 일부 혹은 전체를 담보할 수 있으며, 실질적 기획(서)을 만들어 실행에 옮겨 원하는 결과를 얻었는가.

이와 같이 '일반화'하여 정리할 수 있다. 하지만, 이런 말은 누가 못하는가. 대부분이 알맹이가 없다. 주어 또는 목적어가 없어, 의미는 알겠지만 정확히 어떤 말인지 누군가에게 설명하려면 쉽지 않다.

그러나 따지고 보면 대표되는 직무마다, 각 기업의 특성, 이를 맡은 (평가)담당자가 그간 쌓은 여러 경험에 따라 각기 다른 기준이 적용된다. 이 모두를 초월하여 만족시키려면 모두를 압도할 기술이 있어야 하지만, 사실 그런 기술은 존재하기 어렵다.

특정 프로그램을 잘 다루는 것, 그런 것들도 포함될 수 있다고 우길 수 있다. 하지만, 우리가 다루는 범용적 프로그램 중에 고수, 중수, 하수를 구분하는 기준은 만들 수 있다고 쳐도, 그들 각각을 다시 또 레벨로 나누는 것은 불가능에 가깝다.

예를 들어, 토익 점수 900점과 990점의 차이는 무엇인가. 결국 누가 몇 개 더 맞추고 못 맞추고의 시험을 잘 보는 스킬의 영역이 아닐까 싶다. 이를 통해 990점이 900점보다 영어를 더 잘하거나 능수능란하다고 말할 수 없다. 이 당연한 것을 여전히 990점이 더 우수하다고 판단하는 바보 같은 이들이 있다는 것이 경악스럽다. 심지어 관련 직무에서 '영어'를 거의 쓰지 않음에도 불구하고 이를 기준으로 평가하는 것 말이다.

그저 평균 이상만 되면, 남들에게 뒤처지지 않을 수준이라면, 그걸로 충분하다. 회사에서 '얼마나 'Skill-ful'하는가에 따라 서열과 직책 등이 매겨진다고 하면, 지금의 조직을 뒤집어야 할 것이다. 가장 스킬이 없거나 약한 집단이 C레벨이 될 가능성이 높기 때문이다.

오히려 이렇게 생각하자. 각 직급 및 경력과 경험에 맞춰, 각자가 기대하는 바를 얼마나 충족시켜줄 수 있는가 없는가에 따라 일을 '잘하고, 못하고'가 결정된다고 말이다. 아주 쉽고 당연한 개념이지만, 이를 무시한 채 무분별하게 타인과 비교하기 쉬운 여러 조건 등을 무조건적으로 비교하는 이들을 보면 참으로 무식해 보인다.

현재 어느 위치에 있고, 그 위치에서 요구하는 최소한의 기술 수준은 무엇이며, 여기에 얼마나 빠르게 적응하고, 유연하게 대처할 수 있으며, 이를 통해 맡고 있는 직무에서 조직이 원하는 무언가를 만들어낼 수 있는가에 따라 일/잘/알과 일/잘/못이 결정될 수 있다.

이때 물론 스킬이 뛰어나면 조금은 유리하다. 더욱 뛰어난 스킬로 빠르게 일을 처리하는 것도 나름 일을 잘한다고 볼 수 있다. 하지만, 나에게 마침 그러한 능력 혹은 이를 배울 만한 여유와 재능이 부족하다고 하면, 상심하지 않았음 좋겠다.

그러한 스킬 치고 '폭이 좁아' 다른 곳에서 사용하지 못하거나, 응용의 수준까지 올라가지 못하면 무용지물인 경우가 허다하기 때문이다.

신께서 단지 그 재능을 주지 않은 것뿐이다. 그렇다면, 그 외에 다른 무엇을 익히고, 갈고 닦아야 하는지 확실하게 기준을 세워야 할 필요가 있다. 단, 영역을 구분하는 기준은 현재 머물고 있는 위치와 미래의 내가 바라는 내 모습을 최대한 고려하여 선정해야 할 것이다.

엉뚱한 스킬과 테크닉을 익히며 시간만 보내어, 결국 예상치 못한 내 모습이 되어 있을 가능성이 높기 때문이다. 이 점을 가장 경계하여, 무조건적으로 필요하다고 느끼는 스킬을 다수 장착하여 만화 속 가제트 같은 우스꽝스러운 모습이 되지 않도록 해야한다.

출처: http://www.econovill.com/news/articleView.html?idxno=373553

단원요약

1. 사람-환경 적합이란 사람이 환경을 만들고 환경이 다시 사람을 만드는 상호간의 지속적인 과정을 말한다. 한 개인과 환경 내 다른 이들과의 일치를 부가적 적합이라고 하고 한 개인의 특성이 전체를 만드는 데에 기여하는 정도를 보완적 적합이라고 한다. 보완적 적합은 한 개인의 능력과 스킬이 환경의 요구를 충족시키는 경우인 능력-요구 적합과 그리고 환경 내 자원이 개인의 니즈를 충족시키는 경우인 니즈-충족 적합으로 다시 구분할 수 있다.

2. 직무분석의 주목적은 각 직무들에서 기대되는 수행과 그에 필요한 역량에 대한 명확한 이해에 있다. 직무분석과 관련한 일련의 프로세스는 대개 다음의 단계들을 거치게 된다. 즉 조직의 배경정보를 수집하고 분석을 위한 대표 직무를 선택한다. 이후 직무분석을 위한 정보를 수집한 다음에 직무기술서와 직무명세서를 준비한다.

3. 직무 위주의 직무분석은 직무상에서 행해지는 과업들의 본질에 대한 정보를 제공하며, 수행자 위주의 직무분석은 한 개인이 특정 직무를 성공적으로 수행하는 데 필요한 태도, 자질, KSAOs에 대한 설명을 제공한다. 이 같은 직무분석을 토대로 직무기술서와 직무명세서가 작성된다.

4. 차별화된 성과를 가져오는 개인의 지식, 스킬, 능력 및 기타 특성들의 조합인 역량과 그리고 그러한 역량의 목록을 찾아내는 것을 의미하는 모델링을 합쳐서 역량모델링이라고 한다. 직무분석만큼의 엄격성이나 정확성을 갖고 있지 않더라도 역량모델링은 유용성면에서 좋은 평가를 받고 있기 때문에 조직들에서 이를 채택하여 실시하고 있다.

5. 5가지 핵심적인 직무특성들로는 다양성, 정체성, 중요성, 자율성, 피드백이 있다. 이들 특징을 많이 지닌 직무일수록 높은 동기를 유발시킨다. 이런 식으로 직원들의 열의를 높인다면 직장에서 타인들을 돕는 등 '시민행동'을 보이며 더 나은 성과를 낼 가능성은 높아지고, 반대로 습관적인 지각 같은 '일탈행동'을 보일 가능성은 더 적어진다.

6. 직무설계를 할 때 그 목적에 따라 상황에 어울리는 서로 다른 기법들이 적용될 수 있다. 직무설계에 사용되는 기본적인 기법들로는 직무간소화, 직무확대, 직무충실화, 직무순환 등이 있다.

7. 잡 크래프팅이란 자신의 일에서 스스로 의미를 찾기 위해서 그 수행 방법을 변화시키거나 직무 자체에 대한 가치를 변화시키는 것을 말한다. 이러한 잡 크래프팅 활동은 과업의 물리적인 범위를 변경하기, 직무에 대한 인지적인 범위를 변경하기, 직무와 관련한 인간관계의 범위 변경하기 등 3가지로 세분된다. 바텀업(bottom-up) 방식의 직무재설계로서 잡 크래프팅은 수동적인 과업 수행보다는 주도적으로 과업 변화를 도모하는 차이가 있다.

논의할 문제

1. 사람과 환경 간의 다양한 적합 개념들(직무, 조직, 동료집단, 상사)이 내 자신의 커리어 성공을 위한 중요도면에서는 어떤 순일까?

2. 직무분석을 수행할 수 있는 능력이 매니저들에게 왜 중요할까? 직무를 이해하지 못하면 발생하는 일들은 무엇일까?

3. 직무분석을 통해 얻은 정보를 본문에서 설명한 용도들 외에 또 어디에 어떻게 사용할 수 있을지 추가적으로 생각해보라.

4. 아르바이트나 파트타임 일을 경험해 본 사람이면 그 일에 대한 직무 위주 및 수행자 위주의 직무분석을 해보자. 정보는 누구에게서 얻고 어떤 방법을 적용할 것인가?

5. 직무특성모델에 따라 대학생인 나의 직무를 설계한다면 가장 비중 있게 다뤄야 할 핵심적인 직무특성은 어떤 것일까?

6. 졸업 후 많이 취업하는 증권사 영업직의 직무설계를 한다고 가정할 때 적용하기에 알맞은 접근방식은 무엇일까?

7. 잡 크래프팅이 용이한 직업이나 직무가 따로 존재하는 것일까? 그리고 조직시민행동과 잡 그래프팅은 어떻게 구분되는가?

더 읽을거리

Berg, J. M., Dutton, J. E., & Wrzesniewski, A. (2007). What is job crafting and why does it matter. Retrieved from the website of Positive Organizational Scholarship: http://positiveorgs.bus.umich.edu/wp-content/uploads/What-is-Job-Crafting-and-Why-Does-it-Matter1.pdf

California Department of Human Resources (2010). Modernizing California's Human Resources Program. Retrieved from http://www.dpa.ca.gov/hr-modernization/competcecy-based-hr-tools/mod-ca-hr-program.doc

Campion, M. A., Fink, A. A., Ruggeberg, B. J., Carr, L., Phillips, G. M., & Odman, R. B. (2011). Doing competences well: best practices in competency modeling. *Personnel Psychology, 64*, 225-262.

Campion, M. C., Schepker, D. J., Campion, M. A., & Sanchez, J. I. (2019). Competency modeling: A theoretical and empirical examination of the strategy dissemination process. *Human Resource Management 59(3)*, 291-306.

Caplan, R. D. (1987/12). Person-environment fit theory and organizations: Commensurate dimensions, time perspectives, and mechanisms. *Journal of Vocational Behavior, 31*(3), 248-267.

Cascio, W. F., & Aguinis, H. (2005). *Applied psychology in human resource management* (6th ed.). Upper Saddle River, NJ: Pearson Prentice Hall.

Chipman, S. E., Schraagen, J. M., & Shalin, V. L.(2000). Introduction to Cognitive Task Analysis. *Cognitive Task Analysis, 1*, 1-8.

Clegg, C., & Spencer, C. (2007). A circular and dynamic model of the process of job design. *Journal of Occupational and Organizational Psychology, 80*, 321-339.

Dawis, R. V., & Lofquist, L. H. (1984). A psychological theory of work adjustment. Minneapolis: University of Minnesota Press.

Judge, T. A., & Ferris, G. R. (1992). The elusive criterion of fit in human resources staffing decisions. *Human Resource Planning, 15*, 47-67.

Kristof, A. L. (1996). Person-organization fit: An integrative review of its conceptualizations, measurement, and implications. *Personnel Psychology, 49*(1), 1-49.

Lawler, E. E. (1994). From job-based to competency-based organizations. *Journal of Organizational Behavior, 15*, 3-15.

Morgeson, F. P., & Humphrey, S. E. (2006). The Work Design Questionnaire (WDQ): Developing and validating a comprehensive measure for assessing job design and the nature of work. *Journal of Applied Psychology, 91*, 1321-1339.

Morgeson, F. P., DeRue, D. S., & Karam, E. P. (2010). Leadership in teams: A functional approach to understanding leadership structures and processes. *Journal of Management, 36*, 5-39.

Muchinsky, P. M., & Monahan, C. J. (1987). What is person-environment congruence? Supplementary versus complementary models of fit. *Journal of Vocational Behavior, 31*, 268-277.

Parker, S. K., Wall, T. D., & Cordery, J. L. (2001). Future work design research and practice: Towards an elaborated model of work design. *Journal of Occupational and Organizational Psychology, 74*, 413-440.

Sackett, P. R., & Laczo, R. M. (2003). Job and work analysis. In W.C. Borman, D.R. Ilgen, and R.J. Klimoski (Eds.), *Handbook of psychology: Industrial and Organizational Psychology* (Vol. 12, pp. 21-37). Hoboken, NJ: Wiley.

Tims, M., Bakker, A. B., & Derks, D. (2013). The impact of job crafting on job demands, job resources, and well-being. *Journal of Occupational Health Psychology, 18*(2), 230-240.

Werbel, J. D., & Gilliland, S. W. (1999). Person-environment fit in the selection process. In G. R. Ferris (Ed.), *Research in Personnel and Human Resources Management* (Vol. 17, pp. 209-243). Stamford, CT: JAI Press.

Wrzesniewski, A., & Dutton, J. E. (2001). Crafting a job: Revisioning employees as active crafters of their work. *Academy of Management Review, 26*, 179-201.

Chapter 05

모집과 선발

학습 목표

이번 장을 마친 후 다음과 같은 것들을 할 수 있을 것이다.

1. 모집의 다른 대안들과 전략적인 모집 실행에 관해 논의한다.
2. 모집 원천을 조직 내부와 외부로 구분하여 비교한다.
3. 온라인 모집이 트렌드인 이유와 이점 등을 논의한다.
4. 선발의 중요성과 그 프로세스를 서술한다.
5. 지원자를 평가할 여러 방법들의 효과나 취약점을 요약한다.
6. 선발 결정의 과정을 이해하고 발생 가능한 오류들을 규명한다.
7. 모집 및 선발에서 라인 매니저, HR 매니저의 책임과 역할을 설명한다.
8. 비효과적인 모집 및 선발에 대해 논의하고 체크리스트를 제시한다.

블랙스완

집착이 낳은 광기였지만 단장의 의도대로 완벽을 완성해가는 니나!

영화 〈블랙스완〉 포스터

"새로운 공연에는 새로운 백조 여왕이 필요하죠. 전 세계에 보여줄 신선한 얼굴!,

하지만… 여러분 중 누가 표현할 수 있을까요? 백조와 흑조 모두를…"

발레단 단장 토머스(Thomas Leroy)는 나이가 많은 수석무용수 베스(Beth Macintyre) 대신에 새로운 주인공을 뽑기 위해 오디션을 진행한다. 토머스는 니나(Nina Sayers)에게 "백조만 캐스팅한다면 너를 뽑겠지만… 흑조를 연기해봐."

"아니, 너무 조심스러워! 흑조가 왕자를 유혹하듯 우릴 유혹해봐! 전 세계를 유혹해봐!!" 그러나 니나는 오디션에서 탈락하고, 너무 아쉬운 나머지 단장의 마음을 돌리려 찾아간다.

니나의 기술이 걱정되지 않지만 그래도 베로니카(Veronica)를 택했다고 단장이 말하자, 아무 말 없이 돌아가는 니나에게, "내 맘을 돌리려 노력도 하지 않고… 돌릴 수 있다고 생각하고 온 거야? 아니면 여긴 뭐 하러 왔어? 4년간 네가 춤추는 걸 봤지만 넌 모든 동작을 완벽하게 하는 데만 집착했지. 자기를 잊고 몰입하는 건 한 번도 못 봤어… 단 한 번도…"

니나는 "완벽해지고 싶을 뿐이에요."라고 답한다. "완벽함은 집착만으로 되는 게 아니야. 놓을 줄도 알아야 해. 너 자신을 놀라게 해야 관객을 놀라게 할 수 있어. 초월이란 거야."라고 말하면서 토머스는 기습적으로 니나에게 키스하고, 놀란 니나는 토머스의 입술을 깨물어버린다.

예쁘고 겁이 많고 가냘파서 토머스의 눈에 백조로만 보이던 니나가 흑조가 지닌 어두운 충동을 지니고 있다는 것을 알게 된 그는 니나를 백조의 여왕으로 캐스팅한다.

하지만 니나는 흑조를 표현하는 데 어려움을 겪으면서 완벽해지고자 하는 마음이 강박적으로 니나를 옥죄기 시작한다. 심한 강박증은 정신착란을 불러일으키며 공연 첫날 늦잠을 자게 된다. 이 역할이 니나를 망가뜨리고 있다고 말리는 엄마를 밀치고서 마침내 공연무대에 서게 된다.

자신의 역할을 호시탐탐 노리고 있다고 생각한 릴리(Lily)를 볼 때마다 연기에 집중을 못하는 니나! 결국 릴리를 죽이고 흑조를 완벽히 표현해낸다. 그러나 릴리를 죽인 것이 아니라 스스로 찌른 것임을 알게 된 니나는 마지막 장을 멋지게 마무리하며 "느꼈어요… 완벽함을…"이라고 말한다.

영화제목 블랙스완은 흑조(黑鳥)를 뜻하기도 하지만 정작 흑조를 보기 어렵듯이 서양에서는 '고정관념과 다른 어떤 상상'이라는 은유적인 표현으로도 이 용어가 쓰인다. 이 영화에서도 그러한 의미인 것 같다. 공연의 주연으로서 멀티플레이어를 원하는 발레단 감독, 적임자 선발을 위한 그의 독특한 노력에 시선을 둘 필요가 있다. 도저히 일어날 것 같지 않은 일이 니나에게서는 일어나야 한다고 감독은 굳게 믿고서 그녀를 주연으로 발탁한 것 같다. 니나의 죽음으로 인해 비극적 결말로도 보일 수 있으나 공연이라는 한 프로젝트를 위한 단장의 주연 선발은 적중했고 니나의 강박적인 완벽이 이를 어쨌거나 성공으로 이끌었다. 단 한 명의 적임자를 발굴해 선발하는 것은 비용부터 많이 드는 일이다 보니 지원자들이 해당 직무에서 관심과 자격요건 및 스킬을 얼마나 보유하고 있는지를 가늠하는 것은 매니저로서 중요한 일이 아닐 수 없다. 이러한 면에서 니나의 발탁은 단장의 혜안이 빛나는 완벽한 선발이었다.

01 모집

모집과 선발 과정을 통해 직무와 사람을 서로 매치시키는 것과 관계된 일들을 채용절차(staffing process)라고 말한다. 간략히 말해 모집은 특정 직무에 대한 자격을 갖춘 일종의 후보군을 유인하는 것이고, 선발은 개인과 직무 간 최고의 적합도 달성을 바탕으로 고용을 결정짓는 것이다. 하지만 서로 긴밀히 연관되어 고용 프로세스(hiring process)의 근간이 되는 모집과 선발은 가장 적합한 지원자를 선택하는 것이라기보다 이러한 경험으로 한 지원자 개인의 직무 수용성이 높아지고 향후 조직에 근속하며 몰입하는 데까지 영향을 끼친다는 점에 더 주목해야 한다. 노동은 더 이상 생산의 한 부분쯤이 아니라 비즈니스의 주체로 인식되어야 하기 때문이다.

1.1 전략적인 모집

전략적인 모집
기업의 전략 및 상황을 모집 제도나 활동 및 결과와 명확히 연계시키는 것

모집
조직이 고용하고자 하는 지원자들의 풀을 발생시키는 활동

HRM이 전략적이 되려면 모집에서부터 그 기업의 전략적 목표(수직적 일치)뿐 아니라 다른 인적자원 기능들(수평적 일치)과도 통합을 이룰 필요가 있다. 이런 점에서 **전략적인 모집**(strategic recruitment)은 조직의 진정한 모집 니즈를 규명하고 이를 충족시키는 것을 말한다. 여기서 니즈란 조직 전 분야에 걸친 전문적 스킬 및 탤런트, 그리고 이것들의 수와 양에 관한 것이다. 조직의 니즈는 전략적인 비즈니스 플랜과 전반적으로 관련이 있다. 알다시피 **모집**(recruitment)은 충원을 위해 필요로 하는 자격을 가진 후보군을 마련하는 프로세스이다. 직무 요건에 부합하는 선발 인원의 수에 따라 적합한 직무 지원자들을 찾아 확보하는 것이다. 모집은 사람들을 조직으로 유인하는 데에만 그치는 게 아니라 고용된 이후 그들의 유지 가능성을 증가시킨다.

이와 같이 모집은 조직 목표와 플랜들을 작동시키는 메커니즘이므로 HR 플래닝의 일부로 여기는 것이 중요하다. 기본적으로 모집 프로세스는 어떤 직무에 공석이 생기면서 시작되지만 고용 프로세스의 가동에 앞서 왜 공석이 발생되었는지부터 알아볼 필요가 있다. 혹시 어떤 문제가 있어서 전임자가 떠났을 수 있고 이것이 미해결된 상태에선 앞으로 채용될 직원 역시 불만을 갖고 떠날 가능성이 남아있기 때문이다. 게다가 HR 플래닝에 의해 추가 인력의 필요성이

제기되더라도 기업은 언제든 비용을 이유로 인력 증원의 반대 입장에 설 수가 있다. 따라서 모집 전에 고려해야 할 다음의 대안들을 면밀히 살펴봐야 한다. 사실 HR 실무자들의 말을 들어보면 일시적인 변동으로 인한 경우도 생각보다 많다는 것을 알 수 있다.

- 아웃소싱(outsourcing) 내부에서 원래 자체적으로 수행하던 일을 외부 전문기관(external provider)과 계약을 맺고 대신 처리케 한다.
- 종업원 리싱(employee leasing) 타 사업체에 종업원을 대여해주는 회사로부터 인력을 수급 받는다.
- 초과근무(overtime) 모집, 선발, 교육훈련 비용을 절감할 수 있어서 사용자에게 득이 되며 직원들도 소득증가의 혜택을 볼 수 있다.
- 비정규직 근로자(contingent workers) 종전과 달라진 새로운 고용형태로서 기간제, 임시직, 혹은 독립사업자 등이 이에 해당된다. 퇴직한 직원을 기업은 비정규직으로 재고용할 수도 있다.

그럼에도 불구하고 위의 대안들이 결코 매력적이지 않다면 본격적으로 모집의 목적 규명과 더불어 그 방안 개발에 돌입한다. 즉 누가, 언제, 어디서 모집되어야 하는지? 모집원천으로는 무엇을 사용하고 무슨 메시지를 전달할 것인가? 등이 세부적으로 마련된다. 여기서의 질문 대부분은 직무분석 자료에 의해 그 답이 제공될 수 있다. 이전 챕터에서 이미 학습한 바와 같이, 직무분석은 직무의 요건들을 비롯해 그 직무가 조직과 얼마나 적합한지를 보여줌으로써 알맞은 후보자들을 유인하는 데에 활용된다. 그 다음은 주어진 예산을 고려해 계획대로 실행에 옮기는 일만 남는다. 마지막으로 조직은 이끌려 온 지원자들의 질과 수, 향후 성과에 기여할 만한 기회의 규모나 가치까지 추정해야 한다.

지원자 관점에서도 모집을 생각해보자. 회사의 명성은 그들에게 중요한 고려사항이다. 누구나 자부심을 가질 만한 조직에 근무하길 원하므로 평판 좋은 회사에 자격 갖춘 이들이 더 많이 몰리는 것은 당연하다. 평판을 구축하는 데는 시간이 소요되며 장기 계획도 필요하다. 인지도를 높일 수 있는 방안 마련에 조직은 그만큼 신중해야 한다. 이러한 준비 없이 일하기 좋은 곳이라고 선전만 해서는 안 될 일이다. 모집 메시지의 핵심 목표는 바로 직무와 조직에 가장 적임인 사람들을 끌어들이는 것이라는 점에서 **모집은 결국 마케팅(marketing)**이 될 수 있다. 메시지 내용엔 기업이 시장에서 경쟁우위를 달성, 유지하는 데 필요한 사람과 역량 유형이 반드시 담겨 있어야 한다. 예컨대 고객서비스에 중점을 둔 호텔 같으면 앞으로 직원이 될 사람들에게 서비스 지향적이고 능동적이어야 함을 피력할 것이다. 반면 혁신에 중점을 둔 바이오 기업의 경우라면 장래 직원들의 모험심, 변화, 학습 등과 같은 측면을 전달하고 싶을 것이다.

리크루터(recruiter)의 행동도 지원자들에겐 큰 인상을 남길 수 있다. 그들이 쏟는 관심, 특히 대인 스킬(interpersonal skills)은 호감과 우호적인 반응 유도에 매우 중요하다. 우수 지원자들에게는 모집 활동에서의 준비 부족이야말로 가장 치명적임이 연구에서도 드러났다. 보다 유능한 리크루터들을 육성할 수 있는 하나의 해법은 교육훈련일지 모른다. 이 밖에 지원이 간편한 것도 지원자들에겐 간과할 수 없이 중요한 일이다. 절차가 편리하면 지원이 늘듯이 사용자 친화적인 온라인지원 소프트웨어가 그 묘안이 되기도 한다. 리크루터와 모집 프로세스가 한 기업에 대한 긍/부정의 인상을 만드는 것이 사실이나 이보다 더 중요한 것은 직무에 대한 정확한 설명을 통해 자신과 안 맞는 일은 지원자들이 애초부터 택하는 일이 없게끔 해주는 것이다. [그림 5.1]은 구직자들에게 자신이 하게 될 직무의 본질을 효과적으로 이해시키는 기법인 **사실적인 직무소개**(realistic job preview)를 전통적인 방식과 비교하여 소개하고 있다.

사실적인 직무소개
기업이 구직자들에게 직무관련 정보가 우호적이든 비우호적이든 모두 제공하는 것

그림 5.1 | 사실적인 직무소개

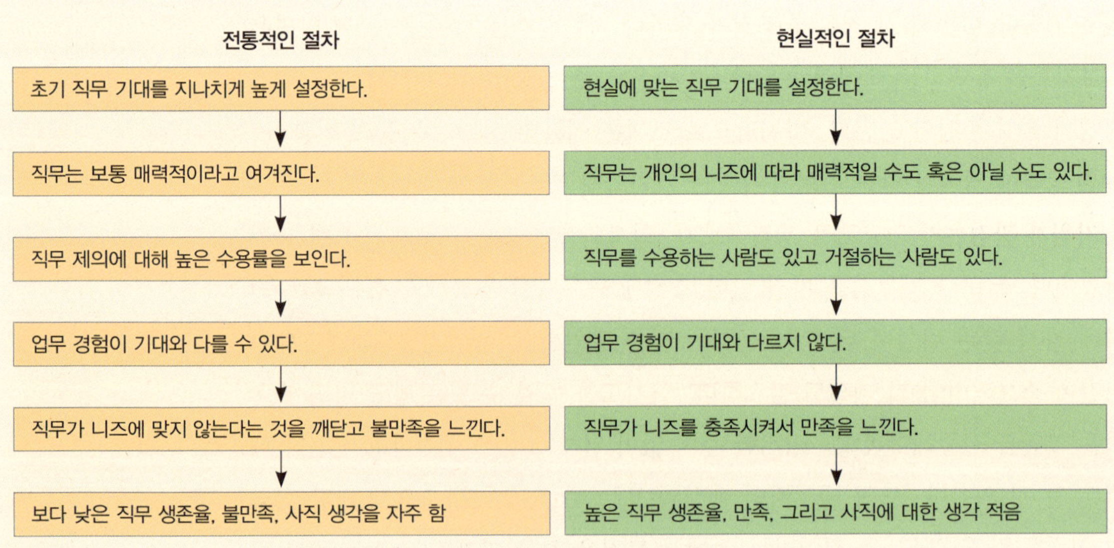

1.2 모집 원천

모집 원천(recruitment sources)이란 모집의 대상으로 삼은 자들에게 공석인 직무에 대해 알리는 수단이다. 적합하고 유능한 직원들을 고용하기 위해선 요구되는 스킬과 전문성의 규명도 중요하지만 구직자들이 도달할 수 있는 최적의 원천을 택하는 것도 중요하다. 따라서 구직자들이 활용하는 모집 원천들에 대해서 미리 알아보고, 어느 것이 우리 상황에서 유능한 인재를 유인하는 데 알맞은지 판단하는 것이 필요하다. 모집 원천은 크게 내부모집(internal recruitment)과 외부모집(external recruitment)으로 구분할 수 있다([그림 5.2] 참조). 각각의 원천은 제각기 장·단점이 있으며 의사결정의 핵심은 내부에서 고용할지, 아니면 외부에서 고용할지가 된다.

그림 5.2 | 모집 원천들

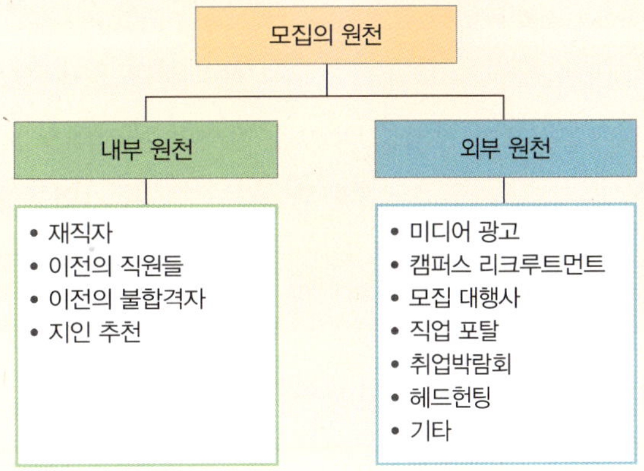

내부의 모집 원천

공석에 대한 최고의 적임자는 회사 내부에서부터 찾을 수 있다. 내부 원천(internal sources)에는 조직에 재직 중인 자, 지인 추천, 이전에 근무했던 직원, 기지원자 등이 있다. 현재 재직자(existing workforce)는 내부 공고나 e-메일, 혹은 사적으로도 해당 직무에 관한 정보를 얻을 수 있다. 그들은 직무 요건들에 대한 이해도가 높을 뿐 아니라 스킬과 자격이 알려져 있고 면식까지 있어서 공석과 후보자 간의 매치에 매우 용이한 장점이 있다. 한편 영원한 이별이 없는 것처럼 전에 근무했던 동료들(retired/former employees)의 재고용(rehiring)은 이전에 비해 덜 긍정적인 자세로 복귀한다는 우려에 주의를 해야겠지만 조직의 문화와 스타일, 그리고 업무방식에 이미 익숙하다는 점에서는 긍정적으로 인식된다. 지인 추천(employee referrals)의 경우도 좀 구식의 모집 원천이라 할 수는 있어도 타 방법들에 비해 70% 정도까지 비용절감을 기대할 수 있다고 한다.

빈자리가 나면 회사 내 어떤 사람은 직급이 향상되어 승진하거나 이동이 일어나며 물론 때에 따라선 강등되는 일도 있다. 내부승진(promotion from within)은 현 재직자들로 신규 하위직을 제외한 공석을 메우는 정책으로 여러 조직들

탤런트 인벤토리
현재 인력의 스킬, 능력, 커리어관심사, 경험 등을 잘 조직화한 데이터베이스

에서는 공석인 직무를 회사 게시판, 사보 등에 공시한다. 이는 직원 사기를 진작시키는 데에 종종 도움이 되는 것으로 알려져 있다. 근래에는 현재 재직자들의 정보를 담고 있는 데이터베이스(DB)인 **탤런트 인벤토리**(talent inventories)도 자주 활용된다. 이것은 지원자에 대한 중요한 정보원천이 될 수 있는 반면, 유용하게 사용되기 위해선 평소 잘 관리되고 조직화될 필요가 있다. 이동(transfers)은 비슷한 위치에서 직책 간의 이동을 의미하는데 주로 급여의 변동 없이 이루어진다. 어떤 기업들에서는 이동을 다년간에 걸친 종업원 육성 프로세스의 일환으로도 활용하며, 이것이 직무순환(job rotation)으로 일컬어지기도 한다.

내부의 모집 원천을 활용하여 얻는 이점들이라면 보다 많은 동기유발, 보다 효율적인 직원 활용, 외부 모집보다 더 높은 신뢰감, 충성심 증대, 그리고 원활한 적응과 비용의 절감 등을 생각해볼 수 있다. 이러한 장점들을 생각하면 내부 원천의 사용은 회사로선 좋은 선택이 될 수 있을 것이다. 하지만 제한된 후보군이라는 점에선 단점이 많다. 특히 규모가 작은 중소기업에선 더더욱 그럴 수 있다. 현재 재직자들은 안주하려는 경향을 다소 보이므로 외부인들에게서처럼 미래에 대한 생각이나 신선한 아이디어를 기대하기 어려울 수 있다. 게다가 경영진의 호/불호에 입각한 선발이 이루어지기 쉬우므로 불공정성 시비에서 자유롭기가 어렵다. 자칫 종국엔 불평이 끊이지 않다보면 최대 장점인 효율성마저 떨어지고 만다.

외부의 모집 원천

외부 모집은 외부로부터 구직자들을 불러모아 하나의 지원자 풀(pool)을 공급하는 것이다. 내부 모집보다는 훨씬 다양한 원천들이 있다. 비용이나 시간이 더 들 수 있어도 계획을 잘 세우면 이러한 문제들이 어느 정도는 해결될 수 있다. 미디어 광고(media advertising), 캠퍼스 리쿠르트먼트(campus recruitment), 모집대행사(recruiting firms), 취업박람회 및 특별 이벤트(job fairs and special events)와 같은 외부의 모집 원천들을 몇 가지 소개하고 이들의 장·단점에 대해서도 살펴보도록 하자.

▶ 미디어 광고 역사가 오래됐고 가장 흔히 사용되는 모집 원천이 광고다. 그렇지만 광고는 재정지원과 창의성을 요구하게 되어 있다. 신문, 잡지, 텔레비전, 라디오, 광고판과 같은 미디어 원천이 널리 사용되지만 점차 지면보다는 온라인 광고가 구직자들을 모집하는 효과적 방법으로써 대세가 돼가고 있

다. 올바른 매체를 택해야 적합한 구직자들을 신속히 불러모을 수 있다. 내용과 위치, 시기 등도 잘 기획해야 큰 반응을 불러일으킬 수 있고 이것이 곧 고용으로 이어질 수 있다. 구인광고다 보니 모집 대상을 정해서 그들이 지녀야 하는 스킬을 명확히 전달하는 것이 무엇보다 고려해야 할 사항이다.

▶ 캠퍼스 리쿠르트먼트 기업들은 대학에서 다양한 전공을 수료한 지원자들을 구할 수가 있다. 캠퍼스 리쿠르트먼트는 신규 전문직이나 기술직 직원들을 위한 모집 원천이다. 특정 분야의 전문인력이 필요한 어떤 기업들은 대학이나 연구기관들과 장기간의 협력관계를 맺어 필요한 인력을 조달하기도 한다. 대학을 갓 졸업한 사람들은 대부분 직무 경험이 적어서 조직의 니즈에 맞게 훈련시킬 수 있는 장점이 있다. 반면 교육기관이 배출하는 인력은 대개 연중 1회이며, 또한 그들 대다수는 유사한 지식과 배경을 지녔다는 단점이 있다.

▶ 모집 대행사 대행업체에는 두 종류가 있을 수 있다. 직업소개소와 헤드헌팅사가 그것이다. 직업소개소(employment agencies)가 주로 하위직, 보조직 등 미숙련 직무의 모집을 위해 사용된다면, **헤드헌터들(headhunters)**은 전문직에 초점을 두며 모집의 전 과정을 책임진다는 차이가 있다. 이러한 모집 원천들은 비용이 비싸고 업체의 선택에 의존하게 되는 단점도 있는 반면, 회사 자체적으로 하는 것보다 빠른 시간에 많은 수의 구직자를 모을 수 있는 장점이 있다. 이들 업체들과는 장기적인 관계를 유지하며 다양한 직무들에 대해 각기 다른 회사를 활용하는 것도 좋은 운용법이 될 수 있다.

헤드헌터
고위 임원급의 모집 원천으로 인식되며, 충원을 필요로 하는 일자리와 자격을 갖춘 자 사이를 연결해주는 서비스 제공

▶ 취업박람회 및 특별 이벤트 비교적 단시일 내에 여러 명의 구직자들과 인터뷰를 가질 수 있는 모집 원천이다. 주로 특정 분야 특정 그룹의 사람들에게 초점을 맞추는 경우가 많다. 대규모 모집 외에도 타 회사들과의 정보 교류 차원에서도 사용이 권장된다. 사용자들은 주로 노동시장이 경직된 경우나 혹은 단시간에 많은 공석을 신속히 채워야 할 필요가 있을 때 이 같은 원천을 고려한다.

위의 원천들 외에도 정부기관(government agencies)이나 전문협회(professional associations), 노동조합(trade unions) 등 조직들이 활용할 수 있는 모집 원천들은 더 있다. 모집 원천들에 관한 이상의 내용들을 종합하면 우수한 후보자들을 불

러모을 만한 모집의 원천은 생각보다 매우 다양하다. 하지만 적절한 원천을 사용할 때만이 알맞은 후보자를 얻는 것이 쉬워진다. 모집 활동을 시작하기에 앞서 가용예산, 충원의 시급함, 모집대상의 규모, 직무의 허용범위 같은 요소들이 충분히 고려되어야 한다. 좋은 결과는 오직 신중한 계획에서 비롯될 수 있음을 반드시 명심해야 한다. HR 매니저가 모집 원천을 고려한 후엔 **모집기법들**(recruitment techniques)을 적용해 내부 및 외부의 후보자들이 활발히 지원할 수 있게끔 관심을 북돋아야 한다.

모집기법
구직자들을 직무에 지원케 하고자 회사가 그들과 접촉해서 정보를 제공하거나 생각을 교환하는 수단이나 매개체

잠재 구직자들과 접촉할 방법은 다음의 3가지로 요약될 수 있다. 우선 교육기관들에 리쿠루터를 파견해 접촉에 나서는 직접 방식(direct methods)의 빈도가 가장 높다. 각 기관의 취업담당자와 협력하거나 직접 교수자들에게 우수학생에 대한 정보를 얻기도 한다. 비교적 비용이 적게 들며 단시일에 많은 지원자를 모을 수 있는 방법으로 취업박람회, 현지방문채용 같은 것들도 이에 속한다. 다음은 간접 방식(indirect methods)이다. 지면광고나 각종 매체광고를 활용하는 것으로 간결하며 쉽게 기억되게 해서 잠재 지원자들이 공석에 대한 관심을 갖게 만들어야 한다. 내부에 마땅한 대상자가 없거나 광범위한 지역을 포함시키고자 할 때, 그리고 극히 전문영역의 전공자를 필요로 할 때에 이 같은 방법이 사용된다. 잘만 하면 회사 이미지를 높일 수 있는 장점이 있다. 마지막으로 모집 대행사, 지인 추천, 데이터 뱅크 등 제3의 방식(third party methods)은 후보자 물색이 다소 어렵거나 특정 분야에서만 후보자를 데려와야 할 경우에 주로 사용된다.

1.3 인터넷 모집

요즘 같은 신기술 시대에는 인터넷이 생활에서 중요한 역할을 한다. 모집에서도 인터넷이 하나의 변화를 초래한 것은 어쩌면 그리 놀랄 일도 아니다. 이제 중소기업이나 대기업 할 것 없이 온라인상에서의 모집은 일상적인 게 돼버렸으며 꽤 단 시간 내에 자격을 갖춘 후보군을 구성하는 데 도움을 준다. 최근 한 연구에 의하면 사용자들이 가장 선호하는 모집 원천은 회사의 자체 웹사이트(website)이며 인터넷 구직사이트(internet job site)가 그 다음을 차지했다. 요즘은 웹사이트나 LinkedIn 플랫폼상에서의 기업 소개를 운영하지 않는 회사가 거의 없을 정도다. 커리어 섹션을 마련해 놓고 거기서 구직자들이 모집공고를 보고 지원할 수

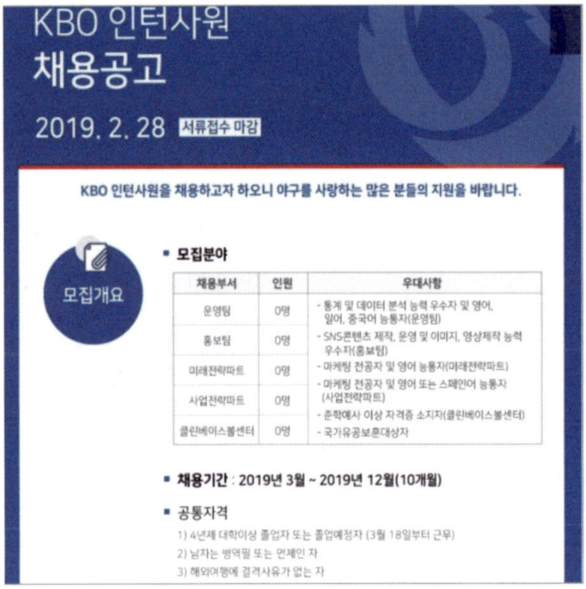
KBO 인턴사원
채용공고
2019. 2. 28 서류접수 마감

KBO 인턴사원을 채용하고자 하오니 야구를 사랑하는 많은 분들의 지원을 바랍니다.

모집개요

▪ 모집분야

채용부서	인원	우대사항
운영팀	0명	- 통계 및 데이터 분석 능력 우수자 및 영어, 일어, 중국어 능통자(운영팀)
홍보팀	0명	- SNS콘텐츠 제작, 운영 및 이미지, 영상제작 능력 우수자(홍보팀)
미래전략파트	0명	- 마케팅 전공자 및 영어 능통자(미래전략파트)
사업전략파트	0명	- 마케팅 전공자 및 영어 또는 스페인어 능통자 (사업전략파트)
클린베이스볼센터	0명	- 준학예사 이상 자격증 소지자(클린베이스볼센터) - 국가유공보훈대상자

▪ **채용기간** : 2019년 3월 ~ 2019년 12월(10개월)

▪ 공통자격
1) 4년제 대학이상 졸업자 또는 졸업예정자 (3월 18일부터 근무)
2) 남자는 병역필 또는 면제인 자
3) 해외여행에 결격사유가 없는 자

한 취업커뮤니티에서 논란이 됐던 인턴 채용공고다. 우대사항이 사실상 필수조건임을 모르는 지원자가 없다고 한다. 이렇게 고스펙을 원하는데 최저임금에 10개월만 근무라서 퇴직금조차 받을 수 없는 현실, '티슈형 인턴'이란 말이 취준생들 사이에서 유행하는 이유가 아닌가 싶다.

있게 하고들 있다. 또 인터넷 모집을 많이 하는 회사들이라면 모집을 위한 전용 사이트를 개설하여 온라인 지원만 받는 곳들도 있다. 이처럼 온라인 모집(online recruiting)이 지면광고나 고용대행사들 같은 전통적인 모집 원천을 대체해가고 있다고 볼 수 있다.

구직자들 또한 상당수가 인터넷을 활용해 일자리를 찾고자 한다. 최근의 어느 조사에서도 구직자 중 65%나 SNS상의 구직란이나 온라인 구인구직사이트를 사용한 것으로 나타났다. 웹사이트 내에는 지원자가 알아야 할 회사의 가치, 비전, 미션, 경영철학 등을 포함한 중요 정보가 담겨 있어서 온라인 모집은 고용에 관한 브랜드 구축에 있어서도 매우 좋은 방법이 되기도 한다. 조직이 기대하는 바를 지원자들이 이해함으로써 결과적으로 그들의 수준이 한층 더 높아질 수 있는 것이다. 이 같은 인터넷 모집의 이점들을 요약하자면, 우선 비용 면에서 매우 효과적이다. 모집 프로세스에다가 많을 예산을 투입하지 않아도 된다. 다음은 공고를 올리거나 내리는 것이 손쉽고 신속하다. 반응도 빨라서 큰 지원자 풀이 단시일에 만들어질 수가 있다. 게다가 온라인상에서의 모집은 부적격자들을 자동으로 걸러줄 수 있어서 HR 매니저가 시간을 절약할 수 있게 도와주기도 한다.

채용담당자 입장에서도 인터넷 모집은 적정한 양과 질의 인력을 유인하는 능력 신장을 가져왔다. 또한 인터넷의 특성으로 말미암아 그들은 언제든 지원자들과 접촉할 수 있게 되었다. 이미 10여 년 전에 벌써 글로벌 100대 기업들은 모두 인터넷 모집을 어떤 식으로든 사용해왔었고, 500대 기업들 중에도 거의 94%나 모집을 위한 웹사이트를 활용하고 있었다. 이제는 인터넷 모집이 하나의 트렌드로 자리를 잡았고 신문이나 미디어 같은 전통의 모집 방식들보다 무려 87%나 되는 비용절감이 실제 있었다고도 한다. 증가하는 인구, 인터넷 사용 확산 등의 잠재력이 이제 이러한 이점들과 함께 효과적인 인터넷 모집법의 개발에 관한 니즈를 새롭게 발생시키고 있다. 이와 관련해 웹사이트 개발에서 고려해야 할 요인들로서 다음의 3가지 측면에 관해 좀 더 살펴보도록 하자.

- 이용자 친화성(user friendliness) 시스템 사용이 편리해서 적은 노력으로도 사용가능성을 높이는 것이다. 이용자 친화적인 채용 웹사이트에는 특징이 있다. 첫째, 관심 정보를 검색하는 데 최소의 노력이 든다. 둘째, 원하는 커리어 정보를 빠르고 쉽게 얻을 수 있어 시간과 노력이 절약된다. 셋째, 이 웹사이트에는 구직 시 헷갈리지 않고 쉽게 따라갈 수 있는 검색 경로들이 있다. 넷째, 웹사이트는 사용하기 어렵지 않고 복잡하지도 않다. 이러한 접근법으로 직무에 관한 정보 공유와 소통을 위해 지원자들과의 원활한 접촉이 이루어지고 웹에서 회사 이미지를 마케팅하며 이용자의 기대도 충족시킬 수 있다.
- 정보 제공(information provision) 회사 웹사이트를 통해 구직자가 조직 및 직무 관련 정보를 적극적으로 구하는 정도를 말한다. 커리어 섹션에서 얻을 수 있는 직업 정보라면 공석인 직무, 연봉 정보, 인터뷰 절차, 자기평가, 그리고 최근 입사자들의 조언 등이 있을 것이다. 웹사이트는 지원자들이 기업에 대해 학습할 기회를 줄 뿐만 아니라 제시된 정보를 평가할 수 있게 하므로 중요하다. 시스템이 이용자의 요구를 충족시키기 못해서 정보가 사용될 가능성이 낮을 때 구직자들이 그 웹사이트에 부정적인 인식을 가질 가능성이 매우 높다.
- 웹사이트 유용성(website usability) 웹사이트가 직무 기회를 탐색하는 데 효율적이고 효과적인 방법이 된다는 구직자들의 인식을 말한다. 웹 유용성은 온라인 지원의 효과적인 완성, 텍스트/색상/이미지/사진 등을 포함한 매력적인 인터페이스와 레이아웃, 그리고 웹사이트 탐색 시 기대하는 기능 및 활용성, 웹사이트 내에서의 다양한 기능들 간의 통합 등이 포함된다. 이러한 유용성이 이용 의도에 영향을 미친다는 연구결과들은 많다. 유용성이 나쁘면 인터넷 모집에 대해 전반적으로 부정적인 인식을 갖게 된다.

새로운 직무들이 계속해 생겨나고 예전의 직무는 더 이상 필요치 않게 되는 변화가 조직에선 비일비재하게 발생한다. 사직이나 퇴직으로 직장을 떠나는 사람도 있고 또 스킬과 경험을 충분히 쌓은 사람이라면 조직 내 다른 직무로 옮겨 역량을 펼치려고도 한다. 이러한 가운데 인력의 효율성과 효과성을 유지하려면 적절한 관리가 필요하다. 이러한 관점에서 전략실행과 조직성과에 모집이 기여할 수 있으려면 조직의 전략이 팀 수준의 모집시스템/정책/제도들로 녹아들고 이는 다시 개인 수준의 모집 성과로 이어질 수 있어야만 한다.

선발

02

일단 지원자들을 끌어모았다면 다음으로 해야 할 것이 선발이다. 효과적인 선발은 효과적인 모집이 있어야만 가능한 일이다. 어느 조직이건 사용자들은 선발 프로세스를 설계하면서 어느 한 가지 방법을 택할지 혹은 여러 방법을 조합해 사용할지를 판단하는 것부터가 큰 고민이 된다. 채용담당자 역시도 프로세스를 진행하는 내내 최적의 인재를 선발해야 한다는 부담감을 떨쳐버리기 힘들 것이다. 어떤 공석에 대한 적임자 한 명을 발굴해 선발하는 것은 비용이 많이 드는 일이기에 지원자가 해당 직무에 관심이 있고 자격요건 및 스킬을 보유하고 있는지 확인하는 것이 그들에겐 중요한 일이 아닐 수 없다.

2.1 선발의 중요성 및 프로세스

선발(selection)은 특정 직급 및 조직에 가장 알맞은 사람을 지원자들 중에서 선택하는 과정이다. 적합한 직원들을 택하는 것이 매우 중요하다는 것은 다음의 이유들을 들어 주로 설명된다. 우선 제대로 된 스킬을 가진 직원은 매니저나 회사를 위해서 일을 더 잘할 것이다. 스킬이 부족하거나 혹은 성격에 모가 난 훼방꾼은 일을 효과적으로 못할 것이 자명해 본인과 회사의 성과(performance)에 모두 해가 된다. 또한 구인하여 채용하는 것은 비용(cost)이 많이 소요되는 일이다. 만약 직무 수행을 기피하거나 혹은 수행 능력이 부족한 자를 고용하게 된다면 단시간 내에 선발의 전 과정을 또다시 실시해야 하는 일이 발생되기 쉽다. 마지막으로 **태만고용**(negligent hires)의 위험도 있다. 만약 회사가 동료, 고객, 공급자 혹은 다른 제3자에 위험을 가할 수 있는 누군가를 뽑아 그가 업무 중 타인들에게 해를 입힌다면 이에 대한 책임을 회사가 져야만 할 수도 있기 때문이다.

태만고용
동료직원이나 고객들에게 위해를 입힐 수 있는 직원을 고용한 사용자에 대한 소송

조직의 여건에 따라 각기 다르겠지만 선발 프로세스는 전형적으로 아래의 [그림 5.3]과 같은 8단계를 거친다. 즉 ① 최초선별, ② 지원서검토, ③ 채용테스트, ④ 인터뷰, ⑤ 조건부합격, ⑥ 신원조회, ⑦ 신체검사, ⑧ 최종합격으로 이루어진다. 이들 각 단계마다 지원자에 대한 이해도가 올라가게 되는데, 이들이 지닌 능력, 모티베이션, 배경에 관한 정보 등이 선발 결정을 하는 데 있어 유용하다. 그러나 사용자들이 이들 단계를 전부 다 활용하는 것은 아니다. 비용

그림 5.3 | 선발 프로세스

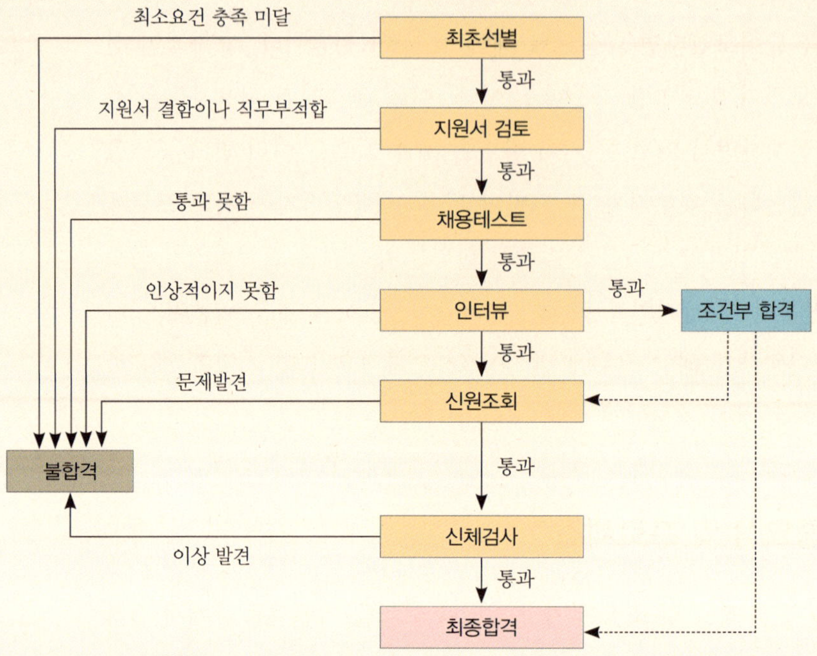

에서 부담을 느끼거나 불필요한 정보라는 판단이 들면 일부 절차는 생략되기도 한다. 미숙련자의 선발에서는 복잡한 절차가 불필요할 수 있는 반면, 매니저나 고위 직급의 채용에서는 위의 절차들을 모두 적용해야 할지도 모른다.

최초선별

선발 프로세스에서 첫 단계는 지원자가 입사지원서를 제출하면서 시작된다. 하지만 지원자가 많이 몰리게 되면 가급적 소수만을 추려 신중한 검토를 하는 게 중요하므로 이에 대한 사전심사(initial screening)가 필요할 수 있다. 이력서와 지원서의 내용 확인을 위해 전화심사(telephone screen)를 이용하기도 한다. 준비가 부족한 상태에서도 지원부터 하고 보는 사람들이 많으므로 간단한 통화만으로도 적격 여부를 판단할 수 있을 때가 있다.

지원서 검토

지원서(applications)는 사용자가 지원자들에 관한 직무관련 정보를 수집하기 위한 표준화된 양식이다. 지원서에는 인적사항, 학력, 현 직무 및 이전 경력, 취미와 관심사 등이 기재된다. 매니저는 기업의 요구조건과 지원자의 자격요건 사이에 잠재적 적합성이 존재하는지 알아내기 위해 작성된 지원서에 포함된 정보와 직무기술서를 비교한다. 그러나 기업 측에서는 지원자의 삶과 관련된 더 많은 정보를 보고자 자기소개서나 이력서 등까지도 참고한다. 전문직의 경우엔 이력서가 지원서를 대체할 수도 있다.

채용테스트

다음은 직무적성검사나 인적성검사와 같은 채용테스트(employment tests)를 거치게 된다. 다양한 형태의 테스트가 사용될 수 있지만 주로 멘탈 스킬을 측정하는 **인지능력검사**(cognitive ability tests)가 주를 이룬다([그림 5.4] 참조). 컴퓨터

인지능력검사
지각, 기억, 추론, 언어, 수리 같은 사고와 관련된 능력을 평가하는 도구

그림 5.4 | 국내 대기업 P사의 인적성검사 문제 예시

〈문제 1〉 다음 현상과 가장 잘 설명하는 용어는 무엇인지 고르시오

> 중고 국산 경차를 보유하고 있는 A씨는 최근에 동창 모임에서 친구들이 모두 신형 중형 이상의 외제차를 보유하고 있는 것을 알게 되었다. A씨는 친구들의 영향을 받아 자신도 신형 중형 외제차를 구입했다.

① 전시효과 ② 외부경제효과 ③ 기저 효과 ④ 버블 현상 ⑤ J-커브 효과

※ 정답: ①

〈문제 2〉 다음 보기 중 아래의 입체도형과 일치하는 것은?

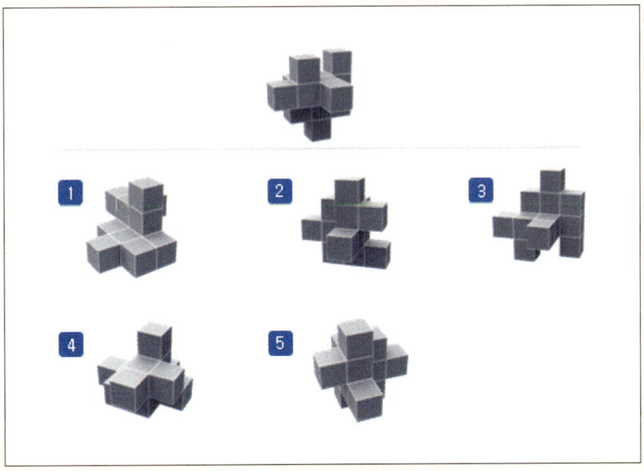

※ 정답: ②

표 5.1 | 인터뷰 질문의 예

	구성 방식	질문 예시	가능한 답변
행동 질문	지원자에게 특정 과거 상황에서의 반응(행동)을 묘사하도록 요청한다.	집단에서 하나의 과업을 완수하기 위해선 함께 협력이 요구된다. 당신이 집단의 일원으로서 협업했던 가장 최근의 경험을 말해보세요.	• 안 좋은 답변: 갈등이 있었다. 다른 동료들은 무능했다. • 평균적 답변: 모든 업무를 내 스스로 해냈다. • 훌륭한 답변: 우린 함께 해냈다. 나는 모든 사람의 참여를 도왔다.
상황 질문	지원자를 특정 상황에 놓이게 하고 반응(행동)을 묘사하도록 요청한다.	한 고객이 수선을 위해 맡겼던 옷을 찾기 위해 매장을 방문했다. 어제가 완료 예정일이었지만, 아직 수선실로부터 물건이 오지 않았고 고객은 매우 화가 났다. 당신은 이 상황을 어떻게 풀어갈 것인가?	• 안 좋은 답변: 그에게 나중에 다시 와야만 한다고 말한다. • 평균적 답변: 사과하고 확인해서 다시 연락 드리겠다고 말한다. • 훌륭한 답변: 경청하면서 진정시킨다. 그가 기다리는 동안 수선실에 연락을 취한다.

나 지필을 이용해 추론력, 논리력, 지각력 같은 인지능력을 평가하는데, 이러한 능력이 뛰어난 사람들은 더 나은 성과를 내므로 업무성과 예측을 위해 사용한다고 할 수 있다. 다만 고용차별에 관한 법을 잘 따르는지 반드시 유념이 필요하다.

인터뷰

면접관과 지원자가 정보를 교환하는 목표지향적인 대화가 바로 인터뷰이다. 매니저가 지원서나 추천서 혹은 테스트로부터 얻기 어려운 것들, 이를테면 지원자의 소통능력, 성격, 관심사, 인상, 모티베이션 등을 평가할 기회를 제공해준다. 과연 지원자가 조직문화에 잘 적응할지, 회사에 장기간 근속할지 등을 파악하는 데 인터뷰는 유용하다. 주로 HR이나 해당 부서장, 동료들에 의해 실시되며, 가장 널리 활용되는 인터뷰 기법에는 구조화된 행동 인터뷰(behavioral interview)나 상황 인터뷰(situational interview)가 있다([표 5.1] 참조).

- 행동 인터뷰는 과거 행동이 미래 행동의 최고의 예측변인라는 점을 전제로 지원자에게 해당 직무와 관련된 과거의 실제 사건의 경험에 관한 질문들이 주어진다. 가령 "과거 수행한 프로젝트 경험을 바탕으로 팀플레이어로서의 당신 능력을 잘 보여줄 만한 예를 한번 말씀해 보시겠습니까?"와 같은 질문이 주어진다. 면접관은 피면접자로부터 그들의 경험을 듣고자 하는 것이다.

- 상황 인터뷰에서는 면접관이 가상의 상황에서 지원자가 무엇을 할지에 대한 질문을 한다. 가령, "어떤 상황을 설명한 후 이런 상황이라면 당신은 어떻게 하시겠습니까?"와 같이 질문으로 시작해 하나의 기준에 근거하여 후속 질문들을 하는 것이다. 예측력, 일관성, 정확성 때문에 상황면접은 매우 권장되는 선발 방식이다.

조건부 합격

이상 각 단계를 모두 통과한 지원자에게는 조건부 입사자격(conditional job offer)이 부여된다. 남아있는 신체검사나 신원조회에서 부적격 사유가 없으면 최종합격이 결정된다.

신원조회

지원자가 제공했던 정보를 검증하기 위한 것으로 추가적인 통찰과 함께 이것들의 정확성을 입증해준다. HR에서는 항상 배경검토(background investigation)를 위한 허가를 구하는데 **평판조회(reference checks)**가 그중 하나다. 지원자의 지인들로부터 확인을 거치는 과정이지만 불편한 일이 생기는 것을 염려해 이전 직원들에 대한 정보 제공을 꺼리는 경향이 있다. 이는 태만고용을 조장하는 결과를 가져오기 쉽다.

평판조회
전에 함께 근무했던 사람들로부터 지원자에 대한 평가를 얻는 것

신체검사

신체적인 활동들과 관련 있는 직무를 위해서만 신체검사(medical/physical examination)가 존재하는 것은 아니다. 지원자는 직무 요건에 상응하는 신체능력을 입증할 필요가 있다. 회사에 따라서는 정신건강 진단을 요구할 수도 있고 약물검사에 응하도록 요구하는 데도 있다.

최종합격

지금까지의 모든 선발 프로세스를 통과하면 비로소 최종합격 통보(permanent job offer)를 지원자가 받게 된다. 주로 HR 매니저나 앞으로 함께 일하게 될 부서의 부서장이 통보하는 경우가 많다. 통보 지연이 우수한 지원자를 놓치게 할 수도 있으므로 결과는 최대한 빨리 알려야 한다. 불합격한 지원자들에게도 지체 없는 통보가 바람직하다.

2.2 보편적인 선발방법들

직무성과
직무기술서에 포함된 요소들을 성공리에 완수하는 정도

시민행동
직무기술서의 내용을 넘어선 자발적인 공헌

간단히 말해서 누가 직무 수행을 잘할지 예측하는 것이 선발의 목표가 될 것이다. 하지만 선발 결정을 거쳐 우리가 예측하고자 하는 것은 **판단의 척도들**(criteria)이다. 흔히 주 관심사가 되는 척도로는 **직무성과**(job performance)와 조직에서의 **시민행동**(organizational citizenship) 등이 있으며, 이직률(turnover rate)같이 더 객관적인 척도들도 함께 고려되곤 한다. 조직들이 선발 결정에 이용하는 다양한 정보들이 있지만, 사실상 예측을 위해 평가하는 것은 스킬, 능력, 지식, 성격, 행동스타일이며, 이 역량들을 위의 척도에 대한 **예측변인들**(predictors)로 활용하게 된다. 따라서 선발 프로세스 전체를 설계할 때 우선 고려해야 하는 것은 "관심을 두고 있는 척도가 무엇인가?" "어떤 예측변인과 평가기법들을 적용해서 이를 측정할 것인가?"와 같은 질문들에 대한 답을 마련하는 일이다.

가장 유능한 인재를 채용하기 위해 HR 매니저는 다양한 척도를 고려해야 하는데, 택할 수 있는 선택지가 다양하다는 것은 어쩌면 다행스런 일이다. 하지만 지원자의 적성, 성격, 능력, 모티베이션 등을 여러 방법으로 평가할 수 있어도 직원 선발을 위해서 평가방법을 잘 골라 적용하는 일은 학습과 이해를 요하는 꽤나 복잡한 업무 영역이기도 하다. HR 매니저뿐 아니라 사용자들에게도 이것이 주의를 요하는 일인 것은 마찬가지다. 자신들의 선발방법이 어떠한 차별도 없이 지원자들을 공정하게 대우하는지, 그리고 개인의 잠재력 개발과 더불어 조직성과에 기여할 능력에 기초해 선발이 이루어지고 있는지도 늘 점검해야 하기 때문이다. 여기서부터는 가장 흔히 사용되는 선발 방법들 몇 가지를 소개해 본다.

- **능력 테스트(ability tests)** 이것은 구직자의 역량을 알아보기 위한 것으로 스킬 요건을 개발할 잠재력이 충분한지 예측하기 위한 것이다. 여기엔 일반 적성(예: 언어, 수리, 추리, 독해 등)과 특수 적성(예: 영업스킬, 기계조작 등)을 평가하는 방식 두 가지가 있다. 어떤 문제의 해결을 위한 학습력, 이해력, 재능 등을 평가하는 인지능력검사는 특히 직무성과에 대한 유용한 예측도구로 알려져 있어서 선발에서 가장 많이 쓰인다. 지필시험의 형태나 온라인 기반의 4지선다형이 전형적인 모습이다.

- 성격 테스트(personality tests) 성격에 근거한 구직자의 행동 예측을 위해서 사용된다. 성격 특성은 직무성과에 영향을 주며, 특히 관리직이나 영업직 같이 사람을 다루어야 하는 직무에선 더더욱 그렇다고 한다. 어떤 성격의 사람은 특정 직무에서 성공적이나 다른 직무에선 그렇지 못하기 때문에 직무성과와 관련된 특성들을 규명하는 것은 특히나 중요할 수 있다. 이러한 성격검사도 대개가 4지선다형이거나 참/거짓형 문제들로 이루어져 있다.

- 성실성 테스트(integrity tests) 지원자가 정직하고 믿을 만한지 알아보기 위해 이와 관련된 태도와 경험을 측정하는 것이다. 이 테스트는 윤리성과 밀접한 상관이 있으며 성격검사의 보완책으로서 매우 훌륭하다는 평을 얻고 있다.

- 집단상황 테스트(group situational tests) 구직자가 집단에서 동료들과 소통하며 팀으로 일하는 능력을 알아보기 위해 사용된다. 보통은 여러 명으로 구성된 한 집단에게 해결해야 하는 문제나 과업이 주어지고 평정자들이 관찰을 통해 그들을 평가하게 된다. 평정자들은 이들의 상호작용 스킬에 주목하면서 위기 상황에서 상황과 행동을 어떻게 통제하는지 평가하게 된다.

- 모의업무 테스트(work situation tests) 구직자가 입사하면 수행하게 될 실제 업무 분위기를 연출한다. 이 방법은 구직자가 해당 업무를 잘 해낼 수 있을지, 그리고 자질이나 스킬은 과연 직무에 적절한지를 사용자에게 잘 이해시켜줄 수 있는 방법이다. 직무 내용을 인식할 수 있게 해주는 이 방법은 여타의 지필 검사들보다 성과를 예측하는 데 있어서 훨씬 탁월한 것으로 알려져 있다.

- 개별 인터뷰(personal interview) 능력 테스트와 더불어 가장 많이 쓰는 방법 중 하나로 인터뷰는 구조화된 것(structured)과 비구조화된 것(unstructured)이 있다. 전자의 경우는 사전에 준비된 일련의 질문들을 사용하므로 지원자들은 모두 동일한 질문을 받게 된다. 반면 후자에서는 "자기 자신에 대해 말해보라."와 같은 개방형 질문들이 주로 사용된다. 면접관은 개별 지원자들에게 각기 다른 질문도 가능하다. 면접관의 스킬에 의해 많이 좌우되기 때문에 주의와 규제가 없으면 편향성의 문제가 있을 수 있고 신뢰성과 타당성을 확보하기 어렵다.

평가센터
어떤 위치나 장소가 아니라 중요한 업무수행 능력을 측정, 평가하여 관리자를 선발하는 접근법

- **평가센터**(assessment centers) 이 방법은 온종일 관리되는 다양한 검사들을 통합적으로 이용하고 또한 부서장이나 사내 관계자, 심리학자 등의 여러 전문가 평가를 포함하고 있어서 매우 높은 예측타당도를 보인다. 지원자들에 의해 수행된 활동들은 대체로 매니저로서의 임무와 유사하며 현실과도 가까운 것들이다. 이 방법은 비용이 만만치 않아서 그리 대중적이지는 않다. 충원해야 할 공석이 많지 않은 경우라면 이것보다 심리검사나 구조화된 인터뷰가 오히려 더 추천된다.

- **신원조회와 추천서**(background verification and reference check) 흔히 쓰이는 방법은 아니지만 구직자들에게 추천서 제출을 요구하거나 추천서를 써줄 만한 사람의 성명과 연락처를 제출하라고 요구한다. 조직은 이것을 가지고 지원자의 과거 경험과 경력을 측정하는 기초자료로 활용할 수 있다. 한편 신원조회는 주로 전 직장에서의 성과관련 정보나 이전 상사의 시각에서 판단된 스킬과 태도에 관한 평가가 요지라 할 수 있다. 인터뷰나 지원서에서 언급된 내용을 확인코자 최근엔 페이스북 같은 SNS 로그인 정보를 요구하는 회사들도 있다고 한다.

어떤 지원자가 해당 직무를 훌륭히 수행할지 여부를 판단하는 데 사용할 수 있는 방법은 이들 외에도 많다. 위의 선발방법들을 적용하는 데 있어서 각각의 효과나 취약점을 이해하는 것이 HR 전문가들로선 필요하다. 단순히 이력서에만 의존하거나 비구조화된 인터뷰를 시행할 때보다는 구조화된 인터뷰, 모의업무 테스트, 그리고 인지능력검사 등을 활용할 때가 더 효과적인 것으로 알려져 있다. 기업들에서도 실제 이렇게 하고 있지만 한 가지 이상의 도구나 방법을 조합해서 적용할 경우에 채용 프로세스의 **예측타당성**(predictive validity)은 더욱 더 향상될 수 있을 것이다. 예컨대 인지능력검사와 구조화된 인터뷰를 병행하면 각기 개별적으로 사용할 때보다도 훨씬 효과적이게 된다. 하지만 방법들마다 장/단점을 지니고 있기 때문에 최적의 방법을 택하고자 마치 공식처럼 적용할 초간단 접근법이 존재하는 것은 아니다.

예측타당성
어떤 평가 도구가 그 적용 결과로 나타내는 미래 성과를 예측하느냐에 관한 것

지원자들을 평가할 방법이 많다고 해도 그것은 신뢰할 수 있는 것이라야만 한다. 즉 시간이나 환경이 바뀌어도 지원자 점수는 늘 일정해야 함을 말한다. 이러한 **신뢰성**(reliability) 말고도 선발방법은 **타당성**(validity)이 있어야 한다. 이

또한 선발방법을 택할 때 중요한 이슈로서 측정하려고 하는 것을 얼마나 정확히 잘 반영하고 있는지를 가리킨다. 선발방법이 얼마나 잘 맞는 것인지를 말해주는 것이 타당성이라면, 그 방법을 통해 얻은 점수가 얼마나 믿을 만한지를 일러주는 것은 신뢰성이다. 예컨대 간편한 IQ 측정법이 새로 나왔다고 하자. 이 방식으로 4차례 측정한 결과 C씨가 82, 63, 141, 100을 획득했다면 현재로선 신뢰할 만한지 타당한지 전혀 잘 알 수가 없다. 하지만 실제 그의 IQ는 122인데 이 방법으로 일관되게 99를 4차례나 기록했다면 타당하진 않더라도 이 결과는 신뢰할 만하다. 다음번엔 4번 모두 119를 일관되게 보였다면 타당한데다가 신뢰할 만하기까지 한 결과라고 할 수 있다.

가장 이상적인 선발방법은 신뢰도와 타당도를 모두 갖춘 경우지만 비용 등의 문제들도 함께 고려되어야 한다. 앞서 살펴본 평가센터 방식이 그렇듯이 신뢰도와 타당도가 높아도 시간과 비용이 많이 들어 사용이 제한적일 때가 있다. 따라서 신뢰성, 타당성 외에도 선발방법은 마땅히 **유용성**(utility), **적법성**(legality), **일반화가능성**(generalizability)을 두루 갖춰야 한다. 유용성은 선발방법에 의해 제공된 정보가 조직 효과성을 높이는 데 근본적으로 기여하는 정도와 관련된다. 적법성은 어떤 선발방법이든 취약계층이나 여성, 기타 법의 보호가 필요한 자에게 불리함(adverse impact) 없이 작동해야 함을 강조한다. 마지막으로 일반화가능성은 어느 한 상황에서 타당한 선발방법이라면 다른 상황으로 확장시켜도 문제되지 않는 정도로서, 이 또한 선발방법 선택에 있어서 고려해야 할 중요한 이슈이다.

그림 5.5 | 선발방법에 대한 기준들

2.3 선발 결정

채용기능의 한 축을 담당하는 인사선발은 일종의 복잡한 정보처리 업무이다. 결국엔 지원자를 고용하거나 탈락시키는 것으로 선발 프로세스가 귀결되므로 인사선발의 중심엔 의사결정(decision making)이 있다고 할 수 있다. 선발에 대한 결정은 더구나 지원자의 향후 수행에 관한 명확한 정보가 없이 이루어진다는 점에서 **불확실성하에서의 의사결정**이다. 인사선발에서의 의사결정이 크게는 전체 채용과정에 적용되는 방법/비용에 관한 것부터 작게는 측정할 개념과 사용할 기준에 관한 것, 그리고 누구를 선발하고 떨어뜨려야 할지에 이르기까지 다양하다. 짐작할 수 있듯이 선발은 정보의 수집 및 부호화, 데이터의 조직화, 그리고 최종 결정을 위한 정보 통합에 이르는 인지적으로 매우 복잡한 작업이다. 다양한 선발 방법과 절차를 활용해 지원자들로부터 필요한 정보를 뽑아낸 후 이들 정보를 처리하여 의사결정의 단서로 삼아 누구를 고용할지 말지에 대한 원칙을 적용하게 된다.

[그림 5.6]이 보여주듯이, 채용(staffing)은 개별 지원자들과 조직의 의사결정자들이 번갈아 하는 결정의 연속이다. 여기서 보면 당사자 간 상호작용과 의존성뿐 아니라 이것들이 발생하는 상황, 이러한 시스템을 구성하는 활동들을 이해하기 쉽다. 선발 프로세스만 놓고 봐도 최소한 두 단계다. 이력서와 지원서 검토를 거쳐 큰 풀의 지원자들이 소규모의 후보군으로 좁혀지는 게 **1차 분류** 단계다. 초기 결정을 위한 데이터를 모은 후 인터뷰 등이 있을 다음 단계를 위해 위 절차를 모든 지원자들에게 적용한다. 다음은 **2차 선별** 단계로 직무를 맡을 자를 선정코자 인터뷰나 평가센터 같은 도구를 활용해 더욱 면밀한 검토가 이루어진다. 각기 다른 기준들을 국면마다 적용할 수 있는데 분류 단계에선 제출한 학점, 자격증, 나이 등 공식적인 기준들로 지원서나 이력서를

그림 5.6 | 채용 사이클

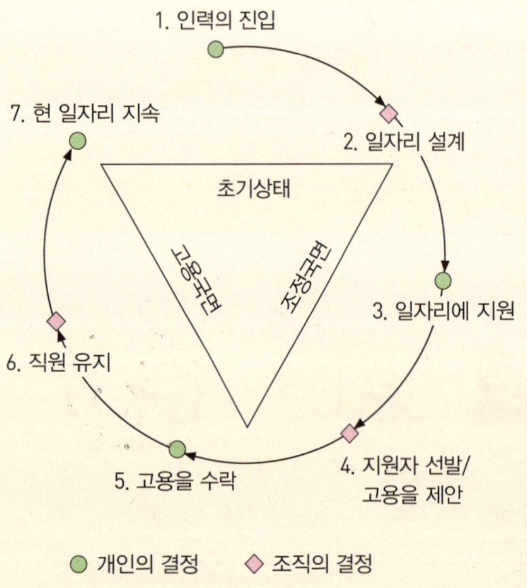

출처: Carlson & Connerley(2003), p.54 수정

분석해서 손쉬운 평가가 가능하다. 그러나 선별 단계에선 커리어설문, 인터뷰, 평가센터 등과 같은 더 복잡한 방식을 필요로 하고 그 영향요인들에 대해 알려진 게 별로 없어서 축적된 지식을 필요로 한다.

1차 분류 단계에서 수집된 정보를 어떻게 처리할까? 다량의 정보를 추려나가기 위한 방법은 흔히 기준에 미달하는 자부터 우선 탈락시키고 좀 더 봐야 할 사람에겐 적합성을 부여해 잠정 수용하는 것이다. 의사결정자들은 이렇게 하면서 학력이나 경력같이 고정적인 정보와 인지/사회/개인적 역량과 같은 다소 변동적인 정보로 구분하여 서로 다른 요소나 기준들을 적용하게 된다. 여기서 정보처리 접근법 두 가지를 소개하면 하나는 모든 후보자를 **일제히**(simultaneously) 그들끼리 서로 비교하면서 최종 마무리되면 평가하는 방법이고, 다른 하나는 직무 요건들과 후보자를 비교하며 **순차적으로**(sequentially) 평가하는 방법이다. 이러한 방식의 선택이 결정과 그 결과에 상당한 영향을 미친다. 대개 일제평가는 비록 소수지만 보다 질 높은 후보자 풀을 이끌어 낼 수 있는 반면에, 순차평가에선 자격이 어느 정도 되도 조기에 탈락되면 나머지 풀이 협소해지는 위험이 있다.

2차 선별 단계에선 이제 후보자들의 미래성과에 대한 예측을 기계적으로 할지 아니면 주관적으로 해야 할지에 관심이 모아진다. **기계적인**(mechanical) 방법은 인간의 판단을 배제한 채 정보를 모은다. 이를테면 테스트 점수로만 처리

하이데거의 숲 | 선발 프로세스: 다중장애물 접근법 vs. 보정적인 접근법

선발 프로세스를 설계할 때 지원자들이 그 프로세스를 거치는 방법에 대해 고려해야 하는데, 선발 결정은 다음의 방법 중 하나를 사용하여 이루어질 수 있다.

❖ **다중장애물 접근법**(multiple-hurdle approach) 다음 단계로 가기 위해 지원자가 해당 단계에서의 최소 요건을 충족시켜야 한다. 실패하면 더 이상 고려되지 않는다.

❖ **보정적인 접근법**(compensatory approach) 지원자는 모든 절차를 마치고서 각 단계에서의 점수를 합산해 최종 순위를 결정한다.

보정적인 선발법이 다중장애물 접근법보다 신뢰성 면에서 더 우수한 것으로 알려져 있다. 그러나 실무자들이 다중장애물 접근법을 선호하는 이유는 관리하기가 편해 시간이 덜 들고 그만큼 노력과 비용도 아낄 수 있기 때문이다.

하는 식이다. 이와 달리 **주관적인**(judgemental) 방법은 인터뷰나 수행평가에서처럼 인간의 판단이 결부된다. 인간의 인지적 한계를 들어 기계적인 방법이 더 낫다고 하는 이들이 있다. 만들어진지 오래되고 수정된 적도 없는 부적절한 판단 모델에 의존한다며 비판한다. 하지만 이러한 단점에도 불구하고 많은 선발 전문가들이나 지원자 대다수에겐 판단적인 의사결정이 선호된다. 선발 전문가들에겐 직감이나 육감이 프로세스에 대한 통제 느낌과 더불어 자신감을 더해주기 때문일 것이다. 이러한 분석적 vs. 직관적 의사결정 간의 구분은 사실 해묵은 이분법이다. 이들의 중간쯤 어딘가에 의사결정 프로세스가 위치한다고 보는 것이 설득력이 있다. 즉 대부분의 의사결정자들은 **준합리성**(quasirationality)을 사용해 양측을 아우르는 연속선상의 어느 점에서 결정을 한다.

준합리성
직관과 분석적 사고의 절충

선발된 자가 직무를 흡족히 수행함을 입증할 경우 의사결정의 결과는 긍정적이나, 또 그 반대로써 부정적일 수도 있다. 부정적인 결과는 [그림 5.7]에서와 같은 두 유형의 오류 때문일 것이다. 즉 무능한 자를 선발해서 그가 직무에서 성공적이지 못한 것으로 판명되는 **잘못된 긍정오류**(false positive errors), 그리고 직무에서 성공적이었을 사람을 무능할 것으로 봐서 탈락시킨 **잘못된 부정오류**(false negative errors)이다. 이 같은 오류들은 감지가 어렵지만 회사에 해를 주는 것이 사실이다. 가령 탈락시킨 지원자를 경쟁사가 고용한 경우라면 더더욱

그림 5.7 | 긍정 및 부정오류

※ 사분면 II, III은 조직에 긍정적 결과를 가져온 올바른 결정을 나타낸다.

그럴 수도 있을 것이다. 지원자 정보 획득에서의 불합리성이나 선발 결정에 대한 자체평가 부족이 그릇된 결정의 원인일지도 모른다. 과거로부터 배워 미래 행동을 개선하는 것이 좋은 방법이듯이 감사(auditing)는 늘 중요하다. 오류들을 사전에 방지하지는 못한다 해도 의사결정자가 자신을 과신하는 것만큼은 분명 줄여줄 수 있을 것이다 .

HR Map | 바이오데이터를 활용한 선발

바이오데이터는 인사선발에서 꽤 오래전부터 사용해왔다. Goldsmith(1922)는 보험판매인들을 대상으로 결혼 여부, 사회적 모임에 참여도, 교육 수준 등 9가지 항목이 매출에 미치는 영향을 조사했다. 그 결과, 이들 바이오데이터가 매출에 대한 예측변인임이 밝혀졌다. Harold, McFarland & Weekley(2006)과 Schmidt & Hunter(1998)의 메타분석을 통해서도 선발에 있어 바이오데이터는 성과와 이직률 등의 행동에 대한 주요 예측변수임이 입증되었다. 바이오데이터에 대한 정의는 다양하나, 개인의 행동과 정체성을 형성했을지도 모르는 역사적 사건들과 관련되는 것들을 말한다. 이를테면 성격특성, 태도, 취향, 포부, 자기평가 스킬, 가치, 흥미 등의 요소들을 포함한다.

바이오데이터가 직원의 행동을 어떻게 예측할 수 있는지에 대해서는 제시된 〈그림〉과 같은 '생태적 모델(Ecological Model)'로 설명할 수 있다. 즉 사람마다 특정한 환경적, 유전적 자원과 개인의 차이를 결정하는 속성을 가지고 있다(Time 1). 개인들은 자신의 환경에 적응을 극대화하기 위한 선택을 함에 따라 새로운 환경을 경험한다(Time 2). 이러한 환경 속에서의 경험들이 개인의 속성을 출생 시 타고난 것과 다르게 변화시키게 된다. 따라서 개인이 타고난 속성들, 선택을 통해 획득된 경험들, 그리고 경험으로 얻어진 새로운 속성들이 바이오데이터 항목들이 된다.

그림 | 생태적 모델의 단순화

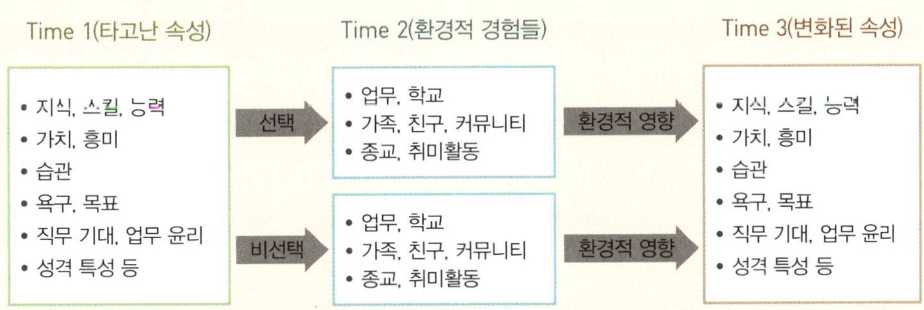

출처: Breaugh(2009).

03 모집 및 선발 프로세스 평가

조직이 경쟁우위를 유지하는 데 필요한 인적자원을 바라보는 방식, 그 중심엔 모집과 선발이 있다. 따라서 전략적이라는 평을 얻기 위해선 전략적 통합, 장기적 관점, 그리고 전략적 요구사항들을 모집 및 선발의 설계에 적절히 반영하는 방법 등이 이들 안에 잘 포함되어 있어야 한다. 모집과 선발 단계에서 이루어지는 여러 결정들이 조직의 미래에 영향을 끼치는 것은 자명하므로 이것들을 전략적 인적자원관리(SHRM)의 주요 프로세스라고 보는 이유는 충분하다.

3.1 모집·선발에서의 책임 및 역할

지금까지 살펴본 대로 공석을 채우는 프로세스에서 모집과 선발이라는 두 절차가 있다. 직무 공석이 생기게 되면 모집은 시작된다. 조직은 그 가운데서 택할 수 있는 다수의 후보군들이 필요하게 되는데, 이들은 해당 직무를 잘할 수 있을 것처럼 보여야 하고 또 진심으로 그 일을 하기 원하는 것처럼 느껴지는 사람들이어야 한다. 다수의 후보자들 중 그 공석에 가장 적임자를 임명하는 과정이 선발이다. 장래의 직원 조달 및 광고에 관한 것이 모집 프로세스라면, 선발 프로세스는 새로운 직무 역할에 신입직원을 배치, 훈련시키는 것까지도 염두에 둔 활동이다. 따라서 모집이 주로 **양**(quantity)에 관련된다면, 선발은 **질**(quality)과 관련된다는 사실을 잘 알 수 있다.

HR 부서가 있는 조직에서는 라인 매니저들과 HR 부서 스태프들 간에 모집 및 선발에 관한 역할 및 책임을 분담한다. 우선 라인 매니저들의 관여는 다음과 같은 식으로 이루어진다.

- 부서에서 발생하는 공석에 대해 보고해야 하며 HR 플랜을 구상하는 경영진과 그 공석에 관해 합의를 도출해야 한다.
- 내부 육성 및 승진 프로세스의 일환으로 어떤 공석이 생기면 누가 적임자일지 평소부터 잘 파악하고 있어야 한다.
- 직무의 본질은 물론 직무수행자가 그 일을 제대로 하려면 지녀야 할 스킬들을 명시하는 데 관여해야 한다.

- 부서 내 직무에 지원한 자들 중에 적임자를 선발하는 프로세스에 정상적으로 참여해야 한다.

HR 전문가로서 스태프들도 다음과 같은 방식으로 모집 및 선발에 관여하게 된다.

- HR 플래닝에 참여해야 하며 전체 조직을 아울러서 공석이 예상되는 직무를 사전에 규명해야 한다.
- 모집과 선발에 관한 전문적인 스킬을 보유해야 한다. 특정 직무에 대한 모집 방법이나 홍보 방법 등에 대해선 라인 매니저들보다도 더 해박해야 한다.
- 라인 매니저들과 협력해서 지원자 모집에 책임을 다하고 선발 인터뷰의 준비나 진행하는 일 등을 함께해야 한다.

3.2 모집·선발이 비효과적?! 그 이유는…

지원자 수가 적었거나 적임자 선발을 못했거나 아니면 그들이 입사 후 곧 이직을 했다거나 한다면 모집 및 선발 프로세스는 비효과적이라고 말할 수밖에 없을 것이다. **충분한 지원자들을 유인하지 못한 원인**부터 생각해보면, 먼저 직무 요건들에 대한 적절한 검토 없이 공고를 해서 엉뚱한 사람들에게만 홍보가 되었을 수 있다. 직무분석이 제대로 이루어지지 않았을 가능성이 큰 경우다. 다음은 이상적인 직무 요건만 있을 뿐 최소한의 요건들에 대한 설명이 없는 경우로, 요구되는 스킬 및 경험 수준이 너무 높아 잠재 지원자들이 미리 단념해버렸을 수 있다. 게다가 직무 자체가 매력적이지 못하거나 급여가 너무 적은 경우도 지원자가 적은 이유로 생각해 볼 수 있다. 이럴 때 사람들은 지원을 다시 한 번 생각하게 되는 게 사실이다. 마지막으로 공석인 직무에 대한 홍보 방식이 부적절한 경우다. 만약 잘 알았더라면 지원했을 사람들의 관심을 자극하지 못해서 생긴 문제다.

다음은 **형편없는 선발을 하게 된 이유가 될 만한 것들**이다. 우선은 지원서 양식 자체의 구성이 엉망이라서 지원자가 정보를 제공하기가 혼란스러운 경우가 있다. 따라서 지원자에 대해 알아야 할 정보도 충분히 얻지 못한 상태로 직무가 제공되는 잘못을 저지르는 지경까지 이르기 쉽다. 다음은 선발기법 자체가 적절하지 못한 경우다. 신뢰성, 타당성 등이 결여된 방법을 적용한 결과로 생각하면 이해가 빠를 것이다. 셋째는 선발 업무를 하는 사람들이 이에 관한 훈련이 덜 된 경우로써 선발에 필요한 스킬을 갖추고 있지 않기 때문에 발생되는 것이다. 마지막으로 선발 프로세스의 효과성을 정기적으로 모니터하고 점검하지 않아서 막상 선발시스템을 개선하고자 하는 니즈마저도 아예 인식조차 못하는 경우다. 의외로 타성에 젖어 부정적인 정보나 사건에 대해 잘 인식하지 못하고 넘어가는 경우가 일상 속에서도 비일비재한데 이와 마찬가지인 듯하다.

대부분의 조직들은 모집과 선발 프로세스에 관계된 통계 자료를 보유한다. 매니저들이라면 누구든 이러한 프로세스가 비용면에서나 혹은 시간적으로 효과적이었는지, 그리고 더 중요하게는 과연 제대로 된 사람을 채용했는지에 대한 평가를 원하기 때문이다. 앞으로도 계속 성장해갈 조직이므로 한번 모아진 정보는 차후 구인을 위해서라도 더할 나위 없이 중요할 것이다. 고려해야 할 것들을 좀 더 열거하여 아래 질문들에 답해보는 것도 다음번 모집과 채용을 위해서 귀중한 정보를 제공하게 될 것이다.

- 방법이 비용 면에서 효과적이었나?
- 예산 범위를 넘지 않았나?
- 선발 결정을 잘할 수 있게끔 충분한 지원자 풀(pool)을 발생시켰나?
- 해당 직무에 대해 지원자들이 자격을 갖추었나?
- 선발 인원은 몇 명이 적절한가?
- 해당 직무에 충원을 위해 얼마의 시간을 들였나?
- 신입직원이 숙련되려면 얼마나 걸리나?
- 신입직원들의 이직률은 얼마나 되나?

모집은 잠재적 지원자를 물색한 뒤 공석에 지원하도록 유도하는 과정이다. 해당 직무의 니즈를 파악하고 지원자들이 지원하도록 장려하는 것을 주로 하므로 시간이 비교적 덜 걸리고 비용도 적게 드는 편이다. 이에 비해 선발은 철저한 조사를 해야 하므로 시간과 비용을 많이 필요로 하는 여러 광범위한 활동을 포함한다. 최종 후보자들 가운데 최적의 직원을 채용해 조직 내 일자리를 제공하는 과정이기 때문이다. 어느 조직이건 성공은 그 직원들에게 달려 있다. 직원들 모두 자신의 직무에 적합할 때, 회사 전체가 그러한 성공의 이점들을 누릴 수 있다. 엄격한 모집 및 선발 시스템은 합격한 직원들에게 엘리트라는 느낌과 함께 효율성에 대한 강한 욕구를 드러내서 사람의 중요성에 대해 전달하게 된다. 조직과 양립할 수 없는 직원을 두는 것은 일정 수준의 성과 달성을 할 수 없게 제한을 두는 것과 같다. 우수한 채용 프로세스를 구현하면 현 조직의 요구사항과 부합하며 기존의 사회적 틀에도 맞는 직원을 조달할 수 있어서 그들의 교육비부터 절감할 수 있다.

하이데거의 숲 | 채용절차에 대한 평가

경영자나 HR 매니저는 다음과 같은 계산법으로 채용절차를 평가해 볼 수 있을 것이다.

❖ 산출비(yield ratio) 고용 프로세스상에서 다음 단계로 통과된 인원이 몇 명인가?

산출비 = 통과한 인원/지원자 수

❖ 1인당 고용비용(cost per hire) 채용된 개개인들에게 들어간 비용은 얼마인가?

1인당 고용비용 = 총 비용/고용된 인원

❖ 충원 시간(time-to-fill) 채용하는 데 들인 시간은 얼마인가?

만약 6월 10일에 직무공고가 처음 나서 충원이 8월 28일에 가능했다면, 충원 시간은 79일[(6월: 30 − 10 = 20) + (7월: 31) + (8월: 28) = 79)]인 것이다.

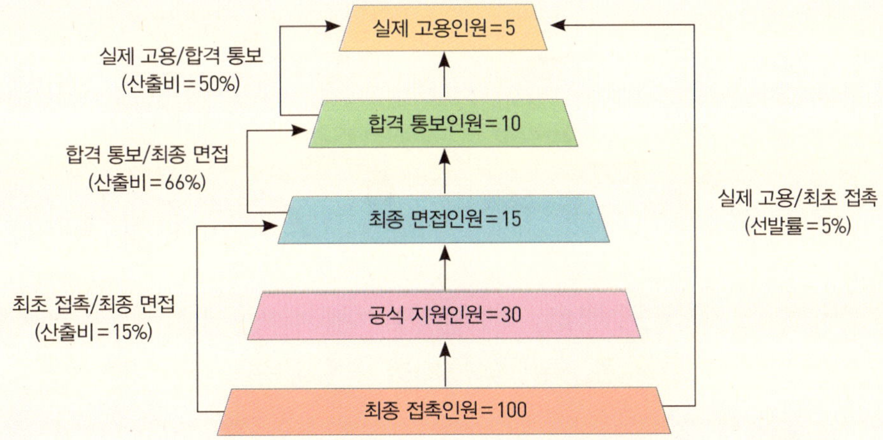

HR News

피도 눈물도 없는 AI 면접 "못 믿겠다." vs "편하다."

4,233명. 한 제약사가 올해 하반기 공채에서 인공지능(AI) 인·적성검사로 떨어뜨리겠다고 한 인원입니다. 숫자를 접한 취업준비생들은 모두 경악했습니다. "데이터가 부족해 아직 신빙성 있는 검사가 아니다" "비용 절감 외에 다른 의도를 모르겠다"면서요. AI 역량검사를 개발한 마이다스아이티에 따르면 6일 기준 국내 약 185개 기업이 AI 면접을 시행 중입니다. AI 면접은 얼굴 68곳에 점을 찍어 표정을 분석하고, '날씨

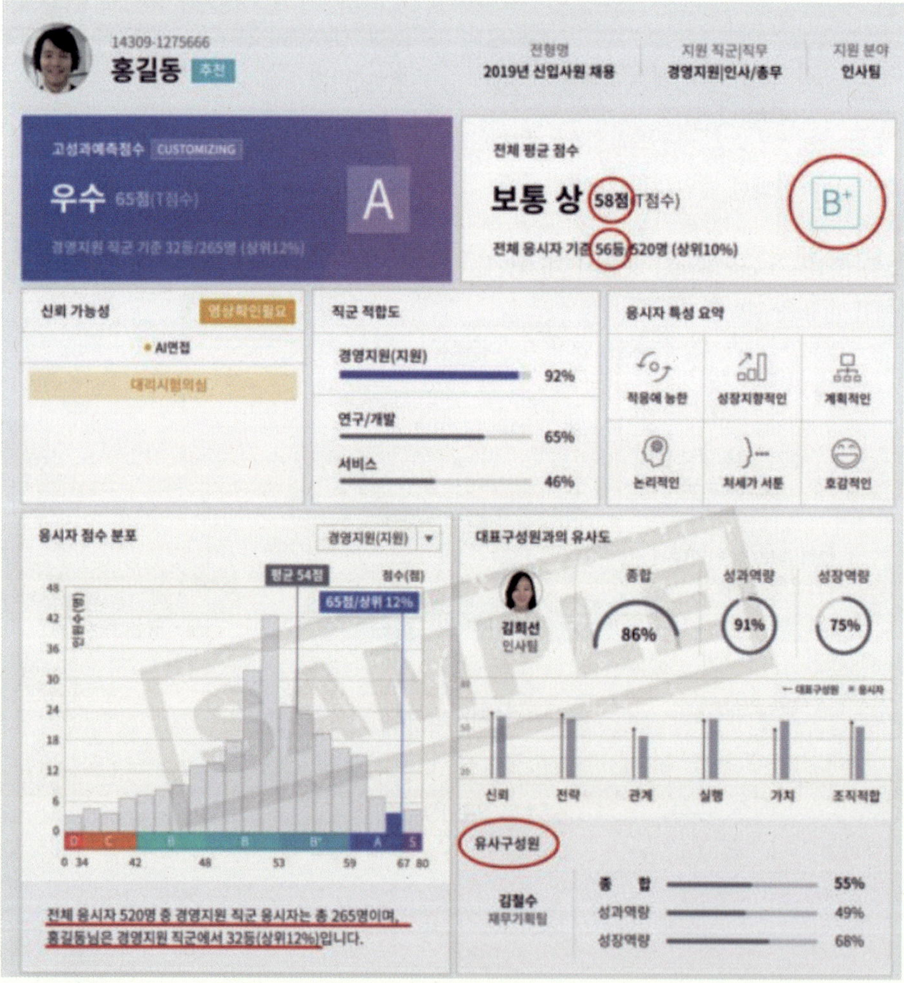

AI 역량검사 결과지 샘플. 성향과 성격 분석을 포함해 점수와 등수, 등급, 직군 적합도, 유사구성원 등이 나온다. [사진 마이다스아이티]

맞히기'나 '색깔-단어 일치 판단' 같은 게임 10여 개를 시켜 지원자의 성향을 파악합니다. 결과지엔 지원자 성향, 특성, 직무 적합성 등이 '등급·점수·등수'로 표기됩니다.

취준생들은 속이 탑니다. LG전자 하반기 공채를 본 박 모(24) 씨는 "딥러닝 이미지 처리에도 (사진) 몇만 장이 필요한데, AI 면접은 데이터가 많이 쌓이지 않아 아직 신뢰가 안 간다"고 했습니다. 그는 "그런데 100% AI 면접만으로 많은 사람을 떨어뜨리는 건 비용 절약 의도 아니겠냐"고 의심했습니다.

하지만 마이다스아이티는 "2030 모집단 5만 명과 뇌 신경연구 논문 450편, 심리학 전문가·기업 인사담당자 등 전문가 200명의 사람 성향 판단 기준, 국내 기업에 재직 중인 최고·최저성과자 6,000명의 데이터를 학습시킨 프로그램"이라고 강조합니다. 취준생들의 체감 결과와는 사뭇 다르지요.

제약사 두 곳의 연구·개발직 AI 면접을 본 박 모(25) 씨는 "기계한테 떨어졌다고 생각하면 '현타('현실 자각 타임'을 줄여 이르는 말로, 헛된 꿈이나 망상에 빠져 있다가 자기가 처한 상황을 깨닫게 됨을 말함)'가 온다"고 하더군요.

AI 면접을 어떻게 활용할지는 기업마다 다릅니다. 취준생들로선 괴로운 부분입니다. 제약사처럼 AI 면접이 4,000여 명을 거르는가 하면, LG전자·넥센타이어 등은 "신뢰성이 확보되기 전까진 합격·불합격 잣대보다 참고용으로만 활용"하기도 합니다. 후자의 경우 AI 면접을 하는 까닭은 '데이터 수집'을 위해서인 셈이죠. 취준생 김민호(가명·26) 씨는 "탈락자 없는 전형이라고 미리 공지하지 않는 '비매너' 기업도 많더라"라고 했습니다.

새로운 전형을 준비해야 하는 부담도 큽니다. 취준생 900여 명이 모여있는 AI 면접 오픈 채팅방에선 '부산 5만원 AI 면접 특강' 등 광고가 성행 중입니다. 마이다스아이티는 "학습으로 점수가 오르지도 않고 상대평가로 경쟁시키는 검사도 아닌데 고액 컨설팅 등이 취준생을 현혹하고 있어 안타깝다"고 했습니다.

이미 기업체에 근무하고 있는 직원들은 AI 면접을 어떻게 생각할까요? 한 대기업에 재직 중인 2년차 백승철(26) 씨는 "인간에 대한 평가까지 기계한테 맡기는 게 씁쓸하다"고 했습니다. AI 면접 경험자인 대기업 1년차 한태수(26) 씨는 "최종 합·불은 사람이 정하니 결국 소용없는 전형 아니냐."라고 하더군요.

물론 긍정적인 면도 있습니다. 취준생들은 입을 모아 "편한 곳에서 응시할 수 있다"는 점과 "외모 등 외부 조건의 영향이 없는 점"을 꼽았습니다. 정동진 마이다스아이티 웹솔루션그룹 그룹장은 "스펙·서류가 부족한 지원자 중에서도 좋은 역량을 갖춘 사람이 분명히 있다"며 "AI 면접은 '공정한 기회를 부여'할 것"이라고 말했습니다.

출처: http://isplus.live.joins.com/news/article/article.asp?total_id=23629161

단원요약

1. 모집 이전에 고려해야 할 다른 대안들로 아웃소싱, 종업원 리싱, 초과근무, 비정규직 근로자 고용 등이 있다. 하지만 이러한 대안들이 매력적이지 않다면 모집의 목적 규명과 더불어 그 전략개발에 돌입해야 한다. 기업의 전략 및 상황을 모집 제도나 활동 및 결과와 명확히 연계시키는 것이 전략적인 모집이다.

2. 모집 원천은 내부모집과 외부모집으로 구분될 수 있다. 내부모집은 공석에 대한 최고 적임자는 회사 내부에서부터 찾을 수 있다는 것을 전제한다. 조직의 현 인력, 지인 추천, 이전의 직원 및 지원자 등이 있다. 외부모집은 외부로부터 구직자들을 불러 모아 하나의 지원자 풀을 공급하는 것이다. 미디어 광고, 캠퍼스 리크루트먼트, 모집대행사, 취업박람회 및 특별한 이벤트 등이 있다.

3. 온라인 모집이 지면광고나 고용대행사들 같은 전통적인 모집원천을 대체해가고 있다. 인터넷 모집은 비용 면에서 매우 효과적이며 공고를 올리거나 내리는 것이 손쉽고 신속하다. 또한 부적격자들을 자동으로 걸러주기 때문에 HR 매니저가 시간을 절약할 수 있게 해준다.

4. 선발 과정에서 적합한 직원들을 택하는 것은 매우 중요하다. 제대로 된 스킬을 가진 직원이 매니저나 회사를 위해 일을 더 잘할 수 있고, 구인하여 채용하는 것은 비용이 많이 소요되는 일이며. 또한 태만고용의 위험도 있기 때문이다. 선발 프로세스는 보통 최초 선별, 지원서 검토, 채용테스트, 인터뷰, 조건부 합격, 신원조회, 신체검사, 최종합격으로 이루어진다.

5. 직무 수행을 누가 잘할지 예측하는 것이 선발의 목표지만 선발 결정을 거쳐 우리가 예측하고자 하는 것은 판단의 척도들이다. 최상의 선발방법들을 적용하는 데 있어서 신뢰도와 타당도가 우선 고려해야 한다. 이 밖에도 선발방법은 마땅히 유용성, 적법성, 일반화가능성을 두루 갖춰야 한다.

6. 선발에 대한 결정은 불확실성하에서의 의사결정이다. 선발된 자가 직무를 흡족히 수행함을 입증할 경우 선발 의사결정의 결과는 긍정적일 수 있으며, 또 그 반대로써 부정적일 수도 있다. 부정적인 결과의 원인으로는 잘못된 긍정오류, 잘못된 부정오류가 있다.

7. 장래의 종업원 조달 및 광고에 관한 것이 모집 프로세스라면, 선발 프로세스는 새로운 직무 역할에 신입직원을 배치, 훈련시키는 것까지도 염두에 둔 활동이다. HR 부서가 있는 조직에서는 라인 매니저들과 HR 부서 스태프들 간에 모집/선발에 관한 역할 및 책임을 분담한다.

8. 지원자 수가 적었거나 적임자 선발을 못했거나 아니면 그들이 입사 후 곧 이직했다고 한다면 모집/선발 프로세스는 비효과적이었다고 할 수 있다. 충분한 지원자들을 유인하지 못한 원인들로는 직무 요건들에 대한 검토부족, 부실한 직무분석, 최소한의 요건들에 대한 설명 부재가 있다. 형편없는 선발을 하게 된 이유로는 지원서 양식 구성의 모호성, 선발기법의 부적절성, 선발 담당자들의 역량미흡 등이 있다.

논의할 문제

1. 내부모집과 외부모집 중 회사의 규모와 업종 등에 따라 더 선호되는 것이 있을까? 만약 스타트업이라면 둘 중 어느 것을 고려하겠는가?

2. 내부모집을 생각중인 기업에서 지원자 풀이 너무 많거나 적을 때 이를 어떻게 해결할 수 있을지 각각의 경우에 대해 생각해보라.

3. 회사가 인터넷모집을 사용 중이라면 자사의 웹사이트에서 가장 신경 써야 하는 부분은 무엇일까? 지원자 입장에서는 채용웹사이트를 통해 어떤 정보를 얻고자 할까?

4. 기업들이 차츰 도입하고 있는 AI 면접의 결과를 단순히 참고사항으로만 간주해야 할까 아니면 결정적인 정보로 활용해야 할까?

5. 인사선발에서 활용할 수 있는 바이오데이터의 가치는 무엇이고, 어느 정도나 신뢰할 만한 것인가?

6. 선발과정에서 높은 점수를 받은 사람들이 입사 후 낮은 인사평가를 받는다면 HR은 어떤 조치를 어떤 식으로 해야 할까?

7. 선발 과정에서 부정오류와 긍정오류를 동시에 줄일 수 있는 묘안이 없는지 생각해보라.

더 읽을거리

Bolander, P., & Sandberg, J. (2013). How employee selection decisions are made in practice. *Organisation Studies, 34*(3) 285-311.

Braddy, P. W., Meade, A. W., & Kroustalis, C. M. (2008). Online recruiting: The effects of organizational familiarity, website usability, and website attractiveness on viewers' impressions of organization. *Computers in Human Behavior, 24*, 2992-3001.

Breaugh, J. A. (2009). The use of biodata for employee selection: Past research and future directions. *Human Resource Management Review, 19*, 219-231.

Carlson, K. D., & Connerley, M. L. (2003). The staffing cycles framework: Viewing staffing as a system of decision events. *Journal of Management, 29*, 51-78.

Chapman, D. S., Uggerslev, K. L., Carroll, S. A., Piasentin, K. A., & Jones, D. A. (2005). Applicant attraction to organizations and job choice: A meta-analytic review of the correlates of recruiting outcomes. *Journal of Applied Psychology, 90*(5), 928-944.

Connerley, M. L., Carlson, K. D., & Mecham, R. L. III. (2003). Evidence of differences in applicant pool quality. *Personnel Review, 32*(1), 22-39.

DeCenzo, D. A., & Robbins, S. P. (2009). *Fundamentals of human resource management* (7th ed.). Hoboken, NJ: John Wiley & Sons.

Henry, O., & Temtime, Z. (2009). Recruitment and selection practices in SMEs: Empirical evidence from a developing country perspective. *Advances in Management, 3*(2), 52-58.

Kim, Y., & Ployhart, R. E. (2018). The strategic value of selection practices: antecedents and consequences of firm-level selection practice usage. *Academy of Management Journal, 61*(1), 46-66.

Maloney, T. R. (2001). Employee recruitment and selection: how to hire the right people. USA: Cornell University.

Miles, A. & Sadler-Smith, E. (2014). With recruitment I always feel I need to listen to my gut: The role of intuition in employee selection. *Personnel Review 43*(4), 606-627.

Ock, J., & Oswald, F. L. (2018) The utility of personnel selection decisions: Comparing compensatory and multiple-hurdle selection models. *Journal of Personnel Psychology, 17*(4), 172-182.

Patel, V. N., & Rana, G. (2007). *Personnel Management*. Oxford Book Co.

Phillips, J. M., & Gully, S. M. (2015). Multilevel and strategic recruiting: Where have we been, where can we go from here? *Journal of Management, 41*, 1416-1445.

Teoh, W. M. Y., Tan, S. C., & Chong, S. C. (2013). Factors influencing perceptions of university students towards internet recruitment. *Asian Academy of Management Journal, 18*(1), 123-142.

P A R T

03

개발

Developing

Chapter 06

훈련/개발

01 사회화와 훈련/개발

02 전략적인 훈련/개발 프로세스

03 훈련/개발을 통한 조직개발

학습 목표

이번 장을 마친 후 다음과 같은 것들을 할 수 있을 것이다.

1. 조직사회화 프로세스와 그 방책들을 비교하며 서술한다.
2. 훈련, 개발 각 용어의 의미와 훈련/개발의 중요성을 제안한다.
3. 훈련/개발의 이면을 바라보고 학습조직과 비공식 학습의 중요성을 설명한다.
4. 조직의 전략 목표를 지원하기 위한 전략적인 훈련/개발을 설계한다.
5. 훈련/개발을 위한 니즈조사와 프로그램 설계에 필요한 것들을 규명한다.
6. 프로그램들을 실행하는 데 필요한 훈련기법들을 나열한다.
7. 프로그램 평가를 위해 커크패트릭 모델의 각 수준에 대해 논의한다.
8. 훈련/개발을 통한 조직개발의 의미와 그 목적을 이해한다.

킹스스피치

말더듬증을 극복시켜준 훈련! 연설로 국민의 사랑을 한몸에 받게 된다.

영화 〈킹스스피치〉 포스터

"또박 또박, 좀 더 집중하시고 읽어보세요."

1934년 런던, 조지 5세 폐하의 차남인 요크 공작(Duke of York)은 말을 더듬어, 구슬 7개를 입에 물고 책을 읽는 훈련을 받고 있다. 공작은 너무 힘들어 구슬을 뱉으며 치료를 중단한다. 연설할 일이 많은 그는 온갖 의사를 만나도 차도가 없자 스스로 포기하려 하지만 부인이 또 다른 방법을 찾고, 드디어 운명의 치료자인 라이오넬 로그(Lionel Logue)를 만나게 된다.

로그는 다른 치료자들과는 달리 담배도 못 피우게 하고, 공작 스스로 의지와 관심을 보일 때에 치료를 시작할 것이며, 자신을 믿고 따라오라고 부탁한다. 또한 친근한 관계를 유지하기 위해 공작을 '버티(Bertie)'라 부르며, 그에게 자신감을 주고 그의 내면에 감춰둔 이야기를 듣고 싶어 한다.

그러나 연설하는 기술만 터득하고자 했던 버티는 자신의 얘기를 꺼내는 것을 처음엔 거부했지만 차츰 마음의 문을 연다. 왼손잡이에서 억지로 오른손으로 바꾸게 된 일, 안짱다리 교정과 유모가 3년간이나 굶겨 위장병을 갖게 된 것, 형이 버벅버티라고 놀린 일, 동생의 죽음 등을 말하며 힘들었던 자신의 과거를 털어놓는다.

버티의 마음속 절규를 따뜻하게 들어준 로그는 버티가 혼잣말할 때, 생각할 때, 화낼 때, 노래할 때는 말을 더듬지 않고, 자신의 말을 들으면서 말할 때 더듬는 사실을 버티로 하여금 알게 한다. 버티는 본격적인 훈련을 시작하고, 매일 매일 목근육, 혀훈련, 턱운동, 심호흡 등 열심히 훈련을 받는다. 버티는 연습을 통해 조금씩 나아지기 시작한다.

1936년 아버지(조지 5세)가 돌아가시고 형 대신에 버티(조지 6세)가 왕위에 오른다. 1939년 영국은 독일과의 전쟁을 선포하게 되며, 조지 6세는 로그와 함께 첫 전시 연설을 힘차게 잘 해낸다.

영화 속 주인공 버티의 직무는 국왕이다. 국민을 대상으로 연설을 해야 하는 왕으로서 말을 더듬는 것은 있을 수 없는 일이다. 이를 극복할 수 있게 만든 언어치료사 라이오넬 로그가 훌륭한 트레이너라면, 아내 엘리자베스 왕비는 남편의 결점과 멍에에 대해 함께 고민하며 해법을 찾는 내조자로서 매니저와 같았다. 로그와 왕비 사이에는 버티의 말더듬이증 완화를 위한 훈련/개발의 니즈가 이미 명확히 공유되고 있었다. 말하자면, 매니저와 트레이너가 프로그램 설계를 위해서 전략적 목표와 훈련/개발 방향을 연계시키는 데 있어 일치를 이루고 있던 것이다. 다음은 프로그램의 성공을 위해 반드시 요구되는 참가자의 모티베이션을 언급할 차례로, 버티는 결코 피할 수 없는 국왕으로서 책무를 잘 이해하고 있었기에 그의 절박함과 절실함은 영화 곳곳에서 잘 묻어난다. 조직에서의 훈련/개발도 이같이 참가자의 학습동기를 바탕으로 배려 깊고 용기를 주는 사용자, 신뢰를 쌓으며 소통하는 트레이너가 동시에 필요하다. 오래 조직과 함께할 직원들이라면 이러한 조합이 더욱 필요하다.

01 사회화와 훈련/개발

조직의 성공요인으로서 훈련/개발의 중요성을 부인할 사람은 없을 것이다. 아무리 선발이 신중히 이루어졌다 하더라도 입사 후 모두가 업무를 효과적으로 수행하리라는 보장은 없다. 잠재력을 많이 지닌 직원들조차 일처리 방법을 잘 모르면 직무를 잘 수행할리 없기 때문이다. 인적자원은 조직의 성공을 위한 밑거름이다. 오늘날 기업들에선 우수한 스킬을 지닌 인재를 경쟁력 유지의 주요 원천으로 삼는다. 이들 조직에선 훈련/개발이 의도한 변화를 이끌기 위한 준비와 유연성을 갖추는 데 주요 수단으로 활용된다. 귀중한 인적자원의 효과적인 활용을 위해서는 훈련과 개발이 반드시 필요한 것이다.

1.1 조직사회화

오리엔테이션 vs. 사회화
오리엔테이션 목적이 개인의 스트레스 관리에 도움을 주기 위한 것이라면, 사회화는 조직의 규범과 가치에 대한 구성원들의 적응에 관한 것

신입직원들을 조직의 외부인에서 내부인으로 전환시키는 프로세스가 조직사회화(organizational socialization)이다. 개발의 관점에서 더 폭넓게 정의하면, 신규사원이나 새 역할을 맡은 자에게 조직 및 업무 적합성을 높여주기 위한 프로세스가 된다. 다시 말해 개인-조직의 적합(person-organization fit) 프로세스를 지원하는 것이 곧 성공적인 사회화이다. 새 구성원들의 진입기에 조직사회화는 실질 성과에 중요한 직무스킬의 숙달뿐 아니라 조직의 가치와 규범을 이해하여 적응하는 과정을 제공한다. 이 시기는 매우 중요한 때로서 처음 조직과 대면하며 현실의 충격이나 놀라움을 경험할 수도 있고 그로 인해 발생되는 불확실성과 갈등을 줄이기 위해 정보를 탐색하려는 반응도 보일 수 있다. 이 와중에 얻어지는 경험은 향후 그들이 갖게 될 태도나 행동, 그리고 직무 혹은 직무 외적인 조직 관점의 형성에 영향을 미치게 된다. 새 구성원들의 가치와 태도를 용인 또는 불용인함으로써 조직은 그들을 외부인에서 내부인으로 변모시키게 된다.

새로운 직무나 조직에 적응해가며 구성원들의 경험이 전개되는 과정은 일반적으로 예비사회화(anticipatory socialization), 진입-조우 경험(entry-encounter experience), 그리고 변화 및 상호수용(change and mutual acceptance)의 3단계로 나뉘질 수 있다.

▶ 예비사회화 예비사회화는 새 구성원의 업무시작 이전에 발생되는 모든 학습과정을 포함하는 것으로서, 이는 기대를 발생시키고 향후 첫 심리적 계약의 형태로 표현될 수 있다. 커리어 선택은 흔히 그것이 어떠할 것이라는 개략적인 아이디어나 기대에 근거한다. 이러한 기대를 형성하는 예비사회화의 정보 원천은 다양하지만, 무엇보다도 가장 강력한 것은 현재 재직 중인 사람들일 것이다. 대다수 조직들에서 사실적인 직무소개(RJP: realistic job preview)가 실시되고 있는 이유도 이와 무관치 않다. 기대의 형성과 이것이 직무상에서 충족되는 정도에 따라 조직과의 성공적인 적합을 위해서 요구되는 적응의 정도가 결정될 수 있을 것이다.

얼차려에 가까운 연수를 받는 신입사원들의 동영상이 공개돼 논란이 된 적이 있다. 신병훈련소와 재수생기숙학원을 합친 것 같은 이러한 콘텐츠로 협력과 상생을 가르칠 수 있을지 의문이다. 주 52시간 체제가 정착되려면 이러한 것부터 달려져야 하지 않을까 싶다.

▶ 진입-조우 경험 전형적으로 입사 이후의 초기 학습과 적응을 포함한다. 새 구성원은 조직문화와 적합을 이루는 법뿐만 아니라 직무의 수행법을 학습한다. 이러한 학습 단계엔 새 구성원의 충족되지 않은 기대와 놀라움을 가라앉히는 데에 도움이 될 이해의 과정이 포함된다. 조직은 이들 신규 직원들에게 공식적인 오리엔테이션과 훈련 프로그램들을 제공할 수 있다. 이외에도 이들은 상사, 동료, 부하 직원들로부터 정보를 탐색하고 획득하려고 노력함에 따라 비공식적인 학습이 직무상에서 발생한다. 이러한 비공식적인 학습이 공식적인 조직 절차를 강화시킬 수 있으며, 조직에 의해 인정되지는 않지만 비공식적으로 인정이 가능한 행동들을 경험할 수 있게 해준다.

▶ 변화 및 상호수용 사회화의 마지막 세 번째 단계로 새 구성원들이 조직의 내부인으로 변화되면서 성공적인 적응을 인식하는 단계이다. 내부인들은 조직 안에서 적합을 이루기 위한 '학습된 요령(learned the ropes)'을 갖고서 미래의 새로운 구성원들에게 귀중한 정보 원천으로서의 역할을 할 수 있다. 한 개인이 더 이상 신참이 아니라 진정으로 조직의 일원이 되었음을 밝히는 행사나 통과 의례를 거행하게 될 수도 있다. 한편으로는 신규 직원들을 사회화시킴으로써 또는 그들이 내부인들에게 또 다른 역할을 기대함으로 인해 내

부인들은 자신의 역할과 관련해서 더 많은 학습을 할 수 있다는 점을 눈여겨 볼 필요가 있다.

개인이 스스로 적응하도록 하는 것보다는 조직이 사회화 방법들을 공식적으로 도입할 때 새 구성원들은 역할모호성이나 갈등을 상대적으로 덜 겪게 된다. 이와 관련하여 앞서 설명한 조직사회화 프로세스가 새 구성원들 개인에게 중점을 두었다면, 이번엔 조직이 그들의 적응에 영향을 미치는 활동을 계획, 실행하는 것과 관련된 조직사회화 전략들을 소개하기로 한다. Van Maanen과 Schein의 연구(1979)는 조직에서 적용하는 사회화 방안들이 의식적 선택이기보다는 전통적인 관행이라는 점에 주목하면서, 조직이 새 구성원들에게 영향을 미치기 위한 6가지의 방책들(tactics)—*집단/개인적(collective-individual), 공식/비공식적(formal-informal), 순차/임의적(sequential-random), 고정/가변적((fixed-variable), 계속/단절적(serial-disjunctive), 그리고 수여/박탈적(investiture-divestiture)*—을 규명했다.

▶ 집단적-개인적 방식 새 구성원들이 집단 내에서 혹은 개인적으로 훈련/사회화되는 정도를 일컫는다. 집단적 사회화로는 새 구성원들이 특정 정보의 전달을 위한 공통 학습의 결과로 해당 상황에 대해 동질적인 반응을 보이게 된다. 예컨대 대기업들이 자체 인력개발원 등에서 새로 고용된 신규 직원들을 함께 묶어서 초기 진입기에 연수를 제공하는 경우가 될 것이다. 이에 반해 개인적 방식은 각각의 새 구성원들에게 사회화 담당자(socialization agent)를 지정하여 독특한 학습 경험을 제공하는 것이다.

▶ 공식적-비공식적 방식 사회화 과정에서 새 구성원들의 지위(status)가 확고한지에 대한 것으로 기존 구성원들로부터 그들이 구분되는 정도를 말한다. 공식적인 방식은 새로운 역할을 학습하는 동안 그들을 기존 직원들로부터 분리시키는 것으로서, 어떤 조직들에선 회사 정책이나 관련 지식을 학습시키기 위해서 공식적인 사외(off-site) 연수 프로그램을 설계하기도 한다. 반면, 비공식적인 방식의 경우는 조직이 기존의 구성원들로부터 새 구성원들을 분리하려는 노력을 거의 기울이지 않고 학습도 일반적인 업무 집단 내의 직무에서 이루어진다.

▶ 순차적-임의적 방식 조직 구성원으로서 완전한 지위를 얻기 위해 새 구성원들이 통과해야만 하는 개별 단계들의 연속 정도로 정의된다. 예를 들어 PC 서비스 기사의 자격을 갖추기 위해서 어떤 회사들은 신규 직원들에게 기계 작동, 유지 보수, 그리고 각종 프로그래밍과 같은 다수의 컴퓨터 관련 활동들을 통과하도록 요구한다. 조직은 역할 기대를 충족시키기 위해 새 구성원들이 거쳐야 할 연속되는 행동들에 관한 구체적인 정보를 제공한다. 반면, 임의적 방식은 기대되는 역할 행동으로 이끄는 활동들의 연속성이 불명확한 경우이다.

▶ 고정적-가변적 방식 자신의 수습생 지위는 언제쯤이면 끝마치게 될지 새 구성원들이 사전에 알 수 있는 정도를 말한다. 순차적-임의적 방식이 사건들의 순서를 다루는 반면, 고정적-가변적 방식은 사건들의 일시성과 관계된다. 고정적인 방식은 신규 직원들이 한 역할에서 다른 역할로 전환하게 될 각 단계의 완료시점에 관한 정확한 예정표를 제공해준다. 이에 반해 가변적 방식은 일관된 타임프레임(time frame)을 제공하지 않으며, 다음 단계의 예측을 위해서도 약간의 신호 정도 외에는 없다.

▶ 계속적-단절적 방식 새 구성원들에게 역할모델이나 조언자로서 접근이 허락되고 지원을 해줄 수 있는 전임자를 갖고 있는지에 관한 것이다. 계속적 방식은 새 구성원을 위한 역할모델이나 조언자 역할을 하는 현직의 선임자가 관여되어 일반적으로 이들의 발자취를 따르게 된다. 반면 단절적 방식에서는 상황에 대한 개인 스스로의 해석을 개발시키고자 새 구성원들은 홀로 남겨진다. 이처럼 고립되어 자신의 역할을 발전시키는 단절적 방식과 달리 계속적 방식에서는 인수인계의 느낌이 유지된다.

▶ 수여적-박탈적 방식 새 구성원의 정체성(identity)과 관련된 것으로서, 특히 이전 지식과 개인적 특성이 조직의 선임자에 의해 가치 있게 여겨지는 정도다. 신규 직원이 지니고 있는 개인적 특성을 인정하고 강화하고자 할 때는 조직이 수여적 방식을 사용한다. 예컨대 전문 경영인들은 그들이 보유한 특정 산업 및 고객 관련 직무 경험 때문에 성과를 예상하고 고용되는 것을 볼 수가 있다. 한편, 박탈적 방식에서는 조직이 원하는 새로운 행동과 자세들을

주입시키기 위해서 기존의 행동과 태도들을 완전히 제거하려고 한다.

이러한 6가지의 측면들은 조직이 그들의 구성원들을 사회화시킬 때 취할 수 있는 선택안들이다. 조직사회화 방책의 양극적 연속성(bi-polar continuum)을 이해하기 위해 이들을 제도화된 사회화 vs. 개별화된 사회화(institutionized vs. individualized)의 두 묶음으로 구분해 볼 수 있다. 제도화된 방식들은 연속체의 한쪽 극단으로서 집단적, 공식적, 순차적, 고정적, 연속적, 그리고 수여적 방식들이 포함되며, 다른 쪽 극단으로서 개별화된 방식에는 개인적, 비공식적, 임의적, 가변적, 분리적, 그리고 박탈적 방식들이 있다. 제도적 방식은 사회화의 구조화된 프로그램을 반영하는 반면, 개별화된 방식은 체계의 부재를 반영한다. 즉 개별화된 방식은 계획에 의해서라기보다는 불이행(default)으로 인해 발생된다고도 볼 수 있다.

1.2 훈련/개발의 중요성

HRD
개인과 조직의 유효성 향상을 위해 훈련/개발, 커리어개발, 조직개발을 통합적으로 활용하는 것

조직들은 새로운 고용을 통해 스킬을 획득하거나 아니면 훈련/개발로써 직원들의 스킬을 향상시킬 수 있다. HRM 분야에서 훈련/개발(TD: training & development)은 시장에서의 경쟁력 유지를 위한 인적자원의 개발, 즉 **HRD(human resource development)**를 대변하는 용어이기도 하다. 현재의 직무 수행을 위해 직원들을 성장시키고자 하는 활동들이 훈련이라면, 개발은 미래의 역할들과 책무를 위해 준비시키는 활동들을 말한다. 훈련은 매우 구체적인 것으로 특정 과업 및 그 과업들의 숙달과 관련된다. 학습 활동을 계획하고 또 지원하는 것에 관한 것으로서 이는 바람직한 성과를 불러온다. 한편 개발은 한 개인이 향후 더 알아야 하거나 해야 할 것들을 위한 장기적 성장과 학습을 뜻한다. 경험을 통한 학습이 발생되는 하나의 프로세스로서 결과적으로 과업 스킬들과 태도를 한층 더 강화시킬 수 있다.

훈련/개발은 직원들에게 중요한 스킬과 지식, 역량을 전수하기 위한 하나의 기법으로서 현 직무나 미래 역할에서 향상된 성과를 내고자 조직들이 이를 활용한다. 전략적으로 잘 준비된 이들 시스템은 시장에서 그 조직의 경쟁적 지위를 높이거나 유지시키는 데 기여한다. 전략적 플래닝에 관한 것이 훈련/개발

안에 내포되어 조직의 목표와 그 결과물을 잘 연계시킬 때 이는 비로소 전략적이게 된다. 전략은 현재 또는 미래의 직무스킬을 위한 훈련량 결정에서부터 다음과 같은 의사결정들에 영향을 미친다. 예컨대 어느 한 개인의 특수 니즈 혹은 팀/부서/사업부 니즈에 기초해 개발할지의 정도, 특정 직원들 집단에게만 훈련을 한정할지 혹은 모든 이들에게 개방할지, 훈련을 문제가 있을 때만 계획해 서서히 실행할지 혹은 경쟁자의 행동에 대한 즉각적인 반응의 차원에서 개발할지, 그리고 선발이나 보상 같은 다른 인적자원관리 기능들 대비 훈련의 중요성을 얼마나 둬야 할지 등이 그것들이다.

훈련이나 개발 형태의 인적 자본 투자는 조직의 성공을 위해 점차 중요시되고 있다. 그 이점들에 관해선 아래에서 잘 서술하고 있다. 개략적으로 말해 훈련/개발은 생산성을 향상시키는데 이는 주로 낭비나 사고, 결근을 감소시키기 때문이다. 하지만 훈련/개발의 아주 특별한 이점이라고 하면 바로 직원 유지(employee retention)를 위한 인센티브로 비춰진다는 사실이다. 특히나 현 직장에서 커리어 발전을 추구하려는 사람들에겐 더더욱 그럴 수 있다. 요즘은 새로운 직무를 위해 배울 기회를 갖기 원하는 사람들이 그 어느 때보다 많다. 커리어 목표의 달성을 조직이 지원한다는 생각이 들게 함으로써 훈련이나 개발은 이러한 사람들의 동기를 유발하고 조직몰입까지 유도할 수 있다. 이러한 기회를 부여한다는 것은 곧 그 사람을 인정하는 것으로 허쯔버그(F. Herzberg)의 설명과도 같이 동기를 유발시키기에 충분하다.

- 스킬부족 해소(addressing weaknesses) 직무스킬의 부족을 느끼는 직원들에게 훈련 프로그램을 통해 이들이 향상시키고자 하는 스킬들을 강화시킬 수 있다. 개발 프로그램을 통해서도 직원들의 수준을 향상시켜서 일정한 스킬과 지식을 보유할 수 있게 해준다. 이로써 스킬 면에서 특정인에게 의존하는 것을 방지하고 팀으로 일하며 독립적으로 서로 협업할 수 있는 지식근로자를 육성하게 된다.
- 일관성(consistency) 탄탄한 훈련/개발 프로그램은 일관된 경험과 배경지식을 쌓을 수 있게 해준다. 여기서 말하는 일관성은 특히 회사의 기본 정책 및 절차와 관련되는데, 전 직원 누구나 사내에서의 기대나 관행들에 대해선 잘 알아야 할 필요가 있다. 이는 프로세스에서의 효율성을 가져오고 궁

극적으로 바람직한 조직풍토와 경제적인 이익으로 다시 이어지게 된다.

- 직무만족 증진(increased job satisfaction) 전략적인 훈련/개발은 직무를 성공적으로 수행하는 데 필요한 도구들과 정보를 제공한다. 따라서 목표가 주어진 직원들에게 접근법을 일러주며 프로세스를 살펴보게 해준다. 훈련/개발이 없이 직무에 투입되면 방향과 의미를 상실하고 과업을 제대로 완수하지 못해 좌절할 수 있다.
- 생산성 증대(increased productivity) 기대되는 바와 이를 달성하는 법을 알면 사람들은 직무를 완수하려는 의지가 샘솟게 마련이다. 이렇게 유발된 동기는 과업을 더 이른 시간에 완수토록 만들기 때문에 생산성으로 이어지게 된다. 훈련/개발은 과업 완수에 필요한 지식, 스킬, 수단을 제공하므로 이러한 모든 것을 가능케 한다.
- 이직 감소(reduced employee turnover) 전략적인 훈련/개발은 안정성을 제공해서 직원들이 회사에 근속하게 만들기도 한다. 회사가 자신들에게 투자하고 있다는 생각이 들게 되면 이로 인해 그들은 해야 할 일들에서 가치를 발견할 수 있다. 존중되고 보살핌을 받는다고 느끼는 직원들이 회사에 대해 충성을 보이게 되는 것은 당연한 일이다.
- 유연성 증가(increased flexibility) 훈련/개발은 직원들이 다양한 경험을 쌓을 수 있게 해준다. 가령 고객응대 훈련을 유관부서 외 직원들에게도 이수하게 했다고 하자. 만약 긴급 상황에서 이들을 활용해 대응 팀을 꾸린다면 업무 진행에 별 타격 없이도 조직은 순조롭게 대처할 수 있게 될 것이다. 또한 직원들도 다른 직무를 해볼 수 있는 기회와 함께 생각지 않은 스킬을 확보할 수 있게 된다.
- 고객만족(satisfied customers) 직원들은 전략적인 훈련/개발을 통해 고객의 문제들을 잘 다룰 수 있는 능력을 갖출 수 있다. 무엇보다도 고객의 불만 등 곤란한 상황을 처리하는 데 필요한 지식을 함양할 수 있어서 직원들은 자신감을 갖고 효율적인 일처리에도 도움을 얻게 된다. 이 밖에 커뮤니케이션 스킬, 의사결정 능력, 갈등조정 스킬 등에 관해서도 교육이 이루어질 수 있다.

이미 설명했듯이 직원들이 필요한 스킬, 지식, 역량을 갖추도록 부단히 노력

하이데거의 숲 | 직원들이 회사와 사랑에 빠지게 하는 방법

- **공정하게 보상** 합리적인 평가를 통해서 적정한 급여, 보너스, 승진, 휴가 등이 주어지게 해야 한다. 이러한 것들이 그들로 하여금 성과를 내도록 만든다.
- **인간다운 대우** 밝고 편안한 분위기는 직원 유지를 위해 매우 중요하다. 종업원들을 존중하고 그들의 니즈와 요구사항들에 귀 기울여야 한다.
- **스킬업 훈련 제공** 미숙련의 신입직원에겐 늘 훈련이 적용되며, 조직이 정체되는 것을 막으려고 기존 직원들에겐 스킬 및 능력 강화 훈련을 제공한다.
- **인재개발** 훈련/개발과는 별도로 미래에 더 큰 역할을 맡을 수 있게 리더로 육성하는 승계기획까지도 염두에 둔다.

을 기울여 조직의 성공에 기여할 수 있게 만드는 것이 훈련/개발이다. 조직에 의해 제공된 훈련/개발 기회는 직원들로 하여금 기업의 전략적 목표와 부합하는 사고를 갖게 하고, 또한 조직차원의 성과를 낼 수 있게 하는 잠재 동력이 된다. 이러한 투자는 곧 직원들 자신의 노력을 높이 사서 조직이 스킬 강화와 커리어 성장을 도모한다는 생각으로 이어지기도 한다. 물론 개개인의 경쟁력을 드높여 인재 유출을 용이하게 할 수도 있지만, 훈련/개발은 조직을 향한 몰입도를 높이고 조직을 위해 희생하려는 의지를 불러일으키게 만드는 것이 사실이다. 비즈니스의 성공을 위해서는 물론이고 확신에 찬 직원들이 직무성과를 올리기 위해서도 훈련/개발은 반드시 필요한 것이라 할 수 있다.

1.3 훈련/개발의 이면

실무자들 사이엔 여건이 어려운 기업들일수록 훈련비용부터 줄인다는 말이 있다. 실제로도 불황 등으로 경영상에 위기를 겪을 경우 허리띠를 졸라매기 위해 최우선적으로 직원들의 교육·훈련비부터 줄이는 것으로 한 조사에서 밝혀졌다. "가르쳐서 써먹을 만하면 타 기업에서 빼간다."고 불평하는 기업 측 푸념도 이해가 된다. 노동시장 유연화로 인한 노동이동성의 증대는 내부 직원들에 대한 교육훈련 투자를 더욱 꺼리게 만든다. 개별 기업의 인적자원에 대한 투자 감소는 결국 산업 전반에 걸쳐서 생산성을 떨어뜨리는 요인이 된다. 이러한 현상은 훈련/개발에 대한 전통적 접근법을 잘 반영한다. **공식훈련**(formal

공식훈련
조직에 의해 개발되고 조직화된 훈련/개발 프로그램

training)에 주로 의존해 마치 기교 전수에만 중점을 두고 반응적 태세(reactive approach)를 취해왔던 바로 그 모습 말이다. 사건에 대한 대비로서 집체교육을 연상케도 한다.

학습조직
성공을 목적으로 지식을 수집, 관리, 활용하기 위해서 학습하며 스스로 변혁을 추구하는 조직

비공식 학습
공식적인 훈련 상황에서 발생하지 않는 학습자 주도의 학습으로, 행동 및 실천을 포함하며 발전 의지에 의해 동기 유발됨

그러나 **학습조직**을 추구하는 조직은 모든 학습활동들이 기업의 비즈니스 전략과 일체를 이루며 그 초점을 역량개발에 두는 적극적 태세(proactive approach)을 보이는 동시에 **비공식 학습(informal learning)**을 권장한다. 비록 퍼실리테이터(facilitator)의 지도는 받지만 피훈련자가 여러 이슈와 문제들을 적극적으로 검토하며 학습에서의 주도적인 역할을 담당한다. 의문이 드는 것을 질문하고 답을 찾으려 노력도 하며 다양한 견해들을 해석하는 과정에서 학습을 하게 된다. 이 같은 방법은 도전적인 상황에서 집중력을 유지하고 더 나은 해법을 찾는 데 도움을 주기 때문에 학습에 오래도록 영향을 끼친다. 변화가 빠른 요즘은 성공을 위해 끊임없는 학습이 중요하다. 따라서 사람들은 직장이나 인생에서 계속해서 배움을 이어갈 필요가 있다. 회사도 개인들이 지속적인 학습을 하도록 지원함으로써 직무요구에 대처케 하고 경쟁우위를 득하거나 유지해 갈 수 있다.

이후부터는 직원들이 작업시스템을 완벽하게 이해하고서 새로운 스킬을 습득해 직무에 활용하고 또다시 이를 동료들과 공유하는 하나의 학습시스템 관점에서 훈련/개발을 설명한다. 짐작하겠지만 공식훈련, 비공식학습, 지식경영은 인적자원 같은 무형자산의 개발에 중요한 원천이 된다. 따라서 이들을 포괄하는 지속적인 학습은 기업의 전략을 지원하는 데 있어서 매우 중요하다.

02 전략적인 훈련/개발 프로세스

훈련/개발의 목표는 조직성과에 대한 전반적인 기여이다. 이를 잘 반영한 훈련/개발 프로그램들이 생성되어야 마땅하다. 경영자들은 합리적인 훈련/개발 프로세스를 적용해야 할 필요가 있는데, 이를 위해 예전부터 전문가들이 사용해온 ADDIE 모델[분석(Analyze)-설계(Design)-개발(Develop)-실행(Implement)-평가(Evaluate)]이 가장 보편적인 기준이 되고 있다. 본 장에서는 이 모델을 하나의 프레임워크로 삼아 훈련/개발에 대한 전략적인 접근법에 대해 설명한다.

2.1 전략적인 훈련/개발의 개요

전략적인 훈련/개발(STD: strategic training & development)은 조직성과에 좋은 영향을 끼칠 수 있는 훈련 및 개발시스템을 고안, 실천하는 것이다. 훈련/개발이 효과적이기 위해선 이것이 전반적인 조직 전략과 일치를 이뤄야 한다. [그림 6.1]에서 소개하는 Tannenbaum(2002)의 모델에서도 비즈니스 전략을 확인하는 것으로부터 시작하여 이 전략을 지지할 훈련/개발의 방향을 세운다. 이러한 방향성은 다시 구체적인 훈련/개발 활동들 내에서 변환이 되도록 하며, 비즈니스 전략과 그 관련 목표들에 기여 여부를 결정짓는 매트릭스 규명으로 마무리된다. 탁월한 성과를 거두는 조직들에선 훈련/개발의 방향성 수용은 물론이고 이것이 전략적인 성격을 유지하도록 만든다. 이런 식으로 훈련/개발에 대한 니즈와 조직에 존재하는 제약요건들 사이에서 균형을 맞추는 종합적인 프레임워크가 바로 전략적인 훈련/개발이다. 따라서 조직의 목표를 지원하기 위해서 모든 훈련/개발 조치들은 신중히 기획, 설계되고 또한 평가되어야 한다.

전략적인 훈련/개발
비즈니스 니즈와 직접적으로 부합하는 구체적인 훈련/개발 프로그램을 설계하는 프로세스

조직의 미션과 가치, 목표에서 비즈니스 전략이 도출된다. 전략 완수를 위해 조직이 취해야 하는 학습관련 조치들로서 훈련/개발의 방향성은 차후 활동들을 이끌기 위한 로드맵(road map)을 제공한다. 새 기술의 적용, 특정인들의 훈련참가 유도, 신규과정 제공, 개발시간 단축 등의 훈련/개발 활동들은 모두 이를 바탕으로 실행된다. 이제 프로그램에 대한 만족도, 지식/스킬/태도의 변화정도, 그리고 조직에 끼친 영향 등 효과성 측정을 위해 남은 건 매트릭스 개발이다. 매트릭스는 조직이 노력을 검증하며 수정을 거듭해 효과성을 증진시키는 데 일조한다. 이런 식의 **고효과(high-leverage) 훈련/개발**은 지속적인 학습이 가능한

고효과 훈련/개발
전략적인 비즈니스 목표들과 훈련을 연계, 최고경영진의 지원을 얻고 수업설계모델에 근거하며 다른 조직들로부터도 벤치마킹의 대상이 되는 훈련 및 개발 제도

그림 6.1 | 전략적인 훈련/개발 프로세스

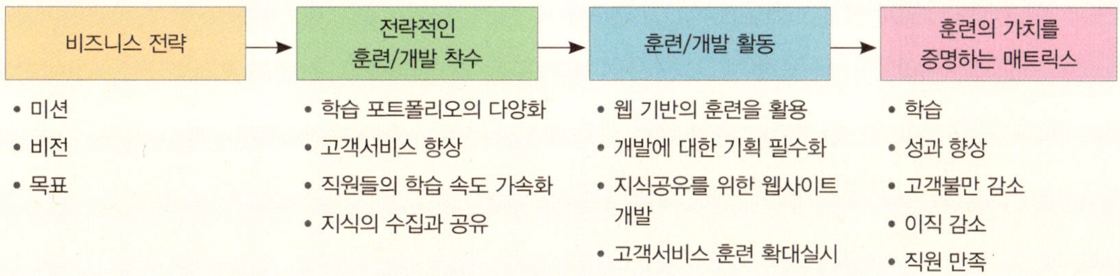

HR Map | 학습조직 vs. 조직학습

Örtenblad(2001)는 학습조직(learning organization)이 하나의 조직 형태임을 분명히 하지 않으면 이 개념으로부터 조직학습(organizational learning)을 구분하기가 어려워진다고 말한다. 그 이유인즉 두 개념 모두 프로세스를 의미할 수 있기 때문이라고 주장한다.

- ❖ 학습조직은 조직의 행동 변화를 통해 외부 변화에 반응(경험의 교훈)할 수 있는 조직을 의미한다. 지원적인 학습 환경을 제공하고, 구체적인 학습 프로세스와 제도들을 제공하며, 조직 내 리더십이 학습을 지원하고 강화한다는 3가지 기본특성을 학습조직은 가지고 있다.
- ❖ 조직학습은 조직 내 어떤 수준—*개인, 팀이나 조직*—에서든 발생할 수 있는 학습 활동이나 프로세스를 말한다. 조직 안에서 지식이 전이되는 프로세스를 설명하기 위해 만들어진 일종의 신조어이다. 지식의 생성, 유지, 전이는 전반적으로 그 조직을 강화시키므로 조직학습은 중요하다.

	조직학습	학습조직
초점	프로세스	조직 형태
특성	설명적 자연스레 존재 중립적 필수적인 달성이 가능한 밝혀진 게 많은	규범적 필요에 의한 행동 선호되는 필수적이지 않은 달성이 어려운(이상적인) 밝혀진 게 별로 없는
관심집단	학술 연구자	실무자/컨설턴트

근무환경을 만든다. 전체 업무 프로세스를 직원들이 이해하고 새 스킬을 획득해 직무에 적용한 후 배운 것을 다시 공유하게 만드는 학습시스템으로 자리 잡게 된다. 이는 결국 개인의 성과개선을 가져오며 향상된 경영성과로 이끈다.

2.2 니즈조사와 프로그램 설계

교수설계(instructional design)에서 니즈조사는 중요한 첫 단추이다. 그 강조점은 비즈니스 전략 및 운영상의 제약들을 훈련/개발시스템과 일치시키는 데에 있다고 할 수 있다. 전략적인 관점에서 **니즈조사(needs assessment)**의 목표는 조직의 전반적인 목표와 훈련/개발의 방향을 연계시키려는 것이다. 니즈조사는 훈련/개발이 필요한 사람과 요구되는 훈련/개발의 유형을 파악할 수 있게 해준다. 또한 후속 평가를 위한 매트릭스를 규명케 해주므로 요구사항들을 충족시킬 효율적인 수단을 구하게 해준다. 전문가들은 이러한 까닭에 체계적이며 철저한 니즈분석 수행을 권고한다. 니즈분석으로 조직의 상황을 완전히 이해하고, 바람직한 성과를 달성하는데 필요한 역량을 확인하며, 훈련/개발이 절실한 직원과 팀(부서)을 파악할 수 있게 된다.

그림 6.2 | 니즈조사

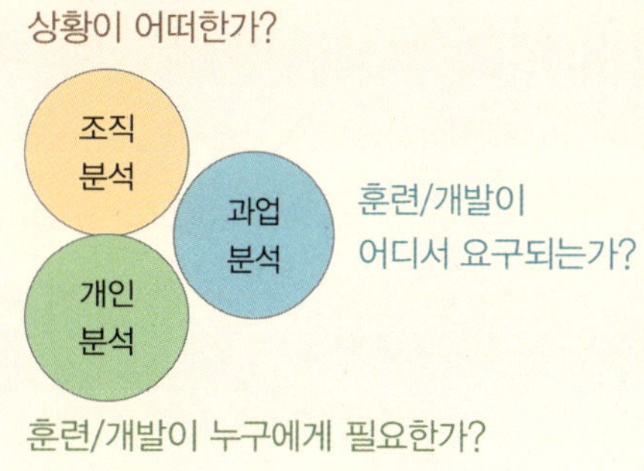

니즈조사를 위해서는 이해관계자들 모두가 참여하는 것이 중요한데, 경영자와 중간관리자, 그리고 주제전문가(SME)와 교수자, 일반 직원들까지 각기 다양한 의견을 제시할 수 있다면 그만큼 유용성이 커질 것이다. 니즈조사 방법으로는 단시간에 다수에게 접근할 수 있는 태도조사 설문(attitude survey)이 가장 보편적으로 사용되며, 개별 인터뷰(individual interviews) 또한 생생한 자료를 득할 수 있다는 점에서 널리 쓰이는 방법의 하나다. 이 밖에 조직 각층에서 대표나 전문가들로 구성된 자문위원회(advisory committees)로부터 자료를 얻기도 한다. [그림 6.2]에서 보듯이 회사의 훈련/개발 니즈에 영향을 줄 만한 광범위한 요인들을 규명하는 조직분석(organizational analysis)에서부터 니즈조사는 시작된다. 그다음은 전략들을 완수하기 위해서 어떤 직무나 과업, 능력들이 필요한지를 평가하고자 과업분석(task analysis)을 수행한다. 그러고 나서 수행자 분석(person analysis)을 통해 대상자와 콘텐츠 쪽으로 초점이 점차 이동하게 된다.

- **1단계: 조직분석** 조직이 직면한 환경과 전략, 자원을 두루 검토해서 중점을 둬야 하는 훈련/개발을 결정하는 것이다. 경영진과 협조를 통해 훈련/개발의 우선순위를 명확히 하고 그 목표와 비즈니스 목표 간에 명확한 연계가 이루어지게 한다. 훈련/개발의 목표를 달성하는데 쓰일 기술적, 재무적, 인적 자원 등을 검토하며 또한 훈련/개발을 비효율적이게 만들 만한 요인들은 사전에 파악해 제거 혹은 최소화하기도 한다. 조직의 리더들이 훈련/개발의 중요성을 강조할수록 그 결과가 더 좋아지게 마련이다.

- **2단계: 과업분석** 직무를 그 구성요소별로 체계적으로 분석하는 것으로 직무기술서와 직무명세서가 이를 위해 유용하게 쓰인다. 특정 직무의 수행에서 요구되는 과업들의 목록을 만든 후 과업별 수행에 필요한 스킬과 역량을

파악하는 것이 목표다. 이 같은 정보는 학습콘텐츠와 성과기준을 정하는 데 사용되어 훈련/개발의 설계에 토대가 된다. 경우에 따라서는 의사결정, 문제해결, 기억, 주의 및 판단과 같이 지식기반의 직무를 위한 프레임워크 제공을 위해 인지적 과업분석(cognitive task analysis)을 고려할 수도 있다. 게다가 요즘 같은 팀 환경에서는 팀워크 요건에 대한 분석도 니즈분석의 일부가 되곤 한다. 팀 관련 과업이나 역량이 과업분석에서 생략되기 쉬운데 팀 과업분석(team task analysis)은 직무 간의 조정 패턴을 보여주는 데 유용하다.

▶ **3단계: 수행자분석** 여기서는 과업분석 단계에서 파악된 스킬과 역량이 숙련된 자와 그렇지 못해 훈련/개발이 필요한 자가 누군지 가려내는 데 사용된다. 이로써 성과 결함을 확인하고 원인을 파악할 수 있게 해서 그 부분을 중점적으로 다룰 프로그램이 설계되도록 만든다. 하지만 만약 훈련/개발만이 답이 아닐 것 같으면 그 결함들의 원인이 될 만한 것들을 전체적으로 재검토하는 것이 바람직하다. 즉 관리시스템, 도구와 기법, 업무 프로세스, 직무설계, 그리고 직원 개인의 모티베이션 등과 같은 다른 이슈들도 검토해야 할 것이다.

설계
목표와 교수법, 평가방식을 포함해서 전반적인 훈련 프로그램을 기획하는 것

이제 니즈조사 결과들을 가지고서 훈련/개발 **프로그램을 설계**(design)할 차례다. 프로그램의 설계자들은 니즈분석에서 파악한 문제들이 과연 훈련/개발로써 해결될 수 있는 것들인지 다시 한 번 더 검토해봐야 한다. 기존 과정의 사용이나 또는 그것을 개편하는 방안, 그리고 나서 신규 과정의 도입까지도 꼼꼼히 살펴봐야 한다. 설계는 니즈분석으로 파악한 정보를 토대로 교수목표, 시간 및 예산, 교수자, 교수기법, 학습 환경 등 프로그램의 요구사항들이 실제 반영되는

하이데거의 숲 | **니즈조사로 얻는 산출물**

자원과 전략을 감안하여 조직이 훈련/개발이 해볼 만한 조치인지를 판단케 한다는 데에 니즈조사의 의미가 있다. 과연 훈련/개발로써 성과 문제를 다루는 것이 적절한가를 평가하는 프로세스로서 니즈조사의 산출물 고려는 매우 중요하다.

- 훈련/개발에서 습득시켜야 할 것들
- 훈련/개발의 대상이 될 사람
- 훈련/개발의 유형
- 훈련/개발의 빈도
- 훈련/개발의 외주 혹은 자체 개발 결정
- 다른 대안의 고려 여부

단계이다. 먼저 구체적이며 측정가능한 교수목표들(instructional objectives)이 설정되어야 한다. 이로써 프로그램 이수 후 참가자들은 무엇이 가능하게 될지를 규정할 수 있게 되는데, 공개적으로 훈련/개발 프로그램의 목적을 설정하는 것은 아래와 같이 여러 장점들을 가지고 있다.

- 명확한 목적을 바탕으로 하는 프로그램은 성공 확률이 높고 사람들을 더 집중시킬 수 있다.
- 교수자가 목적을 알고 있을 때 프로그램 참가자들과 커뮤니케이션을 더 잘 할 수 있게 되며 이를 통해 최선의 학습이 가능해질 수 있다.
- 목적의 확립은 프로그램이 성공했는지 여부를 평가하는 데에도 기준을 제공한다.

학습동기를 북돋우고 습득한 것을 직무에 적용하게 만들 환경 조성에 대한 개요도 설계에는 담겨 있어야 한다. 사실상 학습은 능력에다 모티베이션까지 요구하므로 훈련/개발 프로그램은 이들 모두 고려하는 것이 마땅하다. 참가자가 프로그램을 소화할 능력이 부족하거나 프로그램에서 이익을 얻으려는 의욕이 없다면 훈련/개발은 무용지물이 되고 만다. 이런 점에서 참가자의 숙련과 경험을 동시에 일컫는 준비도(trainee readiness) 차원에서 개인차를 인식하는 것은 중요하다. 테스트나 기타 인사평가 정보를 가지고 사전에 학습능력을 판단해 차등 적용하는 것도 바람직하다. 훈련/개발의 기회부여만으로도 동기가 유발되는 것이 일반적이나 이 역시 개인마다 차이가 있을 수 있다. 모티베이션(motivation)을 위해선 프로그램 상에서의 노력과 보상 간의 연계를 이해시키는 것은 물론, 훈련/개발의 목표와 개인의 성공 니즈는 언제나 명백히 관련됨을 인식시켜야 한다.

한편, 교수자의 티칭 스킬과 개인적 특성들도 훈련/개발 노력의 성공에 상당한 영향을 끼친다. 효과적인 교수자(an effective instructor)란 보유한 지식을 잘 전달할 수 있고 다양한 교수기법과 대인스킬을 통해 학습자들의 학습 의욕을 고취시킬 수 있는 사람들을 말한다. 오늘날에는 설계 단계에서부터 컨텐츠 전문가와 설계자가 팀을 이뤄 참여해서 교수자에 대한 구상을 미리 갖고 설계에 임하는 경우가 대부분이다. 또한 자체적으로도 내부 전문가 육성에 많은 노력을 기울이고 있어 기업들에서 주제관련 전문성(subject matter expertise)의 문제

정작 직급이 높아질수록 소통 부재로 자신의 문제 파악이 어려워진다고 한다. 임원코칭이 필요한 이유다. 경영진이 딜레마에서 빠져 나오도록 돕고 그들이 학습을 통해 회사에서 생산적인 결과를 내도록 하는 데 도움이 된다.

는 많이 경감되었다고 할 수 있다. 바람직한 교수자의 특성들을 나열해보자면 다음과 같다.

- **주제에 대한 지식** 교수자들은 해당 직무나 주제에 대해 정통한 사람일 것이라고 기대를 받게 된다. 생생한 지식을 증명해 보일 것이라고 기대들을 한다.
- **융통성** 이해력이 학습자마다 제각기 다르기 때문에 학습능력에 맞춰 설명이 이루어질 필요가 있다.
- **성실성** 성실한 교수자를 바라기 마련이며, 이 외에도 학습자에 대한 인내심을 교수자가 지녀야 하며 그들의 관심을 다룰 수 있는 재치도 보여야 한다.
- **유머 감각** 하나의 스토리나 일화를 통해 학습이 더욱 재밌어질 수 있다.
- **관심** 교수자라면 그들이 가르치는 주제에 깊은 관심을 갖고 있어야 하며 이러한 관심은 학습자들에게 바로 전달된다.
- **명확한 설명** 교수자가 설명을 명확히 해야 학습이 신속히 이루어지고 그 효과도 오래 유지된다.
- **개별 도움** 좋은 교수자라면 학습자가 여럿일 때 그들에게 개별적인 도움을 제공한다.
- **열정** 역동적인 강의나 활기찬 성격으로 말미암아 교수자는 지금 즐긴다는 인상을 줄 수 있다. 학습자들은 열정적인 분위기에 긍정적으로 반응하는 경향이 있다.

2.3 프로그램 실행

목표에 따라 설계된 프로그램을 실제로 구현시키는 단계다. 여기선 다양한 훈련/개발 기법들 가운데 어느 것이 습득될 KSA를 위해 가장 알맞을지를 정하는 것이 주요 관심사다. [그림 6.3]과 같이 훈련의 기법들을 크게 나누어 보면 근무 중의 훈련과 근무시간 외에 별도 프로그램이다. 학습이 발생하는 장소 관점에서 일반 직원들을 위한 직무상 훈련(OJT: on-the-job training), 견습(apprenticeship), 직무순환(job rotation), 그리고 교실 강의(classroom instruction), 프로그램화된 학습(programmed learning), 역할연기(role-playing) 등을 먼저 설명하고 연이어 매니저들을 위한 개발 방식들에 대해서도 설명하도록 한다.

그림 6.3 | 훈련/개발의 유형

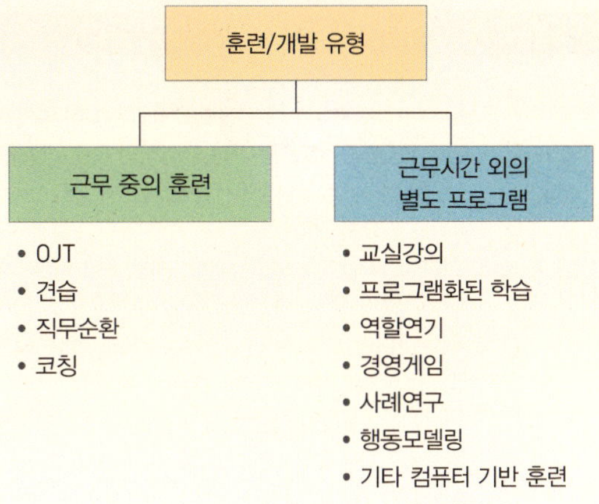

직무상 훈련(OJT)

이것은 피훈련자가 상사나 숙련자로부터 실제 직무에서 일하는 중에 배우도록 하는 것이다. 가장 큰 장점이라면 개인의 역량수준이 매우 낮다고 할 때 투입 비용에 대한 회수가 빠르게 이루어진다는 점이다. 피훈련자는 업무 자체를 배우는 중이므로 실무 숙련도가 점차 높아지면서 학습전이의 문제에서도 벗어날 수 있다. 그러나 OJT가 저절로 작동되는 것은 아니다. 철저히 계획해서 OJT의 경험을 구조화해야 할 필요가 있다. 이를 위해 교수자 스스로도 학습이 필요하며 피훈련자에게 학습 자료를 제공할 수 있어야 한다. 그리고 기대가 높음을 내비춰서 그들의 동기도 유발할 수 있어야 한다. 일반적인 OJT는 다음의 프로세스를 따른다.

- **1단계–피훈련자 준비(preparation)** 직무의 개요, 훈련목적, 바람직한 결과를 가지고 피훈련자를 준비시킨다.
- **2단계–트레이너에 의한 과업 시연(demonstrate)** 피훈련자에게 직무 혹은 스킬을 설명한다.
- **3단계–피훈련자에 의한 과업 수행(tryout)** 피훈련자가 직접 설명사항을 따라 하도록 한다.
- **4단계–사후지도(follower-up)** 피드백과 도움을 제공하기 위해 지켜본다.

한편, 전문가들은 다음의 것들도 제안한다. ① 현실적인 목표와 그 측정 방안을 만들 것, ② 각 개인별 훈련 일정을 수립할 것, ③ 학습을 유도할 우호적인 분위기를 조성할 것, ④ 훈련을 마칠 때마다 배운 것을 잊지 않게 평가를 실시할 것 등이다. 하지만 그럼에도 불구하고 초보자를 업무에 투입해 생길 수 있

표 6.1 | 직무상 훈련(OJT)의 장·단점

	가능한 답변
장점	• 몸소 접하는 방식　어떤 훈련이든 피훈련자가 직무를 실제 행하는 것이 목적이므로 직접 경험하여 부딪히게 하는 OJT는 효과적이다. 게다가 어느 정도의 OJT는 대부분의 직무에서 필수불가결하다. • 현실적인 연습　OJT는 가장 현실적인 학습 상황을 제공한다. 강의실 같은 외부공간에서 기술전이를 요하지 않는다. • 간편한 접근　직무현장에서의 변화는 비교적 단순하며 점진적인 경우가 많다. 이러한 상황에서 광범위한 훈련 프로그램 따위는 필요치 않다. • 이상적인 비형식의 훈련시스템　대부분의 학습은 매니저에 의해 조직화되기보다 직원 스스로 수행하는 비형식의 프로세스라고 할 수 있다. 유능한 동료가 곁에 있다면 형식적인 프로그램 없어도 훈련이 잘 이루어질 수 있다.
단점	• 전통적인 OJT는 훈련보다 업무에 더 관심을 집중　직무 완수를 위해 훈련은 부수적인 것이 될 수 있다. 지도해주는 담당자가 바쁠 경우에는 훈련이 지연되기도 한다. • 학습이 구조화되지 않고 직무 흐름에 따라 이루어짐　전통적인 OJT 담당자는 실제 직무 현장 상황에 따라 주먹구구식으로 피훈련자를 학습시킨다고 할 수 있다. OJT 동안에 피훈련자는 매우 드문 일에 관여하다가 흔히 있는 다른 일들은 종종 놓치는 경우도 있다. • OJT 담당자는 훈련을 시키기 위해 개인의 직무 경험에 의존　훈련 담당자는 주로 경험 많은 동료가 맡게 되는데 이는 직무역량이 훌륭해 담당자가 되는 것이 아니란 의미다. 게다가 경험 많은 담당자는 정석보다 자신이 선호하는 방식으로 피훈련자가 직무를 수행하도록 훈련시킬 수 있다. • OJT 담당자에 의해 훈련 방법이 결정　OJT 담당자는 피훈련자의 학습스타일은 고려하지 않은 채, 자세한 설명도 없이 보여주기만 하면서 훈련을 시킬 수 있으며 또 반대로 직접 보여주지는 않고 이야기만으로 끝낼 수도 있다.

출처: Sission(2001).

는 잠재 비용에 대한 위험은 상존한다. 예컨대 OJT 중인 미숙련 직원이 불량률을 높여 해당 기업의 품질명성에 해를 끼칠 수도 있다. 이 같은 OJT의 장·단점들을 [표 6.1]에 정리했다.

견습

OJT의 확장으로도 볼 수 있다. 장인의 가르침을 받으며 공식학습(formal learning)과 장기적인 OJT를 결합해서 숙련자를 육성하는 과정이다. 보통 이 프로그램은 2~5년간 지속되므로 커뮤니케이션과 대인관계는 필수적이라고 본다.

직무순환

이 역시 OJT나 견습처럼 업무기반 프로그램들(work-based programs)에 해당된다. 피훈련자가 경험을 넓히기 위해서 한 직무에서 다른 직무들로 옮겨가며 배우는 것이다. 예컨대 신입직원이 재무, 마케팅, 공급사슬관리(SCM) 같은 다양한 역할들에서 스킬을 습득할 기회를 얻는 것이 있다. 이러한 프로그램은 직원들이 다양한 직무는 물론 이들 직무 간의 연결고리에 대한 이해를 도움으로써 생산성을 높이는 결과를 가져온다. 조직들에서는 효과적인 팀워크를 얻기 위해서도 이 기법을 사용한다.

교실강의

무엇인가 배운다고 하면 강의를 연상하는 사람들이 많다. 대학교수가 수강생들에게 하듯이 교수자는 피훈련자들에게 강연하며 수업내용을 전달한다. 규모나 상황에 따라 이 방식은 순수 강의가 될 수도 있고 참가하고 있는 다양한 피훈련자들과의 토론이 될 수도 있다. 때로는 강의들이 녹화되어 각기 다른 시간과 장소에서 다양한 사람들이 동일한 훈련을 받을 수 있게 편리가 더해진다. 최근에는 영화나 DVD, 컴퓨터/온라인 지도 같은 시청각 자료들과 강연/시범을 결합한 **블랜디드 러닝**(blended learning)을 통해 강의 효과를 더욱 극대화시키고 있다. 강의는 다수의 피훈련자들에게 지식을 신속하며 간단한 방법으로 전파한다. 하지만 설교적인 특징을 갖는 강의식 훈련에선 피훈련자가 아무 반응을 보이지 않아도 묵인되기 때문에 그들은 그저 관찰자로만 남을 수 있다.

블랜디드 러닝
온라인과 오프라인을 통합하는 수업방식

프로그램화된 학습

순차적인 자기주도 학습(self-directed learning)을 일컫는 말이다. 주로 다음과 같은 단계들, 즉 ① 피훈련자에게 질문이나 사실, 문제 등을 제시, ② 피훈련자가 답하도록 유도, ③ 대답에 관한 피드백과 다음 단계에 할일 지시 순으로 이루어진다. 답에 대한 피드백이 결국 강화요인으로써 다음 단계의 질문은 이전 질문에 대한 답에 따라 결정된다. 프로그램화된 학습은 시간을 절약해준다. 또한 자신의 속도에 맞게 학습할 수 있고 즉각적인 피드백을 얻어 오류의 위험을 줄여준다. 반면 교본(textbook)을 이용한 학습보다 많은 것을 배우지 못한다는 비판이 있다.

역할연기

자신의 직무에서 당면할 구체적인 문제들에 피훈련자가 실제 상황처럼 대처하도록 요구되는 훈련법이다. 교수자의 설명을 듣는 것보다 실천을 통해 학습하게 된다. 역할연기는 인터뷰, 불만/고충 처리, 성과평가 리뷰, 리더십스타일 분석, 팀 문제 해결 등의 스킬을 함양하는 데 종종 적용된다. 특히 진상고객에 대한 대처법을 가르치는 데 효과적이라서 서비스 현장에서도 많이 활용되고 있다.

직원들의 훈련에 사용되는 기법들이 부서장급의 하위 매니저들에게도 거의 동일하게 적용된다. 그러나 이제부터 소개할 기법들은 고위 매니저들의 준비와 개발을 위해 주로 사용되는 것들이다. 사례연구(case studies), 경영게임(management games) 같은 사내 프로그램을 비롯해 외부 전문가를 통한 임원코칭(executive coaches)이나 대학과 연계된 고급 MBA 프로그램 등이 그것이다. **경영진 개발(management development)**은 지식 제공, 태도 변화, 스킬 증대 등을 통해 경영의 성과를 높이고자 하는 여타의 노력이다. 이와 더불어 승계기획의 일환으로 기업들은 우수 인재들을 소위 패스트트랙(fast track)이라는 별도 프로그램으로 관리하며 그들이 고위 경영진에 일찍 도달할 수 있게 만든다.

경영진 개발
임원 또는 임원이 될 만한 사람들의 성과와 스킬 및 역량의 개발을 돕기 위한 프로그램

사례연구

참가자가 사례에서 제공되는 정보를 연구하고 이를 바탕으로 의사결정을 내리는 식의 개발법이다. 전문가들에 의하면 이 기법이 적절한 때는 다음의 상황들에서다. 즉 ① 분석적, 비판적 사고스킬이 중요하다고 여겨질 때, ② KSAs가 복잡하고 습득할 시간을 요할 때, ③ 학습자의 적극적인 참여를 요할 때, ④ 학습의 절차가 그 내용만큼이나 중요할 때, ⑤ 팀으로 상호작용과 문제해결이 가능할 때 등이다.

경영게임

참가자가 가상 조직의 사장이나 부사장 같은 역할을 한다고 가정하고 특정 비즈니스 상황에서 가격수준, 생산량, 재고수준 같은 선별적인 요인들을 조정해 가며 타 회사와의 경쟁토록 하는 개발법이다. 게임이 사람들을 몰입하게 만듦으로써 최고의 학습을 이끌어 낸다. 또한 참가자가 문제해결 스킬을 향상시키고 사후 조치보다는 사전 예방에 더 집중할 수 있게 해준다.

임원코칭

많은 기업들이 경영진의 효과성을 높이기 위해서 임원들의 코치(coaches)를 두기도 한다. 코치는 경험과 전문성을 보유한 사람으로 현명한 조언을 해줄 수 있는 지위에 있다는 사람이다. 코칭(coaching)이 흔히 직속상사의 책임으로 생각되지만, 외부 컨설턴트로서 객관적인 시각으로 해당 임원의 강/약점을 진단해서 그가 약점 보완과 강점 활용을 잘할 수 있게 상담을 맡아주는 경우는 흔히 있다.

대학과 연계된 고급 MBA

국내·외 수많은 대학들에선 최고위경영자과정 같은 임원교육 프로그램을 제공한다. 몇 주간의 단기 코스부터 일 년여 정도의 학위 프로그램까지 다양한 과정 안에서 이미 설명한 사례연구나 강의로써 경영 스킬을 함양할 수 있게 해준다. 특정 회사의 임원만을 위한 별도의 과정을 대학 측에 주문해 운영하는 방식, 일반 과정에 임원들의 수학을 허락하고 회사가 학비를 상환해주는 방식 등이 있다.

2.4 훈련/개발 프로그램의 평가

훈련/개발을 실시한 후 해당 프로그램이 그 목표를 얼마나 달성했는지 알아보기 위해 반드시 평가가 이루어져야 한다. 과거와 달리 기업들은 훈련/개발에 대한 투자수익률을 계산해야만 하는 상황에 놓여 있다. 지금까지 평가를 위해서 꽤 많은 방법들이 동원되었어도 그 평가가 적절히 이루어졌다고 할 만한 경우는 거의 찾아보기 힘든 게 사실이다. 학습 환경에서 훈련/개발의 평가를 위해 오늘날 가장 널리 활용되는 것은 커크패트릭(D. Kirkpatrick)의 모델(1975)이다. 참가자의 의견(participants' opinion), 학습의 정도(extent of learning), 행동에서의 변화(behavioral change), 성과에 끼친 영향(impact on performance)이라는 네 가지 수준에서 학습 결과물들에 대한 평가를 고려한다.

▶ 참가자의 의견 참가자의 즉각 반응으로서 "프로그램이 좋고 유용하다고 느꼈는가?"와 같은 질문에 관계된다. 구체적인 초기 반응을 측정하는 예들로 ① 학습목표가 무엇이었나, ② 그것을 달성했나, ③ 이 프로그램이 좋았나, ④ 타인에게도 권하겠는가, ⑤ 무엇을 개선하면 더 좋아지겠나, ⑥ 이 프로그램이 존속돼야 마땅한가 등이 있다. 주로 이수 직후 서베이(survey)를 통해 측정되며 이러한 반응의 결과가 차후 실시될 프로그램 참여도에 영향을 주게 된다. 그러나 이 같은 정보만으로는 참가자의 만족도외 다른 목표들의 달성 여부는 알기 어렵다는 것이 한계점이다.

▶ 학습의 정도 학습은 인지적인 성과(cognitive outcomes)을 뜻하는 것으로 주로 특정 사실이나 정보, 절차 등에 참가자가 정통한지를 판정하는 데 사용된다. 여기서의 핵심 질문이라면 "이것들을 훈련을 통해 잘 알게 되었는가?"이다.

학습에 대한 평가의 주목적은 개별 학습자가 목표를 완수하고 숙달했는가와 함께 훈련이 효과적이었는지를 판정하는 데 있다. 이러한 인지적인 결실은 주로 지필시험(paper-and-pencil test) 같은 지식기반 테스트로써 검사된다.

▶ 행동에서의 변화 스킬 면에서의 결실(skill-based outcomes)에 대한 평가라고도 하며 훈련/개발에서 전수된 지식 및 스킬이 직무로까지 전이되어 얼마나 의미 있는 행동변화를 이끌었는지 평가하는 것이다. 즉 "참가자들은 배운 것을 실제 업무에서 적용했는가?"와 같은 물음과 직결된다. 실제 일에서 학습한 것의 적용 여부를 측정하려면 개인의 업무태도나 업무기록, 전이를 이끌어내는 업무환경의 관찰이 필요하다. 평가방법으로는 훈련/개발 전과 후를 비교하는 방식(pre-posttest design)과 360도 다면평가(360-degree perspective)가 효과적일 수 있다.

▶ 성과에 끼친 영향 조직 전체에 끼친 개발 프로세스의 영향에 관한 것으로 "훈련/개발 노력이 조직 효과성을 향상시켰는가?"에 대한 평가다. 커크패트릭의 최초 모델에는 훈련/개발로 인해 발생할 수 있는 거의 모든 가시적인 이익들, 예컨대 생산성 증가, 품질 및 생산량 향상, 원가 절감, 수익/이익 증가 등이 포함돼 있다. 투자수익률(ROI)을 5번째 평가 대상으로 주장하는 학자도 있지만 사실상 이것은 이미 모델에 반영되어 있다고 볼 수 있다. 재무적 성과의 초래 여부는 측정도 어려울 뿐더러 훈련/개발로 인한 것인지 확인도 쉽지 않은 일이다.

평가의 목적이라면 조직이 훈련 프로그램이나 기법을 앞으로도 계속 사용할지 여부나 개별 피훈련자가 성공적으로 훈련을 완료했는지 아니면 추가 훈련을 더 필요로 하는지와 같은 결정을 하는 것과 관련된다. 커크패트릭의 모델은 훈련/개발로 인해 발생된 결과들을 분류하여 각각의 초점에 따라 이와 같은 것들을 살펴볼 수 있게 하는 좋은 방안을 제시해 준다. 각 단계들은 그 전 단계와 밀접하게 연관되고 결국에는 모든 단계가 종합적으로 축적되어 조직성과에 기여하는 방식을 보여준다는 점에서 특히 이 모델은 높이 평가된다. 다만 구조적으로 훈련/개발의 전체 과정이 아니라 실시 이후의 결과들만을 평가한다는 것이 한계로 인식될 뿐이다.

훈련/개발을 통한 조직개발

03

지금까지 살펴본 결과, 훈련/개발은 조직의 이익보다 어쩌면 사람들을 지향하는 경향이 있었다. 사람들에게 좋은 것이 그들이 몸담은 조직에게도 좋다는 식이었다. 즉 조직의 성과나 품질, 효과적인 관리/통제, 고객만족, 그리고 결국엔 이윤으로 되돌아온다는 가정에 따른 것일 수 있다. 훈련/개발을 이러한 관점으로 보는 조직들에선 필연적으로 사람을 강조함으로써 조직의 발전을 도모한다. 훈련/개발의 목적도 학습조직(learning organization)을 구축해 그 안에서 직원들이 가치증진을 통해 직무를 효과적으로 수행하고 경쟁력을 득해서 스스로 성장을 도모할 수 있게 하는 것이다. 조직이 성장, 발전하기 위해선 그 구성원들이 함께 진화해가야 한다. 조직이 그들을 지원해 개발 기회를 제공하는 것이 한 가지 방법이라면, 또 다른 방법은 **조직개발**(OD: organization development)이라는 공식 프로그램을 통해서다.

조직개발
조직의 유효성과 건전성을 높이기 위한 계획적이며 탑다운식의 조직차원 노력

조직개발이란 개인, 집단, 조직의 각 차원 또는 조직 전체의 변화를 위해서 여러 조치들(interventions)을 계획하고 실행하는 과정을 일컫는다. 조직개발의 목적은 크고 작은 변화에 몰입함으로써 조직의 효과성을 드높이는 것이 된다. 작은 변화라 치면 팀빌딩과 갈등해소 같은 것이 있겠고, 큰 변화라면 문화혁신 등이 있을 수 있다. 변화에 대한 적응력을 높이고자 많은 조직들이 항상 끊임없는 노력을 기울이는 데 이 같은 노력의 과정들이 조직개발이라고 할 수 있다. 하지만 조직을 발전시키고자 행하는 활동들이 전부 조직개발은 아니다. 조직개발은 그 초점이 현 조직 기능의 평가와 더불어 목표 달성 능력의 향상에 있다. 이런 점이 기술혁신이나 신제품개발 등 평소의 계획적 노력과 조직개발을 구분될 수 있게 해준다. 더구나 조직개발은 조직에 영향을 주는 환경 여건 속에서 하부단위를 포함한 시스템 전체의 향상을 지향한다는 특성도 지니고 있다.

요컨대 조직개발은 사람을 변화의 중심에 두고서 창조와 혁신을 강조하며 조직의 하층부에까지 긍정적인 영향을 미치는 것이다. 조직개발의 목적은 다시 말해서 하나의 조직 상황에서 사람들이 제 기능을 잘할 수 있도록 돕는 것이다. 사람들과 시스템을 조직이 향상시킬 수 있게끔 행동과학(behavioral science)을 적용하는 하나의 방법으로 조직개발이 생겨났다. 조직개발이 목적 지향적이

며 의미 있는 변화를 선보일 것이라는 기대와 함께 OD 전문가들은 **평가**(assessment)와 **조치**(interventions)라는 두 가지 툴을 활용한다. 일반 HR 전문가들과 달리 체크리스트나 매뉴얼 대신 데이터와 리서치에 그들은 관심을 갖는다. 그들이 추구하는 바를 요약해보면 아래와 같다.

- 조직의 문화와 가치를 고수하면서 조직의 유효성을 향상시킨다.
- 직원의 잠재력을 극대화하고 조직의 성공 촉진에 기여를 최대한 할 수 있게 돕는다.
- 조직에서 발생하는 일들을 평가하고 긍정적인 변화가 생겨나도록 조치를 실행한다.
- 조직의 전략, 구조, 프로세스, 사업목표 등과 인간의 행동을 서로 연계시킨다.
- 직장 전반에 걸쳐서 조직의 가치를 촉진할 수 있도록 지원한다.

비즈니스가 성장하기 위해서는 그 인력들도 함께 성장해가야 한다. 그러려면 조직이 직원들에게 개발의 기회를 제공하는 것이 한 가지 방법이 되겠고, 또 다른 한 가지는 조직개발이라는 공식 프로그램을 통해 조직의 전반적인 스킬 수준을 향상시키는 방법이다. TD(training & development)나 OD 전문가들은 변화의 상황에서 그들이 중요한 역할을 함으로써 사람과 조직 양측의 성장을 함께 이끌 책임이 있다는 데에 동의한다. 종업원개발과 조직개발은 양쪽 모두 중요한 요소로서 교육(education)을 내포한다. 하지만 **종업원개발**은 개인이 추구하는 것에 어느 정도의 자유가 허락되는 반면, **조직개발**은 직원들이 특정 플랜을 따를 것을 요구한다. 조직개발은 특정 방법으로 비즈니스를 개발하는 데 중점을 두므로 관련 프로그램들도 조직의 개발적인 목표들을 따라야 해서 상대적으로 제한적이다. 종업원개발이 직원들의 보편적인 향상을 의도한다면, 조직개발 프로그램은 비즈니스 성과에 도움이 될 특정 분야에서 구성원들의 향상에 초점을 두고 있다.

HR News

아마존, 직원 재교육에 8,200억 원 쏟아붓는 속내는

최저임금 인상에 단순 노동 인력 재배치 필요 커져
'열악한 노동환경' 지적한 정치권·노동계 의식 분석
'아마존 프라임 데이' 파업 예고한 직원 달래기 목적도

세계 최대 전자상거래 업체인 아마존이 7억 달러(약 8,200억 원)를 직원 교육에 쏟아붓기로 해 그 배경에 관심이 집중되고 있다. 무인점포 '아마존 고'를 개장하며 '직원 없는 유통매장' 확대에 열을 올리던 아마존이 미 기업 가운데 최대 규모에 달하는 비용을 직원 교육에 쓰겠다고 밝혔기 때문이다. 이 같은 결정이 내려진 것은 최저임금 인상으로 단순 노동자의 업무 재배치 필요가 커졌고 최근 정치권에서 열악한 아마존 직원들의 복지 실태가 도마에 오르자 이를 의식했기 때문이라는 분석이 나온다. 13일 일간 월스트리트저널(WSJ) 등 미 언론에 따르면 아마존은 7억 달러를 투입해 미국 직원의 3분의 1을 대상으로 재교육을 진행한다고 밝혔다. 아마존은 지난 11일(현지시간) 현재의 직업훈련 프로그램을 확대하는 한편 신규 훈련 프로그램을 도입해 2025년까지 10만 명의 직원을 재훈련하겠다고 발표했다. 제프 윌키 아마존 글로벌 소비자 부문 최고경영자(CEO)는 "기술이 우리 사회를 변화시키고 있고, 직업도 바꾸고 있다"며 이번 계획은 직원들이 미래의 기회에 대비하도록 돕기 위한 것이라고 설명했다. 7억 달러는 그동안 발표된 미국 기업의 재교육 계획 가운데 가장 큰 규모다. 직원 1인당 대략 7,000달러가 투입되는 것으로 2025년까지 직원 1명에게 1,200달러씩 들어간다는 의미다. 세계 최대 인재개발단체인 인적자원개발협회(ATD)에 따르면 지난 2017년 직원 수 10만 명 이상의 기업들을 대상으로 조사를 진행한 결과 직원 1인당 평균 500달러의 교육비용이 들어가는 것으로 나타났다. 이 수치와 비교하면 아마존의 재교육비는 보통의 회사들과 비교해 2배 이상이라는 의미다. 대부분의 훈련은 무료로 제공되며 교육 내용을 들여다보면 다양한 기술 개발 기회들을 담고 있다. 예를 들어 지역별 물류기지인 풀필먼트 센터에서 시간제로 일하는 직원은 이 센터에서 가동되는 설비를 관리하는 정보기술(IT) 지원 역할을 배울 수 있다. 또 비전문직 직원은 대학에 가지 않고도 몇 년에 걸쳐 소프트웨어 엔지니어 훈련을 받을 수 있다. 아마존의 '머신러닝(기계학습) 대학' 같은 상급 훈련 과정도 있다.

아마존이 이처럼 직원 재교육에 공을 들이는 것은 표면적으로 유통체인 간 경쟁이 심해지면서 인력 확보가 어려워졌기 때문이라는 분석이 나온다. 아마존은 미국에서만 2만 개가 넘는 일자리를 채우지 못하고 있다. 본사가 있는 시애틀의 인력난이 극심하고, 최근에는 제2본사가 세워지는 워싱턴DC 교외 지역에서도 인력 확보에 어려움을 겪고 있다. 아마존은 워싱턴DC 인근 크리스털시티에 제2본사를 짓기로 하고 이곳에서 2만5,000명의 직원을 채용하기로 한 바 있다. WSJ는 실업률이 4%를 밑돌며 역사상 가장 낮은 수치를 기록하는 가운데 기업들은 디지털 전환에 대비해 기존 종업원들이 새로운 역할로 전환하도록 돕고 있다고 설명했다.

하지만 아마존의 결정이 단지 인력 확보를 위한 차원이 아니라 임금 인상과 관련이 있다는 분석이 나온다. 단순 업무 종사자들의 임금이 올라 인건비 부담이 치솟는 상황에서 정치권의 반발을 의식해 대량 해고 대신 재교육에 힘쓰고 있다는 것이다. 이에 따라 단순 노동은 기계로 대체하고, 단순 업무를 맡았던 직원을 재교육한 뒤 IT 업무로 전환시키는 전략을 펴고 있다는 지적이 나온다. 아마존이 버니 샌더스 상원의원, 엘리자베스 워런 상원의원 등 대선주자들을 비롯한 정치권의 비판에 휩싸이자 대량 해고 대신 재교육에 공을 들이고 있다는 분석이 나온다. 앞서 아마존은 노동단체와 미국 연방의원들로부터 직원들 처우 문제로 비판을 받자 지난해 미국 직원 최저임금을 시간당 15달러로 인상했다. 올해 1·4분기 기준 아마존의 전 세계 정규·시간제 직원은 63만600명이다. 피터 카펠리 펜실베니아대 와튼스쿨 교수는 "재교육이 이타적으로 이뤄지는 것이 아니다"라며 "이면에는 냉철한 사업적 의사결정이 있다"고 설명했다.

아마존이 재교육을 통해 일부 직원들의 이직을 장려하는 것도 이와 같은 취지로 풀이된다. 이를테면 풀필먼트 센터 직원들이 간호나 항공기 정비처럼 수요가 많은 분야의 자격증이나 학위를 따도록 학비의 95%를 지원하는 '아마존 커리어 초이스'를 확대한다는 점에서 이러한 의도를 읽을 수 있다. 간호나 항공기 정비는 아마존이 채용하지 않는 분야로, 재훈련 뒤 회사를 나가도 좋다는 뜻이다.

아마존이 파업을 예고한 직원들을 달래기 위해 재교육 홍보에 나섰다는 지적도 나온다. 호주 ABC뉴스에 따르면 오는 15~16일 대형 할인 이벤트인 '아마존 프라임데이'에 맞춰 아마존 미네소타 공장 직원들은 다음주 파업을 계획하고 있다. ABC뉴스는 "미네소타 공장 직원들은 지난해 최저임금이 올랐지만 끊이지 않는 택배 포장 업무를 고려할 때 현재 임금도 턱없이 모자란다고 주장하고 있다"면서 "재교육은 노동자와 정치인들의 비판을 완화하는 역할을 할 수 있을 것"이라고 설명했다.

출처: https://www.sedaily.com/NewsView/1VLOF1JTF0

단원요약

1. 신입직원들을 조직 외부인에서 내부인으로 전환시키는 조직사회화의 과정은 일반적으로 예비사회화, 조우국면, 그리고 변화 및 획득의 3단계로 나눠질 수 있다. 조직이 새 구성원들에게 영향을 미치기 위한 전략은 집단적/개인적, 공식적/비공식적, 순차직/임의직, 고징직/가변적, 연속적/분리적, 그리고 수여적/박탈적 방책들이 있다.

2. 현재의 직무 수행을 위해 직원들을 성장시키고자 하는 활동들이 훈련이라면, 개발은 미래의 역할들과 책무를 위해 준비시키는 활동들을 말한다. 훈련/개발이 효과적으로 작용할 경우 스킬부족 해소, 일관성, 직무만족 증진, 생산성 증대, 이직 감소, 유연성 증가, 고객만족 등의 긍정적 결과가 나타난다.

3. 노동시장 유연화로 인한 노동이동성 증대는 내부 직원에 대한 교육훈련 투자를 꺼리게 만든다. 하지만 학습조직을 추구하는 조직에서는 모든 학습 활동들이 기업의 비즈니스 전략과 일체를 이루며 그 초점을 역량개발에 두는 적극적인 태세와 동시에 비공식 학습을 권장한다.

4. 훈련/개발은 전반적인 조직 전략과 일치를 이뤄야 한다. 이를 위해 비즈니스 전략을 확인하는 것으로부터 시작하여 이 전략을 지지할 훈련/개발의 방향을 수립한다. 이러한 방향성은 다시 구체적인 훈련/개발 활동들 내에서 변환이 이루어지게 하고, 비즈니스 전략과 그 관련 목표들에 기여 여부를 결정짓는 매트릭스 규명으로 마무리된다.

5. 니즈조사는 조직분석, 과업분석, 수행자분석의 단계별 조사를 필요로 한다. 프로그램 설계에는 준비도 차원에서 개인차가 인식되어야 한다. 또한 모티베이션을 유도하기 위해 프로그램상에서의 노력과 보상 간의 관계를 이해토록 하는 것은 물론, 훈련/개발의 목표와 개인의 성공 니스가 언제나 명백히 관련됨을 인식시켜야 한다.

6. 훈련/개발 프로그램에 적용되는 기법들은 크게 근무 중의 훈련과 근무 외에 별도 프로그램으로 나뉜다. OJT, 도제, 직무순환 등은 전자에 해당되고 강의, 프로그램화된 학습, 역할연기 등은 후자에 속한다. 또한 고위 매니저들의 준비와 개발을 위해 사용되는 기법들로는 사례연구, 경영게임, 임원코칭, 대학과 연계된 고급 MBA 프로그램 등이 있다.

7. 학습 환경에서 오늘날 훈련/개발의 평가를 위해 가장 널리 활용되는 것이 커크패트릭 모델이다. 훈련/개발로 인해 발생된 결과들을 분류하여 참가자의 의견, 학습의 정도, 행동에서의 변화, 그리고 성과에 끼친 영향이라는 4가지 수준에서 학습 결과물들에 대한 평가를 고려한다.

8. 사람을 변화의 중심에 두고서 창조와 혁신을 강조하며 조직의 하층부에까지 긍정적인 영향을 미치는 것이 조직개발이다. 조직개발의 목적은 다시 말해서 하나의 조직 상황에서 사람들이 제 기능을 잘할 수 있도록 돕는 것이다.

논의할 문제

1. 조직사회화 과정에서 개인마다 적응하는 속도가 다를 수 있고, 몇몇 직원은 적응을 전혀 못할 수도 있다. 이럴 때에는 어떤 조치를 어떻게 해야 할까?

2. 이탈에 대한 우려 없이 사용자가 교육/훈련을 마음 편히 실시할 수 있게 하려면 어떤 조건이 선행되어야 할까?

3. 충분한 니즈조사 없이 훈련/개발 프로그램을 설계하게 되면 발생할 수 있는 문제점들에는 어떤 것들이 있을까?

4. 일반 직원들과 임원들을 위한 훈련/개발법이 굳이 달라야 할 필요가 있을까? 있다면 왜 그럴까?

5. 인터넷 기반의 훈련들이 증가하고 있다. 기업교육에서 적용되고 있는 새로운 방식들에 관해 설명하고 각각의 장점을 비교해 보라.

6. 승계기획의 사례들을 찾아보고 운영이 잘되는 회사는 어떻게 해서 성공적인지를 논의해보라. 소유 경영인이 자손에게 승계기획을 적용할 때 더 신중히 고려해야 할 사항들은 무엇일까?

더 읽을거리

Aguinis, H., & Kraiger, K. (2009). Benefits of training and development for individuals and teams, organizations, and society. *Annual Review of Psychology, 60*, 451-474.

Arthur, W. J., Bennett, W. J., Edens, P., & Bell, S. T. (2003). Effectiveness of training in organizations: A meta analysis of design and evaluation features. *Journal of Applied Psychology, 88*, 234-245.

Benzinger, D. (2016). Organizational socialization tactics and newcomer information seeking in the contingent workforce, *Personnel Review, 45*(4), 743-763.

Egan, T. M. (2002). Organization development: An examination of definitions and dependent variables. *Organizational Development Journal, 20*(2), 59-71

Feldman, D. C. (1981). The multiple socialization of organization members. *Academy of Management Review, 6*, 309-318.

Goldstein, I., & Ford, J. K. (2002). Training in organization: needs assessment, *development and evaluation*. CA: Wadsworth.

Klein, H. J., Noe, R. A., & Wang, C. (2006). Motivation to learn and course outcomes: The impact of delivery mode, learning goal orientation, and perceived barriers and enablers. *Personnel Psychology, 59*, 665-702.

Oh, S.-y. (2018). Socialization tactics and youth worker adjustment: the mediating roles of fit perceptions, *Career Development International, 23*(4), 360-381.

Proctor, T., & Doukakis, I. (2003). Change management: The role of internal communication and employee development. *Corporate Communications: An International Journal, 8*(4), 268-277.

Saks, A. M., Uggerslev, K. L., & Fassina, N. E. (2007). Socialization Tactics and Newcomer Adjustment: A Meta-Analytic Review and Test of a Model. *Journal of Vocational Behavior, 70*(3) 413-446.

Sission, G. (2001). *Hands-on training: A simple and effective method for on the job training.* Berrett-Koehler.

Swanson, R. A. (2001). Human resource development and its underlying theory. *Human resource Development International, 4*(3), 299-312.

Swanson R. A., & Holton, E. F. III. (2001). *Foundations of human resource development.* San Francisco: Berrett-Koehler.

Tannenbaum, S. I. (2002). A strategic view of organizational training and learning. In K. Kraiger (Ed.), Creating, implementing, and maintaining effective training and development: State-of-the-art lessons for practice (pp. 10-52). San Francisco, CA: Jossey-Bass.

Van Maanen, J., & Schein, E. H. (1979). Towards a theory of organizational socialization, *Research in Organizational Behavior, 1*, 209-264.

Chapter 07

커리어개발과 탤런트 매니지먼트

학습 목표

이번 장을 마친 후 다음과 같은 것들을 할 수 있을 것이다.

1. 커리어의 개념 및 그 관점의 변화를 서술한다.
2. 개인의 커리어플래닝과 프로세스에 대해 설명한다.
3. 커리어관리의 이해를 바탕으로 조직차원의 커리어개발 조치들을 설명한다.
4. 커리어개발시스템의 이점과 활용법을 논의한다.
5. 탤런트의 개념을 이해하고 탤런트 매니지먼트를 여러 관점으로 비교한다.
6. 탤런트 매니지먼트의 중요성과 가치를 규명한다.
7. 탤런트 마인드에 기초한 탤런트 매니지먼트 성공요인을 규명한다.

히든 피겨스

어떠한 차별도 가리지 못한 눈부신 재능들

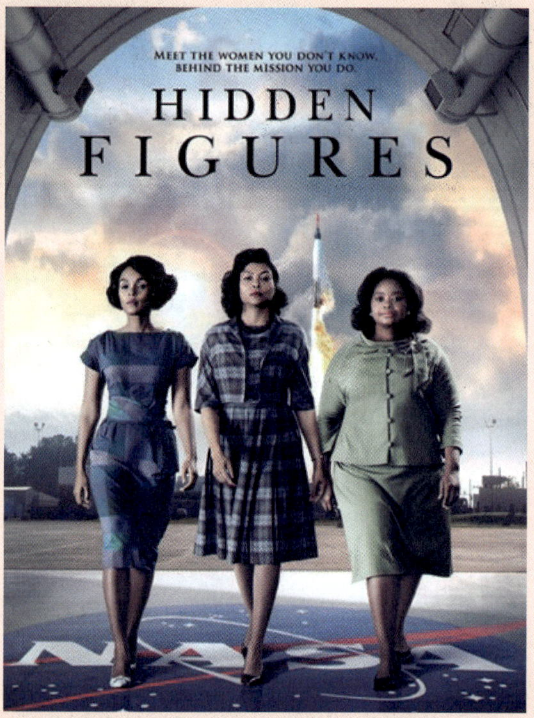

영화 〈히든 피겨스〉 포스터

"요즘 나사(NASA)도 여성을 고용하나요?"

"나사가 제게 일을 맡긴 이유는 우리가 치마를 입어서가 아니라 안경을 썼기 때문이에요."

미국과 러시아의 우주 개발 경쟁이 치열하던 때, 나사의 숨겨진 사각지대에는 누구보다 뜨거운 열정을 가진 그녀들이 있었다. 천부적인 수학 영재 캐서린 존슨(Catherine Johnson), 리더 역량을 겸비한 프로그래머 도로시 존슨 본(Dorothy Johnson Vaughan), 그리고 엔지니어 자질로 두각을 나타내는 메리 잭슨(Marry Jackson)까지.

그녀들은 수십 명의 동료와 함께 우주 비행에 필요한 각종 계산을 처리한다. 나사의 '유색인종(Colored)' 전산팀에서….

Colored…Colored…Colored. 그녀들의 자취가 닿는 곳에는 온통 'Colored'라는 단어가 꼬리표처럼 따라붙는다. 전산실, 화장실, 심지어는 커피포트에까지도. 다른 그 누구 못지않은 열정과 재능을 지녔음에도 항상 그들의 앞을 가로막는 것은 인종과 성별이라는 거대한 벽이다.

"'Space Task Group(STG)'에서 전산원이 필요해. 최대한 빨리, 해석기하학을 잘 다루는 사람으로."

"'머큐리7' 시험용 견본이 도착했어. 질린스키씨(Mr. Zienlinski)가 널 찾아."

"발사에 IBM이 필요해. 자네가 카드, 프로그램 잘 다룬다고 하던데."

그런 그들의 능력을 알아보는 사람들이 하나둘 늘기 시작한다. 캐서린은 '프렌드십 7호'의 유인 우주선 궤도 계산과 관련된 중요 임무에 참여하게 되고, 도로시는 자체적으로 팀을 꾸릴 수 있는 권한과 함께 최초로 도입된 컴퓨터 IBM 프로그래밍 업무를 전담하게 되었으며, 메리는 동료들의 응원에 힘입어 흑인 여성 최초로 엔지니어 육성 과정을 이수하게 된다.

어떠한 차별과 시련에도 묵묵히 자기 일을 수행해낸 그녀들은 이제는 이렇게 기억될 것이다. 'Hidden Figures', 숨겨진 숫자들. 그리고 숨겨진 영웅들.

'낭중지추(囊中之錐)'라는 말이 떠오른다. 주머니 속 송곳을 뜻하는 말로, 재능이 빼어난 사람은 타인의 눈에 뜨이게 된다는 것이다. 이 영화에 등장하는 캐서린, 도로시, 그리고 메리는 노력을 넘어선 천부적인 재능을 지닌 송곳과도 같은 인재들이다. 차별과 선입견이 팽배하던 시대지만 미 항공우주국 나사에서는 그들의 탤런트를 인식할 수밖에 없었다. 게다가 캐서린의 매니저는 그의 재능을 간파하여 발굴에서부터 개발까지 역할을 제대로 한 사람이다. 출입이 불가한 펜타곤 회의실에 캐서린을 참석시키고 유색인종 화장실의 팻말을 부수는 등 그가 한 행동은 탤런트 매니지먼트를 위해서 과감하면서도 적절했다. 이 영화를 감상하며 인종차별이나 혹은 평등의 시각에만 머무른다면 아쉬움이 남을 것 같다. 매니저의 탤런트 마인드가 개인과 조직 양측에 얼마나 중요한지 알 수 있게 해주기 때문이다. 탤런트와 그들의 성과에 조직이 집중할수록 인종이나 성별로 인한 차별 따위는 후순위가 될 수밖에 없었다. 나사가 유인 우주선을 성공적으로 쏘아 올릴 수 있었던 것은 유색인종 화장실을 없애고 커피포트의 표시를 떼고 엔지니어로 흑인 여성을 최초 고용하면서였다는 것 외에 다른 이유가 더 있다는 것을 잘 알려주고 있다.

01 커리어에 대한 관점 변화

커리어(career)란 한 개인의 직장 생활 중 있었던 일련의 활약들, 그리고 그와 관련된 태도와 행동들로 이루어진 생애 프로세스(a lifelong process)를 일컫는다. 이는 직급들이나 직무활동들, 직무관련 결정들 같은 업무관련 경험의 패턴(a pattern of work related experiences)이기도 하며, 또한 일에 대한 포부, 기대, 가치, 그리고 특정 업무경험에 대한 니즈나 소감 등 업무관련 성과들에 대한 주관적 해석(subjective interpretations of work related events)이기도 하다. 커리어는 개인의 자산임이 틀림없다. 그러나 동시에 소속 조직을 위한 재산이기도 하다. 커리어에 대한 책임이 전적으로 조직에 있다고 여기던 시절도 있었지만, 근래 들어 커리어를 준비하고 구축할 책임은 개인에게도 있다는 사고가 점차 보편화되었다. 현대 조직에서 사람은 가장 귀중한 자산으로 인식되는 만큼 이들에게 장기적이며 안정적인 커리어를 제공하는 것은 조직과 개인 모두에게 윈-윈(win-win) 상황이 된다.

말단 사원으로 입사하여 내부 승진을 차근차근 거쳐 높은 직급에까지 도달하는 식으로 한 조직 안에서의 안정된 고용 유지가 **전통적인 조직커리어(the traditional organizational career)** 개념이었다. 20세기 초·중반에는 이러한 직무안정성(job security)과 장기고용(long-term employment)을 강조하는 커리어 개념이 학술문헌들에서도 주류를 이루었다. 직원들은 한정된 직위로의 승진을 위해 서로 경쟁하면서도 나름의 소속감과 애착을 갖고서 조직을 위해 일했다. 그리고 조직의 커리어관리 및 훈련/개발 프로그램들이 그들의 커리어 성장을 지원하기 위해 제공되는 식이었다. 커리어의 성공은 상승된 지위나 보상을 통해 입증될 수 있었으며, 이때까지만 해도 직원의 직장 외 생활(예: 사적인 생활과 가족)은 커리어개발과 전혀 무관한 요소로 생각되던 시절이다.

21세기에 접어들며 글로벌화와 리스트럭처링, 그리고 각종 경제상황의 여파로 조직 내 위계가 점차 무색해지게 되면서 문헌들에선 조직 경계에 구애받지 않는 커리어 개념이 등장하게 되었다([표 7.1] 참조). 이러한 **무경계커리어(the boundaryless careers)**는 승진이나 연봉인상을 이루기 위한 단기간의 개발, 다수 고용주들과의 계약 관계를 수반한다. 커리어플래닝 및 개발에 관한 조직의 구

무경계커리어
조직 내·외부로의 이동 특성을 지닌 개인의 커리어경로

표 7.1 | 전통적인 커리어와 무경계커리어의 차이

요인	전통적인 커리어	무경계커리어
고용관계	조직몰입에 기초한 직무안정	성과 및 유연성 기반
직장을 옮기는 횟수	1~2회	4~6회
스킬	현 직장에 한정	얼마든지 전이 가능
커리어관리의 책임	조직	개인
오리엔테이션 유형	공식 프로그램	직무중심 프로그램
가장 중요한 특징	연공중심	직무중심

출처: Sullivan (1999).

속에서 벗어나 고용주를 바꿔가며 개인 자신의 발전 기회를 자유롭게 추구하게 되었다. 커리어를 그저 조직(들)에서의 경험과 직무 경로를 통한 직원의 발전 과정으로서 볼 수 있게 된 것이다. 단일 조직 내의 수직이동은 더 이상 개인 커리어의 필수 특성도 아니거니와 사용자들조차도 고성과와 헌신은 여전히 기대하지만 고용력(employability)—*시장성 유지를 위해 직원들 스스로 스킬을 관리*

하이데거의 숲 | 직무안정, 커리어안정, 그리고 고용력

직무안정(job security)이란 한 직무에서의 안정성으로, 종종 직장과도 연관되는 개념이다. 관심사나 조건들에 어울리는 커리어를 추구하는 능력이라고도 할 수 있는 이것은 업무를 잘 수행하는 종업원과 그들이 문제를 일으키지 않게끔 만드는 것에 의해 결정된다. 그러나 사람들은 오늘날 일생 중에 평균 3번 정도나 커리어(단순히 '직업'과는 다름)를 바꾸는 것으로 알려져 있다.

유사 용어인 커리어안정(career security)을 위해 커리어 범위 안에서 고용을 보장해줄 시장성 있는 스킬들과 전문성 개발이 요구된다. 종업원들은 스킬을 향상시킬 기회들을 얻게 되고 이에 따라 끊임없이 변하는 업무 환경 속에서 고용력을 높일 수 있다. 자기 스스로 운명을 결정할 수 있다는 이해에서 나오는 행동이다. 이러한 환경에선 더 이상 조직에 대한 충성이 기대되지는 않는다.

한편, 고용력(employability)은 일과 그 환경 변화를 예상하여 이에 적응하며 노동시장에서의 매력을 유지해가는 능력이나 의지를 뜻한다. 기업들의 인원감축, 리스트럭처링 등 조직변화가 지속돼오면서 장기 고용안정보다도 유연성과 고용가능성이 강조되다보니 고용력에 대한 관심이 차츰 증가했다. 사용자들은 자신을 꾸준히 개발하며 안정된 커리어경로를 유지하려는 자보다 당장 조직에 기여할 수 있는 자들을 발굴하려고 애쓴다. 따라서 한 조직에서 고용안정하에 장기적인 커리어를 보장받는 일은 이전보다 더 어렵게 되었다.

일과 삶의 균형을 뜻하는 '워라밸(work & life balance)'이 새로운 삶의 방식으로 주목받고 있다. 구직자들도 대부분 높은 연봉을 주는 기업보다 야근을 덜 하는 기업을 선호한다고 한다. '프로 야그너'의 나라 대한민국에서는 저녁이 있는 삶이 지금 중요한 화두다.

하고 개발해야 한다는 것—이라는 미명하에 커리어개발을 직원들 몫으로 전가하는 계기를 맞게 되었다.

2000년대 중반부터는 가족구조 변화, 맞벌이부부 확산 등과 맞물려 커리어 의사결정에서 업무 외적인 역할들(nonwork roles)의 영향이 강조되기 시작했다. 차츰 **직장-가정 커리어 관점**(the work-home career perspective)이 본격적으로 논의되기에 이르렀다. 예컨대 Greenhaus와 Kossek의 연구(2014)는 직원의 커리어관리 의사결정(예: 해외근무)과 가정 상황(예: 출산) 간의 상호관련성을 강조했는데, 이는 승진기회, 조직 내·외부 이동, 은퇴 등의 이슈에 관한 커리어 결정을 함에 있어 평생접근법(holistic or whole life approach)을 시사한다. 직장-가정 관점은 개인의 삶과 커리어 둘 다, 즉 삶의 만족과 워라밸 만족을 통해서 커리어개발의 경험에 영향을 끼칠 수 있다고 제안한다. 결국 전반적인 삶의 균형을 이룰 수 있는 기회 여부에 따라 한 개인이 조직 내 혹은 조직 간에서 커리어를 추구할지가 결정된다고 할 수 있다.

02 커리어플래닝 및 관리

커리어개발
개인과 조직 간의 파트너십을 요구하는 하나의 프로세스로서 조직 구성원들의 현재 또는 미래 직무 수행에 필요한 지식, 스킬, 역량 및 태도를 강화시키는 활동

개인, 조직 모두에게 이로울 직원개발에 관한 것이 곧 **커리어개발(career development)**이다. 조직 내 커리어개발에 대한 이해를 위해선 다음 두 프로세스의 검토가 요구된다. 즉 개인들이 자신의 커리어목표를 어떻게 계획해서 실천하는지(커리어플래닝), 그리고 조직은 어떻게 커리어개발 프로그램을 설계해서 운영하는지(커리어관리)가 그것이다. 오늘날 커리어개발은 개인의 스킬, 가치나 흥미와 맞는 직업을 탐색하고 결정하는 것에만 국한되는 것이 아니므로 전통적인 커리어 개념으론 이에 대한 설명이 불충분할 수밖에 없다. 전통적인 패턴에서 개인 책임의 증가로 직원들의 사고전환을 꾀하는 조직의 능력 여하에 따라 커리어개발의 성패는 결정될지 모른다.

2.1 커리어플래닝

커리어플래닝은 성공적인 커리어개발을 위한 전제조건이 된다. HRM에서 **커리어플래닝(career planning)**은 개인 커리어를 위한 니즈, 포부, 기회를 확인하고 이를 지원하기 위한 HR 프로그램들을 개발, 실행하기 위한 활동이다. 특정 커리어목표의 달성을 위한 방향과 시기, 절차를 밟아가기 위해서 목표를 확인하고 직무, 교육, 기타 경험 등을 계획하는 것은 물론, 자기 자신, 기회와 제약, 선택과 결과를 알아가는 프로세스가 곧 커리어플래닝인 것이다. 커리어플래닝 프로세스는 조직과 개인 양쪽 모두의 책임하에 있다. 개인은 성과평가와 카운슬링을 통해 자신의 포부와 능력을 규명해야 하고, 조직 역시 니즈와 기회를 규명해서 직원들이 계획을 세우게 만들고 또한 필요한 정보를 제공하며 알맞은 훈련/개발을 경험할 수 있게 해줘야 한다.

커리어플래닝
개인이 자신의 커리어목표를 세우고 이를 달성하기 위한 방안을 수립하는 프로세스

이와 같이 효과적인 커리어개발은 조직중심 관점, 개인중심 관점 모두를 포괄한다. 첫 단추 격이라 할 커리어플래닝의 중요성은 많이들 강조해왔다. 대개 커리어플래닝 프로그램들은 아래의 목적들을 달성할 것으로 기대되기 때문이다.

- 가용한 인재(talent)에 대한 보다 효과적인 개발
- 새로운 커리어경로를 모색하는 직원들에게 자기평가의 기회 제공
- 지역이나 사업부 간에 보다 효율적인 인적자원 활용
- 직원 개인의 성장 니즈를 충족
- 고용평등과 차별금지법 이행을 입증
- 수평·수직 이동에 의한 직무 경험으로 성과를 향상
- 회사에 대한 충성심과 업무동기의 증대로 인해 이직률 감소
- 훈련/개발 니즈를 확인하거나 유발

커리어개발은 사실상 개인의 충만한 삶을 위한 고용력 강화와 유연성 증가에 관한 것이 될 수 있다. 따라서 직원들은 스스로 커리어개발의 분야를 탐색해서 개인적인 목표와 발전 계획에 관한 의사결정을 할 필요가 있다. 개인의 커리어플래닝은 자기평가, 기회탐색, 목표설정 등의 조치들로서 개인의 현명한 선택을 도와 커리어를 변화시키도록 하는 것을 말한다. 이는 장·단기의 목표 수

립에 있어서 체계적이며 신중한 사고를 요하는 꽤나 복잡한 활동이므로 개인의 스킬, 관심 및 동기 평가와 더불어 조직 내 기회, 커리어목표와 그 달성전략에 대한 분석에 기초한다. 조직의 니즈보다도 커리어에 대한 개인 의무에 초점을 두는 개인의 커리어 개발은 자기평가(self-assessment), 기회탐색(exploring opportunities), 결심 후 목표설정(making decisions and setting goals), 목표 달성 추구(pursuit of achieving goals)와 같은 4단계로 살펴볼 수 있다.

▶ **1단계: 자기평가** 자기 자신에 대한 정보수집(가치, 관심, 스킬 등)이다. "나는 지금 어디에 위치하는가?" "가고자 하는 곳이 어딘가?" "무엇에 관심을 쏟고 어떤 스킬이 있는가?" "내 동기를 유발하는 것은 무엇인가?" 등의 질문들이 활용되며, 이러한 자기평가나 테스트의 결과를 해석하는 과정에서 커리어전문 상담가가 활용될 수 있다.

▶ **2단계: 기회탐색** 조직 안팎에 존재하는 기회들에 관한 정보수집이다. 자신의 스킬과 역량을 조직이 어떻게 평가하고 있고 그와 관련해 어떤 플랜을 마련 중인지 성과평가의 결과를 통해 알게 됨으로써 "나의 스킬과 관심을 활용할 데가 있는가?" "어떤 훈련이나 자격 등이 필요한가?" "내 계획은 현실적인 것인가?" 등의 점검이 이루어진다.

▶ **3단계: 결심 후 목표설정** 직위나 역량수준과 관련된 장·단기의 개발 목표들을 정하고 이에 도달할 방법까지도 계획한다. 즉 목표 달성의 방도나 절차를 정하고 기한, 필요사항 등도 계획에 담게 된다. 이러한 계획에는 강의나 세미나 수강, 사내 모집에 지원, 타 회사 면접까지도 포함될 수 있다.

▶ **4단계: 목표 달성 추구** 성패에 대한 책임감을 갖고 실천을 하며 커리어 코스의 유지 또는 변화를 결정짓는다.

이와 같이 커리어플래닝을 통해서 한 개인이 자신의 능력과 관심을 평가하고 다른 커리어기회도 고려해 목표를 정한 후 실질적인 개발 활동을 기획해 갈 수 있다. 마찬가지로 조직의 커리어플래닝 또한 직원의 모집, 개발, 유지에 중요한 역할을 한다. 커리어를 기획하여 지원, 강화하는 데 조직이 무관심하다면 조직과 개인 모두 기대만큼의 성과를 거두기 어렵다. **커리어플래닝시스템**은 직원들이 계획하여 목표로 하는 직위를 확인시켜 주며 또 도달할 수 있게 해줌으로써 직무에 대한 만족을 증폭시킨다. 기업 입장에서 공석 충원에 소요되는 시간을 단축시켜주고 승계기획(succession planning)을 통해 차세대 리더가 될 인재를 규명하는데 도움이 된다.

2.2 커리어관리

짐작할 수 있듯이, 커리어플래닝의 후속 단계가 적절한 **커리어관리(career management)**를 통한 계획의 실천이다. 주로 직무들에 중점을 두거나 직무 간의 논리적 발전관계를 보여주는 커리어경로를 규명하는 데에 초점을 둔다. 조직과 개인 간의 유대 속에서 조직들은 계획된 프로그램을 통해 개인의 관심, 능력을 기회와 잘 맞추려 애쓴다. 효과적인 커리어관리는 직원들이 자신의 재능과 포부, 가치에 어울리는 현명한 의사결정을 하게 만들고 조직의 성과까지도 향상시키게 된다. 시야와 목표, 전략 개발을 돕고 피드백을 얻게끔 해서 스킬 및 지식의 활용과 향상을 지원하는데, 이는 직원들의 자존감까지도 높여준다. 이런 식으로 개인의 커리어플래닝과 조직의 커리어관리 프로세스가 설정된 목표의 달성으로 이어져서 커리어개발을 불러오는 것이다.

커리어관리
조직의 커리어시스템하에서 취해진 개인의 커리어플랜과 전략들을 준비, 개발, 실행하고 모니터링하는 지속적인 프로세스

커리어관리 프로그램들은 직원 유지(retention)를 위한 효과적인 도구다. 아마도 프로그램 그 자체만으로도 조직이 직원들을 소중히 여기고 존중한다는 메시지를 전달할 수 있을 것이다. 글로벌 기업들에서는 이미 1980년대 말부터 커리어개발 프로그램들을 운용하기 시작했다. 여기서는 활용도 높은 커리어개발 조치들, 즉 자기평가도구(self-assessment tools), 개별 카운슬링(individual counseling), 커리어경로(career path), 평가센터(organizational assessment programs) 등에 대해서 소개해 본다.

▸ 자기평가도구 자기평가는 조직이 커리어개발 노력의 일환으로 행하는 첫 번째 기법이 될 것이다. 자기 자신에 대한 정보를 얻는 것으로 가치나 관심, 성격, 적성 등에 대한 면밀한 검토가 이루어지게 한다. 커리어 워크숍에서 작성하고 서로 공유할 기회를 갖게 될 수도 있다. 대부분의 회사들은 이러한 자기평가를 통해 직원 스스로 자기개발플랜(personal development plans)을 작성할 것을 권한다. 이것은 한 개인의 성장 니즈에 대한 요약이자 이를 달성키 위한

실천방안이다. 자기 자신의 강·약점을 분석해 이해가 한결 쉬워진다.

▶ **개별 카운슬링** 개별 카운슬링은 워크북과 각종 자기평가 도구들을 활용해 직원들이 자신의 커리어목표를 이해할 수 있게끔 도움을 준다. 장·단기의 커리어목표들과 이들의 달성에 필요한 훈련/개발, 그리고 성장과 발전을 위한 유연성을 높여줄 커리어옵션들까지 규명할 수 있게 해준다. 어떤 조직에선 전문 상담사를 고용하기도 하지만 흔히 HR 매니저를 활용하거나 라인 매니저를 상담가로 지정한다. 커리어카운슬링은 직원들의 커리어플랜 준비가 향후 조직의 충원 니즈와 일치되도록 하는 데 중점을 둔다. 카운슬링이 효과를 거두기 위해선 직원들 사이에 커리어관리시스템에 대한 충분한 이해가 선행되어야 한다.

▶ **커리어경로** 커리어경로나 커리어사다리는 직원들이 조직 내에서 발전하고 성장할 수 있는 전형적인 방법들이라 할 수 있다. 특정 직업 분야에서 급여나 책무에 기초해 하급부터 상급까지 서열화된 직무의 연속을 커리어사다리(career ladders)라고 한다. 커리어경로(career paths)는 이러한 다양한 형태의 커리어 과정을 포함하는 것으로 전형적인 수직적 커리어(vertical career ladders)를 비롯해 듀얼 커리어(dual career ladders), 수평적 커리어(horizontal career lattices), 재연 커리어(encore careers), 그리고 외부 커리어(career progression outside) 등이 있다.

커리어 정체
자신의 내·외적인 문제들로 인해 더 이상의 커리어 성장이 어려운 민감한 시점

- 사용자가 기회를 준다면 직원들은 할 수 있는 한 계속 수직적인 상향 이동을 하려 한다는 가정에 기초한 것이 전형적인 커리어사다리이다. 직원이 다른 기회를 찾아 조직을 떠나거나 퇴직, 혹은 최고직위에 도달할 때까지 이러한 과정은 계속된다. 그러나 전통적인 커리어사다리에서는 **커리어 정체(career plateaus)**가 발생해서 승진할 수 있는 능력이 차단되는 경우도 있다. 개인적으로 성장 한계에 이르렀다고 지각되거나 조직이 성장 기회를 제공하지 않는다고 지각될 때 커리어 정체는 발생하며, 이러한 상황은 직원들이 외부 기회를 모색케 하는 원인이 된다. 회사의 성장둔화나 인사적체에 따라 직원들 모두 커리어사다리의 최고 위치까지 성장시킬 수 없는 현실에 놓인 조직들은 그들의 유지를 위해 직무재설계, 직무순환, 듀얼 커

리어 및 수평적 커리어 같은 다른 형태의 개발기회를 제공한다.

- **듀얼 커리어사다리**는 관리·감독직을 수행하지 않고도 상향 이동이 가능한 커리어개발 플랜이다. 이것은 관리직엔 관심이 적은 특정 기술적 스킬 보유자의 커리어 성장을 돕기 위한 것이다. 전형적인 승진 대신에 연봉인상을 동반한 다른 커리어경로를 제공함으로써 인재 유출을 막을 좋은 대안으로 평가받고 있다. 듀얼 커리어사다리 프로그램은 과학, 의료, IT, 엔지니어링 분야에서 그 사용빈도가 높다. 그러나 이를 잘 운영하지 못하면 성과가 저조한 관리자들을 위한 폐품처리장(dumping ground)이 될 수 있다는 우려도 있다. 관리직의 수고는 덜면서 성과와 무관한 높은 연봉을 받는 사람들이 생길 수 있기 때문이다.
- 직원들로 하여금 활기를 되찾고 도전감을 느끼게 하는 수평 이동이 조직들엔 이미 있었다. 이러한 **수평적 커리어경로**를 1990년대 중반부터 기업들이 본격적으로 도입하기 시작했다. 관리직 수가 제한적일 수밖에 없는 조직들은 직원들이 수직적인 것 외에 수평적인 커리어도 생각하게끔 유도했다. 직원들은 도전적인 일을 찾게 되고 스킬도 향상시킬 수 있는 이점이 있으며 조직도 핵심 직위를 증명된 인재로 채울 수 있다는 장점을 갖는다. 무엇보다도 수평적 커리어는 다양한 분야를 경험해보려는 자들에게 유익하다. 따라서 다양성을 추구하는 신세대 구직자를 유인, 유지하는 데에도 도움이 된다. 이러한 수평적 커리어 전략은 관리자와 직원 양측의 이해를 필요로 하는데, 특히 성공의 관건은 적절한 인센티브가 마련되어 있어야 한다는 것이다.

▶ 평가센터　평가센터에서 사람들은 테스트, 인터뷰, **인바스켓**(in-baskets), 그룹도의, 비즈니스게임 같은 다양한 상황 훈련들에 참여하게 된다. 평가센터는 특히 커리어 성장, 연봉 증가, 장기 승진, 잠재 성장과 같은 발전에 관한 것을 예측하는 데 탁월하다. 이처럼 기업의 성과평가시스템은 커리어플래닝과 개발을 위한 좋은 도구가 될 수 있다. 상사와 개인의 강·약점에 대해 논의하는 것 자체가 성장에 대한 니즈를 노출시킬 수 있는 좋은 계기가 되기 때문일 것이다. 만약 특정 약점의 극복이 어렵거나 불가능한 것을 알게 된다면 다른 커리어경로가 해법이 될 수 있다.

인바스켓
평가센터에서 활용되는 상황 훈련이나 시뮬레이션 훈련

어찌 보면 커리어플래닝이 직원들 몫이기도 하지만 미래가 촉망되는 우수 인력들을 유지하고 싶다면 이와 함께 커리어관리가 균형적으로 이루어져야 한다. 커리어관리가 중요한 이유는 이것이 개인의 관심사, 가치관, 강·약점을 일깨워주고, 조직 내 직무기회에 관한 정보를 얻게 해주며, 커리어목표를 규명해서 실천 계획까지 세울 수 있게 해주기 때문이다. 알맞게 설계되어 실행되는 커리어개발 프로그램은 선발과 배치 프로세스에서 도움이 될 뿐 아니라 우수 인재들이 미래 리더로서의 지위에 이르는 과정에 있다는 확신까지 줄 수 있다. 커리어개발은 필요시 적절한 자격과 경험을 갖춘 사람들을 활용 가능케 하고자 조직이 공식적으로 사용하는 접근법으로서 개인 직무소개와 초기 오리엔테이션부터 시작하는 것이 더욱더 바람직할 것이다.

한편 **커리어 모티베이션**(career motivation)을 증진시키는 것도 커리어관리의 목표로써 중요하다. 커리어 모티베이션은 직원들이 커리어에 투자할 에너지, 그들이 택할 커리어의 방향감, 그리고 장애물과 맞닥뜨리더라도 에너지와 방향감을 유지할 능력을 일컫는다. 이러한 모티베이션은 커리어를 택하는 법, 보는 법, 커리어에서 노력 정도, 유지 기간 등에 영향을 미친다. 커리어 통찰력을 향상시키려면 목표를 스스로 설정하게끔 격려하는 것 외에도 성과 피드백을 포함해 직원들에게 커리어목표 달성에 관한 정보 제공이 효과적이다. 커리어 정체성을 확립시키기 위해서는 도전적인 직무나 전문성 신장을 통해 직무몰입을 조장하는 방법이 있을 수 있으며 성과에 대한 금전보상도 좋다. 마지막으로 커리어 탄력성을 드높이기 위해선 평소에 성취할 수 있는 기회들을 줘서 자신감을 세워주는 것이 무엇보다 중요할 것이다.

- 커리어 통찰력(career insight) 자기 자신과 커리어에 대한 현실을 직시하고 이러한 지각들이 커리어목표들과 연관되는 정도로서, 이것은 목표 개발이나 자신 및 환경에 대한 지식 획득 등과 관련된다.
- 커리어 정체성(career identity) 일을 통해 자기 자신을 정의하는 정도로서, 이것은 직무/조직/직업에서의 열의나 현 조직 내에서의 승진 같이 커리어목표의 방향과 관계된다.
- 커리어 탄력성(career resilience) 커리어 방해요인이나 혹은 일에 지장을 주는 혼란 등에 견디는 정도로서, 이것은 자신감, 성취욕구, 위험감수의지, 상황에 맞게 적절히 독립적/협력적으로 행동하는 능력으로 구성된다.

HR Map | 커리어 이론 Big 5

1. TWA 이론(Theory of Work Adjustment)

자신의 니즈와 어울리는 조직 환경을 모색하는 사람, 그리고 환경의 요구사항들을 맞춰줄 능력 보유자를 찾는 조직 간에 계속되는 적응과 수용의 과정으로서 커리어 선택 및 개발을 설명한다. 개인과 환경의 적합성이 높으면 만족이 높아지고 개인과 조직의 만족 정도에 따라 해당 조직에서 얼마나 근무할지를 예측할 수 있다. 이와 같이 개인과 환경은 상호간에 일치를 이루고 이를 유지해가려 끊임없이 애쓰는데, 여기에 다음 4가지의 조정변인이 작용한다.

- ❖ 융통성(flexibility) 개인과 환경 간의 불일치에 대해서 용인하는 정도
- ❖ 적극성(activity) 불일치나 불만족을 줄이기 위해 개인이 환경을 변화시키려는 노력 여부
- ❖ 반응성(reactiveness) 불일치를 줄이려고 이번엔 환경이 아닌 자신을 변화시키려는 노력 여부
- ❖ 인내심(perseverance) 환경을 변화시키기 전까지 계속 인내하며 적응과 수용을 해나가는 정도

2. Holland 이론(Holland's Theory of Vocational Personalities in Work Environment)

사람들의 흥미(성격)는 6가지로 구분되고 이와 일치하는 6가지 환경이 있다. 직업적 흥미는 성격을 반영한다는 가정으로부터 각 환경에는 그 흥미 유형과 맞는 사람들이 머물고 맞지 않은 자들은 불만족하게 된다고 제안한다. 커리어를 선택하고 결정을 할 때 개인과 환경의 일치라는 점에선 TWA 이론과 유사하다. 이 모형을 해석하는 데 있어 이러한 일관성 외에도 차별성은 어느 한쪽 유형으로 치우칠 경우를 말하는데, 각 유형에서 모두 엇비슷해서 정형으로 나오면 별 특징이 없다고 볼 수 있다.

- ❖ 현실형(realistic R) 기계나 도구 등의 체계적인 실행을 지향. 예) 기술자, 농부
- ❖ 탐구형(investigate I) 호기심과 아이디어로 분석적인 것을 지향. 예) 과학자, 교수
- ❖ 예술형(artistic A) 심미적이며 독창적인 것을 지향. 예) 예술가, 음악가
- ❖ 사회형(social S) 자선이나 타인과의 협력을 지향. 예) 교사, 사회복지사
- ❖ 진취형(enterprisig E) 조직하고 설득하는 것을 지향. 예) 영업사원, 사업가
- ❖ 관습형(conventional C) 체계적으로 기록 정리하는 것을 지향. 예) 회계사, 사무원

3. 자아개념 이론(Self-concept Theory of Career Development)

사회적 환경의 효과와 사람과 환경 간 상호영향을 강조하면서 커리어의 선택 및 개발을 개인이 자아개념을 발전시키며 실천하는 과정이라고 제안한다. 자아개념은 새로운 경험을 함으로써 각 단계를 거쳐 발달되고 상대적인 안정기는 청소년기 말에 찾아온다. 각 단계에서 주어진 발달 과업을 잘 수행해야만 해당 연령대에서 사회의 기대를 충족시키는 사람이 되고 비로소 진로성숙이 얻어지는데, 이는 조직과 환경의 요구에 대처하는 성공 여부를 결정짓는다.

- ❖ 성장기(growth, 0세~14세) 욕구와 환상이 지배적이다가 점차 흥미와 능력을 중시
- ❖ 탐색기(exploration, 15~24세) 학교생활이나 아르바이트 등에서 자아를 검증하고 역할수행을 하며 커리어를 탐색
- ❖ 확립기(establishment, 25~44세) 자신에게 적합한 커리어를 찾아 안정적인 생활터전을 잡으려 노력
- ❖ 유지기(maintenance, 45세~64세) 자신의 위치가 확고해지고 이를 유지하기 위해서 노력

4. Gottfredson의 제한 타협 이론(Gottfredson's Theory of Circumscription and Compromise)

이 이론은 커리어 선택이 인지적 기량을 필요로 하는 과정이라고 가정하고서 제한과 타협을 강조한다. 여기서 제한이란 자기를 창조하는 과정에서 본인과 어울리지 않는 직업 대안들은 배제하는 것을 말한다. 또한 타협은 외적 현실이나 제한 요소들에 대응하면서 자신의 직업적 선호는 유지하되 현실적으로 불가능한 대안들을 포기하는 것이다. 사람들은 이 과정을 거치며 자신의 커리어 포부를 조절하고 절충된 의사결정을 내린다. 구체적인 과정은 자아개념 이론과 유사하게 발달적 단계를 다루고 있다.

- ❖ 크기와 힘을 지향(orientation to size and power, 3~5세) 직업은 곧 어른들이 하는 역할이라고 생각한다. 이때에는 직업에 대해 긍정적 입장을 취함
- ❖ 성 역할 지향(orientation to sex-roles, 6~8세) 자아개념의 형성에 영향을 주므로 성역할 규범과 태도가 생성된다. 이에 따라 남녀 역할에 바탕을 둔 직업을 선호
- ❖ 사회적 가치 지향(orientation to social valuation, 9~13세) 사회적 부류나 지위에 관심을 갖고 그에 부합하는 직업에 관심을 갖는다. 이 단계에서 지위상한선과 지위하한선이 형성됨
- ❖ 개성있는 자아 지향(orientation to the internal, unique self, 14세 이후) 자아성찰을 통해 성격, 관심, 스킬, 가치 등의 내적 자아와 걸맞는 직업을 선택한다. 위의 단계에 따라 개인은 사회적/지적 수준, 성 역할 등에 맞는 직업을 선택

5. 사회인지 커리어 이론(Social Cognitive Career Theory)

이 이론에 따르면 커리어 발전을 설명하는 3가지 결정 요인이 있다. 우선 자신의 능력에 대한 믿음으로서 자기효능감이 커리어에 관련된 특정 행동의 시작과 유지에 영향을 준다. 다음은 결과기대로 이는 자신이 원하는 바를 이루었을 때 자신과 그 주변에서 일어날 수 있는 평가다. 자기효능감이 형성되는 것과 같은 방식으로 만들어진다. 마지막 세 번째는 원하는 바를 이루려는 일에 몰두하고자 하는 의도인 개인적 목표다. 이들 요인과 환경 변인들이 서로 상호작용하여 개인의 커리어 방향을 결정한다고 제안한다. 다음의 모형들을 만들 수가 있다.

- ❖ 흥미모형(interest model) 자기효능감과 결과기대는 흥미에 직접적인 영향을 미친다는 것
- ❖ 선택모형(choice model) 환경은 자기효능감과 결과기대에 영향을 주고, 이는 다시 흥미에 영향을 주며 결과적으로 목표 선택에 영향을 미친다는 것
- ❖ 수행모형(performance model) 과거 경험이 자기효능감과 결과기대에 영향을 미치고, 개인의 목표에도 영향을 미쳐서 최종적으로 성공 정도인 성과수준에 영향을 미친다는 것

2.3 커리어개발시스템의 이점과 활용

앞서 1.1에서 설명한 오늘날의 일-가정 커리어 관점은 한 개인의 커리어 추구 능력에 직장과 가정 영역을 둘 다 포함시킨다. 세월에 따라 커리어나 인생의 단계에 걸쳐서 업무 영역과 업무 외적 영역 간의 상호의존성은 계속 변화하기 마련이다. 이를테면 어느 한 시점에선 승진을 위해서 근무지 변경을 택할 수도 있고, 또 다른 시점에선 자녀의 진학이라는 문제로 가족 역할이 더 우선시될 수 있다. 개인의 일-삶 균형(work-life balance)은 업무 및 업무외 영역에서 가진 자원을 합리적으로 활용하면서 만족스런 경험을 성취하는 것을 말한다. 삶 전체의 균형을 맞추는 것이 직원 혼자 해야 할 일처럼 생각되던 시절도 있었지만 지금은 많은 사용자들이 일-삶의 관리(work-life management)로부터 얻는 이익을 잘 견지하고 있다. [표 7.2]는 이러한 커리어개발시스템의 이점을 조직, 상사, 개인별로 요약했다.

커리어개발은 사용자들이 인재 유지를 위해서 하는 최우선적 활동일지도 모른다. 한 조직에서의 직장-가정 문화(work-family cultures)는 관련 정책/복지 프로그램의 개발에서 입김이 큰 경영진이나 정책 입안자들의 가치에 의해 영향받는다. 그들은 모든 임직원들의 행동에 영향을 줄 조직문화를 조성하고 지원하며 또한 일선 매니저들에게까지 일임해 가정친화적인 요구들에 대한 적절한 대응으로 정책들과 조직문화가 조화를 이뤄나갈 수 있게 만든다. 하지만 직원들의 삶에서 커리어개발 니즈를 충족하는 데 조직 자원이 쓰이도록 할 책임은

표 7.2 | 커리어개발시스템의 이점

매니저/부서장	지원들	조직
본인 커리어관리에 도움	커리어 의사결정에 도움	직원들의 능력 활용에 도움
인재 이탈을 방지	직무의 질을 높이고 만족 증진	조직 전 계층에 정보 유포 가능
부하와의 커뮤니케이션 증가	상사와의 커뮤니케이션 증가	조직 내 원활한 커뮤니케이션
현실적인 충원 및 개발 계획마련이 가능	현실적인 목표설정 및 기대 가능	인재 이탈을 방지
생산적인 성과평가 논의	성과에 대한 원활한 피드백	육성자라는 대중적 이미지를 만듦
조직에 대한 높은 이해도	회사와 미래에 대한 산 정보를 획득	인사시스템의 효과성 증대
육성자라는 평판을 득함	커리어에 대한 책임감 증가	조직의 목표를 명확화

실상 부서장급 매니저들에게 있다. 그들은 일-삶 정책과 프로그램 활용을 위한 소위 게이트키퍼(gatekeeper)로서 상사가 가정에 대한 지원을 아끼지 않는다는 인식을 심어줄수록 직장-가정 갈등은 줄어들 가능성이 커진다.

만약 회사가 미래의 커리어개발에 대한 준비가 미흡하다면 이는 직원들과의 마찰을 일으키는 주원인이 된다. 마찰은 회사에게 비용을 발생시킨다. 회사가 자신들을 위해 거의 투자하지 않는다는 식으로 직원들이 생각하게 되면 조직에 등을 돌릴 게 뻔한 이치다. 2008년 세계 경제위기 이후 대다수 조직들에서는 중간 관리계층을 축소하면서 승진의 기회가 더욱 줄어들었다. 내부 승진이 어려운 이러한 상황에선 인재 유지를 위해 조직들이 그들의 전문성 개발에 관심을 기울인다는 것을 더 많이 보여줘야 한다. 조직들은 대안으로서 수평이동도 생각해 보지만 이를 경험해본 대부분의 직원들은 이후 더 나빠진 느낌만 받았다고 불평하는 이들도 많다. 그 해법으로써 경영자나 HR 매니저들은 다음 세 가지 활동들로 직원들이 스스로 가치 있다는 생각이 들도록 할 수 있을 것이다.

- **직위보다는 경험을 중시한다** 최고의 기업들은 서로 다른 경험을 공유하는데 시간을 많이 할애한다. 이로써 직원들은 어느 순간에 공석인 자리만이 아니라 조직 전반을 살펴보며 이동할 수 있게 된다. 회사가 경험의 다양성을 증가시켜주게 되면, 회사 내에서의 그들이 바라보는 기회의 지각도 함께 증가하게 된다.
- **직원들이 나서기 전에 먼저 행한다** 대부분의 사람들은 개인적인 중요 시점에서 다른 사람과 비교를 하면서 커리어를 결정한다. 이러한 사실을 이해할 수 있는 적극적인 매니저라면 그들이 요청할 때까지 회사 스케줄만 보고 기다리기보다 그들이 원하는 것에 관해 미리 대화할 수 있는 분위기를 만들고 소통해가야 한다.
- **직함이 아닌 고용가능성을 가지고 동기를 높인다** 인재를 잡아 앉히려고 매번 승진을 제안하는 것이 언제나 능사가 아니다. 최고의 기업들은 현 조직에서의 발전과 염두에 두는 타 회사를 서로 비교할 수밖에 없다는 사실도 인식한다. 그러므로 그들은 승진이나 임금인상보다 미래 직무에 지금 학습하는 것이 어떻게 연결되는지를 보여준다. 심지어 다른 조직에 가서라도 쓰일 수 있음을 분명히 보여준다.

그림 7.1 | 커리어개발의 역할과 책임

직원들	• 그들 스스로의 개발과 커리어에 책임을 진다. • 현재와 미래의 직위간 스킬 격차를 좁힌다. • 개발 기회들을 잡는다. • 확약이나 보증이 없음을 기억한다.
매니저	• 직원들과 커리어 포부에 대해 이야기하는 시간을 갖는다. • 경청 후에 피드백과 더불어 아이디어와 관련자에 대한 정보 등을 제공한다. • 개발을 지원하기 위한 결정을 한다.
조직	• 미래 방향과 스킬 요구사항에 관해 소통한다. • 정보와 수단을 제공한다. • 기회들을 공시한다.

이와 같이 경영진이나 직속상사에겐 직원들이 삶에서 개발 니즈를 평가해서 일-삶의 관리가 잘되게끔 지원할 책임이 있다. 그렇지만 커리어개발을 위해 그 주된 책임은 어디까지나 직원 본인에게 있다고 해야 할 것이다. 자신이 현재 원하는 커리어가 무엇인지 정하고 나서 자신의 관심, 강점, 그리고 개발 분야를 평가하기 위해 직접 혹은 상사와 함께 조치를 취해 나가는 것이 바람직하다. 성과관리 프로세스의 일환으로 상사의 인풋을 담아 **종업원개발플랜**(EDP)을 해마다 작성해야 하고 직무관련 학습/훈련 기회, 지속적인 교육, 그리고 전문성 개발 방안을 규명하기 위해 상사와 협업해야 한다. [그림 7.1]은 이러한 커리어개발의 과정에서 직원을 비롯한 매니저와 조직의 역할과 책임을 요약해 보여준다.

종업원개발플랜
개인들의 현재 직무를 위한 스킬을 향상시키고 미래 새로운 직책에 대한 지식, 스킬 및 능력을 연마하는데 이로운 실천 계획

현대의 커리어 이론들은 커리어개발에 대한 개인 책임을 중시하며 그 목표를 이루기 위한 주된 방법으로 조직 간의 이동을 강조해 온 게 가장 두드러진 특징이다. 그러나 최고의 기업들에선 직원들의 커리어개발을 관리해 그들의 일-삶 요구를 다루는 데 있어서 적극적인 협력자가 됨으로써 얻는 이점들에 대해 잘 인지하고 있다. 이후에 학습할 탤런트 매니지먼트의 한 측면이기도 한 커리어개발은 직원들의 긍정적인 경험을 위해 필수적이다. 비록 승진을 추구하지 않는 자라 하더라도 직무에서 성장하며 새로운 것을 학습할 기회를 갖기 원하는

것은 누구나가 마찬가지다. 커리어개발은 결국 비즈니스 전략과 커리어 발전을 연계시키는 것으로서 지속적인 성과관리를 지원할 수 있다.

하이데거의 숲 | 종업원개발플랜

종업원개발플랜(EDP)은 성과관리시스템의 일부이기도 하다. 적어도 연중 한번은 상사와 직원이 만나 커리어와 학습 관련 목표들을 협의 후, 학습 단계와 필요 자원을 확인하고 함께 목표 달성을 위한 계획을 수립해야 한다. EDP에는 장·단기 목표와 함께 요구되는 훈련, 학습 등이 포함돼야 한다. EDP에서 성공의 핵심은 정보(information), 커뮤니케이션(communication), 공동 의사결정(joint decision-making), 학습의지(willingness to learn)일 것이다.

- ❖ **정보** 직원들은 자신의 강점, 선호, 커리어목표와 향후 선택지 등을 이해할 필요가 있다. 커리어개발 플랜을 작성해 보는 것은 정보를 유지하며 상사와 커리어에 관한 논의를 이어가는 데 있어 좋은 방법이다. 커리어 맵은 특히 조직 내 잠재적인 커리어 이동을 이해하는 데 유익하다. 매니저로서는 조직의 현 인력과 성과 니즈를 이해할 필요가 있으며, 현재 역할뿐 아니라 향후 요구되는 역량까지 파악할 필요가 있다.
- ❖ **커뮤니케이션** 매니저나 부서장이 직원 자신의 커리어개발 목표에 대해 알게끔 할 필요가 있다. 변화가 있다면 특히 그렇다. 변화의 속도가 빠른 요즘, 미션과 예산에서 잦은 변동을 겪다보니 요구되는 스킬과 능력도 변화가 심하다. 현재 또는 예상 니즈에 관해 소통하는 것은 부서장에게 달려 있고 그 결과로 조직의 이해뿐 아니라 직원의 이해에도 잘 맞는 결정을 내릴 수 있게 된다.
- ❖ **공동 의사결정** EDP와 커리어개발 플랜이 개인별로 다르더라도 결코 혼자인 것이 아니다. 결정을 하거나 플랜을 수립할 때는 재정여력이나 업무량, 그리고 다른 동료들의 니즈 같은 중요 이슈들을 고려할 필요가 있다. 매니저들 역시 지원을 해줄 개발법, 재원의 할당법 등을 생각해야 하다. 직원의 커리어목표를 이해하면 상황이 여의치 못할 때라도 대안을 생각해낼 수 있다.
- ❖ **학습 의지** 직원들은 커리어를 거치면서 적성에 맞는 직무를 찾는 데 기민해질 필요가 있다. 장기적인 커리어 성공을 위해서는 새로운 스킬을 활용하려는 학습 의지가 매우 중요하다. 수직적 커리어사다리가 무의미해진 오늘날, 커리어경로를 찾는 데 있어 보다 창의성이 요구된다. 매니저들 또한 직원들의 개발 니즈에 관심을 유지하되 그들이 커리어목표를 달성하고 조직에도 기여할 기회를 제공해야 한다.

누구에게나 맞는 단일의 커리어개발 경로란 있을 수 없을 것이다. 개인의 커리어개발 플랜에는 분명 개인차가 반영되어야 할 것이다. 당연히 승진하게 되면서 성공을 거두기 위해서는 다른 스킬과 행동의 조합이 요구될 수도 있다.

탤런트 매니지먼트

03

조직들의 성공배후에는 핵심요소로서 리더십이 존재한다. 하지만 유능한 리더들은 부족한 게 현실이다. 이 문제는 점차 해소되기는커녕 오히려 더 악화되고 있는 듯하다. 차세대 리더들을 육성하는 데 필요한 제도가 실제 미비함을 지적하는 연구들이 많다. 이러한 인재전쟁(the war for talent)의 시대에서 등장한 용어가 탤런트 매니지먼트(TM: talent management)이다. 천부적인 재능을 지닌 인재를 발굴하고 그들을 잠재적 리더로 육성하는 체계적인 프로세스를 말한다. 이것은 알맞은 사람에게 알맞은 역할을 부여하는 것을 중시하는 하나의 리더십 철학이라고도 할 수 있다.

100대 기업의 인재상 변화

구분	2008년	2013년	2018년
1순위	창의성	도전정신	소통·협력
2순위	전문성	주인의식	전문성
3순위	도전정신	전문성	원칙·신뢰
4순위	원칙·신뢰	창의성	도전정신
5순위	소통·협력	원칙·신뢰	주인의식
6순위	글로벌역량	열정	창의성
7순위	열정	소통·협력	열정
8순위	주인의식	글로벌역량	글로벌역량
9순위	실행력	실행력	실행력

국내 100대 기업의 인재상을 분석한 결과, 2018년 인재로서 갖춰야 할 역량으로 '소통과 협력'을 기업들이 가장 많이 꼽았다. 2013년에 7위에서 1위로 뛰어올랐다. 직원들은 상사를 '꼰대'로 상사는 그들을 '요즘 것들'로 치부하는 경향과 관련이 있지 않을까?

3.1 탤런트와 탤런트 매니지먼트

탤런트 매니지먼트는 조직차원에서 귀중하다고 여겨지는 사람들을 유인, 발굴, 개발, 유지하며 그들을 관여시켜서 활용하는 것을 추구한다. 차별화된 성과와 조직 내의 핵심직위 규명에 초점을 두는 TM은 기업들 사이에서 점차 핵심성공요인으로 인식되기에 이르렀다. **탤런트(talent)**란 당장의 공헌을 통해서 혹은 장기적인 높은 잠재력을 입증하여 조직성과에 긍정적인 영향을 끼칠 수 있는 사람들을 말한다. 흔히 이 용어를 조직들에서는 상위 10~20% 정도에 해당하는 A급 인재들을 지칭할 때에 많이 사용한다. 관리직급들(managerial positions)과 관련해서는 특히 회사가 목표를 완수하고 성과로 이끄는 데 있어서 도움이 될 사람들로서 조직 각층에서 가장 효과적인 리더 및 관리자를 위한 일종의 암호처럼 탤런트가 묘사되기도 한다.

탤런트
한 개인의 천부적 재능. 인재를 말하기도 하며, 구체적으로는 그들을 빛나게 하는 뛰어난 스킬이나 능력보다도 재능(talents)을 지닌 리더나 관리자로 이해되어 옴

이러한 인재들을 전략적으로 관리함으로써 기업들은 고성과조직(a high performance workplace)을 구축할 수 있고, 더 나아가 학습조직(a learning organization)이 되도록 부추겨 기업의 브랜드 가치까지도 드높이게 된다. HR 전문가들은 이 같은 관점에서 우선순위 면에서 TM을 제일 핵심으로 간주한다. 여기서 조직이 TM을 필요로 하는 이유를 더 부연하자면 다음과 같다.

- 지속적인 성장을 이루려 하는 복잡하고 역동적인 환경에서 효과적인 경쟁을 위해
- 미래를 위한 리더를 조직 내부로부터 육성하기 위해
- 특별한 경쟁우위의 원천이 되는 종업원 성과를 극대화하기 위해
- 임파워먼트하여 높은 이직률을 낮추고 매번 발생하는 훈련에 드는 비용도 줄이기 위해

탤런트가 조직에서의 핵심 이슈로 부상하는 가운데 오늘날 수많은 서적과 논문, 컨퍼런스, 그리고 토론의 주제로 다루어지고 있다. 하지만 안타깝게도 모두가 이에 대한 일치된 이야기를 하고 있지는 않다. 예컨대 조직들에선 탤런트를 한 개인의 **스킬**(skills), **능력**(abilities), 즉 그가 무엇을 할 수 있는지 혹은 조직에 어떤 기여를 할 수 있는지 차원에서 사용한다. 한편 이미 언급한 것처럼 **특정인**(a specific person)을 지칭하는 경우도 흔하다. 보통 어떤 이를 탤런트라고 일컬을 땐 그 사람이 어느 영역에서 특정 스킬과 능력을 지닌 자임을 뜻한다. 이 밖에 조직 내 **한 집단**(the talent)을 마치 개인처럼 탤런트라고 지칭할 때도 있다. 현재까지의 TM 연구들을 살펴보면 탤런트에 관한 개념화에 있어서 다음 5가지 정도의 대비 경향을 발견할 수 있는데, 이들은 서로 독립적인 것이기보다는 동시에 발생될 수 있는 것들임을 유념하면서 하나씩 살펴보자.

▶ **탤런트에 대한 객체(object) vs. 주체(subject) 관점** 주체적 관점은 탤런트를 지닌 자의 규명과 개발에 집중하는 반면, 객체적 관점은 탤런트를 지닌 자의 특성들(characteristics)을 발견해서 이를 가지고 다른 사람들을 개발시키는 데 집중한다. 이러한 관점은 TM이 엄밀히 무엇을 혹은 누구를 관리해야 하는지에 대한 서로 다른 접근방식을 나타낸다.

▶ **탤런트에 대한 포괄적(inclusive) vs. 배타적(exclusive) 관점** 모든 이들이 탤런트를 지니고 있다는 가정에서 출발하는 것이 포괄적 관점이라면, 배타적 관점은 날 때부터 일부에게만 더 탤런트가 있어서 귀하다고 가정한다([그림 7.2] 참조). 배타적 관점에 따라 자원의 90%를 5%의 사람들에게 배분하는 데도 있고, 또 다른 조직은 자원을 동등하게, 혹은 고성과자보다 저성과자들에게 더 많이 할당하기도 한다.

그림 7.2 | 포괄적 vs. 배타적 관점

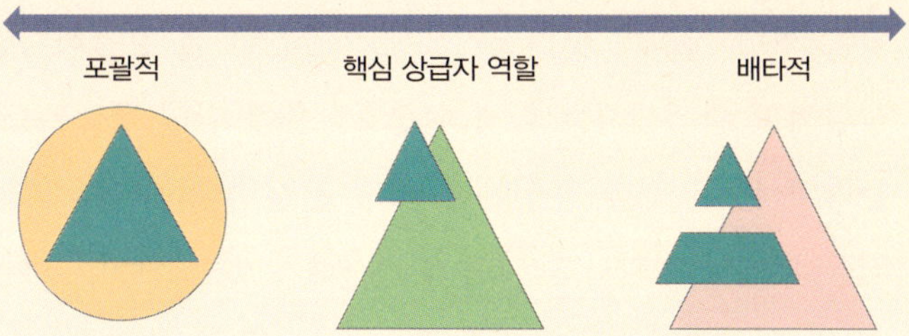

모든 직원이 잠재적으로 탤런트들이다.	일부 직원들만 잠재적인 탤런트라 여겨진다.
• 소규모의 전문가 조직에 보다 적합	• 대규모 조직에 보다 적합
• 덜 경쟁적임	• 미션과 핵심 역할이 명확하다면 이상적
• 목적에 부합하지만 합리성에는 의문	• 분열적인 문화를 조장하기 쉬움
• 진정한 탤런트의 흥미를 떨어트림	• 낙인 찍혔다고 느끼게 할 수 있음
• 실행이 쉬운 대신 영향은 미미	• 민간 부문에서 실행이 용이
• 저(低) 포부 모형	• 열망적인 목표를 세울 수 있음
• 새로운 프로세스가 불필요	• 추가적인 프로세스를 요구함

▸ **탤런트에 대한 선천적(innate) vs. 후천적(acquired) 관점** 탤런트가 학습되는 정도에 대한 논의로서 탤런트의 선발과 평가, 규명에 집중하는 선천적 관점, 그리고 탤런트 개발을 위한 도구로 교육, 훈련, 경험, 학습에 중점을 두는 후천적 관점이 있다. 사람은 잘 변하지 않는다고 보는 경영자들도 있지만 경험에서 배우며 나이가 들어서까지 사람은 변한다고 믿는 이들도 있다. 대체로 유럽문화권에서는 천부적인 특성이 강조되고 동양에서는 탤런트를 완벽함을 얻고자 노력한 결과로서 보곤 한다.

▸ **탤런트에 대한 투입(input) vs. 산출(output) 관점** 탤런트는 능력에 의한 것인지, 모티베이션에 의한 것인지에 관한 논의로서 탤런트 평가에 있어 노력, 모티베이션, 야망, 커리어 성향에 초점을 두는 것이 투입 관점이다. 반면 산출 관점은 생산, 실적, 업적, 결실에 평가의 초점을 둔다. Ulrich와 Smallwood의 연구(2012)는 능력에만 국한하지 않고 '탤런트 = 역량 × 몰입 × 공헌'이라고 했다. 더구나 이들 요소는 덧셈이 아닌 곱셈으로 표현된다. 즉 한 요소의 높은 점수가 다른 요소의 낮은 점수를 보완할 수는 없다고 본 것이다.

▶ 탤런트에 대한 전이가능(transferable) vs. 상황적합(context-dependent) 관점

이는 탤런트가 상황마다 다른 것이냐에 대한 논의다. 전이가능 관점은 탤런트를 지닌 자라면 어디서건 그들의 탤런트를 표출한다고 가정한다. 그러나 상황적합 관점에서는 환경의 상호작용에 의해 탤런트가 발현되거나 인정받는다고 본다. 스타급 인재라 해도 부임 첫해엔 생각만큼 성과가 높지 않고 적응 후에나 성과를 낸다는 연구사례가 있는 반면, 과학자들에 대한 연구에선 타 성과영역에서도 가장 뛰어난 자가 관심의 폭이 넓었고 다재다능하며 남들과 다르게 일할뿐더러 여러 분야의 지식까지 융합하는 모습을 보였다고 한다.

흔히 범하기 쉬운 실수로 마치 구인만이 능사인 양 TM을 설명하는 경우가 종종 있는데, 결코 그렇지가 않다. 향후 5~10년 후에 요구될 스킬과 경험을 개발하는 청사진을 필요로 한다. 이것은 이제껏 경험하지 못했던 특별한 리더십 스타일이나 경험들이 될 수도 있고, 새로운 수익 흐름을 주도해갈 기술적인 관심사나 능력이 될 수도 있다. 즉 TM의 핵심은 오히려 커리어개발(career development)에 있다고도 볼 수 있을 것이다. TM이 진화해온 과정을 보더라도 이를 어렵지 않게 짐작할 수 있는데([표 7.3] 참조), 이러한 접근이 미래의 인적자원과 비즈니스를 확실시해 주는 유일한 방법일지도 모른다. 커리어개발 차원에서 TM의 5가지 요소들을 설명하면 다음과 같다.

표 7.3 | TM이 진화해온 과정

영역	충원계획	승계기획	탤런트 매니지먼트
목적	위기관리	전략적인 배치 및 개발	광범위한 구인 및 개발
타깃	핵심 관리직	우수 인력풀	전사적인 조직 참여
평가	직무별 잠재력 및 성과	성과 트렌드 및 리더십 역량	중요한 모든 능력 및 결과
결과	주요 직위에 대한 대체 계획	우수 인력풀을 위한 개발 및 배치 계획	HR 프로세스와 통합된 개발 및 배치시스템
커리어 경로	관련 직무 내에서의 선형적 경로	일부 지역/부서 간 이동을 포함한 직무 간 경로	직무, 지역 및 사업부 간 이동을 포함한 기회적 경로
실행	매년 검토	개발 계획을 포함하여 매년 검토	타 HR 프로세스와 연계된 지속적인 활동
주도권	임원진	회사	직원, HR 매니저, 라인 매니저, CEO 간의 공유
참여	순응	수락	몰입

- **전략적인 HR 플랜** 조직의 장기플랜 실천과 관계된다. 목표와 더불어 이를 달성하는 데 요구되는 직원들의 스킬, 성격, 경험이 무엇인지 그 계획이 분명해야 한다.
- **구인** 현재 및 미래의 요구사항들에 대비해 최고의 인재를 고용하는 것과 관계된다. 그들을 채용하여 효과적으로 융화시키는 것까지도 고려해야 한다.
- **유지** 도전적이며 열의에 차서 만족해하는 고성과 직원들을 유지하는 것과 관계된다. 유지가 쉽지 않더라도 진정한 동기유발이 무엇인지 한번 이해하면 잘할 수 있다.
- **학습과 개발** 현 직원들의 스킬 향상에 관한 것이다. 미래를 대비해서 개발해야 할 스킬과 함께 누구를 대상으로 할지도 신중히 고려되어야 한다.
- **보상** 직원들은 인정받고 보상받을 필요가 있다. 올바른 행동은 반드시 보상됨을 보여주기 위해 보상전략은 늘 검토되어야 한다. 그것도 장기적인 생각으로 말이다.

비록 효과적인 TM의 이점들이 수없이 논의되어 왔어도 조직들이 이를 실천으로 옮기기 시작한 것은 불과 얼마 전의 일이다. 효과적인 TM은 미래 잠재성

HR Map | 탤런트에 관한 중요한 이론적 접근법 5가지

Meyer, Van Woerkom, & Dries(2013)는 문헌들을 고찰한 결과를 토대로 탤런트에 대한 두드러진 접근법 5가지를 다음과 같이 제안했다.

- ❖ **영재성(giftedness)** 음악, 스포츠, 바둑 등과 같이 특정 분야에서 두드러진 스킬을 보여주는 비범한 재능(talent)과 특별한 재주(gifts)를 지닌 사람을 영재라 일컫는다. 이러한 특성은 매우 희귀하여 모차르트 같은 유일한 존재를 가정한다.
- ❖ **강점(strength)** 탁월함을 위한 잠재성(potential for excellence)으로서 좋은 성과를 내게끔 하는 개인의 특성이 바로 강점이다. 타고나는 부분이지만 어느 정도는 개발된다고 본다.
- ❖ **역량(competencies)** 성과를 위해 필요한 인간의 능력이 역량이다. 지식, 스킬, 능력 등으로 이뤄진 역량은 탤런트의 행동적인 징후이며, 이는 주로 리더십 개발, 승진 결정, 승계기획의 상황에서 평가된다.
- ❖ **잠재성(high potential)** 지금 하는 것보다 앞으로 더 좋아질 가능성을 잠재성이라고 한다. 겉으로 잘 드러나지도 않고 매우 드문 특성이라서 극소수만이 높은 잠재력을 지니고 있다.
- ❖ **고성과(high performance)** 탤런트가 미래를 위한 잠재성과 가능성을 나타낸다는 것과 대조적으로 현재의 활동, 행동, 그리고 성과를 보여줄 수 있는 구성요소로도 이해될 수 있다.

을 지녔거나 또는 핵심역할을 수행 중인 인재들을 규명, 개발하고 그들을 몰두하게 만들며 유지시키는 것에 관한 것이다. TM은 조직이 요구하는 유능한 인재의 규명에서 출발하여 직무에서 필요한 잠재력과 스킬을 갖춘 인재 선발로 이어진다. 선발 후에는 그들을 매료시킬 금전보상과 복지혜택을 제공하고 조직에서 새로 발생하는 요구사항에 대응하도록 훈련/개발을 제공한다. TM은 투자대비 수익을 고려하면서 높은 잠재력을 지닌 사람들은 유인하는 것 외에 이들을 개발시켜서 유지하는 것도 그 이상으로 많이 강조한다.

3.2 탤런트 매니지먼트의 중요성

뛰어난 인재는 일반인들보다 대개 4~6배의 성과를 올린다는 말이 있다. 판매원이든 외과의사든, IT 개발자든 혹은 다른 어떤 직무이든 간에 그렇다고 한다면 결국 한 사람의 뛰어난 인재를 선발하거나 또는 개발시키는 것이 전체성과에 막대한 영향을 미친다는 소리다. 그러나 많은 기업들이 저마다 뛰어난 인재들을 확보하려 애쓰지만 그들의 숫자는 언제나 한정적이다. 최고 수준의 리더나 매니저의 수요는 공급을 훨씬 넘어섰고, 전에 비해 이들의 이동도 잦아졌으며 커리어에 대한 기대와 요구 또한 크다는 특징이 있다. 조직 내 최고 탤런트를 발굴하고 개발, 유지시키는 데에 TM의 근본 목적은 있을 것이다. TM에 대한 스킬을 보유한 경영자들이라면 직원들이 조직 발전과 더불어 학습하며 성장해갈 지원적이고 사람중심인 조직문화를 조성할 수 있다.

필요한 인재를 보유 못하면 그 조직은 자원과 인프라 등 다른 제반 요소들이 아무리 완벽하다 한들 목표를 지속적으로 달성해가기가 어렵다. 보다 큰 성공을 가져다 줄 수 있는 것은 결국 사람 외에 없기 때문이다. 조직 내 자원의 효과적이고 효율적인 사용을 촉진하는 것과 관계된 TM은 현대 비즈니스에서 필수적이며 조직 경영을 위한 중요한 기능 중 하나다. TM이 중요한 이유라면 다음과 같이 요약될 수 있을 것이다.

- TM의 가장 큰 이점이라면 비즈니스에 필요한 최고 인재를 찾아서 유인할 수 있게 한다는 것이다. 기업이 TM을 중요시하면 회사의 브랜드(employer brand)를 강화시켜서 잠재 구직자들의 호감도를 높일 수 있다. 이로써 좋은 인재를 선발할 가능성을 증가시키게 된다.

- TM은 직원들을 언제 어떻게 개발할지에 대한 이성적인 결정(conscious decisions)을 할 수 있게 해준다. 그들을 성장시키기 위한 개발 지침을 만들게 할 뿐만 아니라 비효과적인 개발 활동은 언제든 중단할 수 있게 해준다. 이러한 TM 활동들이 결국 직원들의 만족과 근속의 이유가 된다.
- TM은 기업이 각 직원에게 가장 잘 맞는 직무와 스킬(best-suited position and skill for each employee)을 규명해 배치할 수 있는 능력을 갖추게 해준다. 이것은 증가된 생산성을 보장하고 최고의 인재가 유지될 수 있게 함으로써 신규 직원의 채용 니즈나 이로 인한 비용을 줄여준다. TM은 폭넓은 성과관리와 연계될 필요가 있다.

이것들 외에 효율적이며 촉망되는 인재의 도움으로 조직들이 비전(vision)을 이룰 수 있게 되는 것도 전략적으로 매우 중요한 측면이다. 위기사태들에 대비

하이데거의 숲 | 기업들이 탤런트 매니지먼트를 도입해야 하는 8가지 이유!

❖ **최고탤런트 유인** 전략적인 탤런트 매니지먼트는 조직이 재능과 스킬을 갖춘 인재를 유인할 수 있는 기회를 준다. 이것은 하나의 브랜드가 돼서 잠재적으로 탤런트들을 유인하고 조직의 성과향상에 기여하게 된다.

❖ **직원 동기유발** 전략적인 탤런트 매니지먼트는 직원들이 동기유발되게끔 돕는다. 이로써 조직에 머물며 근속하게 만든다. 돈보다도 그들을 더 열의 있게 만들 수 있다는 것이 연구를 통해 입증되고 있다.

❖ **핵심역할 존속** 탤런트 매니지먼트는 중요하면서도 매우 전문화된 역할들을 다룬다. 이로써 회사는 핵심적인 역할을 담당할 직원들의 지속적인 유입을 유지할 수 있어서 순조로운 경영으로 불필요한 낭비를 피할 수 있다.

❖ **직원성과 증진** 탤런트 매니지먼트의 활용은 직무에 가장 적합한 인재를 규명하기 쉽게 해주고 성과관리에서 불거지는 불만의 문제를 덜어준다. 이는 최고탤런트들이 장기 근속할 수 있게 하는 원인이 된다.

❖ **직원열의 증진** 탤런트 매니지먼트는 직원의 개발과 관련해서 체계적이고 일관된 결정을 하게 해준다. 개발과 관련한 절차의 공정함을 느낄 수 있게 해주고 이 역시 최고탤런트들의 잔류의사를 높이는 데 기여한다.

❖ **최고탤런트 유지** 체계가 잘 잡힌 제도는 유지율을 높여서 결국 회사의 모집비용이나 성과관리 비용을 절감할 수 있게 해준다.

❖ **기업성과 향상** 탤런트 매니지먼트는 직원들이 열의에 차서 숙련도를 높이고 동기도 유발될 수 있게 함으로써 기업의 비즈니스 목표와 같은 방향을 향하도록 해준다.

❖ **고개만족 증진** 탤런트 매니지먼트에 관한 시스템적 접근은 곧 경영에 관한 통합적이고 일관된 접근법을 뜻한다. 시스템이 유기적일수록 고객의 만족도는 높아지게 마련이다.

할 수 있게 인재들로 이뤄진 탤런트 풀(pool)을 구성하고 미래 리더십을 위한 길을 닦게 해줌으로써 조직을 더욱 경쟁력 있고 발전적으로 변모하게 만드는 것이다. 실제로도 Collings 등의 연구(2011)에서 5년간 TM을 제도적으로 운영한 기업들이 그렇지 않은 기업에 비해 이익률이 20%나 높았고 투자수익률에서는 38%나 높게 나타났다. 조직의 전략적 경쟁우위와 관련 지어 생각함으로써 TM은 조직관리 분야에서 가장 핫한 전략으로서 급부상하고 있다.

그러나 TM의 중요성을 실증적으로 보여준 연구는 생각보다 많이 없다. Sparrow & Makram의 연구(2015)는 이론개발(theory building) 차원에서 TM의 4가지 철학, 즉 사람 접근법(인적 자본 관점에서 막대한 가치를 창출하는 소수 엘리트 직원의 관리), 제도 접근법(인재의 규명과 개발, 몰입 유지를 위한 전담 제도의 필요성 강조), 직위 접근법(조직을 성공으로 이끌 핵심 역할의 공헌에 중점을 두고 이를 직무 및 조직설계와 연관), 그리고 전략적 풀 접근법(인재의 유지, 개발에 드는 비용은 투자로 간주하고 위험/불확실성을 관리)을 종합하여 TM의 가치에 대해 주장했다. 즉 TM은 조직에서 새로운 가치를 모색하고, 기존의 자원과 융합해 조직화되며, 이러한 가치를 더욱 발전/확대시킨 다음, 이를 보호하는 과정을 설명하며 TM의 중요성을 보여준다.

3.3 탤런트 매니지먼트 성공의 결정요인

챕터 1에서도 언급했지만 TM과 HRM은 이론적으로 상관이 있는 것처럼 보인다. 이와 관련해 Iles 등의 연구(2010), Capelli의 연구(2008)는 다음의 3가지 관점을 제시했다. 첫째, TM은 HRM과 별로 다르지 않다는 것, 즉 TM은 모든 HRM 활동들을 포함하므로 HRM의 다른 이름에 불과하다는 이야기다. 이러한 새 명칭 TM은 인재를 전략적으로 관리하는 방법에 중점을 두고 있다. 둘째, TM은 특별한 강조점과 함께 HRM을 포괄한다는 주장이다. HRM이나 조직개발(OD)과 동일한 수단을 사용하지만 TM은 다만 인재를 더 강조한다는 말이며 따라서 조직 내·외부의 인재풀(talent pool)에 초점을 둔다. 셋째, TM은 인재들을 성장시켜 기량을 높이는 데 집중한다. 초점이 인재풀에 있다기보다 인재흐름(talent flows)에 있다. TM 프로그램들은 인재풀을 제공하고자 만들어지고 조직 내 승계(succession)의 자격이 되는 특정인을 육성하는 데에 중점을 둔다는 것이다.

표 7.4 | 과거의 마인드 vs. 탤런트 마인드

과거의 진부한 마인드	새로운 탤런트 마인드
'사람이 제일 중요한 자원'임을 막연히 믿음	인재일수록 더 나은 기업성과로 이끎
원래 있던 사람들과 일함	모든 매니저들은 인재풀을 강화시킬 책임이 있음
사람관리에 대한 책임은 HR에 있음	TM은 회사운영에서 핵심적인 부분
연중 한두 번쯤 승계기획을 연습	필요한 인재풀의 구축을 위해 과감한 조치를 단행

조직들 모두가 최고 인재를 영입하고 유지할 수는 없는 상황이라는 점에서 TM을 봐야한다. TM은 HR 부서나 HR 프로세스에서 비롯되는 것이 아니라는 것부터 먼저 이해해야 한다. 조직 내 각 계층마다 탤런트 마인드(talent mindset)를 지닌 리더나 매니저들로부터 TM은 나오는 것이다. 이러한 마인드는 더 나은 인재를 보유해 경쟁사들을 압도할 수 있다는 믿음인데, 이로 인해 어느 정도의 불편은 감수하고서라도 부하 직원들의 탤런트 강화를 위해 애쓰는 것이다. 이러한 마인드를 지닌 리더들은 이 일이 남에게 위임할 성격이 아니라는 것을 잘 알아 더 나은 탤런트 풀을 가다듬는 데에 많은 시간을 할애한다. TM을 결코 하찮게 여기지 않고 리더의 중요한 역할이라고 그들은 본다. 이러한 탤런트 마인드와 진부한 사고방식을 비교한 것이 [표 7.4]이다.

인재가 부족한 상황에서 조직이 우선적으로 할 일은 인재 획득에 민첩하게 대응하는 것이다. 인재의 발굴(identification)로 시작되는 TM의 첫 단계에서 경영진은 조직 안팎에서 가장 가능성이 많고 고성과를 창출할 만한 인재를 규명한다. 다음은 인재의 획득 및 유인(acquisition and attraction) 단계로서 프로세스 상의 인풋이란 점에서 중요성이 있다. 가장 중시된다고도 할 수 있는 세 번째 단계는 조직에 적합한 인재를 선발(selection)하여 직무에 배치(placing)하는 것까지를 포함한다. 그 다음은 인재에게 새로운 책무를 맡길 준비를 시키는 인재의 개발(development) 단계이다. 멘토십, 코칭, 직무순환 등의 기법 등을 적용한다. TM의 마지막 단계는 유지(retaining) 프로세스로 조직을 떠나지 않고 평생 조직과 함께할 마음이 들도록 여건을 조성하는 것과 관련된다. 개발과 유지는 승계기획과 이어진다. 이러한 TM의 성공에 결정적인 요인들이 있다면 그것은 다음과 같다.

- **스킬향상과 훈련/개발** 직원들에게 미래를 대비케 하면서 알맞은 스킬을 습득시키는 것은 생산성에 영향을 주며 이는 조직 성공의 토대가 된다. 직원들이 조직의 목적을 충족할 수 있도록 준비시켜 주는 것이 조직의 건전성을 위해 필수적이다.
- **기업목표와 연계** 기업이 전략을 갖고 있을 때 직원들은 기대되는 바를 잘 알 수가 있다. 직원들이 적절치 못한 업무를 하고 있다면 전략은 무용지물이 되고 만다. TM을 통해서 스마트 목표가 세워지면 이에 따라 직원들은 자신들의 수행을 검토할 수 있다.
- **직무책임의 강화** 직원들에게 강점과 스킬을 살릴 뿐 아니라 도전감을 주는 직무를 부여하여 성공을 준비시킨다. 스킬 습득을 위한 도전과 기회가 알맞게 조합된 사회적 환경을 제공함으로써 몰입과 근속을 불러오게 된다.
- **고성과자 보상** 직원들이 더 나은 성과를 내게끔 동기유발하며 고성과자를 보상할 가이드라인을 개발한다. 기업의 목표가 반영되어야 하고 학습과 개발을 촉진할 근무환경을 조성해야 한다.
- **승계기획** 핵심 매니저나 인재가 갑자기 떠나는 것을 대비해야 한다. 생산성에 문제가 없이 핵심 역할을 할 수 있는 역량을 갖춘 인재 풀을 만들어야 한다.

다시 말하면, 인적자원의 유인과 배치, 유지, 개발과 관련된 자원 투자가 조직을 경쟁우위로 이끌게 된다. 탤런트는 해당 직무에서 최고의 직원들로서 조직의 전략적 목표를 이루는 데 가장 많은 기여를 할 사람들이다. TM에서는 이들 탤런트를 유인, 선발, 개발, 유지시키는 전체 활동들을 중요시 여긴다.

HR News

직장인 3명 중 1명 "난 잡호핑족"…"연봉 높이려고" 多

직장인 3명 중 1명은 스스로를 잡호핑(job-hopping)족이라고 생각한다는 설문조사 결과가 나왔다. 잡호핑족은 통상 2~3년을 단위로 자주 직장을 옮기는 사람들을 지칭한다.

24일 취업포털 잡코리아에 따르면 최근 직장인·취업준비생 2,448명을 대상으로 설문조사를 한 결과, '스스로 잡호핑족이라 생각하는가'라는 물음에 응답자 34.7%(613명)가 "그렇다"고 답했다.

잡호핑족이라고 응답한 사람에게 '이직을 결정하는 이유'가 무엇인지 묻자, 이들의 41.8%(복수응답)는 "연봉을 높이기 위해서"라고 답했다. 이어 ▲ 역량 강화·경력 관리(31.5%) ▲ 상사·동료에 대한 불만(18.3%) ▲ 더 큰 회사에서 일하기 위해(17.8%) ▲ 복지제도에 만족하지 못해서(16.4%) ▲ 적성에 맞지 않는 업무를 시켜서(16.4%) 등 순이었다.

자신을 잡호핑족이라고 규정한 직장인들은 한 직장에서 '1년~2년 미만(28.2%)' 머무는 경우가 많았다. 이어 ▲ 6개월~1년 미만(23.9%) ▲ 3개월 미만(3.8%) 등 순이었다.

전체 조사 대상자 가운데 64.3%는 잡호핑족을 긍정적으로 바라봤다. 부정적이라는 답변은 12.3%에 머물렀다. 23.4%는 모르겠다고 밝혔다.

잡호핑족에 대한 이미지를 조사한 결과에서도 ▲ 진취적으로 도전하는 모습이 긍정적(52.3%) ▲ 개인 역량·능력이 뛰어나다고 생각(38.6%) ▲ 업계 동향 등 취업·이직 관련 정보가 많을 것 같다(34.5%) 등 긍정적인 답변이 줄이었다.

그림 7.3 | 성인남여 64%, 잡호핑족 '긍정적'

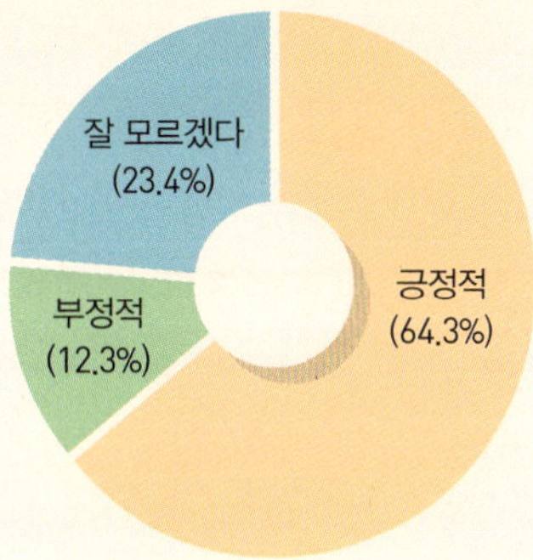

주: 성인남녀 2,448명 대상 설문조사 결과
출처: 잡코리아, 알바몬

반면 ▲ 오랜 기간 관계를 형성하며 신뢰를 쌓기는 어려울 것 같다(31.3%) ▲ 끈기나 참을성이 부족한 것 같다(11.6%) 등 부정적 답변은 상대적으로 낮은 순위에 머물렀다.

잡호핑족은 커리어개발 등을 목적으로 계획적으로 준비해 이직하는 사람을 뜻한다.

이들 가운데는 무작정 이직하는 경우도 있지만 ▲ 역량 개발 ▲ 급여 인상 ▲ 경력 업그레이드 등을 목적으로 계획적으로 이직을 하는 경우도 많다.

전체적인 방향성과 커리어플랜을 바탕으로 체계적으로 움직인다는 점에서 조직에 대한 불만이나 부적응 등의 이유로 자주 이직하는 경우와는 조금 다르다 할 수 있다.

출처: http://www.donga.com/news/Society/article/all/20190724/96667467/2

단원요약

1. 한 개인의 직장생활 중 있었던 일련의 활약들, 그리고 그와 관련된 태도와 행동들로 이루어진 생애 프로세스를 커리어라고 한다. 전통적인 커리어는 직무안정성과 장기고용을 강조했지만, 곧이어 조직 경계에 구애받지 않는 무경계 커리어가 등장하게 되었고, 보다 최근에는 직장-가정 커리어 관점이 본격적으로 논의되었다.
2. 커리어플래닝은 개인 커리어를 위한 니즈, 기회를 확인하고 이를 지원하기 위한 HR 프로그램을 개발, 실행하기 위한 활동이다. 개인의 커리어개발은 자기평가, 기회탐색, 결심 후 목표설정, 목표달성 추구 등 4가지 단계를 주로 거치게 된다.
3. 조직 주도의 커리어관리는 직무들에 중점을 두거나 직무 간의 논리적 발전관계를 보여주는 커리어경로를 규명하는 데 초점을 두는 반면, 개인 주도의 커리어플래닝은 조직의 니즈보다도 커리어에 대한 개인 의무에 초점을 둔다. 조직이 미래가 촉망되는 우수한 인력들을 유지하고 싶다면 커리어플래닝과 커리어관리가 균형을 이룰 수 있어야 한다.
4. 회사가 미래 커리어개발의 준비가 미흡하다면 이는 직원들과의 마찰을 일으키는 주원인이 된다. 전체 삶의 균형을 맞추는 것이 직원 혼자 해야 할 일처럼 생각되던 시절도 있었지만 지금은 많은 사용자들이 일-삶의 관리로부터 얻는 이익을 잘 견지함에 따라 상사, 개인들도 저마다의 이점과 더불어 책임을 이해하고 있다.
5. 당장의 공헌을 통해서 혹은 장기적인 높은 잠재력을 입증하여 조직성과에 긍정적인 영향을 끼칠 수 있는 사람들을 탤런트라고 한다. 이러한 탤런트에 관한 개념화에서는 우리에게 가장 잘 알려진 포괄적 vs. 배타적 관점을 포함하여 5가지 정도의 견해 차이가 존재한다.
6. TM의 가장 큰 이점이라면 비즈니스에 필요한 최고 인재를 찾아서 유인할 수 있게 한다는 것이다. TM은 직원들을 언제 어떻게 개발할지에 대한 이성적인 결정도 할 수 있게 해준다. 뿐만 아니라 각 직원에게 가장 잘 맞는 직무와 스킬을 규명해 배치할 수 있는 능력을 기업이 갖출 수 있게 해준다.
7. TM은 조직 내 각 계층마다 탤런트 마인드를 지닌 리더나 매니저들로부터 나오는 것이다. TM의 성공에 결정적인 요인들이라면 스킬향상과 훈련/개발, 기업목표와 연계, 직무책임의 강화, 고성과자 보상, 승계기획 등이 있다.

논의할 문제

1. 개인의 커리어플래닝과 조직의 커리어관리가 균형을 이뤄가도록 할 현실적인 방안들에 대해 생각해보라.
2. 평생직장의 개념이 사라진 오늘날, 커리어 개발에 관한 직원의 입장과 회사의 입장은 무엇이 같고, 다른 것일까?
3. 소위 인사적체로 인해 자신의 커리어 정체가 발생하고 있다고 믿는 부하 직원들에게 그 해결책으로서 말해줄 수 있는 것은 무엇일까?
4. 개별 직원들의 커리어 통찰력, 정체성, 탄력성을 드높이기 위한 방안들로는 각각 어떤 것이 좋을까?
5. TM에서 소외감과 패배감을 갖는 직원이 생기는 것은 불가피한 일일까? 또는 운영상의 문제 때문일까?
6. TM이 잠재 구직자들의 호감도를 높일 수 있다고 하는데, 어떻게 해서 회사의 평판으로까지 이어지게 되는 것일까?
7. 직원들의 유지관리를 위해서 과연 탤런트 매니지먼트 접근법은 유리할까 아니면 불리할까? 두 입장을 서로 비교해보라.

더 읽을거리

Cappelli, P (2008, March). Talent management for the twenty-first century. *Harvard Business Review, 86*(3), 74-81.

Collings, D. G., & Mellahi, K. (2009). Strategic talent management: A review and research agenda. *Human Resource Management Review, 19*(4), 304-313.

Collings, D. G. (2014). Towards mature talent management: Beyond shareholder value. *Human Resource Developement Quarterly, 25*(3), 301-319.

Scullion, H., & Collings, D. G. (2011). *Global Talent Management*. Routledge, New York.

Greenhaus, J. H., & Kossek, E. E. (2014). The contemporary career: A work-home perspective. *Annual Review of Organizational Psychology and Organizational Behavior, 1*(1), 361-388.

Iles, P. C. (2010). Talent management and HRM in multinational companies in Beijing: Definitions, differences and drivers. *Journal of World Business, 45*, 179-189.

Leung, S. A. (2008). The big five career theories. In J. A. Athanasou, & R. Van Esbroeck (Eds.), International handbook of career guidance (pp. 115-132) [ebook]. New York, NY: Springer. doi:10.1007/978-1-4020-6230-8

Meyers, C. (2015). *From essence to excellence: A strengths-based approach to talent management*. S.l.: Gildeprint.

Meyers, M. C., van Woerkon, M., & Dries, N. (2013). Talent—Innate or acquired? Theoretical considerations and their implications for talent management. *Human Resource Management Review, 23*(4), 305-321.

Meyers, M. C., van Woerkom, M., Paauwe, J & Dries, N. (2019). HR managers' talent philosophies: Prevalence and relationships with perceived talent management practices. *The International Journal of Human Resource Management, (?)*, 1-27.

Sparrow, P., & Makram, H. (2015). What is the value of talent management? Building value-driven processes within a talent management architecture, *Human Resource Management Review, 25*(3), 249-263.

Sullivan, S. E. (1999). The changing nature of careers: A review and research agenda, *Journal of Management, 25*(3), 457-484.

Ulrich D., & Smallwood, N. (2012), What is talent?, *Leader to Leader, 63*, 55-61.

Chapter 08

성과관리

01 성과관리의 기본 개념

02 인사평가

03 성과관리의 종합적인 개관

학습 목표

이번 장을 마친 후 다음과 같은 것들을 할 수 있을 것이다.

1. 성과의 개념을 이해하고 성과등식을 이용해 저성과 원인을 규명한다.
2. 성과관리의 주요 이점을 파악하고 성과평가와의 차이점을 비교한다.
3. 성과관리의 목적과 성과관리시스템의 평가 기준들을 논의한다.
4. 인사평가를 관리적, 개발적 목적에 따라 활용한다.
5. 인사평가 사이클의 각 단계를 유기적으로 서술한다.
6. 다양한 인사평가 기법들의 장·단점을 구별하여 약술한다.
7. 인사평가에 대한 여러 가지 비판들을 이해한다.
8. 성과관리의 발전사를 그 수준별로 규명한다.
9. 향후 성과관리의 방향으로서 시스템사고와 학습을 위한 성과측정을 논의한다.

인턴십

20대들 사이에서 고군분투하며 새로운 평가를 이끌어내는 빌리와 닉!

영화 〈인턴십〉 포스터

"인턴 여러분은 우리와 똑같은 일을 하고, 우린 여러분을 평가할 거예요! 여러분을 팀으로 나눌 건데 한 팀만이 정직원으로 채용되죠."

같은 회사 세일즈맨인 빌리(Billy)와 닉(Nick)! 형제나 다름없는 그들은 회사가 망해 하루아침에 실업자 신세가 된다. 빌리가 인터넷 검색 도중 구글에서 인턴사원을 모집한다는 공고를 보고 닉과 함께 지원하는데 면접결과는 좋지 않았다. 하지만 인턴팀 매니저인 라일(Lyle)의 강력추천으로 뽑히게 된다.

회사 출근 첫날! 팀워크를 중시하는 구글의 인턴팀장은 5분 안에 서로 팀을 짜라고 하는데, 나이 많은 아저씨들에겐 눈길조차 주지 않는다. 그러나 다행히 닉과 빌리를 강력하게 추천했던 라일 매니저의 도움으로 남겨진 요요(Yo-Yo), 스튜어트(Stuart), 네하(Neha)와 팀을 꾸리게 된다.

첫 도전 과제는 제품 테스트 중 오디오 기능에 생긴 버그를 찾아내는 것이다. 팀원들끼리 티격태격 과제를 수행하는 중에 컴퓨터를 모르고 방해만 되는 닉과 빌리를 조금씩 따돌린다. 1등은 건방진 그래햄의 팀!

두 번째 과제는 퀴디치 스포츠 경기. 닉과 빌리가 팀원들에게 자신감을 북돋아 열심히 했지만 안타깝게도 상대팀 반칙으로 경기에 진다. 그렇지만 처음으로 서로가 똘똘 뭉쳐 이뤄낸 결과였다. 그들은 점차 팀이 되어간다.

세 번째 과제는 앱개발! 술을 함께 마시며 한층 더 가까워진 팀원들. 술에 취한 라일이 술 깨면 후회할 사진을 전송하려 할 때, 닉이 말리면서 '취해서 문자나 전화하기 전에 자신을 테스트하는 앱'을 만들자고 말한다. 이 앱은 최고의 다운로드 수를 기록해 1등을 차지한다.

네 번째 과제는 헬프라인 서비스! 고객응대는 물론 제품도 잘 알아야 하기 때문에 자신이 없던 빌리는 열심히 공부한다. 그러나 과제 당일에 자신의 실수로 녹음파일을 제출 못해 팀이 꼴찌를 하게 되자 상심한 채 팀원 곁을 떠난다.

마지막 과제는 구글에 광고를 싣지 않는 회사를 찾아내서 광고를 따오는 것! 떠난 빌리를 다시 데려와 팀원들은 함께 머리를 맞댄다. 광고주를 설득해 가장 높은 수주액을 기록하며 극적으로 정규직이 될 인턴팀으로 선정된다.

인턴직원을 정직원으로 발탁하기 위한 평가 과정이 영화의 주요 줄거리다. 인사선발로도 생각할 수 있지만 인턴직원들을 조직 내부인으로 보게 되면 인사평가가 된다. 팀워크를 살려나가는 닉과 빌리에 대한 팀원들의 평가와 그리고 팀으로서 이들의 미션 수행에 대한 평가, 이 두 가지는 모두 인사평가와 연관될 수 있는 상황이다. 총 5가지의 미션이 주어지고 성과를 평가해서 최고로 잘한 1위팀만 정규직 사원으로 승격, 즉 피평가자 팀들은 5번의 고비를 넘겨야 하는 상황이고 결과기반 정보로써 순위가 결정되는 것이다. 실제 기업들에서는 일정 기간마다 평가가 실시되므로 단기 미션보다는 미리 평가지표(KPI)가 공유되고, 실적뿐만이 아니라 행동기반 정보까지 역량이라는 이름으로 결부시켜서 평가하는 것이 일반적이다. 영화 속 배경이 되는 구글에서는 무엇보다 창의성이 강조된다는 것을 도전 과제들의 성격을 통해 짐작할 수 있는데, 그것은 성과관리를 통해 비즈니스 목표의 달성을 도와야 하는 이유 때문이다.

01 성과관리의 기본 개념

조직을 관리한다는 것은 어쩌면 그 조직에 근무하는 사람들의 성과를 관리한다는 말과도 같다. 성과관리는 전략적 목표들을 달성하는 데 있어 매니저들의 성과가 어떤지 평가하는 것, 이들의 유도로 직원들은 조직 및 개인 니즈를 얼마나 충족시켰나를 평가하는 것, 바로 이 두 가지에 관한 것이 될 것이다. 경영에 대한 일종의 전략적 접근법으로서 성과관리는 매니저, 직원, 이해관계자들에게 균형적인 계획과 지속적인 모니터링, 그리고 정기적인 성과의 측정 및 검토를 위한 수단을 제공해준다.

1.1 성과의 의미

성과(performance)는 그 의미가 다양하게 해석되기 때문에 정의하기 꽤 까다로운 용어다. 통상적으로는 대개 의도했던 바나 바람직한 것의 성취(accomplishment)를 지칭한다. 경영분야에서는 개인성과, 개개인들의 성과, 팀성과, 조직성과처럼 다양한 수준에서 일반적인 성취를 표현하기 위해, 혹은 동료들에 대한 어떤 기준을 반영하고자 할 때 성과라는 말을 사용한다. 이를테면 수행 기회라고 하는 하나의 상황 안에서 산출된 결과들(outcomes or results)에 대해 측정한다. 그렇지만 한 가지 유의할 것은 성과가 꼭 결과(result)나 아웃풋(output)만을 뜻하는 것이 아니라 행동(behavior)이나 프로세스(process)까지 의미하게 된다는 사실이다. 성과는 이처럼 목표와 변화 모두를 수반하는 개념이다. 즉 바람직한 목표가 있고 이를 향해 나아가는 변화 과정을 포함한다.

성과를 구성하는 기본 요소들에는 수행과 관계된 능력(ability), 기회(opportunity), 그리고 자발적 의지(willingness) 등이 포함된다. 개인의 성과는 이들 간의 관계 속에서 다음과 같은 등식(equation)으로 표현되기도 한다.

$$P = \frac{\text{지식} + \text{스킬}}{\text{환경적인 장애요인}} \times \text{태도}$$

고성과를 창출하기 위해선 우선 개인이 수행 능력부터 갖춰야 한다. 지식과 그에 따른 스킬을 겸비해야 능력은 갖추어질 수 있다. 위의 함수식 분자에 이것은 덧셈 형태로 표현된다. 고성과를 이루기 위해서는 능력을 발휘할 기회 또한 있어야 한다. 기회의 제약은 흔한 일로써 이들 환경요인이 함수식 분모에 놓인 이유는 능력 발휘의 기회를 감소시키기 때문이다. 이 밖에 고성과를 위해 지식과 스킬을 활용하고 환경 제약을 극복하려는 자발적인 의지도 있어야 하는데, 이 같은 태도는 곱셈 형태로 등식에 나타낼 수 있다.

위의 성과 등식을 활용하면 성과가 부진한 원인들을 살펴볼 수 있다. 우선 개인 **능력**과 관련해서는 미흡한 지식과 경험, 역량을 들 수 있다. 지식과 경험은 단기 성과와 직결되는데, 이에 대한 결여가 직원들의 초기 적응이나 자신감 형성에 매우 부정적인 영향을 미칠 수 있다. 실제로 경력사원 모집 시에 이왕이면 동종업계의 유경험자가 더 선호되는 것이 이를 반증할지 모른다. 한편 **역량**은 성과를 지속적으로 올릴 수 있는 행동 특성으로서, 역량의 부족은 곧 지속적인 성과의 단절을 의미한다. 개인의 지식과 경험, 역량의 부족은 적응과 자신감의 형성을 어렵게 할 뿐만 아니라 이를 극복하더라도 장기적인 성과로 이어갈 가능성을 사전에 차단하게 된다.

역량
차별화된 성과를 가져오는 개인의 지식, 스킬, 능력 및 기타 특성들의 조합

다음은 **업무 환경**과 관련하여 시간과 예산, 자원과 도구, 동료, 권한 등이 제대로 지원되지 않는 경우를 생각해볼 수 있다. 예컨대 시간과 예산의 제약은 활동의 범위부터 제한하고 만다. 따라서 개인이든 조직이든 제한적인 합리성만을 추구할 수밖에 없어서 늘 실패가능성으로부터 자유롭지가 못하다. 한편 동료나 상사의 협조 같은 사회적 지원의 부족도 마찬가지다. 동료들의 지원을 받지 못하거나 상사로부터 권한을 위임받지 못해서 수행에 곤란을 겪는 것 역시 실패를 겪는 조직들에서 흔히 보게 되는 이유들이다. 그러므로 다양한 조직들은 저마다 알맞은 구조와 업무 프로세스를 설계하고 한 발 더 나아가 **팀빌딩**이나 신뢰에 기초한 리더십을 강조하게 된다.

팀빌딩
팀원들의 동기를 유발시키고 전반적인 팀성과를 증진시키기 위한 다양한 활동과 조치

나머지 하나인 **의지**와 관련해서는 도전성이나 자아실현 욕구와 같은 모티베이션의 부족이 있을 수도 있다. 도전성이 결여되고 자아실현이 억제되면 기대 이상의 성과를 거두기란 거의 불가능에 가깝다. 가령 연구 가치와는 무관하게 실패의 위험이 낮고 가급적 수고가 덜 드는 과제만 택하는 연구원이나 혹은 적성과 상관없이 인센티브가 많이 주어지는 직장이나 부서를 희망하는 신입직원들에게선 아마도 개인 능력이나 환경의 지원에도 불구하고 그 분야에서 최상의 성과를 기대하긴 좀 어려울 수 있다. 아마도 적극적인 행동 유도를 위해서

보다 더 자극적인 유인책만 계속해서 필요하게 될지 모른다. 심지어 성과가 발생한다 해도 운이나 제3자의 역할에 의해서 좌우될 수밖에 없을 것이다.

실패하는 조직들에서 흔히 나타나는 공통된 특징들 중 하나가 저성과의 원인 요소들에 대한 인식과 관심 부족이다. 이들 조직의 매니저들은 문제들에 대해 공정한 시각에서 심사숙고하여 대책마련에 고민하기보다 저성과 직원들을 퇴출시키거나 단순히 훈련시키면 될 거라는 안이한 기대를 하는 경우가 더 많다. 물론, 분석의 단계에 따라 훈련니즈(training needs)가 생길 수도 있고 상황에 따라선 정리해고(layoff)가 불가피한 최적의 방안이 되기도 한다. 하지만 이것만으로는 해결될 수 없는 복합적인 요인들이 부진한 성과 속에 잠재해 있음을 인식하는 것이 무엇보다 중요하다. 환언컨대 조직에서의 성과는 방향을 제시하는 조직의 목표가 명확한 가운데 구성원들 능력과 환경적 지원, 그리고 자발적인 의지가 균형을 이룰 때만이 최적화될 수 있다.

하이데거의 숲 | 성과, 효과성, 생산성, 효율성: 무슨 차이가 있나?

성과, 효과성, 생산성, 효율성을 원치 않는 사람은 없을 것이다. 이들 용어 모두가 대단한 것들이지만, 그 의미나 상호 간의 관계에 대해서 정확히 모른다는 것이 문제다. 마치 이들 용어를 동의어처럼 쓰는 사람들이 있는데 사실은 잘못된 것이다. 상황마다 다르게 사용되어야 할 필요가 있다.

- ❖ 성과(performance) 어떤 기준 대비 성취다. 따라서 한도, 기록, 거리, 평균 등에 대한 이해 없이 성과를 거론하기란 힘들다. 누군가 성과가 좋지 않다고 말할 때는 이미 말하고 있는 것이 성과의 기준인 것이다.
- ❖ 효과성(effectiveness) 성취의 가능성을 뜻한다. 즉 옳은 것(right things)을 하는 것에 대한 측정이다. 어떤 노력으로 성취의 가능성이 매우 높으면 그것은 효과적인 것이다.
- ❖ 생산성(productivity) 간단히 시간 단위당 성취다. 일반적으로 아웃풋을 인풋으로 나눈 것을 말한다. 생산성은 시간외 다른 것은 고려하지 않는다. 시간 대비 아웃풋일 뿐이다.
- ❖ 효율성(efficiency) 인풋 단위당 성취로서 업무의 질과 관련된다. 동일한 인풋으로 더 많은 아웃풋을 얻는다면 효율성이 증가했다고 말한다. 상황에 따라 다르겠지만 생산성보다도 효율성이 더 바람직한 것일지 모른다.

1.2 성과관리

기업들이 직원들을 통해 경쟁우위를 추구하려면 그들의 행동과 그로 인한 결과들을 관리할 수 있어야 한다. 앞서 저성과 원인들에서 유추할 수 있었듯이, 매니저로서 직원들의 활동들과 그 산출물들이 조직의 목표와 일치되도록 만드는 것이 **성과관리**(performance management)이다. 종종 HR시스템으로 혼동하기도 하는데 이것보다는 훨씬 더 포괄적이어서 조직의 성과를 관리하는 방법론, 매트릭스, 프로세스, 소프트웨어, 시스템 등을 설명한다. 즉 성과관리는 각 개인의 수행 및 목표를 조직의 미션/목표와 연계시켜서 지속적으로 성과를 **규명**하고 **측정**하며 향상시키는 하나의 프로세스라고 할 수 있다. 즉,

성과관리
하나의 지속적인 프로세스로서 개인과 팀의 성과를 규명, 측정, 향상시키고 조직의 전략적 목표와 일치되도록 조정하는 것

- 지속적인 프로세스(continuous process) 목표를 정하고 성과를 살피며 코칭과 피드백을 끊임없이 주고받는 과정과 관련되므로 성과관리는 계속 진행중(ongoing)이라고 보는 것이다.
- 미션 및 목표와 연계(link to mission and goals) 매니저들은 직원들의 활동결과가 조직의 목표와 일치를 이뤄서 조직이 경쟁우위를 얻게 해야 하다. 성과관리는 따라서 개인의 성과와 조직 목표 간의 직결로써 그들의 공헌이 명확해져야 한다.

성과관리는 향상된 직원성과를 통해서 조직성과의 증진을 목표로 한다. 성과에 근거를 둔 종업원 임금의 결정을 위해서 성과관리가 초창기엔 쓰였다고 한다. 하지만 개인의 성과에도 초점을 두는 동시에 성과관리는 전체로서의 조직, 조직의 하부단위, 팀이나 부서, 업무 프로세스 등에도 중점을 둔다. 사람을 관리하는 프로세스가 차츰 공식화 전문화되면서 예전의 여러 **성과평가**(performance appraisal) 방식들이 성과관리의 개념 안으로 흡수되기에 이르렀다. 전략적 인적자원관리(SHRM)의 도입과 종업원 관리/개발에 대한 통합적 접근방식이 성과관리의 발전을 가져왔다. 성과관리 프로세스가 연 1, 2회의 연례행사로 그치는 게 아니라 연중 내내 라인 매니저가 완성해가야 하는 것이라는 이해의 확산과 함께 이것은 성과관리의 발전을 더욱 부추겼다.

성과평가
개인 수행의 구체적인 부분들에 대한 측정

하지만 두 가지 핵심 프로세스인 성과관리와 성과측정은 따로 분리하기가 어려운 것으로 전자는 후자를 동반하게 된다. 이들 간의 경계는 연구들에서조차

표 8.1 | 성과평가 vs. 성과관리

성과평가	성과관리
주로 보상 결정을 위해서 직원의 수행 및 잠재성을 평가	조직에서의 성장을 강화하기 위해 직원의 수행을 관리하고 개발
연 1회 또는 2회	계속되는 프로세스
HR 부서와 직속 상사에 의해 실행	다양한 이해관계자가 관여
사후적인 수정 조치	사전 예측 프로세스
유연하지 못함	유연함을 갖춤
대체로 개인주의적 접근	팀 수준의 가치까지 반영할 수 있음
직원 효율성을 높이기 위한 운영적 도구	전략적인 도구

분명치 않은 경우가 많은데 저자들마다 각자의 기준으로 용어 정의를 하고 심지어 그것들을 혼용했기 때문에 그렇다. 성과를 다루는 전체 프로세스로서 성과관리는 일개 조직이 성과에 접근하는 방식을 반영하고 전략의 수립(플래닝/목표 설정)과 실행, 훈련/개발, 인사평가와 같은 하위 프로세스를 포괄한다. 반면 성과측정은 성과지표(performance indicators)를 활용해 수행 결과를 확인하고 행적을 밟아 커뮤니케이션하는 것에 초점을 두는 일종의 하위 프로세스다. 성과측정이 결과의 평가를 다룬다면, 성과관리는 그 평가결과를 기초로 조치를 취해서 목표한 결과를 달성케 하는 것이다([표 8.1] 참조).

과연 **성과관리의 주요 이점**은 무엇일지 생각해보자. 먼저 조직의 목표들을 개인 목표나 조직 프로세스와 일치시킨다는 것, 또 직원들이 명확한 목표들과 피드백을 갖게 된다는 것, 그리고 마지막으로 유용한 데이터를 얻을 수 있다는 것이다. 이들에 대해 좀 더 부연하면 다음과 같다.

- 조직 각층마다의 목표들을 서로 일치시켜 효율성과 효과성을 높인다. 성과관리는 조직의 목표를 규명하고 이를 달성하는 데 효과성과 효율성을 측정하여 수행자와 관련 정보를 가지고 소통한다. 옳은 일을 올바른 방식으로 해서 의미 있는 결과를 달성하게끔 만드는 것이다. 바빠 보이는 직원이라고 해서 그가 조직성과에 기여하는 것은 아니며 그 결과가 효율적이며 효과적이라 하여 윤리적이라고 말하긴 어렵다. 개인 및 팀 성과 주안점이 전체적인 목표와 부합되도록 해야만 행동이 결과와 같은 것이 될 수 있다.

- 목표설정과 피드백은 매니저가 쓸 수 있는 가장 강력한 동기유발/성과 툴(tool)이다. 성과관리의 중요한 기능 중 하나는 수행해야 할 것과 그것의 진척상황을 직원들이 알 수 있게 해주는 것이다. 사람들은 대개 성공을 바라는데 이런 식으로 직원-매니저 관계에서 상호간의 기대를 명확화함으로써 최고의 수행이 가능하도록 해준다. 피드백이 없는 목표는 효과적이지 않다. 피드백도 칭찬만으론 부족하다. 구체적이며 과업과 관련된 것이라야 한다.
- 성과관리로부터 획득된 데이터는 보상, 개발, 승계기획 같은 HRM의 핵심 프로세스들을 위한 토대를 제공하는 등 여러 방면에서 유용하다. 무엇보다도 성공사례와의 비교를 위한 기준설정이나 벤치마킹에 자주 이용된다. 또한 데이터는 훈련이나 새로운 시스템 도입 등 어떤 변화 노력에 따른 결과를 보여주는 데도 쓰인다. 이 밖에 직원들을 성과에 근거하여 공정하고 일관되게 대우할 수 있게 도움을 주기도 한다.

요컨대 하나의 조직운영 도구로서 시스템 성격을 지닌 성과관리가 잘 작동되면 전략 차원에서의 정책 결정과 이에 대한 타당화가 훨씬 수월해진다. 진척도 측정과 그에 따른 커뮤니케이션이 가능해짐으로써 운영 차원에서의 변화 유도와 더불어 효율성 달성도 그만큼 용이해진다. 전체적인 비즈니스 전략을 완수하고 고성과인력(high performance workforce)의 창출을 위한 목적으로 성과관리는 개선과 학습 및 개발에 그 초점을 두고 있다고 할 수 있다.

1.3 성과관리의 목적과 그 효과성 기준

성과관리시스템을 가동하는 이유는 결국 전략적 목적이나 관리적, 개발적 목적들로 인해서다. **전략적 목적**(strategic purpose)이란 효과적인 성과관리로 조직의 비즈니스 목표 달성을 돕는 것을 의미한다. 이미 언급한 대로 조직의 목표와 개인의 행동을 연계시킴으로써 이것을 이룰 수가 있다. 급여, 복지혜택, 인정 프로그램들에 관한 일상의 결정들을 위한 정보를 제공하고자 성과관리시스템을 활용하는 것은 **관리적 목적**(administrative purpose)이라 할 수 있다. 성과관리가 이러한 의사결정들을 지원하므로 평가정보가 개별 직원들의 미래에 영향을 끼칠 수 있기 때문에 매니저들도 그만큼 이를 부담스러워하는 것이다. **개발적 목**

적(developmental purpose)은 직원들의 지식과 스킬을 개발하기 위한 근거로서 성과관리가 활용되는 것을 말한다. 비록 편치는 않더라도 직원들의 약점을 논함으로써 문제 원인과 개선 조치를 생각할 기회를 얻을 수 있다.

성과관리, 성과측정의 개념, 그리고 성과관리의 목적 등에 대한 이해를 바탕으로 이젠 효과적인 성과관리를 위한 기준들에 대해 알아보자. 많은 사람이 중요한 기준에 대해 서로 다른 시각을 가지고 있을지라도 현대 비즈니스 조직에서 채택할 수 있는 효과적인 성과관리시스템의 기준은 전략적 일치성(strategic congruence), 타당성(validity), 신뢰성(reliability), 수용성(acceptability), 그리고 특수성(specificity)으로 나열 분류될 수 있다. 이러한 기준은 아래와 같이 설명된다.

▶ 전략적 일치성 성과관리시스템이 조직의 전략, 목표, 문화와 부합하는 직무성과를 이끌어내고 있는 정도다. 기업들은 이를 위해 핵심성공요인(critical success factors: CSFs)의 측정을 도입한다. CSF와 관련된 행동을 평가하려 들면 이러한 행동들이 중요하다는 것을 직원들에게 강조하는 것이 되기 때문이다. 전략적 일치성은 조직성과에 기여하게끔 직원들을 이끌 만한 성과관리시스템의 필요성을 강조하며 기업의 전략적 태도 변화에 적응할 만큼 유연한 시스템을 요구한다.

▶ 타당성 의도하려던 것을 정확히 잘 반영하는 정도다. 업무 수행과 관련하여 타당한 측정이란 곧 수행의 관련 측면을 모두 다 평가하는 것이다. 이를테면 타이핑 스킬의 경우, 분당 타자수나 최종 결과물에서의 오타수를 반영해야지 성격이 상냥치 못함이나 단정치 못한 외모가 고려돼서는 안 된다. 성과와 무관하거나 직무와 관련되지 않는 측면들을 평가함으로써 오염된 측정(contaminated measure)이 발생한다. 이것을 완전 배제하기는 불가능에 가깝지만 성과측정은 오염을 최소화해야 한다.

▶ 신뢰성 측정의 일관성을 말한다. 동일인을 평가함에도 평정자마다 너무나 다를 때가 많다. 알려진 예로 직원선발 시에 흔히 쓰는 비구조화된 인터뷰(unstructured interviews)가 그렇다. 만일 복수의 면접관이 어떤 사람에 대한 유사한 평가를 내린다면 평정자간 신뢰성(interrater reliability)이 있는 것이 된다. 시간에 따른 일관성 역시 중요하다. 할 때마다 크게 다른 결과를 보이는 측정이라면 검사-재검사 신뢰성(test-retest reliability)의 결여를 뜻한다.

▸ 수용성 성과측정을 활용할 사람들이 이를 기꺼이 용인하는지의 여부를 말한다. 대부분의 정교한 성과측정은 타당성과 신뢰성을 겸비하지만 매니저의 시간을 너무 빼앗아 도저히 쓸 수 없을 경우도 종종 있고 피평가자들마저 이를 거부할 수 있다. 수용성은 직원들이 생각하는 분배, 절차, 상호작용 공정성의 정도에 의해서도 영향을 받는다. 불공정하다고 지각되는 성과관리시스템은 법적으로도 문제가 되므로 반드시 알맞게 수정되어야 한다.

▸ 구체성 직원들에게 기대하는 바가 무엇이고 그 기대는 어떻게 하면 충족시킬 수 있는지 성과측정이 이에 대해 알려주는 정도다. 이것은 성과관리의 전략적 목적이나 개발적 목적과도 관련된다. 전략 목표들을 달성키 위해서 직원들이 해야 할 것들을 측정이 구체화하지 못한다면 기업은 전략적 목적을 달성하기 어려워진다. 뿐만 아니라 개별 직원들의 수행상의 문제점들을 잘 짚어내지 못하게 되면 이 또한 직원들의 성과개선을 거의 불가능하게 만든다.

조직이 경쟁우위를 득하기 위한 방안으로는 선발과 개발 외에도 성과관리를 통해 인적 자본을 극대화시키는 길이 있다. 하지만 이를 위해서는 우선 완벽한 평가가 선행되어야 궁극적으로 진정한 성과에 대해 말할 수 있을 것이다. 성과의 개념, 그리고 인사평가로도 불리는 성과평가와 성과관리의 관계를 중심으로 다음 섹션부터는 인사평가 사이클에 대해 주로 살펴본다. 전통적인 성과평가와 새 접근법으로서의 성과관리 간에 존재하는 팽팽한 긴장상태를 이해하는 데 집중해주길 바란다.

02 인사평가

기업들 대다수가 공식적이든 비공식적이든 직원들의 성과를 평가하는 수단을 가지고 있다. 개인이나 팀의 과업성과를 공식적으로 검토하고 평가하는 시스템을 인사평가(performance appraisal)라고 한다. 그러나 인사평가는 단순한 업무평가 그 이상이다. 개인의 성과를 위한 상호성, 개방성, 협력성의 조직분위기

개발을 촉진하는 프로세스로 이해해야 한다. 경영 실무에서는 성과측정이 인사평가의 형태로 시행되는 게 일반적이다. 이미 언급한 것처럼 성과관리는 인사평가(성과평가)의 궁극적인 목적이다. 비록 인사평가는 성과관리의 일부분에 해당되지만 이것이 조직의 전략적 플랜을 반영한다는 점에서 그 중요성은 매우 크다고 할 수 있다.

2.1 인사평가의 활용

간단히 말해 인사평가는 직원들이 업무를 효과적으로 수행중인지 판단하기 위한 구체적이면서도 공식적인 평가를 가리킨다. 흔히 표준화된 서식과 함께 인사평가는 매년 평가면담의 형식을 취하기도 하다. 인사평가라고 칭하는 기업들도 있는 반면 다른 기업들은 이를 성과평가, 근무평정, 인사고과 등의 용어로도 부른다. 인사평가에 대한 사람들의 반응은 대체로 부정적이며 부담스러워하는 활동임이 틀림없다. 만약 매니저들이 피드백을 제공하거나 성과향상을 독려할 필요가 없다면, 또한 훈련/개발의 니즈를 규명하거나 해고를 정당화할 필요도 없다면 굳이 하려고 하지 않을 것이니 말이다. 그러나 하는 사람이나 당하는 사람, 양측 다 불만이 있음에도 불구하고 모두들 HRM에서 인사평가가 차지하는 중요한 역할에 대해서는 인정하는 편이다.

한 조사에서 직장인 중 60%가 "우리 회사 인사평가제도는 껄끄럽다."고 답했다. 그럼에도 불구하고 좋은 평가를 받기 위해서 그들이 가장 많이 하는 것은 '평가기간 전 막판까지 업무 성과 올리기'였으며, 또한 '조기 출근·늦은 퇴근·회식 참여 등 적극적인 모습 보이기'도 높은 응답률을 보였다.

인사평가를 행하는 기업은 업무성과를 개선하는 것이 궁극적인 목적이다. 이러한 목적을 이루려면 직원들이 자신의 직무수행에 대한 정확하고 유용한 피드백뿐 아니라 개선 방안까지도 지도를 받을 수 있어야 한다. 또한 승진이나 전보, 해고, 보상의 적용 등이 모두 다 실적에 근거했음을 조직이 입증할 수 있어야 한다. 평가 정보는 이러한 성과관리 개입(intervention)의 근거가 된다. 직원들이 역할, 목표, 기대, 성과 달성 등을 이해하는 데 도움을 주기 위해 설계된 하나의 프로세스인 인사평가는 조직에서 다양한 용도를 지닌 중요한 관리 툴(tool)이다. 보편적인 인사평가의 활용에 대해서는 [표 8.2]에서처럼 관리적 목적과 개발적 목적으로 좀 더 세분해볼 수 있다.

표 8.2 | 인사평가의 쓰임새

관리적 목적	개발적 목적
• 인사와 관련된 조치들을 기록	• 수행 피드백의 제공
• 승진 후보자 결정	• 개인의 강/약점 규명
• 직무 이동 및 업무 결정	• 개인성과를 보상
• 저조한 성과를 확인	• 목표 인식을 도움
• 유지 또는 퇴직의 결정	• 목표 달성을 평가
• 선발 기준의 타당화	• 개인의 훈련니즈 규명
• 훈련 프로그램/프로세스의 평가	• 조직의 훈련니즈 결정
• 보상 결정	• 권한 구조의 강화
• HR 플래닝	• 관심사에 대한 논의
• 법적 요구의 충족	• 커뮤니케이션 증진

관리적 관점에서의 인사평가는 HRM 활동의 전 범위에 걸쳐서 사용될 인풋(input)을 제공한다. 특히 보상 결정의 근거로서 가장 널리 활용되며 승진, 전보, 해고 결정 같은 주요 HR 활동들과도 직결된다. 또한 평가 자료는 HR 플래닝과 더불어 직무의 상대적인 가치 평가나 선발 테스트의 타당화를 위한 척도로도 활용될 수 있다. 관리적 목적으로는 개인의 성과 향상을 유발하는 특성에 초점을 두기 때문이다. 한편, **개인개발 관점에서의 인사평가**는 성과를 향상시키는 것뿐만 아니라 강/약점의 논의에 필수적인 피드백(feedback)을 제공한다. 성과 수준과 관계없이 평가 프로세스를 통해 논의할 이슈를 모색할 수 있고 잠재적인 문제의 해결과 새로운 목표설정을 위한 기회가 제공된다. 즉 개발적 목적에서는 단순히 과거 성과의 평가가 아닌 직무 향상이라는 점을 강조한다. 현대적 이해에 따른 인사평가의 목적은 집단으로서 직원들이 잘 기능하여 조직성과의 수준을 높이도록 개인의 장점을 촉진하는 한편, 활력을 불어넣으며 공동노력의 파트너로서 그들의 잠재력 확인과 재발견에 있다.

그러나 이 같은 쓰임새에도 불구하고 인사평가는 여전히 누구에게나 민감한 사안이기에 이를 성공적으로 적용하는 데에는 많은 어려움이 있다. 가장 흔히 볼 수 있는 것이 형평성(fairness) 문제다. 평가시스템이 불공정하다고 인식되면 직원들은 평가를 시간 낭비라고 여기고 그 결과에 대해 분노나 좌절감마저 갖게 된다. 평가 형식이나 구조 등이 너무 복잡해서 평정자조차 이를 이해할 수 없다거나 시기 또한 임의적이라 피평가자에 대한 평정자의 견해가 인사평가에 제대로 반영될 수 없는 경우도 실무에서는 비일비재하다. 이 밖에 조직에서의 정치적 의도로 인해 평가오류가 초래되는 경우도 흔하다. 이를테면 부하직원의 급여를 더 받게 하려고, 또는 자신의 능력을 부각시키기 위해서, 아니면 문제의 소지가 있는 직원을 퇴출시키고자 매니저들은 의도적으로 인사평가를 조작할 수가 있다.

2.2 인사평가 사이클

그림 8.1 | 인사평가 사이클

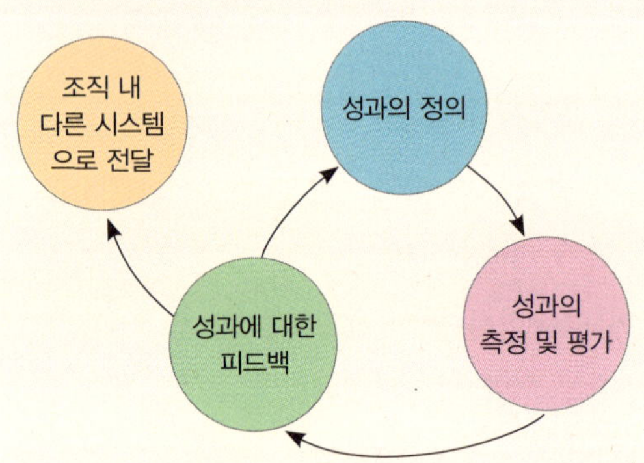

인사평가를 좀 더 들여다보면 이것은 직원들의 업무 기준을 설정하고 이 기준 대비 실제 성과를 측정한 후 그들이 결함요인을 제거하며 성과를 계속 이어갈 수 있게 피드백을 제공하는 것과 관련된 절차임을 알 수 있다. 따라서 다음의 4가지 활동들, 즉 성과에 대한 정의, 성과의 측정/평가, 성과에 대한 피드백, 타 시스템들로 정보 전달 등에 초점을 둠으로써 조직에서의 인사평가 사이클(performance appraisal cycle)을 이해할 수 있다([그림 8.1] 참조). 인사평가시스템이 성공적이기 위해선 이 사이클의 모든 단계가 순조롭게 잘 수행될 필요가 있으며, 또한 이러한 개별 활동들이 어떻게 하면 효과적으로 잘 수행될 수 있을지에 대한 고려도 함께 뒤따라야 한다.

첫 번째 단계로서 **성과의 정의**가 의미하는 것은 수행자의 특성, 행동과 과업, 달성되어야 할 결과물, 그리고 성과가 발생할 상황 등을 구체화하는 것을 말한다. 이러한 정의는 곧 핵심성과영역, 성과목표, 성과기준을 결정하는 것과 관계된다.

- 핵심성과영역(key results areas) 조직의 목표를 충족시키는 데 있어 개별 직원의 중요한 직무 영역으로서, "수행자의 책무가 무엇인가?"라는 질문에 해당된다.

- 성과목표(performance objectives) 특정 시간 안에 수행할 것으로 기대되는 구체적인 활동들로서, "수행자는 언제까지 무엇을 할 것인가?"라는 질문에 해당된다.
- 성과기준(performance standards) 목표를 달성하기 위해 행동할 것으로 기대되는 방식으로서, "어떠한 반응을 할 것인가?"라는 질문에 해당된다.

성과목표
적절한 목표들을 기술하기 위해 SMART라는 것을 활용한다. 이는 명확한(specific), 측정할 수 있는(measurable), 달성할 수 있는(attainable), 현실적인(realistic), 그리고 시기적절한(timely)을 나타냄

성과목표는 특히 감독과 평가에서 있어서 중심이 된다. 성과목표는 개별 직원들의 핵심성과영역으로부터 개발되어야 하며, 전 직원들의 성과목표는 결국 그 조직이 목표를 실현시키는 데 있어 성공리에 달성해야 할 활동들이다. 목표는 다음과 같은 방식으로 성과를 증진시키는 데 도움이 된다. 먼저, 성과목표가 조직의 우선사항에 대한 논의를 이끈다. 가령 목표가 어느 한정된 영역들에서 설정된다면 이 영역들이 우선시됨을 나타내는 것이다. 또한 방향을 설정하고 관심과 자원을 집중시키는 데에도 도움을 준다. 이는 조직이 추구하는 방향이 무엇인지 성과목표가 정확하게 보여주기 때문이다. 게다가 이것이 도전적이며 현실적이라면 동기유발의 수단마저 될 수 있다.

두 번째 단계, **성과의 측정 및 평가**는 주로 그 주체나 대상, 시점 선택에 관한 것이다. 즉 측정/평가의 대상이 개별 직원인지 팀인지의 결정을 비롯해 평가 정보를 누구로부터 또 언제 얻어야 하는지와 같은 구체적인 실행에 관한 사항들이라고 할 수 있다. 부서가 만약 개인보다도 팀으로서 기능을 한다면 팀 단위로 평가되고 보상받는 것이 합당하다. 그런대도 여전히 개인의 성과에 기초해서 평가받고 보상된다면 해당 직원들이 팀 동료와 팀 목표를 달성키 위해 협력할 이유는 없어지고 만다. 반면에 오직 팀 수준에서 성과가 측정되고 보상되는 경우라면 어떤 개인의 성과는 전체 중 일부분으로서 고려되어야 마땅하다. 팀제가 점차 보편화돼감에 따라 이러한 문제는 꽤나 복잡해졌다.

성과평가 프로세스에 구성원들이 참여할 기회가 많이 주어질수록 인사평가는 더욱 최적으로 이루어질 수가 있다. 직원들의 동기를 유발하면서 그들의 동의 또한 쉽게 얻기 위해선 가급적 인사평가의 시행 전부터 누가 고과를 시행하고 어떤 정보를 사용할지 등의 세부 사항들에 관한 합의가 먼저 이루어져야 한다. 다음은 평가정보의 원천이 되는 그 주체들에 대한 요약이다. 간단히 비교·검토해보고서 넘어가도록 하자.

- 상사(supervisors)는 보통 직무지식도 가장 많을 뿐더러 근거리에서 부하직원들의 수행을 관찰할 수 있다. 따라서 전략적인 조직목표와 관련해 상사는 평가를 위해서 가장 좋은 위치에 있는 이점을 갖고 있다. 그러나 전출 온지 얼마 안 되었다거나 등의 이유로 실제로 부하들의 성과를 관찰할 수 있는 시간이 부족해서 기존의 기록에 의존하는 경우도 있다. 이때는 차상급 상사에 의한 재평가를 통해서 피상적이고 선입견이 개입된 평가를 줄임으로써 평가의 객관성을 높일 수 있다.
- 동료(peers)의 평가는 상사에 의한 평가와는 또 다른 정보를 제공해준다. 특히 동료의 강/약점과 더불어 리더십과 대인관계 기술 등을 더욱 잘 규명해줄 수 있다. 하지만 동료평가는 단순한 인기도 대결에 그칠 수 있으며, 동료의 고정관념(stereotype)에 의해서 좌우될 수도 있다. 이 밖에 매니저가 평가 프로세스에 대한 통제를 여전히 놓지 않을 수 있다는 점도 큰 약점이라 할 수 있다. 이러한 이유들로 인하여 동료평가는 적용 시에 주의가 요구된다.
- 부하(subordinates)는 상사와 빈번하게 접촉하며 다양한 성과관련 행동을 관찰할 수가 있으므로 매니저 평가를 위해서는 좋은 정보원천이 된다. 그러나 직원들의 애로사항 해소, 정치상황에서의 보호, 역량 육성 등과 같은 상사의 행동은 부하가 평가할 시에 적당한 성과지표들이지만, 기획과 조직구성, 예산 편성, 창의성, 분석력 등과 같은 매니저의 구체적인 직무관련 지표들은 부하가 평가하기엔 적절치 않다. 특히 상사 앞에선 상향적 피드백(upward feedback)을 꺼리게 된다는 사실도 염두에 두어야 한다.
- 평가 프로세스에 대한 직원들의 관심을 높이고자 할 때에는 자기자신(self)에 대한 평가가 유용하다. 조직 구성원들로 하여금 적어도 자신의 강/약점에 대해 돌아보게 만들고 좋은 성과의 저해 요인에 대한 논의를 유도한다는 점에서 흔히들 자기평가를 채택한다. 이것은 매니저에 의한 평가보다 관대할 수 있다는 단점이 있지만, 매니저와 구성원들 모두가 공동으로 미래의 성과 목표를 설정하거나 자기개발플랜을 수립하고자 할 때에는 매우 유용할 수 있다.

하이데거의 숲 | 자기평가는 과연 필요할까?

성과관리 프로세스에 자기평가를 추가하면 매니저와 직원들 간의 관점 차이를 확인할 수 있게 되고, 개발의 여지가 있는 부분을 짚어내기도 쉬워진다. 프로세스 전반에 걸친 직원 참여로 인해서 검토과정이 현저히 향상될 수 있다고 믿는 사람들도 많다. 종업원 참여가 가치가 있는 이유는 다음과 같다.

- ❖ 당사자들보다 해당 직무에 대해 더 잘 아는 이가 또 누가 있겠는가? 세심한 평정자들도 놓치기가 쉬운 직무성과에 대한 특유의 통찰력을 직원들은 보통 갖고 있다.
- ❖ 평가 참여는 곧 프로세스의 투입 그 자체로써 직원들이 절차공정성에 대한 확신을 갖게 만들고 평가를 더욱 잘 수용할 수 있게 해준다.
- ❖ 직원 참여는 모든 관계자의 긴장을 덜어줄 수 있는 협력 및 종업원 지원의 분위기를 연출할 수 있다.
- ❖ 참여는 직원들에게 성과관리 프로세스에 대한 주인의식과 이해관계를 제공한다. 이것은 그들의 성장과 개발을 증진시켜 주는 내적동기의 주요 요소이다.

자기평가에도 일부 결점은 있다. 자기평가가 종업원 참여와 개발에 관심이 있는 매니저들에게는 큰 매력이 있지만, 평가도구나 보상목적으로는 유용성이 크지 않다는 것이 일부 연구들을 통해서 드러났다. 이것은 상사가 직원들을 평가하듯이 그들이 스스로를 평가하지 않기 때문일 것이다. 직원들은 관대하거나 더욱 자기본위로 평가하는 경향이 있다.

- 고객지향적인 경영에 대한 관심이 높아짐에 따라 또 다른 정보의 원천으로서 고객(customers)의 평가도 활용되고 있다. 고객으로부터 수집된 정보가 시간과 비용 면에서 비효율적이라 해도 특히 서비스업에서는 고객의 만족도를 조사하거나 평가 프로세스의 일부로 포함시킴으로써 보다 객관적인 평가를 기대할 수 있다. 한편 구매 관리자나 판매직원들 사이에서도 내부고객의 관점에서 개발 및 관리 목적을 위해서 유용한 피드백을 제공할 수 있다.

정보의 원천으로 누구를 활용할지 만큼이나 어떤 정보로써 평가해야 하는가도 중요한 결정사항이 된다. 이러한 평가요소는 주로 조직의 필요에 바탕을 두지만 직무를 수행하고 있는 방법과 관련해 서로 다른 3가지 유형의 정보를 이용할 수 있다.

- **특성기반 정보(trait-based information)** 태도, 주도성이나 창의성과 같은 직원들의 성격 특성을 규명한다. 이것들은 직무와 연관될 수도 혹은 아닐 수도 있다. 특성 접근법에 기초한 평가는 매우 주관적이다. 성과기준들이 대

체로 모호해서 평정자 간에 현격히 다른 평가나 등급을 나타낼 여지가 있어 보완사항에 관한 구체적인 지침을 주기도 어렵다. 다만 개발이 쉽고 다양한 직종, 전략, 조직에 적용이 용이하다는 장점이 있다.

- 행동기반 정보(behavior-based information) 직무 성공에 기여하는 구체적인 행동들에 초점을 둔다. 가령 '구두 설득' 같은 행동은 판매원에게서 관찰될 수 있으며 수행에 대한 정보로서 이용될 수 있다. 여전히 주관적이지만 특정 행동과 회사의 전략을 연결시킬 수 있다는 점에서는 효과적이다. 구체적인 지침과 피드백도 제공할 수 있다. 그러나 특정 바람직한 행동의 발현이 꼭 고성과를 창출하는 것은 아니다.
- 결과기반 정보(results-based information) 직원의 실적을 고려한다. 결과야말로 조직효과성에 대한 개인 기여의 가장 근사 지표라고 보는 것이다. 주관적인 판단을 배제하고 객관적이고 계량화된 성과지표를 활용함으로써 사용자나 종업원 모두에게서 수용성이 높다. 개별성과를 조직의 전략 및 목표와 연계시키기도 용이하다. 하지만 통제할 수 없는 일에 의해 영향을 받을 수 있어 오염이 쉽고 성과의 모든 면이 객관화될 수 없다는 단점이 있다.

세 번째 단계는 **성과에 대한 피드백**으로서 매니저가 피평가자에게 측정 항목별 득점이나 합산 점수, 그리고 이들 점수에서 이끌어낸 종합적 평가를 통지하고 설명하는 절차를 의미한다. 예컨대 연초에 설정한 업무 목표를 기준으로 목표 달성도를 평가한다고 할 때, 평정자(매니저)는 피평가자(직원)와 면담을 갖는다. 여기서 "목표 달성을 향한 노력과 행동은 충분했는지?", "조직성과에 어떻게 공헌했는지?", "개인성과를 달성했는지?" 등에 대해 서로 대화를 나누게 되고 목표 달성의 과정과 결과에 대해서 피평가자와 평정자 사이에 조정이 이루어지는 것이라 할 수 있다. 성과 피드백은 구성원들의 성과문제에 주목하여 이를 개선시키기 위한 계획마련의 기초를 제공한다.

- 저성과의 원인규명(identifying causes of low performance) 앞서 1.1에서도 설명한 것처럼 성과는 능력, 자발적 의지, 환경의 조합에 의해 결정된다. 하지만 개인들은 저마다 강/약점의 패턴이 달라서 저조한 성과 또한 다양한 양상을 보인다. 가령, 능력은 있어도 자발적 의지가 부족한 사람들도 있고, 이 둘은 갖추었는데 업무 환경이나 외적 환경요인들의 영향에 취약한

사람도 있다. 성과에 대한 피드백은 위 3요인들 간의 상호작용에 초점을 두고서 저성과의 원인을 규명할 수 있게 해준다.

- 성과 진단(performance diagnosis) 인사평가시스템을 통해서 누가 성과가 부진한지는 파악하기가 쉬워도 그 이유를 밝히는 데엔 한계가 좀 있다. 저성과의 이유로써 매니저들은 주로 능력 부족, 모티베이션 부족, 외부 제약의 순으로 탓하는 데 반해, 정작 직원들은 정반대의 귀인(attributions)을 하는 경향이 있다는 사실만으로도 이를 짐작할 수 있다. 성과에 대한 피드백은 이러한 인식 차이를 좁히고 저성과의 근원에 보다 근접할 수 있도록 하는 데 도움이 된다.
- 조치의 기획 및 준비(planning and preparation of intervention) 성과 문제의 원인이 규명되면 여러 조치들이 계획될 수 있다. 여기서의 조치들은 지식이나 스킬을 증진시키기 위한 훈련의 제공과 새로운 기회를 부여하기 위한 다른 직무/부서로의 이동이 될 수도 있다. 이 외에 인센티브를 통한 개인의 모티베이션 강화에도 관심을 쏟을 수 있다.

이와 같이 성과에 대한 피드백은 저조한 성과의 원인을 규명하고 진단하여 이에 대처하기 위한 활동을 기획 및 준비할 수 있게 해준다. 성과 피드백을 통해 장·단점을 환기시켜서 피평가자가 장점을 지속적으로 개발하고 단점은 극복할 수 있도록 지원하는 것이 비로소 가능해진다. 피드백이 전체 인사평가 프로세스에서 가장 중요한 부분으로 인식되는 이유가 바로 여기에 있다고 할 수 있다. 다시 말해 성과에 대한 피드백은 조직의 목표에 부합되도록 직원들이 자신의 성과를 조정하게 만드는 단계이다.

마지막 네 번째인 **조직 내 다른 시스템으로의 전달**은 이전의 3단계를 통해서 얻어진 인사평가에 관한 정보를 보다 유용하게 활용할 수 있도록 더 시스템에 제공함으로써 효과적으로 성과를 향상시키는 데 도움을 주는 것이다. 2.1의 관리적/개발적 목적으로의 활용에서도 언급되었다시피 평가의 결과가 다른 시스템으로 전달되고 공유됨으로써 다양한 목적으로 활용이 가능해진다. 성과의 피드백이 역할을 분명히 하거나 새로운 행동을 유도하고자 할 땐 HRD시스템과 연계될 수 있으며, 동기유발을 강화시키고자 할 경우엔 보상시스템과 이어질 수 있는 것이 이에 대한 좋은 예라 할 수 있겠다.

개별 직원에게 인사평가가 제공하는 이익이라면 무엇보다도 회사의 전략적 목표에 대한 그들의 생각과 기대를 인사평가로 표현할 기회를 얻는다는 점이다. 직원들은 자신에게 기대되는 것이 무엇이며 그 성과의 결과는 어떤 것인지 알 수 있다. 정기적인 미팅을 하면서 매니저들도 좋은 성과에 대해서는 공식적으로 인정할 기회를 갖게 되며, 이는 직원들의 더 많은 동기유발로 이어질 수 있게 된다. 특히 오늘날의 성과평가시스템은 문제에 대해 비개인화한다. 매니저들도 성격보다는 직원의 행동과 결과에 초점을 맞춘다. 이러한 시스템들이 조직 목표에 대한 지속적인 커뮤니케이션, 피드백 및 대화를 지원한다. 조직의 입장에서도 인사평가의 결과는 생산성 향상이나 고객서비스 향상과 같은 전반적인 비즈니스 성과개선으로 이어질 수 있다. 나아가 비효율적인 업무 관행을 식별하거나 회사의 발전을 저해하는 잠재적인 문제를 밝히는 데까지도 도움이 될 만한 추가적인 이점들이 인사평가로 인해 존재한다.

2.3 주요 인사평가 기법들

활용될 인사평가시스템의 유형은 그 목적에 따라 달라질 것이다. 만약 승진이나 훈련 대상자의 선발 같은 데에 관심을 둔다면 평정척도(rating scales)와 같은 전통적인 기법들이 적절하다. 이와는 달리 직원들의 개발을 도모하는 중이라면 자기평가를 포함한 복합적인 기법들이 좀 더 알맞을지 모른다. 앞으로 이 섹션에서 설명할 한두 개의 방법들을 적용해가면서 매니저들이 인사평가를 실행하게 된다.

단순서열법

평정자가 부서 혹은 팀 내 직원들을 1등에서 꼴찌까지, 즉 최고부터 최저까지의 순위를 매기도록 한다. 순위는 대개 전반적인 성과에 기초하여 매겨진다. 매니저들은 일정한 양식을 가지고서 빈칸이 모두 채워질 때까지 측정하려는 특성들에 대해 누가 최고이며 최악인지 가려내게 된다. 이러한 단순서열법(simple ranking)은 간단하면서 시행이 쉬운 장점이 있지만 한 명을 선발한다고 할 때 선발된 1등과 탈락한 2등 사이의 차이에 대해서는 어떠한 정보도 제공하지 못한다는 단점이 있다. 개인 간 차이의 정도가 잘 규명되지 않는다는 것은 치명적이다.

강제할당법

평정자는 여러 성과 범주들에다 미리 정해진 비율(예: GE가 했던 방식대로 20/70/10)의 직원들을 배분한다. 이렇게 하지 않으면 매니저들의 고과는 보통 종모양의 정규분포곡선이 되지 않기 때문이다. 강제할당(forced distribution)의 목적은 이처럼 지나치게 관대해지는 것을 방지하고, '우수'나 '매우우수' 범주에 너무 많은 직원을 할당 못하도록 하기 위함이다. 그러나 최근 HR 실무자들을 대상으로 실시한 어떤 조사에선 응답자의 44%가 강제할당법으로 인해 직원 사기가 떨어지고 리더십 불신이 초래된다고 여기는 것으로 드러났다.

그림 8.2 | 강제할당법의 예시

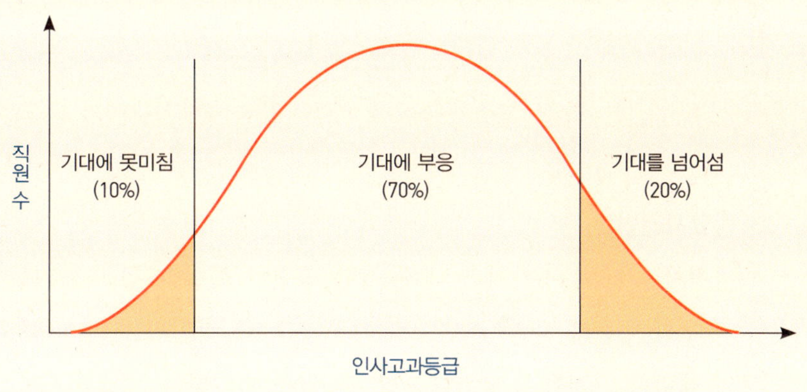

도식평정척도법

[그림 8.3]과 같이 특성들을 나열하고 평정자가 직원의 성과를 연속선상에서 표시할 수 있게 한다. 이러한 척도는 특정 직원이 각각의 특성을 드러내는 정도를 나타내고자 사용한다. 설정된 기준을 직원들이 얼마나 잘 충족했는지는 보통 수치(예: 5, 4, 3, 2, 1)나 혹은 축어적 언어(예: '탁월', '우수', '충족')로 표현된다. 도식평정척도(graphic rating scale)는 작성이 빠르고 상대적인 비교도 쉬우며 경제적이어서 적용범위가 매우 넓은 게 장점이다. 하지만 요소나 등급이 다소 추상적이라서 평정자의 주관이 개입될 수 있는 것이 단점이 될 수 있다.

그림 8.3 | 도식평정척도법의 예시

다음의 성과 영역들은 모든 직위에 유효합니다. 각 차원마다 알맞은 등급에 체크하십시오.

성과차원	등급				
	탁월	우수	충족	적절	미흡
지식	5	4	3	2	1
의사소통	5	4	3	2	1
판단	5	4	3	2	1
관리스킬	5	4	3	2	1
성과의 질	5	4	3	2	1
팀워크	5	4	3	2	1
대인관계스킬	5	4	3	2	1
진취성	5	4	3	2	1
창조성	5	4	3	2	1
문제해결력	5	4	3	2	1

중요사건법

평정자는 전체 평가기간 내내 어떤 직원이 행한 매우 바람직한 행동과 그렇지 못한 행동을 둘 다 서면으로 기록한다. 즉 직원과 관련된 '중요사건'이 일어날 때마다 그것을 "o월 o일 … 함."과 같이 기입한다. 중요사건법(critical incident method)의 이점은 매니저가 개별 직원에게 유익한 행동과 그렇지 않은 행동에 대한 정확한 예시를 일러줄 수 있다는 것이다. 이러한 기록을 유지함으로써 직원들이 수행상의 결함을 제거하는 데 도움을 제공한다. 반면 이 기법은 사건일지를 작성해야 한다는 데서 시간과 노력을 요하며, 더구나 이것을 가지고 직원들을 1대1로 비교하기엔 무리가 있다. 실무에서는 평정이나 서열법 사용 시 병행해서 사용되고 있다.

행동기준평가법

이 기법은 도식평정법과 중요사건법의 혼합이라고도 볼 수 있다. 탁월, 우수, 충족 같은 용어 대신 수행의 차이를 나타내는 행동의 구체적인 진술을 척도로 보여주고서 평가하게 한다. 행동기준평가법(BARS: behaviorally anchored rating scale)은 성과차원에 대한 정확하고 완전한 정의를 제공함으로써 평정자 간 신

그림 8.4 | 행동기준평가법의 예시

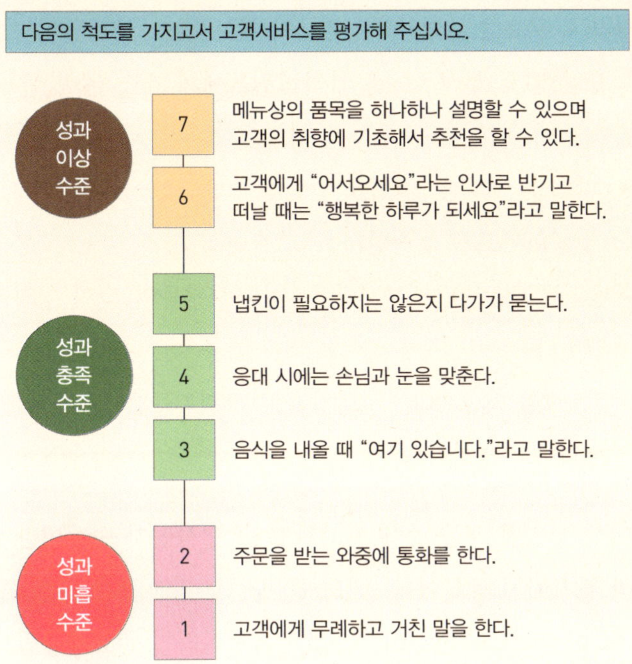

뢰성(inter-rater reliability)을 높여주는 장점이 있다. 매니저들이 척도를 직접 만들게 되면 사용에도 더 몰두하게 될 뿐더러 좋은 수행에 대한 아이디어를 갖게 만든다. 하지만 개발에 상당한 시간과 노력을 요하며, 게다가 척도가 특정 직무에 특성화되어 있어서 한 직무를 위해 고안된 척도가 타 직무엔 적용이 어려울 수 있다.

목표관리법

목표에 의한 관리(MBO: management by objectives)는 전사적이며 다층적인 목표의 설정 및 평가 프로그램이다. 조직 각 층의 사람들이 탑다운 방식으로 진행되는 하나의 프로세스에서 목표를 설정함으로써 모든 계층이 전반적인 조직의 목표에 기여하도록 만든다. 이 목표들은 개별 직원의 성과를 평가하기 위한 기준이 된다. 세부적인 단계들을 좀 더 살펴보면 다음과 같다.

MBO
개인목표와 조직의 목표가 통합되어야 한다는 점을 강조하는 목표중심의 참여적 경영기법

- 조직의 목표를 정한다 기업의 전략적 플랜에 기초하여 조직 전반의 차년도 계획을 수립하고 이를 토대로 구체적인 기업 목표를 설정한다.

- **부서 목표를 세운다** 부서장들은 이러한 기업 목표들(예: 2019년 수익의 20% 신장)을 수용하여 상사와 공동으로 자기 부서의 목표를 설정한다.
- **부서 목표를 논의한다** 부서의 목표를 그 구성원들과 함께 부서 회의에서 토론한다. 부서장들은 부하직원들에게 개별 예비 목표를 설정하도록 요청하는데, 이는 그들이 부서 목표에 기여할 수 있는 방법과 관련된다.
- **기대되는 결과를 정의한다(개인 목표의 설정)** 부서장과 구성원들은 개인별 단기 성과목표를 설정한다.
- **성과를 검토한다** 부서장은 각 구성원들의 실제 성과와 목표한 성과를 비교한다.
- **피드백을 제공한다** 부서장과 부하직원들은 앞서 행해진 검토결과에 대해 논의하고 평가한다.

이상 설명한 것들 중에 최고라고 할 인사평가 방식이란 없다. 조직의 목적에 따라 달라지기 때문이다. 어느 한 방식보다도 두세 개를 결합하여 사용하는 것이 더 이롭다고도 말한다. 개발적 목적이라면 중요사건법과 MBO 방식이 좋을 것이고, 관리적 목적이라면 도식평정척도법이나 BARS가 추천되기도 한다. 그렇지만 어쩌면 어느 방식을 적용하느냐보다는 평정자가 되는 매니저들의 인간관계 스킬이 현실적으로 더 중요할지도 모른다. 왜냐하면 직원들은 그들이 받

표 8.3 | 각 평가방법의 주요 장·단점

도구	장점	단점
단순서열법	• 이용이 간편하다(그러나 도식평정척도법만큼은 예외). • 중심화경향 등의 평가 문제들을 피할 수 있다.	• 직원들의 수용거부를 불러올 수 있고, 전부 훌륭한 사람들이라면 불공평할 수도 있다.
강제할당법	• 각 등급마다 미리 정해진 수치나 혹은 %로 결과를 도출할 수 있다.	• 평가의 결과가 기준점(cutoff point)의 선택에 의해 좌우될 수 있다.
도식평정척도법	• 이용이 간편하다; 개별 직원들에게 정량 평가를 제공	• 기준들이 불명확할 수 있다; 후광 효과, 중심화와 관대화 경향 등의 오류 가능성
행동기준고과법(BARS)	• 행동의 '준거(anchor)'를 제공한다. • 정확성이 높다.	• 개발하기가 어렵다.
중요사건법	• 직원의 성과에 대해 무엇이 옳고 틀린 것인지 구체화가 가능하다. • 지속적인 평가를 가능케 해준다.	• 상대적으로 평가하거나 서열 매기기가 어렵다.
목표관리법(MBO)	• 성과 목표에 동의하게 만든다.	• 시간이 많이 소요된다.

은 평가를 수용하고 다음엔 어떻게 향상시킬지 노력할 수 있게 하는 것이 더 핵심적이기 때문이다. HR 매니저들도 어떤 방식이 최선인지를 제안하기보다 조직의 운영과 문화에 얼마나 잘 맞는지 등을 고려해서 시스템을 구상해야 한다.

HR Map | 인사평가(성과평가)의 역사

개인의 수행에 대해 주시하게 된 것은 1800년대 초 오웬(R. Owens)의 공장에서부터였다고 한다. 전날의 작업을 감독자가 평가하여 색깔별(잘한 순으로 흰색, 노랑색, 파란색, 검정색) 목판을 기계 위에 걸어두는 식이었다고 한다. 20세기 들어 테일러(F.W. Taylor)의 과학적 관리법이 성행했으며, 또한 1930년대에 발전한 심리학적 전통은 특성에 주목하는 도식평정척도법(graphic rating scales)을 적용해 성격과 성과를 규명했다. 이후의 개발과정에서 중심화경향(central ratings)을 방지하기 위한 강제할당척도를 발전시켰고, 이 밖에 평가를 뒷받침하기 위한 서술적 진술과 견해를 포함시켜 나갔다.

1940년대에는 행동기준평가법(BARS), 행위관찰평가법(BOS), 행동평가척도(BES), 중요사건, 직무시뮬레이션 등의 동기접근법을 활용한 행동 방식들(behavioral methods)이 개발되었다. 주로 고객서비스 같은 특정 문제에 대한 성과수준을 구체적으로 판단하는 데 사용되었으며, '우수', '평균적', '개선필요', '나쁨'으로 평가되었다. 이러한 피드백 평가는 숫자로 매겨졌고 여기에 평정자의 진술이나 설명이 추가되었다. 기본적으로 개발적 성격이 강했기 때문에 훈련의 필요성을 파악하고 미래 매니저로서의 잠재력 확인을 이끌었다.

1945년 이후부터는 결과지향 접근법(the results-oriented approaches)이 발전을 거듭하며 MBO의 발전을 불러왔다. 이전의 성과에 대한 피드백과 더불어 이것은 일정 기한 내의 매출이나 수익성처럼 성취해야 할 목표와 구체적인 타깃을 제공했다. 마감일은 변경될 수도 있었겠지만 직원들의 성과 순위가 자세히 파악될 수 있게 되었다. 또한 강제할당을 통한 상대적인 성과를 여실히 보여주었으며 두 비교대상 간의 순위 제공은 물론, 목표의 설정과 달성을 손쉽게 확인할 수 있게 만들었다.

1960년대, 성과논의를 통한 자기평가(self-appraisal)의 발전이 피평가자로 하여금 자신의 성과를 회고적으로 검토할 시간과 기회를 부여했다. 한편 1990년대엔 다양한 원천들에서 정보를 얻는 360도 평가가 개발되었다. 피드백은 매니저-부하직원 관계에만 의존하는 것이 아니라, 가령 라인 매니저의 평가라면 그를 평가할 위치에 있는 여러 관계자 집단이 고려되었고 개인의 성과를 평가하기 위해선 동료들의 피드백을 포함시켰다. 발전을 이룬 1990년대의 평가 인터뷰에서는 평가와 금전적 보상 간의 연계를 강조했다.

03 성과관리의 종합적인 개관

라인 매니저들과 HR 부서, 종업원들의 불만은 여전하다 쳐도 성과관리시스템에 대한 견해는 단순 평가에서부터 채용, 개발, 보상, 그리고 전략적 목표관리와 연계되는 종합 시스템으로 확장되어 왔다. 하나의 전문 영역으로서 성과관리는 그 기초를 더욱 공고히 해가며 개인적, 운영적, 전략적 용도로 변모되어가는 모습이 최근 들어 현저히 눈에 띄고 있다. 균형감이 다소 부족했던 부분들을 먼저 되짚어보고 향후 성과관리의 발전 방향을 함께 전망해 보기로 한다.

3.1 인사평가에 대한 비판

분야나 직업을 막론하고 인사평가의 쓰임새가 증가하면서 그에 대한 비판도 공존해왔다. 가장 주된 비판이라면 **구태의연한 기법인 평가를 통한 관리**라는 점이다. 즉 인사평가는 약점의 교정을 위해서나 또는 성과를 높이기 위한 시스템으로서 활용되지만, 이는 그저 과거의 성과를 평가해 그것을 기반으로 보상을 제공하는 것이 된다. 인사평가가 목표를 명확하게 해주고 이에 필요한 훈련/개발 니즈에 대비해 미래 목표들까지 설정케 함으로써 직원들의 동기를 유발할 수 있는 것은 사실이다. 그렇지만 실상 그들은 보상이나 승진 기회에 영향을 미칠까봐 수행 중 드러나 한계점들이나 현재의 우려 사항들에 관해 터놓기를 꺼리게 되는데, 이것은 개발 프로세스로서의 인사평가와는 상충되는 부분이라 할 수 있다.

매니저들의 평가 기피 또한 큰 문제들 중 하나다. 이를테면 개인에 대한 부정적 평가가 오히려 동기를 떨어뜨리고 지원이 없었다는 불평만 가져와서 성과를 더 악화시킬 수 있다는 우려 때문에 매니저들은 평가를 꺼리게 된다고 한다. 이러한 갈등회피의 결과 중 하나가 **중심화 경향**(central tendency)으로서 모든 고과를 중간으로 매기는 일이 벌어지기 쉽다. 이 같은 정치적인 결정이 **후광효과**(halo effect)로 알려진 왜곡도 불러온다. 용모나 지능, 성실성, 듬직함 같은 긍정적인 단일 특성만으로 해당 직원의 성과를 판단하는 것을 일컫는 이 후광효과로 인해 매니저들은 성격 및 수행의 다른 면은 검토도 일절 하지 않을 뿐더러 개선을 위한 피드백마저도 하지 않게 되는 일이 발생되곤 한다.

다수의 매니저들이 인사평가 프로세스를 직무상 해야 하니까 하는 필요악 정도로 보는 경향이 있다. 이렇다보니 평가라는 것이 단지 기억나는 사건들 몇 가지만을 반영해서 이루어질 때도 많다. 평가기간 내내 증거를 수집하고 이용하는 매니저와 비교하면 이 경우는 최근의 일부 사건들만 기록되는 셈이다. 이것이 다름 아닌 **최신효과**(recency effect)이다. 평정자의 주관에 의해 일관성과 형평성이 왜곡될 수 있다는 점이 특히나 문제시 될 수 있다. 이로 인해 인사평가가 좀 더 은밀한 통제방식에 불과하다는 인식이 팽배해 있는 게 사실이다. 만약 평범한 직장인을 대상으로 설문조사를 한다면, 인사평가에 대해 한 해 동안 자신들의 잘못한 것들만 나열하는 식의 관리법이라고 답할 사람들이 생각보다 많을 것이다.

3.2 성과관리의 발전

위와 같은 비판들에도 불구하고 성과관리는 인간의 모든 활동들과 결부되는 것이기에 전략경영, 프로젝트관리, 회계와 심리 등 사회과학의 거의 전 분야에 걸쳐서 쓰임새가 많다. 이러한 연관성과 다원성을 이해하기 위해선 실제 조직에서의 수준별 성과관리 용도를 규명하고 분석하는 것도 필요한 일이 될 것이다. 여기서는 성과관리를 개인적, 운영적, 전략적 수준으로 구분하여 각각의 배경과 주요 사건들을 조명하고 나서 경영학에서 성과관리의 현 주소를 개괄하는 기회를 가져보도록 한다.

조직에서 활용되는 **성과관리는 전통적으로 개인 수준**의 것이었다. 정확한 기원은 알려져 있지 않지만 중국 위나라에서 내신 관료들의 성과를 평가했던 서기 3세기경까지도 거슬러 올라갈 수 있다고 한다. 초기 성과관리는 집단에 속한 개인의 과업 수행에 초점이 맞춰졌다. 점차 군대와 행정기관, 산업계에서 능률적인 조직경영을 위해 여러 사람의 성과를 모니터링하는 시스템을 요구하게 되면서 점차 복잡성을 띠게 되었다. 특성 심리를 토대로 1대1 평가시스템(man-to-man rating system)을 개발하려 했던 카네기멜론대학(Carnegie-Mellon Univ.)의 연구자들에 의해 지금과 유사한 인사평가가 시작되었다. 1차 대전 중에 미군은 이 시스템을 이용해 장교들의 성과를 평가했고 종전 후엔 평가에 관여했던 자들이 산업계로 진출했다. 1980~90년대 고용평등(equal opportunity)과 인권(civil rights)이 제도화되면서 성과관리시스템은 더욱더 조직의 문화 및 정신에 변화를 일으키기 위한 강력한 도구로 활용되었다.

운영 수준에서의 성과관리는 부서관리와 관련된다. 기업 전략과 연계되어 있지만 좀 더 기능적인 면에서 볼 수 있을 것이다. 운영상의 성과는 흔히 효율성과 효과성 면에서 평가되기 때문에 운영적인 성과관리의 발전은 회계 및 관리의 발전과 연관이 깊다. 가장 손쉬운 방법이라면 회계부서에서 제공하는 재무지표(financial indicators)를 이용하는 것이다. 그러나 내·외부 환경이 복잡해지면서 조직들은 비재무적 성과지표들(non-financial indicators)에도 주목하기 시작

하이데거의 숲 | 성과관리의 발전사

성과관리가 비즈니스의 비전을 제시할 수 있는 핵심적인 경영 프로세스로서 인식되기 시작한 것은 1990년대부터이다. 1980년대 후반과 90년대 초는 조직들이 연속적인 급속도의 변화를 겪던 시기로 기업들은 저마다 성과지향(performance-oriented)을 표방했고, 성과평가(performance appraisal)가 인력 및 비즈니스 관리에 있어서 중심 메커니즘이었다. 성과관리는 이후 다음 〈그림〉처럼 성과평가를 넘어 점차 통합적이며 전략적인 성격을 띠게 되었다.

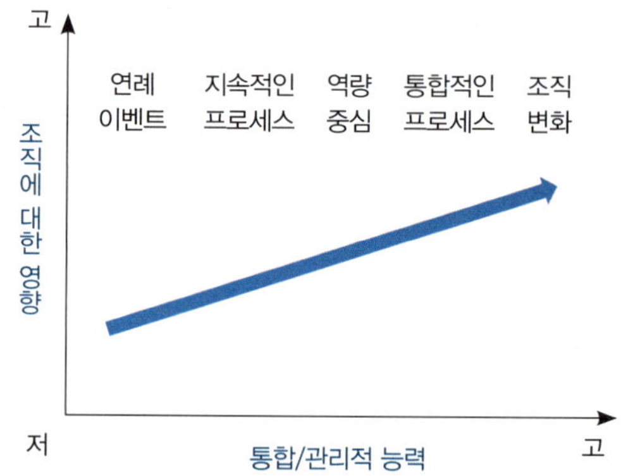

출처: Houldsworth & Jirasinghe(2006)

- ❖ **1단계: 연례 이벤트** 조직에 대한 영향 정도가 미미하고 통합 정도도 낮은 단계로서, 비즈니스에 대한 니즈(needs)나 HR 및 타 관리 프로세스와의 관련성이 적은 독립적인 평가 프로세스
- ❖ **2단계: 지속적인 프로세스** 연례 이벤트보다는 조직에 대한 영향 정도가 커지고 타 프로세스와의 통합 정도도 높은 단계로서, 목표관리(MBO: management by object)와 관계된 발전 국면으로서 계획 요소를 포함시키며 평가 위주에서 탈피하기 시작
- ❖ **3단계: 역량 중심** 성과에 대한 'what' 측면뿐만 아니라 정의된 행동 역량에 의해 표현되는 'how' 측면도 강조되는 단계로서, 1990년대 중후반에 이 같은 역량 접근법이 일반화됨에 따라 조직들은 자체 조직에 맞는 역량 프레임워크(framework)를 개발하기 시작
- ❖ **4단계: 통합적/문화적 변화** 조직에 대한 영향 정도가 더욱 커지면서 성과관리는 조직의 다른 핵심 프로세스들과 통합을 이룩함. 인적자원의 육성과 개발 측면이 강조됨에 따라 성과관리 프로세스는 결국 조직변화와 관련되어 주요 변화 프로그램을 도입하거나 강화하기 위한 도구로 활용됨

했고 이로써 운영관리(operations management)와 타 관리측면들 간의 연계를 이끌었다. 일례로 오늘날 성과관리이론의 근간이 되었던 일본의 품질관리 철학도 1950년대 초에 등장한다. 이후 통계에 기반을 둔 총체적 품질관리(TQM)의 출현은 운영관리의 효율성과 대응력 향상에 대한 관심을 드높였고, 다시 고객중심의 평가(customer-based measures) 도입으로 이어졌다. 1970년대 정점을 이룬 GM의 성과평가시스템이 우리가 아는 **BSC(balanced score card)** 접근법의 선구자라 할 수 있다.

BSC
재무, 고객, 내부/운영, 그리고 학습과 성장이라는 4가지 관점에서 성과를 바라봄

세 번째로 **전략적 수준에서 성과관리**가 조직 목표들의 달성을 다룬다. 실무자들은 이를 두고 전략적 성과관리라고도 부른다. 전략적인 성과관리시스템에서 가장 핵심인 프로세스는 전략의 수립과 실천이다. 전략적 수준에서의 성과관리는 불과 얼마 안 되는 짧은 역사를 갖고 있다. BSC의 도입과 변모로 성과관리의 혁명이 일어난 것은 1990년대 중반의 일이다. 카플란(Kaplan)과 노튼(Norton)은 측정도구로서의 개념을 제시하며 BSC를 대중화시켰다. BSC는 이후에 전략적인 프로세스, 자원배분, 예산수립과 기획, 목표설정, 직원 학습을 위한 프레임워크의 기초로 인식되기에 이른다. 이처럼 BSC는 하나의 관리도구로서, 시스템으로서, 또 시스템 내 도구로서 발전에 발전을 거듭하며 전략 경영/통제시스템의 일부로 자리매김했다. 전반적으로 BSC는 전략의 실행에 활용되는 가장 인기 많은 시스템으로서 가히 오늘날 전략적인 성과관리의 아이콘이라고 할 만하다.

3.3 향후 성과관리의 방향

성과관리의 수준별 변천사는 명령과 통제, 기계적 사고에 의해 대부분의 20세기가 주도되었음을 보여준다. 매니저들은 이러한 접근법으로 직원들의 목표를 정해주고 그들의 성과를 모니터링 해왔다. 주로 재무적 지표와 생산 목표량에 의해 주도되다보니 할당한 것만큼 과업을 완수하고 있는지 확인하기 위해서 성과관리가 쓰였었다. 하지만 오늘날에는 환경 여건이 꽤나 달라졌고 기업의 개념도 이전보다는 성숙되었다. 명령과 통제/기계적 사고의 대안은 바로 **시스템사고(system thinking)**이다. 조직 관리에 대한 종합 접근법이 시스템사고로 인해 가능해진다. 성과관리에 대한 시스템사고는 시스템의 정의와 목적, 그 목적 달

시스템사고
시스템의 하위요소들 그 자체보다 이들 간의 관계를 분석하는 접근법

표 8.4 | 통제를 위한 성과측정 vs. 학습을 위한 성과측정

	통제를 위한 성과측정	학습을 위한 성과측정
성과측정 주체	• 경영진	• 종업원
측정도구 개발	• 하향식(top-down)	• 프로세스지향 상향식(bottom-up)
성과측정의 역할	• 기능활동 내에서의 측정 및 관리	• 시스템 내 작업흐름의 측정 및 관리
성과측정의 초첨	• 예산관련 생산성	• 목적관련 역량
결과의 공유	• 제한적	• 개방적
후속조치의 목적	• 예산/정치적 기대 • 보상, 처벌, 결과 향상을 위한 조치	• 성취 vs. 목적의 이해 • 대화와 성장
학습 사이클	• 단일 루프	• 더블 루프
보상과의 연계	• 개별 보상/인정시스템과 연계	• 성장에 기반을 둔 집단 보상

성의 평가에 중점을 둔다. 단일의 접근법 대신 시스템의 여러 요소들을 통합해 니즈를 충족시키는 그들 간의 관계 매핑(mapping)에 보다 더 중점을 두는 것이다. 결국 위계 기능이 아닌 시스템으로 관리되는 조직은 사람들을 기업의 중심에 두고서 기여할 수 있게 만든다.

성과측정은 가치 있는 정보를 제공하고 그 자체만으로도 더 높은 성과를 자극하기 때문에 여러 장점을 갖고 있다. 하지만 단지 **보상만을 위한 측정**은 목표 설정과 그 결과 측정의 과정에서 해석의 여지를 남길 뿐만 아니라 오용으로까지 번질 염려가 있다. 이를테면 목표달성과 개인성과를 결부시키는 것이 타팀이나 심지어 조직을 희생시켜서 직원들이 보상시스템을 악용할 소지를 얼마든 제공할 수가 있다. 따라서 통제를 위한 성과측정의 대안은 반복해 강조하지만 [표 8.4]에 제시된 것과 같은 **학습을 위한 성과측정**이다. 앞에서도 설명했듯이, 핵심역량으로서 전략의 실행을 지원하는 완벽한 관리시스템에 가장 근접한 것이 BSC이다. BSC는 측정/통제뿐 아니라 소통/학습도 가능케 하기 때문인데, 시스템사고와 학습에 대한 강조는 반드시 함께 병행되어야 할 필요가 있다.

HR News

검사 인사고과 때 '조직헌신' 대신 '자기절제' 본다

검사 인사고과 체계가 '헌신적인 조직인'의 모습 대신 '자기절제를 잘하는 검사'인지를 중점적으로 평가하는 방향으로 탈바꿈할 전망이다.

법무부(장관 박상기)는 1일 이러한 내용을 담은 검사 복무평정규칙 일부 개정안을 입법 예고했다. 개정안의 핵심은 복무평정규칙 4조에 담긴 내용 등 기존 검사 인사고과 평가 항목을 시대 흐름에 맞게 일부 수정 또는 삭제했다는 점이다.

특히 '조직헌신' 항목을 삭제하고 '자기절제' 항목을 새로 추가한 부분이 눈에 띈다. 상명하복 체계가 명확한 검찰 조직이 그동안 살인적인 업무 강도를 소화하기 위해 구성원의 헌신적 노력과 희생을 요구해 온 모습과 정면으로 배치되기 때문이다. 한 검찰 간부는 "비록 '검사동일체 원칙'은 사문화됐지만, 검찰은 여전히 검찰총장을 정점으로 철저한 상명하복 체계를 갖추고 있다"며 "검찰총장에게 '레임덕'이란 것은 없다"고 말했다.

개정안을 세부적으로 보면 1호 "청렴성, 조직헌신 및 인권보호에 대한 기여도"가 "인권옹호·청렴성"으로 바뀌었다. 또 2호 "치밀성·성실성"은 "적시성·추진력"으로, 3호 "추진력·적극성"은 "합리성·균형감·성실성"으로 수정됐다. 아울러 4호 "판단력·기획력"은 "친절·소통·인화·자기절제"로, 5호 "보고·의사소통 능력"은 "리더십·조직운영"으로 각각 개정됐다.

법무부 관계자는 "구시대적인 '조직 이기주의'를 개선하고, 검찰 내 비위 행위가 반복되는 것을 막기 위한 취지"라고 설명했다. 공직기강 확립 차원에서 법무부가 상급기관으로서 팔을 걷어붙인 셈이다.

실제 검찰 구성원의 비위 행위가 최근 잇따라 불거져 여론의 거센 비판을 받고 있다. 지난 1월 서울 서초동 자택 주차장 등에서 음주운전을 하다 적발되고도 경찰의 적법한 음주측정에 불허한 것으로 조사된 서울고검 소속 김모 검사는 지난달 30일 해임됐다. 김 검사는 2015, 2017년에도 음주운전을 한 것으로 드러났다.

또 지난해 3월 자신이 수사하던 사건 피의자에게 사주풀이를 해준다면서 모욕성 발언을 한 것으로 조사된 진모 검사도 지난달 견책 처분을 받았다

http://www.segye.com/newsView/20190501506283?OutUrl=naver

단원요약

1. 성과란 결과나 아웃풋만을 뜻하는 것이 아니라 행동이나 프로세스까지 포함한다. 즉 목표와 변화를 모두 수반하는 개념이다. 실패하는 조직들에서 흔히 나타나는 공통된 특징들 중 하나는 저 성과의 원인 요소들(능력, 자발적인 의지, 기회)에 대한 인식과 관심 부족이다.

2. 성과관리는 각 개인의 수행 및 목표를 조직의 미션/목표와 연계시켜서 지속적으로 성과를 규명하고 측정하며 향상시키는 하나의 프로세스이다. 성과관리와 성과측정은 따로 분리하기가 어려운 것으로 전자는 후자를 동반하게 된다. 성과측정이 결과의 평가를 다룬다면, 성과관리는 그 평가결과를 기초로 조치를 취해서 목표한 결과를 달성케 하는 것이다.

3. 기업들이 성과관리시스템을 가동하는 이유는 결국 전략적 목적이나 관리적, 개발적 목적들로 인해서다. 하나의 조직운영 도구로서 시스템 성격을 지닌 성과관리가 잘 작동되면 전략 차원에서의 정책 결정과 이에 대한 타당화가 훨씬 수월해진다. 성과관리시스템의 효과성을 판단할 기준들로는 측정과 조직 전략과의 일치성, 타당성, 신뢰성, 조직에서 수용되는 정도, 그리고 구체적인 피드백을 제공하는 정도 등이 있다.

4. 직원들이 업무를 효과적으로 수행중인지 판단하기 위한 구체적이면서도 공식적인 평가를 인사평가라고 한다. 관리적 관점에서의 인사평가는 HRM 활동의 전 범위에 걸쳐서 사용될 인풋을 제공하며, 개인개발 관점에서의 인사평가는 성과를 향상시키는 것뿐만 아니라 강/약점의 논의에 필수적인 피드백을 제공한다.

5. 인사평가 사이클은 직원들의 업무 기준을 설정하고 이 기준 대비 실제 성과를 측정한 후 그들이 결함요인을 제거하며 성과를 계속 이어갈 수 있도록 피드백을 제공하는 것에 관련된 절차다. 즉 성과에 대한 정의, 성과의 측정/평가, 성과에 대한 피드백, 타 시스템들로 정보의 전달 등으로 인사평가 사이클을 이해할 수 있다.

6. 평가요소가 크게 특성, 행동, 결과로 구분되듯이 인사평가를 위한 기법들도 이에 따라 각각 다르게 적용될 수 있다. 가령 특성기반 정보를 얻기 위해서는 도식평정척도법과 같은 기법이 쓰이며, 행동기반 정보를 위해서는 행동기준척도법과 중요사건법 등의 기법들이 활용된다. 그리고 결과기반 정보를 위해서는 목표관리법이 많이 사용된다.

7. 구태의연한 기법인 평가를 통한 관리라는 점이 인사평가에 대한 가장 주된 비판이다. 이외에도 모든 고과를 중간으로 매기는 중심화경향, 긍정적인 단일 특성만으로 해당 직원을 판단하는 후광효과, 그리고 기억나는 사건들 몇 가지에만 의존하는 최신효과 등이 인사평가의 한계로 여겨진다.

8. 성과관리는 개인적, 운영적, 전략적 수준으로 구분할 수 있으며, 사실상 이와 같은 식으로 발전해왔다. 조직에서 활용되는 성과관리는 전통적으로 개인 수준의 것이었다. 이후 운영 수준에서의 성과관리는 부서관리와 관련되며, 전략적 수준에서 성과관리는 조직 목표들의 달성을 다룬다.

9. 명령과 통제/기계적 사고의 대안은 시스템 사고이다. 이를 통해 조직 관리에 대한 종합 접근법이 가능해진다. 따라서 성과측정에 있어서도 역시 보상이나 통제를 위한 성과측정의 대안은 바로 학습을 위한 성과측정이다.

논의할 문제

1. 매번 저성과자로 분류되는 직원이 있다면 팀장으로서 그를 어떻게 진단하고서 성과향상을 도모해야 할까?
2. 기업을 둘러싼 환경요인들이 성과관리시스템을 설계하고 실행하는데 어떻게 영향을 미칠 수 있는지 설명해 보라.
3. 성과관리시스템의 효과성을 판단하는 기준들 가운데 직원들의 수용성을 높이기 위한 가장 현실적인 방안들로 무엇이 있을까?
4. 정기 인사평가에 직원들이 부담감을 덜 갖도록 하고 부정적인 느낌을 줄여줄 해결책으로는 무엇이 좋을까?
5. 인사평가는 얼마나 자주 실시되어야 하는가? 반기, 분기별로 실시할 경우 어떤 차이나 결과를 예상할 수 있을까?
6. 갈등회피를 위해서 평정자들이 고과를 중간으로 매기는 중심화경향은 인사평가의 한계점 중 하나이다. 이를 해소시켜 줄 방법으로는 무엇이 좋을까?
7. 개인의 과업 수행에 초점을 두던 성과관리가 이후 운영적, 전략적 수준으로 진화되어 왔다. 성과관리의 초점이 이와 같이 변화하게 된 까닭은 무엇일까?

더 읽을거리

Ashdown, L. (2014). *Performance management*. London, UK: Kogan Page.

Aguinis, H. (2014). *Performance management*. (3rd ed.). Upper Saddle River, NJ: Pearson Prentice Hall.

Brudan, A. (2010). Rediscovering performance management: Systems, learning and integration. *Measuring Business Excellence, 14*(1), 109-123.

Brutus, S., London, M., & Martineau, J. (1999). The impact of 360-degree feedback on planning for career development. *Journal of Management Development*, *18*(8) 676-693.

Buchner, T. (2007). Performance management theory: A look from the performers's perspective with implications for HRD. *Human Resource Development International, 10*(1), 59-73.

Cardy, R. L. (2003). *Performance management: Concepts, skills, and exercises*. Armonk, NY: M. E. Sharpe, Inc.

Davis, P. J. (2012). Seven biggest problems with performance appraisals: and seven development approaches to rectify them. *Development and Learning in Organisations, 26*(1), 11-14.

Hattie, J., & Timperley, H. (2007). The power of feedback. *Review of Educational Research, 77*(1), 81-112.

Prowse, P., & Prowse, J. (2009). The dilemma of performance appraisal, *Measuring Business Excellence, 13*(4), 69-77.

Roberts, G. E. (2003). Employee performance appraisal system participation: A technique that works. *Public Personnel Management, 32*(1), 89.

Shore, T. H., Adams, J. S., & Tashchian, A. (1998). Effects of self-appraisal information, appraisal purpose, and feedback target on performance appraisal ratings. *Journal of Business and Psychology, 12*, 283-298.

Wise, J. (2014). Leveraging employee development planning (EDP) for performance advantage. *Industrial and Commercial Training, 46*(4), 194-200.

P/A/R/T

04

보상

Compensating

Chapter 09

보상플랜 수립

01 보상전략의 개발

02 임금구조 결정

03 보상관리, 모티베이션, 그리고 조직성과

학습 목표

이번 장을 마친 후 다음과 같은 것들을 할 수 있을 것이다.

1. 포괄보상의 개념과 그 전략적 중요성을 이해한다.
2. 보상관리의 목적을 여러 각도에서 논의한다.
3. 보상전략 개발을 위한 절차를 서술하고 조직의 보상철학에 대해 논의한다.
4. 임금구조의 결정과정을 이해하고 중요한 고려사항들을 규명한다.
5. 내적 형평성과 외적 형평성의 개념을 비교한다.
6. 다양한 직무평가 기법들의 장·단점을 구별하여 적용한다.
7. 보상관리, 모티베이션, 그리고 조직성과 간의 연관성을 설명한다.

그린북

흑인의 운전기사일이 탐탁지 않지만 돈을 벌어야 해서 밀당하는 토니!

영화 〈그린북〉 포스터

"결혼하신 분이군요. 크리스마스까지 일을 해야 합니다."

"그렇게 오랫동안 가족이 있는 분이 떨어져 일을 할 수 있나요?"

"얼마나 주시는가에 따라 다르겠죠?"

"1주에 100달러, 차와 방도 제공합니다."

그러나 단순히 운전기사를 고용하려는 게 아닌 셜리 박사(Dr. Don Shirley), 일정관리도 해주고 개인비서일도 해줄 기사가 필요하다고 말한다. 옷도 정리해주고 구두도 닦아줄 사람이라고 더 구체적으로 말한다. 평소 흑인을 달가워하지 않던 토니(Tony Lip Vallelonga)는 제안을 뿌리친다.

셜리는 못내 아쉬워 당신이 유능해 불렀다고 말하며 여운을 남기자 토니는 다시 협상을 시작한다. 운전하는 것은 좋은데 집사 일을 하지 않겠다고 분명히 말한다. 한 가지 더 100달러 25센트를 제안한다.

아무런 결론 없이 헤어진 두 사람의 관계는 셜리 박사가 토니의 부인에게 전화를 하면서 다시 이어진다. 토니 부인에게 두 달가량 떨어져 있는데 괜찮겠냐고 허락을 구하는 전화였다.

급여의 절반과 일정표, 그린북, 그리고 리무진의 차키를 받는다. 순회공연을 위한 그들의 여행이 마침내 시작된다.

그러던 중 토니가 뉴욕에서 온 지인들과 우연히 만나게 된다.

일과 후 그들을 만나러 가려 하는데… 그의 문 앞에서 기다리던 셜리는 토니를 칭찬하며 정식 로드매니저 직함과 함께 급여인상을 급히 제안한다. 토니가 자신을 떠날까봐 걱정돼서 하는 제안이었다.

토니는 신뢰를 안기는 말을 해서 셜리를 안심시키고 뉴욕에서 온 친구들을 만나러 나간다.

둘은 돈을 넘어 우정을 만들고 신뢰가 생겼다는 것을 보여주는 장면들이 계속해서 이어진다.

초면인 셜리와 토니가 앞으로 있을 기여로서 보수를 흥정하는 모습, 이후 토니가 떠날까봐 걱정돼 급여와 처우향상을 제안하는 셜리의 행동 등은 모두가 보상이라는 시각에서 흥미를 끄는 장면들이다. 영화 후반부터는 우정이 돈을 넘어서는 분위기이지만, 인종차별주의자인 토니가 돈 때문에 흑인의 운전기사 직을 수락하는 것만 봐도 그 위력이 대단함을 알게 해준다. 직장에서도 급여가 주는 의미는 매우 크다. 급여가 동기유발의 중요 수단이라는 것에 이의를 다는 사람도 있지만, 사실 이만한 수단이 없다는 데에 더 많이들 공감한다. 처음부터 큰 대가를 지불하고라도 토니를 고용하려는 셜리의 마음에서는 토니의 해결사 능력을 높이 사서 그만큼 지불하려 했다는 것을 알 수 있다. 여행이 지속되면서 셜리는 지금보다 더 대가를 치르더라도 그를 꼭 곁에 두고 싶어 한다. 마치 유능한 인재들에게 고액의 연봉을 제시해 그들을 만족시키면서 붙잡아 두려는 보상정책을 연상시킨다. 감동적인 스토리를 보상차원으로만 접근하다보니 영화 제작진에게는 왠지 미안함이 느껴진다.

01 보상전략의 개발

직원들이 조직을 위해 창출한 가치와 그 대가로 조직이 지급하는 보상은 조직의 경쟁력을 결정짓는 중요한 요인이다. 만약 직원들이 한 것에 비해 너무 많이 받게 되면 이익이 적게 나고, 또 만약 그들이 받는 것이 한 것에 비해서 너무 적다면 품질저하나 이직률 증가와 같은 또 다른 문제를 야기하게 된다. 현명한 경영자라면 직원 보상과 회사 성과의 관계에 대한 깊이 있는 이해를 바탕으로 직원의 노력과 조직의 목적/철학/문화가 정렬되게 하면서 직원들의 모티베이션과 성장을 강화시킬 수 있는 전략적인 보상플랜(strategic compensation plan)을 마련해야 한다.

1.1 포괄보상

조직에 기여한 대가로서 직원들에게 제공하는 모든 보수(rewards) 일체를 보상(compensation)이라고 한다. 보상은 기업의 비용이자 직원들을 동기유발시키는 도구이다. 직원들에게 지급되는 보상은 대개 금전보상과 각종 복지혜택으로 이루어진다. 금전보상(financial compensation)은 **임금**, **봉급**, 보너스 및 수당의 형태로 받는 급여를 말하며, 복지혜택(benefits)은 이러한 직접적인 보상에 포함되지 않는 각종 금전적인 보수, 이를테면 의료보험, 사회부조혜택, 유급휴가 등이 있다. 이들 직·간접적인 금전보상 외에도 **포괄보상(total rewards)**의 개념 하에서는 직무 자체 혹은 심리적, 물리적 근무 환경으로부터 얻어지는 만족 같은 비금전보상(non-financial compensation)까지도 범주에 포함시킨다. 포괄보상을 실천하는 것은 보상에 대한 전략적 접근법(strategic approach)으로 이해될 수 있다.

임금
직원이 일한 시간에 따라 산정되는 지불금

봉급
일한 시간에 관계없이 기간을 기준으로 한 일정한 지불금

포괄보상
직원들을 유인해서 동기를 유발하고 유지하기 위해서 회사가 제공하는 금전 및 비금전적 보상

포괄보상 프로그램의 구성요인들은 [그림 9.1]에서 보듯이 집약적이고 통합적인 삼발이 형태의 전체 개념을 만든다. 기본급, 복지혜택서부터 조직의 문화와 환경에 이르기까지 회사가 한 개인에게 제공하는 모든 것이 포괄보상에 해당된다. 이는 사용자와 종업원 간 거래 결과로 인한 거래적 보상(transactional rewards)과 작업환경, 학습 및 발전 등과 관계되는 관계적 보상(relational rewards)을 모두 아우른다. 보상 실무자들은 전통적으로 직·간접적인 금전보상에만 주

그림 9.1 | 포괄보상 프레임워크

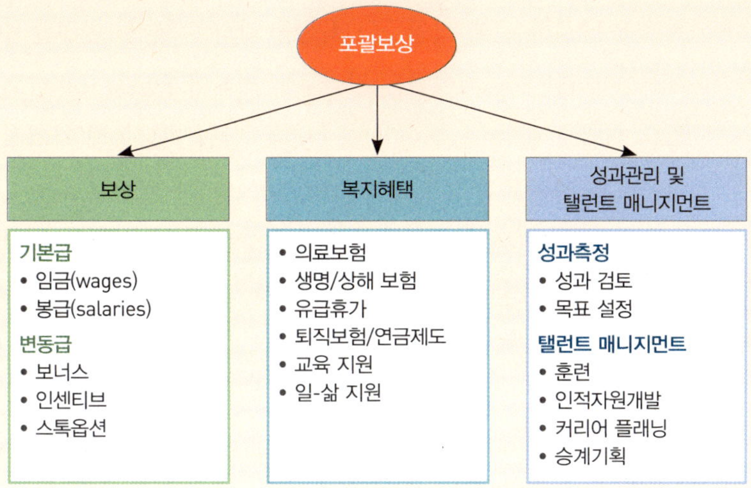

로 중점을 두어왔지만, 오늘날의 포괄보상에서는 세 부분 간의 균형을 강조한다. 만약 이들 중 어느 한 부분이 붕괴되거나 다른 부분에 비해 취약해지면 보상정책은 혼란을 겪게 될 수 있다. 금전보상과 비금전보상을 어느 정도로 또 어떤 방식으로 조합해야 하는지를 기업이 늘 고민해서 결정해야 한다.

기본급
한 개인이 받는 임금이나 봉급 같은 보상

변동급
개인/팀/조직의 성과와 직접적으로 연관되는 보상

이러한 포괄보상 전략(total rewards strategy)은 어떤 기한 내에 바람직한 결과를 얻기 위해서 조직이 자원 배분을 명확히 하려는 실천방안이다. 포괄보상은 사용자가 직원들을 유지하면서 동기를 유발하고 만족시키려고 활용하는 메커니즘으로서 단지 현금만으로 보상하는 것보다 효과 면에서 더 클 수가 있다. 포괄보상은 직원들이 받는 돈 그 이상으로 일한다는 가정에 의해 지지된다. 선진적인 HR 제도를 운영해온 회사나 컨설턴트들이 그동안 포괄보상에 대한 다양한 모델들을 제시해 왔다. 가령, 머서(Mercer) HR 컨설팅 모델에서는 위의 [그림 9.1]에 제시한 것과 유사하게 급여, 복지혜택, 커리어 같은 구성요인들을 언급했다. 이 밖에 Kantor와 Kao의 연구(2004)는 급여, 복지혜택, 학습/개발, 업무환경 등의 네 가지를, 그리고 Giancola의 연구(2009)에선 보상, 복지혜택, 일-삶의 균형, 성과인정, 커리어기회/개발 등 5가지로 구성된 모델을 각각 제안했다.

사실상, 보상은 모티베이션과 긴밀한 연관성이 있다. 보상에서 비롯된 모티베이션이 효과적으로 동기를 유발해 그 목적을 이루려면 다음과 같은 특성을 갖춰야 한다. 첫째, 조직 내 생산성 수준을 높여 기업의 경쟁우위가 단 기간에 실현되도록 하는 모티베이션이라야 한다. 둘째, 직원의 사기를 북돋우어 조직 목표를 달성하는 데 직원들이 최선을 다하며 헌신, 몰입할 수 있게 해야 한다. 셋째, 이러한 모티베이션은 직원들이 커리어개발을 도모하도록 만드는 강화제 같은 역할도 할 수 있어야 한다. 넷째, 팀워크를 통해 자기결정을 강화시켜 나아가도록 직원들을 유도해야 하며, 마지막 다섯 번째로는 직원들에게 조직 전략에 관해 이해시켜서 미션, 비전, 목표가 조직 전략과 통합될 수 있는 방향으로 힘을 실어줄 모티베이션이라야 한다.

HR Map | 보상의 형태

Milkovich et al.(2011)은 회사가 직원들에게 제공하는 다양한 대가들에 대해 설명했다. 〈그림〉에서와 같이 크게 나누게 되면 총 보상(total compensation)과 관계적인 대가들(relational returns)이라고 할 수 있다.

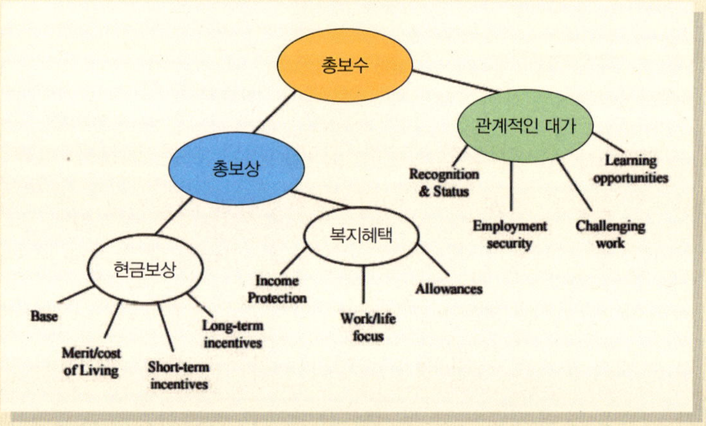

- 총 보상 거래적인 성격의 것으로 현금성 급여(기본급, 인센티브, 각종 수당)와 간접적인 복지혜택, 기타 일-삶의 균형 프로그램 등이다.
- 관계적인 대가 심리적인 성격의 것으로 주로 칭찬, 고용안정, 학습기회, 도전적인 과업 같은 것들이다.

이들은 각기 따로 작동되는 것이 아니라서 함께 관리되는 편이 옳다. 현금 지급액과 절차가 공정하면 포괄보상에 대해 긍정적 태도를 보인다고 한다. 하지만 액수가 불만스러우면 포괄보상에 대한 만족이 떨어진다는 연구결과가 있다. 한편 복지혜택도 급여 공정성의 지각에 영향을 미친다. 직원들은 직업안정성, 근무환경, 성장기회, 유연근무시간 등을 급여보다도 우선시하는 경향도 있으며, 제공되는 복지혜택의 공정성이 보상 총량에 대한 공정성과도 관계되는 것으로 나타났다.

1.2 보상관리의 목적

보상은 직원들의 태도와 행동에 큰 영향을 줌으로써 조직의 전략적인 목표를 달성하는 데 강력한 도구가 된다. 직원들은 자신의 급여수준을 통해 회사와 자신의 관계를 평가하게 되므로 회사의 급여 책정에 큰 의미를 두게 되는 것은 당연하다. 보상이 올바르게 관리되었을 때에 조직은 목표를 달성하고 생산성 높은 인력을 획득·유지하는 데 도움이 된다. 그러나 만약 적절한 보상이 없다면 직원들은 이탈하기 쉽고 대체를 위한 구인마저도 어려워질 수 있다. 급여 불만족의 결과는 생산성을 저하시키고 근로생활의 질에도 악영향을 끼친다. 따라서 보상관리(compensation management)의 목적이라면 **내·외적 형평성**을 보장하는 가운데 조직이 전략적인 성공을 이루도록 돕는 것이다. 이들 간에 대립이 생길 경우엔 물론 절충도 이루어져야 한다. 그 목적들을 더 자세히 설명하면 다음과 같다.

내적 형평성
직무의 상대적 가치와 급여가 관련되어야 해서 유사 직무들 간에는 비슷한 급여가 지급되어야 한다는 것

외적 형평성
노동시장 내 타 기업들의 비교대상자가 받는 것만큼 급여가 지급되어야 한다는 것

- 유인(attract) 조직은 필요로 하는 자격과 경험을 갖춘 적임자들을 충분히 많이 유인해야 할 필요가 있다. 사용자들 사이에선 인재 확보를 위한 경쟁이 존재하므로 노동시장에서 인력 수요와 공급에 급여수준(pay levels)이 대응할 수 있어야 한다. 이미 타 회사에 근무하는 인재들을 유인하기 위해 종종 특별임금을 제시해야 할 때도 있다.
- 공정(equitable) 노력과 능력, 스킬 및 숙련에 상응하여 지불되는 정도가 모든 개인들마다 공정해야만 한다. 결국 사용자와 직원 양측에 모두 공평한 보상시스템이 되도록 보상관리 노력을 기울인다.
- 균형(balanced) 급여, 복지혜택, 기타 보상 등으로 포괄보상을 합리적으로 제공할 수 있어야 한다. 한발 더 나아가 보상관리시스템은 HR 전문가, 운영 매니저, 그리고 직원들에게 쉽게 이해될 수 있어야 한다.
- 안심(security) 보험과 연금 제도를 통해 직원들에게 재정적인 안정감을 제공하는 것은 물론, 복지혜택 등으로 직원들의 삶의 질을 유지 또는 향상시키는 데에 집중하도록 해야 한다.
- 비용 효과성(cost effective) 보상시스템

담 밖에서의 관전이 편법이더라도 형평과 평등 그리고 현실을 신랄하게 보여주는 그림이다. 무엇이 이상적인지 말하기가 어렵지만, 보상과 관련하여 '동일노동 동일임금'은 근로관계에서 평등의 원칙을 실현하기 위한 것이다.

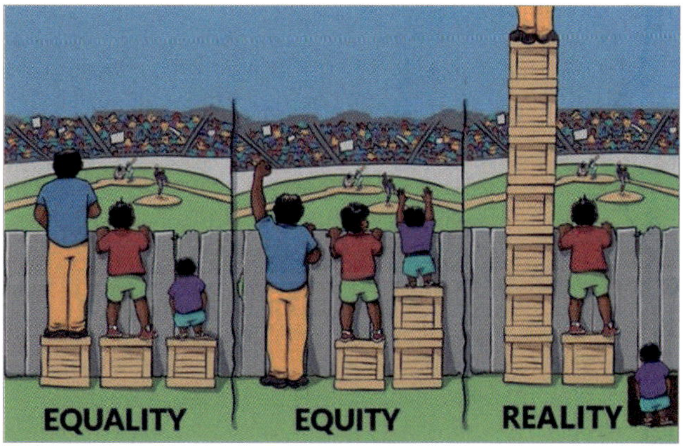

은 조직이 적정한 비용으로 직원들을 획득, 유지하도록 합리적인 도움을 준다. 효과적인 보상관리 없이는 직원들이 과대 보상되거나 또는 과소 보상을 받을 수 있다.

인센티브
바람직한 활동이나 행동을 위한 동기유발 장치로서 일종의 유인책 또는 부가적인 보상

- 인센티브 제공(incentive-providing) 급여는 바람직한 행동들을 강화시키고 향후 발생될 그러한 행동들을 위한 **인센티브**로서의 역할을 해야 한다. 직원들의 동기가 효과적, 효율적, 생산적으로 유발될 수 있게 급여는 인센티브가 되도록 해준다.
- 유지(retention) 인재가 경쟁사로 자리를 옮기거나 경쟁기업을 창업하는 것을 급여가 방지할 수 있게 해야 한다. 직원들은 보상 수준이 합당치 않다고 여겨지면 언제든 그만두려 할 것이고, 결과적으로 이직률이 올라간다.
- 경쟁우위(competitive position) 직원들을 만족시켜 생산성을 높이고 비용을 낮춤으로써 기업의 시장 경쟁력을 유지할 수 있게 한다. 이 외에도 건전한 급여시스템은 정부의 법적 규제를 고려하므로 사용자가 규정을 준수할 수 있게 한다.

보상 기능의 주목적이라면 뭐니 뭐니 해도 고용관계의 쌍방 모두를 위해 공정하고 수긍할 만한 하나의 보상시스템(a system of rewards)을 마련하는 것이다. 이 시스템은 노무비를 통제할 수 있게 설계되어야 하고 효율성을 달성해 생산성을 증가시킬 수 있어야 한다. 보상관리를 통해서 조직은 무엇보다도 좀 더 신중해질 수 있다. 가령 보상받아야 마땅한 스타급 인재들을 잘 보살피도록 해서 마침내 귀중한 탤런트를 잃는 위험을 줄여줄 수 있다. 보상관리는 또한 회사의 평판까지도 높여준다. 이러한 보상관리의 결과가 바로 다름 아닌 회사에 입사해 열심히 근무하고 있는 직원들이다. 금전 혹은 무형의 보상이 만족스러울 때라야 그들이 비로소 현 조직에서 커리어를 꿈꿀 수 있는 것이므로 효과적인 보상이 새로운 인재를 유인한다는 것은 분명 일리가 있다.

표 9.1 | HR 및 운영 매니저의 보상에 관한 책임 구분

HR 부서	운영 매니저
• 급여 시스템의 개발 및 관리 • 직무평가 및 임금서베이 분석 • 임금구조 및 정책의 개발	• 직무명세서 검토 • 임률 조정에 관한 건의 • 임금에 관한 직원인식 평가

일정 규모의 인력을 유지하는 것은 지속적인 고정비를 발생시킨다. 보상에 들어가는 지출을 관리하기 위해선 HR 담당자들과 운영 매니저들의 협력이 필요하다([표 9.1] 참조). HR 전문가들은 보상시스템의 관리와 개발을

하이데거의 숲 | 공정성 지각

보상시스템의 목적은 효율성, 법규준수, 공정성을 얻는 데 있다. 이 중에서도 공정성은 직원들의 태도와 행동에 미치는 파급효과가 크므로 지불시스템의 목적 중 가장 중요하다고 볼 수 있다. 따라서 공정성 지각을 위해서 내부 정렬, 외부 경쟁력, 기여분 인정, 급여시스템 정비라는 전략이 요구된다.

- ❖ **내부 정렬** 내적 형평성과 관계되는 것으로, 기업 내 직무들 간에 급여 차등을 두는 것을 말한다. 상대적인 기여도를 고려해서 급여를 비교하게 되므로 이것이 부적절하면 불공정을 지각하게 된다.
- ❖ **외부 경쟁력** 업계 다른 직장과의 급여비교로 볼 수 있다. 경쟁사의 급여수준을 기초로 급여의 형태와 정도가 정해지므로 직원들은 비교를 통해 비슷한 수준이 아니라고 판단되면 이직을 생각하게 되거나 지각과 결근을 자주 하게 된다.
- ❖ **기여분 인정** 급여 책정에서 개인의 기여를 인정해야만 공정하다고 지각될 수 있다. 자신의 기여와 받는 보상 사이에 차이가 느껴지면 직원들은 동기가 감소하고 회사를 떠나려는 마음이 생기게 된다.
- ❖ **급여시스템 정비** 적임자에게 적절한 급여가 지급되도록 하는 것이다. 이로써 보상시스템이 목적을 달성하도록 만든다. 아무리 좋은 시스템도 관리가 없으며 무용지물이 되고 만다.

직원들의 경우 자신들이 받는 보상을 평가하는 기준은 주로 두 가지다. 첫 번째로 직원들은 지급받은 액수와 그에 대한 공정성, 즉 분배공정성에 관심이 많다. 같은 직무를 하는 동료가 자기가 받은 몫보다 더 받았다고 생각되면 불공정성을 지각하게 된다. 두 번째로는 직원들이 보상을 평가하는 또 다른 시각, 절차공정성도 있다. 지불 의사결정에 관한 프로세스의 공정성이다. 의사표명, 일관성, 성과평가 등이 여기에 포함될 것이다. 공정성의 느낌은 결과보다도 그 관련 절차의 평가로부터 더 비롯되기 쉽다.

주도하고 직무평가를 실시하며 필요시엔 임금조사도 시행한다. HR 전문가들은 기본급 프로그램과 임금 구조 및 정책의 개발에 대한 책임 또한 갖는다. 그러나 급여처리 프로세스(payroll processing)에는 그들이 관여하지 않을 수도 있는데, 그 이유는 손이 많이 가는 일에 대해선 대개 외주를 생각하기 때문이다. 부서장 같은 운영 매니저들은 직원들의 급여에 대한 인식을 검토한다거나, 또는 정해진 범위 내에서 보상 증액을 결정할 때 직원의 수행을 평가하고 성과를 고려해 급여 인상을 천거하기도 한다.

1.3 보상에 관한 전략적 선택

대다수 조직에서 특정 방식으로 직원들의 행동을 유발하는 것이 보상의 주 용도이다. 이를테면 직원들을 조직에 잔류시키거나 또는 보상을 통해 그들의 성과를 끌어올릴 수 있다. 따라서 이미 강조한 것처럼 기업으로선 **보상전략의 개발**이 성장에 있어서 필수적이고 경쟁우위를 높이는 방안이 된다. 보기엔 단순해 보여도 실천이 쉽지 않은 다음의 4단계에 따라 보상전략을 개발해 볼 수 있다.

▶ 1단계: 포괄보상의 영향을 검토 구체적인 보상전략을 세우기 위해서 조직의 과거, 현재, 미래를 생각해 봐야 한다. 비즈니스 환경에서 그동안 어떤 요인이 성공에 기여했는지, 또 이들 가운데 미래에는 어느 요인이 더 중요해질지 등을 고려해야 하는데 가령 다음과 같은 사항들이다.

- 비즈니스 전략과 경쟁구도 조직이 속한 특정 산업의 이해와 조직의 전략적 의도를 이해하는 것과 관련된다. 즉 "무엇이 조직의 전략인지?", "보상시스템은 전략을 어떻게 뒷받침하는지?"와 같은 질문에 답할 수 있어야 한다.
- HR 전략 보상이 변화를 위한 지원군이나 촉진자인지도 살펴봐야 하며, 보상전략은 그 자체로 타 HR시스템들과 적합을 이뤄야 한다. 보상의 역할이 결코 과소평가되어서는 안 되며 종합적인 HR 접근법 안에서 근간을 이루어야만 한다.
- 문화/가치 보상시스템은 사용자가 가치를 두는 행동을 반영하고 그에 따라 어떻게 직원을 대우해야 하는지를 강조하는 일종의 가이드다. 보상시스템은 조직의 이미지나 평판을 비춰볼 수 있는 거울과도 같다.
- 사회 및 정치 상황 이 또한 영향요인들 중 하나로서 여기서의 상황이란 법이나 규제 프레임워크, 문화 차이, 그리고 보상 선택에 영향을 주는 인구통계적 변화 같은 다양한 요인들을 말한다.
- 직원 기호 보상전략의 개발에서 자주 놓치는 부분으로 개별 직원의 기호가 각기 다르다는 사실이다. 이는 조직에 근무하는 직원들의 니즈와 선호를 충족시켜줄 급여시스템을 설계함에 있어 주요 과제가 되곤 한다.
- 노조 입장 노사관계 또한 조직의 보상 전략을 개발/설계할 때 중요한 부분이다. 급여 책정에서 노조의 영향은 실제로 상당히 큰 편이다. 정년보장, 복지혜택 확충 등이 주요 이슈일 때가 많다.

▶ 2단계: 포괄보상 전략의 기획 하나의 보상전략을 개발함에 있어서 그 보상전략 모델을 한눈에 보여줄 플랜이 필요하다. 여기엔 목표들과 더불어 4가

지의 정책적인 선택들, 즉 내부 정렬, 외부 경쟁력, 기여분 인정, 급여시스템 정비가 함께 녹아들 수 있어야 한다. 이 단계가 무리 없이 잘 진행되려면 성과뿐 아니라 인센티브의 효과성까지 추적할 수 있는 시스템을 회사가 잘 갖추고 있어야만 한다.

▶ 3단계: 실행 보상시스템의 설계와 시행을 통해 전략이 실행되는 단계이다. 여기선 마치 직원들의 계좌로 이체가 이루어지듯이 보상시스템이 전략을 실천으로 옮기게 된다. 따라서 보상정책들을 업데이트하거나 커뮤니케이션을 위한 미팅 등으로 계획을 직원들에게 효과적으로 전달하고 이해시키는 것도 중요한 일이다. 급여가 책정된 이유를 설명하는데 토대가 되기 때문이다.

▶ 4단계: 재평가 마지막으로 상황 변동에 맞게 변화해야 함을 인식하는 단계로서 갭을 메우기 위한 재평가와 재조정이 발생한다. 정기적인 재평가의 핵심은 지속적인 학습과 적응, 개선의 여지를 제공하는 데 있다. 급여시스템의 활용 결과는 조직이 이루고자 하는 목적들과 견주어 재평가될 필요가 있고, 개발한 계획이 실제 의도한 대로 비즈니스 전략을 지원했는지 검증도 필요하다.

이상의 단계들을 바탕으로 조직들 대다수가 직원들에게 어떤 식으로 지불할지에 대한 구체적인 보상전략을 마련한다. 이러한 전략 속엔 몇 가지 보상철학이 담긴 의사결정들이 존재하는데 이들에 대해서도 하나씩 살펴보도록 하자. 먼저 첫 번째 고려사항은 **보상의 근거(the basis for pay)**를 정하는 일이다. 전통적으로 대부분의 조직들에선 사람이 아닌 수행된 직무의 기능을 바탕으로 지급이 이루어졌다. 이러한 직무급(job-based pay)은 직원의 급여를 직무기술서에 기초한 직무 기치와 결부시켜 보상하는 방식이다. 미국에서 주로 사용되어 온 이 방식은 직무의 내용과 요구되는 스킬이 일반적이고, 시간에 따라 단계를 밟아 진급할 수 있는 직무, 그리고 업계 내에서 이미 상당히 표준화되어 있는 직무일 경우에 운용하기 훨씬 좋다.

최근엔 직무가 아닌 스킬(능력)이나 지식같이 개인이 보유한 특성에 기반을 둔 직능급(skill-based pay)이나 지식급(knowledge-based pay)도 도입되기 시작했다. 이러한 속인적 임금의 대표격인 역량급(competency-based pay)에서는 특히 직원들이 이룩한 역량에 따라 그들을 보상한다. 설령 당장 필요가 없는 것이라 할지라도 그렇다. 여기서의 기본 사고는 더 많은 스킬과 유연성 확보를 위해서 학습할 수 있게 직원들에게 급여를 지급해야 한다는 것이다. 이전에도 언급했지만, 역량(competencies)은 스킬뿐만 아니라 동기, 가치관, 태도, 그리고 자아개념과 같은 기타 요소들까지 포함한다. 각기 다른 직무에 필요한 특정 역량들을 판단하려면 상당히 많은 시간을 요한다. 실제로 역량기반 보상 프로그램은 대체로 다음의 4가지 요소들을 포함한다.

- 특정 스킬들을 규정하기 위한 시스템, 그리고 개인의 급여와 그들의 스킬 수준을 결부시키기 위한 프로세스
- 직원들이 스킬을 모색하고 획득하게 하는 훈련/개발시스템
- 공식적인 역량검사시스템
- 직원들의 직무 간 이동을 가능케 하는 업무설계

보상전략의 개발에서 두 번째 고려사항은 구체적인 직무 내에서의 **차등지급(differential pay)**에 관한 것이다. 몇몇 조직들에선 실제 지급 임률(wage rates)의 차이가 연공서열로 결정되는데, 근무연한에 따라 일정액만큼의 급여가 올라가게 되므로 실적과 상관없이 오래 근무한 자라면 더 많이 받게 된다. 이러한 연공급 철학(the pay-for-longevity philosophy)은 성과의 차이를 그다지 중시하지 않으며 호봉에 따라 급여인상의 자격(entitlement)이 있다고 가정한다. 즉 경험 많은 자가 조직에 보다 공헌할 수 있고 그에 대한 보상이 주어져야 한다는 것인데, 고성과자임에도 불구하고 저조한 수행자들과 동일한 인상분을 받게 되는 것은 단점이 아닐 수 없다. 다시 말해 직무가 내용과 상관없이 급여 책정에 있어서 온정주의가 강하게 배어 있다고 말할 수 있다.

반면 근속연수에 관계없이 성과(performance)에서의 차이를 급여 차등의 근거로 삼는 기업들도 많다. 그저 오래 근속하는 직원들보다 좋은 실적을 내는 자들을 보상하려는 것이다. 성과급 철학(the pay-for-performance philosophy)은 실적 차이를 반영하는 보상 변동이 필요하다는 것으로서 이들 조직은 직원들 간의 성과 차이를 나타내기 위한 급여와 인센티브를 구조화한다. 성과와 보상의 밀접한 연계성 때문에 연공급 철학을 가진 조직에 비해 대체로 높은 성과를 보인다. 그러나 경쟁의 정도도 강하지 않은 독과점적인 산업구조 내에 위

치하거나 공익적 목적이 강한 조직들에서는 이 철학이 적절치 못할 때가 있다. [그림 9.2]는 연공주의와 성과주의를 서로 비교하고 있다.

그림 9.2 | 연공주의와 성과주의의 비교

자격(entitlement)	성과(performance)
• 연공에 기초한 지급	• 근속으로 인한 인상 없음
• 일괄 임금인상	• 장기근속 저성과자에 인상 없음
• 해마다 인상되는 임금구조	• 시장을 반영한 임금구조
• 보상에 대해서만 업계 비교	• 더 폭넓은 업계 비교
• '산타클로스' 보너스	• 보너스는 수행 결과와 직결

다음은 보상전략을 개발함에 있어서 세 번째 고려사항으로서 시장 상황을 감안한 조직의 임률 결정이다. 즉 **급여수준(pay level)** 결정이 시장수준 그 이상, 그만큼, 그리고 그 이하로 각기 구분된다([그림 9.3] 참조). 시세 이상의 보상은 추가 부담을 발생시키므로 실적이 꾸준한 대기업들 위주로 채택되는 전략이다. 이러한 선도전략(lead-the-market pay strategy)은 유능하고 생산적인 직원들을 유인함으로써 보다 낮은 단위당 노동비(per-unit labor costs)를 실현할 것으로 기대한다. 인재의 유인뿐만 아니라 자발적인 이직을 최소화할 수 있는 장점도 갖는다. 그렇지만 높은 인건비 부담과 이로 인한 권리의식 팽배는 차후 임금조정을 어렵게 만드는 단점이 있다.

반면 추종전략(lag-the-market pay strategy)을 택하는 회사는 직원들의 사기와 직무만족이 바라는 정도만큼 높지 않을 것이라는 부담을 감수해야 한다. 여의치 못한 재정 여건이나 유능한 직원의 불필요로 인해 시세보다 낮은 보상을 한다. 마치 인건비 절약을 담보로 도박을 하는 것과 같아서 주로 실업률이 높은 업계에 속한 기업들이 추구해 볼만하다. 마지막으로 동행전략(meet-the-market

그림 9.3 | 급여수준 전략과 그 장·단점

	선도전략	동행전략	추종전략
	급여수준을 1/4의 타 기업들보다는 낮고, 나머지 3/4의 기업들보다는 높게 책정	급여수준을 절반의 타 기업들보다는 낮고, 나머지 절반의 기업들보다는 높게 책정	급여수준을 3/4의 타 기업들보다는 낮고, 나머지 1/4의 기업들보다는 높게 책정
장점	우수 인력확보 높은 동기유발	과지급 위험의 감소	인건비 경쟁력 유지
단점	과지급 위험	동기유발효과 미흡	우수인력 유출 사기 저하

pay strategy)을 택하는 회사는 시세 이하의 경우에서보다 고급 인력을 얻을 수 있으리라고 가정한다. 아마도 시세 이상 지불하는 회사보다는 이직률이 높고, 그 이하로 지불하는 회사보다는 이직률이 낮을 것이다.

신생 기업들은 말할 것도 없고 모든 회사들에서 보상전략을 명백히 하는 것은 매우 중요한 일이다. 당연히 그 짜임새부터 잘 갖춰져야 하고 기업의 지불능력 범위 내라야 하며 어느 정도의 경쟁력 또한 갖춰야만 한다. 즉 보상전략은 회사의 목표를 달성하는 쪽으로 직원들의 노력이 잘 향하게끔 해야 하고, 감당할 수 있는 재정적인 지불 능력을 고려하는 동시에, 인재를 유인 유지할 수 있을 만한 매력까지도 있어야 한다는 것이다. 보상철학은 그 회사가 직원을 중시하는 정도를 잘 드러내 보여주는 것이라고 할 수 있다.

하이데거의 숲 | '최저임금 1만원 시대': 최저임금제의 의의와 필요성

근로자는 자기가 받은 임금을 토대로 자신의 삶은 물론 가족의 생계문제를 해결할 뿐만 아니라 다음의 노동력을 재생산할 수 있는 기반을 형성하게 된다. 따라서 종업원들의 생계비는 임금산정의 최저기준일 뿐 아니라 그들의 인간적인 삶을 보장해 줄 수 있는 기초가 된다. 2019년 최저임금은 '시간당 8,350원'이다. 최근 최저임금의 증가 폭이 가파르게 상승했다. 2018년에는 16.4%의 증가율을 보이면서 2003년 이래 최대치를 보였었다. '2020년까지 최저임금 1만원'이라는 대선공약에 따라 내년에도 최저임금은 증가할 것으로 예상된다. 최저임금제란 고용자가 근로자를 저임금으로 부리는 착취를 방지하고 저임금 근로자를 보호하기 위해 근로자에게 일정 금액 이상의 임금을 지불하도록 법적으로 정하여 시행하는 제도이다.

임금은 본래 사용자와 근로자 사이에서 근로계약 또는 단체협약에 의하여 주체적으로 결정돼야만 하는 것이 원칙이나, 근로계약의 당사자인 개별 근로자와 사용자는 대등한 협상관계가 형성될 수 없는 것이 현실이다. 따라서 임금결정을 근로계약에만 맡겨 놓게 되면 여성, 청년, 비정규직과 같은 일부근로자들은 실질적으로 적정임금을 보장받지 못할 수도 있다. 또한 노동조합이 결성되지 않은 사업장의 근로자들은 단체교섭을 통해 임금이 결정되기를 기대할 수도 없다. 그러므로 노동시장의 자율적인 기능에 따라 결정된 근로임금이 지나치게 낮아 사회적 역기능을 초래할 것을 대비해 정부가 사용자와 근로자 사이의 임금결정에 개입하여 임금의 최저수준을 확립하고 사용자에게 최저임금을 권고하게 된다. 따라서 최저임금제는 이러한 사회 정책적 관점에서 노사 간의 근로임금 자율결정원리를 일부 수정하는 제도로서 도입된 것이다.

임금구조 결정

02

"직원들이 열의에 차서 업무에 임하도록 하려면 어떻게 해야 할까?" 매니저들이라면 누구든지 해본 생각일 것이다. 충분한 보상이 직원들의 열의와 성과에 대한 열쇠를 쥐고 있다고 믿는 매니저들이 많다. 보상패키지(compensation packages)가 직원들의 열의에 큰 영향을 준다는 것은 이미 연구들을 통해서도 밝혀져 왔다. 높은 보상은 직무로부터의 만족감을 느끼게 해주고 직원들로 하여금 수행을 더 잘하게끔 만들 수 있다. 특히 보상이 성과와 직결되는 경우라면 더더욱 그렇다. 그러나 직무열의와 보상이 관련되더라도 아무런 조치 없이 그러한 잠재 효과가 자연 달성하는 것은 아니므로 기업들은 계획과 함께 실행 전략을 갖고 있어야 한다.

임금구조(pay structure)도 채 갖추지 못한 조직들이 더러 있지만 규모가 큰 혹은 성장세에 있는 조직들은 대개 보상관리를 위한 프레임워크로서 이를 마련해야 하는 중요성을 잘 안다. 조직의 계층이나 계열 내 직무들을 연결한 급여 등급/수준/밴드의 집합체인 임금구조는 다음과 같은 여러 목적들을 이루려고 설계된다. 즉 고성과 장려를 위해서 그렇듯이 보상전략을 조직의 비즈니스 전략과 일치시키기 위해, 급여인상이나 커리어 승진을 관리함에 있어 조직과 종업원들에게 질서와 명확성을 부여하기 위해, 그리고 성에 따른 임금차별 방지처럼 형평성과 합법성을 납득시키려는 것 등이다. 내·외적 형평성과 어느 정도 절차상의 형평성을 유지하며 급여를 결정하는 프로세스(직무급의 설계 과정)는 일반적으로 다음의 단계들로 이루어진다.

임금구조
각기 다른 직무들에 대한 상대적 급여(직무체계)와 지급되는 액수(급여수준)를 나타냄

- 외적 형평성을 준수할 목적으로 임금조사(pay survey)를 실시하여 다른 사용자들은 유사한 직무들에 얼마나 지급하고 있는지 파악한다.
- 내적 형평성을 확보하고자 **직무평가**(job evaluation)를 통해서 조직 내 각 직무의 가치를 결정한다.
- 유사한 직무들을 같은 급여등급(pay grades)으로 그룹화하고 임금곡선을 이용해서 각 급여등급마다 급여폭(pay ranges)을 책정한다.
- 내·외부 형평성을 재차 확인하고 **콤파비율**(Compa-Ratio) 등을 평가하여 임률(pay rates)을 조정한다.

직무평가
직무별 보상수준을 결정하기 위해 직무의 상대적인 가치를 비교 분석하는 과정

콤파비율
실제 임금과 과도한 임금 사이의 일치 여부 확인을 위해 사용하는 방법

그림 9.4 | 시장 임금선: 직무평가 점수와 임률

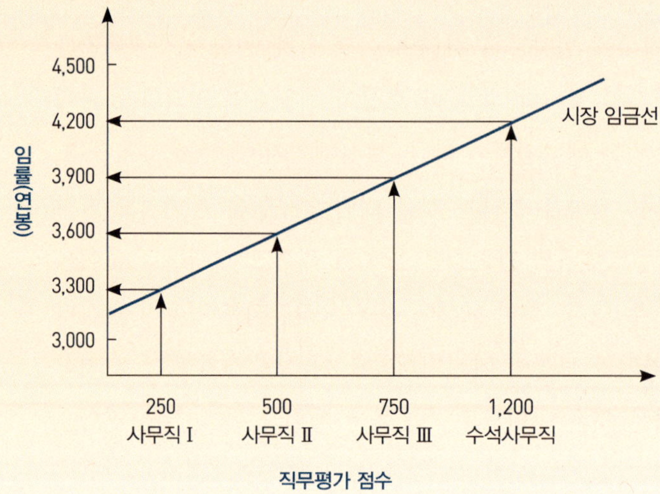

급여수준
조직이 특정 직무에 대해 지급하는 평균 금액(임금, 봉급 및 보너스 포함)

직무체계
조직 내 다양한 직무들의 상대적인 가치

핵심직무
상대적으로 안정적인 직무내용을 갖고 있으며 여러 조직들에서 보편적인 직무

사회적 비교 차원의 외적 형평성과 내적 형평성을 각각 반영하는 **급여수준**(pay level)과 **직무체계**(job structure)는 임금구조를 설계함에 있어서 그 핵심이 된다. 우선적으로 검토해야 할 것은 시장 임금선(market pay line)이다. 임금조사를 통해 얻어진 이러한 임금선을 가지고 타 기업들이 동종 **핵심직무**들에 대해 지불하는 임률(pay rates)을 파악할 수 있다. [그림 9.4]에서 보듯이 세로축은 직무들에 대한 시장의 임률을, 그리고 가로축은 직무체계(직무평가 점수)를 나타낸다. 예컨대 평가 점수가 1,200점인 직무는 예상 연봉이 연 4,200만원이다. 임금선의 목적은 직무평가를 통해 결정된 해당 직무의 가치와 그 임률 간의 관계를 보여주기 위한 것이다. 시장의 임금구조를 반영하는 임금선이 조직의 임률과 항상 일치하는 것은 아니다. 매니저들은 현재 회사의 지불 정도를 나타내는 내부 임금선과 외부 임금선을 비교할 수 있으며, 이를 통해 차후 조정 여부까지도 판단하게 된다.

직원들에겐 외부와의 비교도 중요하지만 내부 차등에 따른 자신의 급여를 평가하기도 한다. 급여수준을 어느 선으로 맞출지가 결정되었다면 이번엔 내부적으로 **급여등급**(pay grades)을 정하는 일이다. 큰 조직에는 수백 또는 수천 개의 다른 직무들이 있을 수 있다. 이들 각각의 직무들에 대한 임률을 정하는 것은 매우 복잡할 것이다. 급여등급이란 직무들의 가치매김을 단순화하기 위해서 유사 직무들을 그룹화하는 것을 말한다. 이로써 같은 그룹 내에는 직무평가를 통해 난이도와 중요도가 대체로 유사한 직무들이 포함된다. 반면 시장과 조직의 직무체계가 일치하지 않는 개별 직무들의 임률이 발생할 수 있다는 것은 급여등급의 단점이다. 기업들에서 지속적으로 직무평가를 활용하는 이유는 바로 조직의 직무체계를 규명하기 위해서다. 급여의 불공정성을 제거하고 직무들 간의 관계에 질서를 부여함으로써 하나의 임금구조 마련을 위한 직무가치의 위계를 만들 수가 있다. 여기서 주요 직무평가 기법들을 몇 가지만 간단히 소개해 본다.

표 9.2 | 점수법의 예시

평가 요소		만점	A 직무	B 직무
대분류	소분류			
숙련 (50)	기초지식	20	16	18
	교육수준	15	7	10
	판단력	15	12	11
노력 (15)	심리적 긴장	8	6	6
	육체적 부담	7	5	4
책임 (20)	지도 감독 책임	15	8	12
	타인의 위험	5	4	3
환경 (15)	재해 위험	5	4	4
	작업장 분위기	10	8	7
총점		100점	70점	75점

표 9.3 | 직무평가 기법들의 전반적인 비교

	직무 전반	구체적인 직무요소
직무 대 직무	서열법	요소비교법
직무 대 기준	분류법	점수법

- 서열법(ranking method) 가치 또는 직무내용 면에서 직무 전체를 다른 직무 전체와 비교한다.
- 분류법(classification method) 가치나 직무내용의 개념은 범주/등급으로 나누어지며 직무들로 이 범주 안을 채운다.
- 점수법(point method) 직무 내용과 가치를 요소들로 분해하고 그 직무가 보유한 각 요소별 등급에 따라 평가된다.
- 요소비교법(factor comparison method) 점수법과 같이 직무 내용과 가치를 요소들로 분해하고, 그 직무가 보유한 각 요소의 정도에 따라 직무는 평가된다.

특정 급여등급에 함께 속한 직원들이라도 모두 동일한 급여를 받는 경우는 드물다. 일반적으로 조직은 개별 직무들에 대한 급여를 정하는 데 있어 어느 정도의 유연성을 원하기 때문이다. 성과나 근무연한에 따라 직원들을 보상하는 경우가 많듯이 기업들은 단일 임률을 적용하는 것보다 이 방법을 확실히 더 선호한다. 따라서 급여등급마다 **급여폭**(pay ranges)을 정하는 일이 남아있다. 급여등급이 직무평가를 기준으로 그룹화되기 때문에 임금구조의 수평적 차원을

급여폭
특정 급여등급의 최고와 최저 금액을 확인시켜주는 경계의 범위

그림 9.5 | 급여등급 및 급여폭의 예

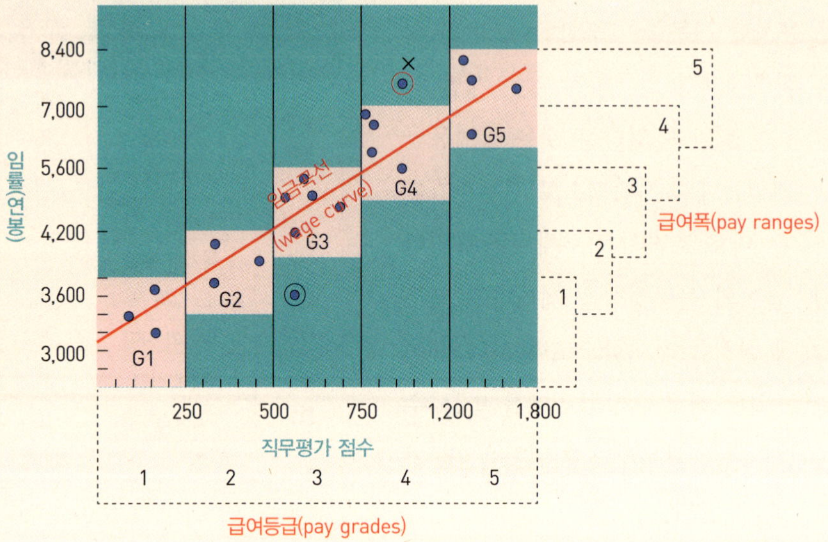

임금곡선
직무평가 점수나 순위와 비교하여 각 급여등급 내 직무들에 현재 지급되는 임률을 보여줌

나타내는 것이라면, 급여폭은 수직적 차원을 나타내는 것이다. 급여폭은 최고치(maximum)와 최저치(minimum), 그리고 중간치(midpoint)로 구성된다. 임금구조를 설계할 때 흔히 중간치부터 먼저 결정하게 되는데, 시장의 평균이나 중앙값으로 하곤 한다. 예컨대 만약 범위 폭(range spread)이 40%라고 하고 중간지가 연 3천만 원이라고 한다면 최저치는 2천 5백만 원, 최고치는 3천 5백만 원이 된다([(최고치−최저치)/최저치]×100)=40%). [그림 9.5]는 [그림 9.4]의 시장 임금선에 기초한 급여폭의 예를 보여준다. 급여폭이 겹치는 부분으로 인해 어느 한 등급의 최고 급여가 다음 등급의 최저 급여보다 조금 높은데, 이는 직원 이동에서 유연성을 제공한다. 급여의 변화를 꼭 수반할 필요가 없기 때문이다. 핵심인재를 유치하기 위해서라면 조직은 언제든 그 범위에서 최고치를 선택할 수 있다.

브로드밴드
여러 급여등급 및 급여폭을 소수의 폭넓은 급여밴드로 허무는 것

한편, 각각의 등급마다 약 1천 5백만 원 내외의 급여폭을 가지고 있는 5가지 급여등급을 적용하는 대신, 기업은 2가지(A, B)의 **브로드밴드**로 나눌 수도 있다([그림 9.6] 참조). 브로드밴드 내에서는 가장 낮은 급여와 높은 급여 간의 차이가 훨씬 더 벌어지게 된다. 특정 등급 상한액보다 높은 수준(red circle rate), 하한액보다 낮은 수준(green circle rate)의 급여가 책정되었더라도 매니저는 전형적으로 좁은 등급과 폭 안팎으로 해당 직원을 이동시켜야 하는 부담이 없으므로 밴

그림 9.6 | 브로드밴딩과 전통적인 급여등급/급여폭의 관계

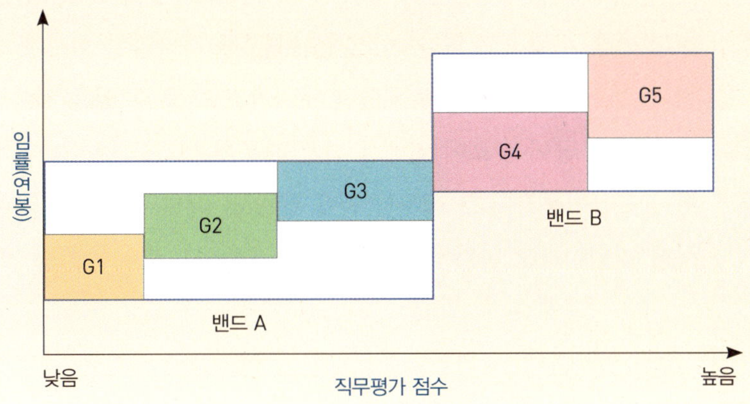

드 내 어느 한 직무에서 다른 직무로 손쉽게 배치할 수 있다. 더 많은 직무를 단일 계층으로 결합함으로써 매니저가 임무를 부여하거나 급여를 인상해주는데 더 많은 유연성을 발휘할 수 있게 된다. 브로드밴딩은 이처럼 직급체계의 단순화를 통해 인력 운용의 탄력성과 효율성을 제고할 수 있는 방안이다. 1990년대에 IBM도 약 5,000개의 직함과 24개의 급여등급을 가진 임금구조에서 1,200여 개의 직함과 10개의 밴드를 가진 구조로 변경했던 적이 있다.

브로드밴딩의 근본적인 장점은 이렇듯 직원 배치에 있어 유연성이 크다는 것이다. 새롭고 폭넓은 급여밴드는 상사와 부하 모두를 그 안에 포함시킬 수 있고, 또한 직원의 수평적 개발을 촉진하여 수직적 승진기회에만 관심 쏟는 것을 방지할 수 있다. 하지만 신규 직원들에게는 브로드밴딩이 불안감을 야기할 수 있다. 이미 직무이동에 익숙해진 상태에 있다면 그것이 모티베이션의 요인이 될지 몰라도 승진의 기회가 줄어들다 보니 그들이 헤맨다는 느낌을 받을 수도 있기 때문이다. 게다가 특정 스킬이 부족해서 보다 하위 직무에 머무를 수밖에 없는 직원이 운 좋게 높은 급여를 받게 되는 상황이 생길 수도 있다. 주의 깊게 모니터링하지 않으면 밴드 맨 하단 직무를 수행하는 직원들이 급여폭 최고치까지 올라와 과다 지급될 우려가 있는 것이다. 유연성만큼이나 혼란스러움은 브로드밴딩의 명백한 단점이다

이제 마지막 최종 단계는 지금까지의 임금구조가 얼마나 효과적인지, 혹은 별다른 문제들은 없는지 평가하고 개선하는 일이다. 처음부터 그랬듯이 여기서

는 내·외적 형평성을 다시 한 번 더 확인할 필요가 있다. 예를 들어 [그림 9.5]에서 직무 X의 경우는 직무평가에 의해 G4로 정해졌지만 등급 내 최고치보다도 고액을 수령하고 있다. 이 같은 이유 중 하나라면 회사가 해당 직무에 적합한 인력을 고임금을 통해 유인한 것이라고도 볼 수 있을 것이다. 노동시장에서의 인력 공급이 수요에 비해서 적기 때문에 생겼을 현상이다. 이상적인 해법은 아마도 급여등급이 그 직무를 품을 수 있을 때까지 임금을 동결하거나, 또는 유능한 직원이라고 판단하여 더 높은 급여등급으로 조정하는 것이다. 하지만 이

하이데거의 숲 | 직무평가 절차 및 각 방법들의 장·단점

직무평가는 공평한 임금구조를 개발하기 위한 근거로서, 조직 내 직무의 상대적인 가치를 결정하는 것이다. 조직의 직무구조 규명을 위해서나 급여의 불공정성 제거와 직무들 사이에 질서 부여를 위해서, 그리고 임금구조 마련을 위한 직무가치의 위계 개발을 위해서 조직들은 직무평가를 실시하고 있다. 직무평가를 행하는 기본적인 절차를 살펴보면 아래 〈그림〉과 같으며, 각 방법들의 장·단점을 비교한 〈표〉도 함께 제시한다.

그림 | 직무평가의 절차

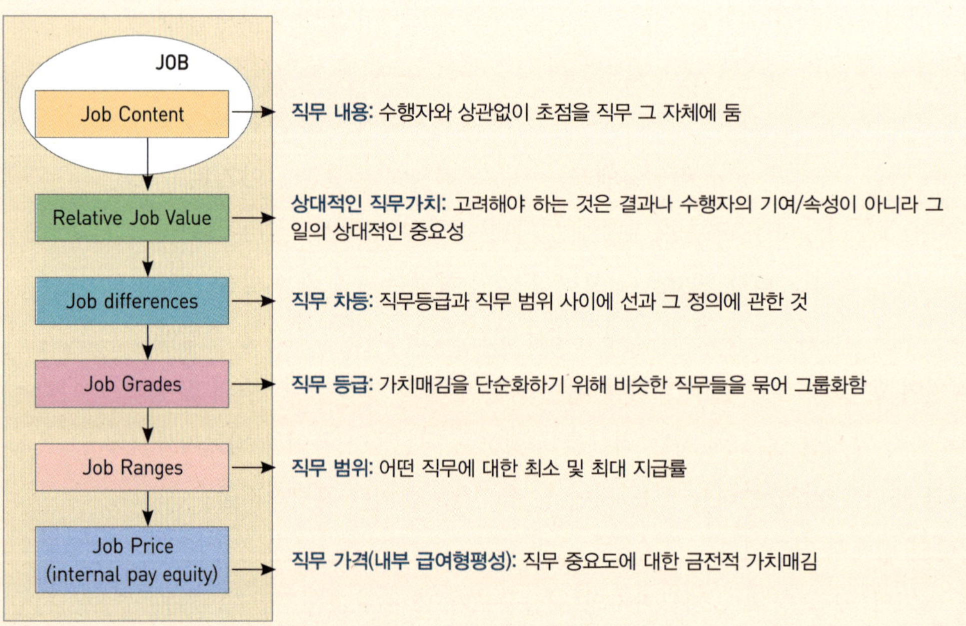

표 | 직무평가 방법들 간의 장·단점 비교

	주요 장점	주요 단점
서열법	1. 적용이 쉽고 빠르다. 2. 보통 몇 시간 내로 가능해서 비용면에서 저렴하다. 3. 설명하기 쉽다.	1. 직원들이 여러 직무를 동시에 수행하는 소규모 조직에는 적용이 제한적이다. 2. 서열 간에 균등한 차이를 가정하지만 일반적으로 그렇지 않다. 3. 매우 주관적이다.
분류법	1. 공공기관에서 주로 사용해왔기 때문에 많이들 채택하고 있다. 2. 여러 곳에 지사를 둔 규모가 큰 조직에서 적용이 수월하다. 3. 분류가 폭넓고 세밀하지 않아 큰 수정 없이도 시스템을 오래 사용가능하다.	1. 분류 설명이 광범위하고 특정 직무와 연결시키기 어려워서 직무 등급에 의구심이 들게 만든다. 2. 광범위하고 일반적인 분류 때문에 직무 평가자들이 시스템을 오용할 가능성이 있다.
점수법	1. 상세하고 구체적이다—직무는 요소 단위로 평가되며 미리 정해진 등급에 의해 비교된다. 2. 정량적이기 때문에 직원들이 대체로 잘 수용한다. 3. 직무 변화에 따른 업데이트가 쉽다. 4. 정량적인 성격 때문에 직무들에 금전적 가치를 매기기가 쉽다.	1. 개발에 시간과 비용이 꽤 많이 든다. 2. 직무평가 수행과 관련된 이해당사자들 간의 긴밀한 상호작용과 의사결정을 필요로 한다.
요소비교법	1. 비교적 상세하고 세밀하다—직무는 요소 단위로 평가에 다른 직무들과 비교된다. 2. 점수법보다 대체로 개발이 용이하다. 3. 외부 시장임률과 연동된다.	1. 직원들에게 설명이 쉽지 않다. 2. 평가되고 있는 직무에 변화를 반영하기가 어렵다.

렇게 해서 내적 형평성은 확보되더라도 언제든 시세보다 낮은 임금의 경우 외부로부터의 추가 구인은 어려움이 예상된다.

[그림 9.5]와는 별도의 또 다른 예로써 이번엔 HR 관련 직무인 H와 IT 관련 직무 I가 있다고 하자. 내부에선 두 직무가 동일한 직무가치로서 평가되지만 직무 H의 급여는 시장 임금선의 아래에, 직무 I의 급여는 그 위에 각각 위치한다고 해보자. 노동시장에서는 IT 인력의 공급이 수요에 비해 부족하고 HR 인력의 공급은 수요를 초과한다고도 볼 수 있을 것이다. 두 직무의 임금을 동등 지급하게 되면 상대적으로 H는 과다, I는 과소 급여를 받게 되는 셈이다. 따라서 직무 H의 고임금은 제품시장에서의 원가(인건비) 상승을 야기하고, 직무 I의 저임금은 노동시장에서 양질의 인력을 유인, 유지하는 데 어려움을 초래하게 된다. 그러나 회사가 굳이 이렇게 하는 데에는 HR을 전략적으로 더 중요시하기 때문일

수도 있다. 다시 말해 임금구조의 설계에서 조직의 목표 달성을 위해 어떤 직무가 핵심 환경요소를 다루는 데 더 중요한지 신중히 고려해야 하는 것이다.

실제 임금과 과도 임금 사이의 일치 여부 확인을 위해서 자주 사용되는 방법으로 콤파비율(Compa-Ratio)이 있다. 한 직원이 실제 받고 있는 급여와 그들의 직무에서 받는 급여폭의 중간점을 비교하는 것으로 이것은 다음과 같이 계산된다.

$$\text{콤파비율} = \frac{\text{개인 직원의 임금수준(actual salary)}}{\text{임금폭의 중간점(salary midpoint)}}$$

콤파비율은 실제 임금과 임금정책 간의 일관성 정도를 직접적으로 평가한다. 직원들에게 적절한 보상을 하고 있는지 경영자가 판단할 수 있게끔 해준다. 이 비율이 1보다 적다는 것은 실제 임금이 정책(의도된 임금)에 뒤처져 있음을 말하는 것이며, 1보다 클 경우는 정책(의도된 임금)을 초과해 임금이 과도하게 지불되고 있음을 가리킨다. 콤파비율이 1과 어긋나는 이유들로는 여러 가지로 있겠지만, 경영자는 과연 임금구조가 발생하는 비용을 통제할 수 있는지 늘 점검해야 하는 노력이 요구된다.

03 보상관리, 모티베이션, 그리고 조직성과

보상관리, 동기유발, 조직성과는 서로 연관성이 있다. 보상을 잘 해줘서 직원들의 동기가 유발될 때 조직의 성과가 따라오게 됨을 어렵지 않게 떠올릴 수 있다. 일찍이 '자동차 왕' 포드(H. Ford) 같은 경영자도 보상과 경영통제, 직원들의 유지/행동 간 연결 관계를 인식하고 타 회사들보다 더 많은 임금을 주는 것을 조직의 성공 및 이익창출의 핵심으로 꼽았다. 급여만족과 동기유발은 서로 상관이 있고 이는 조직성과를 강화시킨다는 것이 성과급을 도입한 호주 중소기업의 사례에서도 질적 연구를 통해서 밝혀진 바 있다. 효과적인 보상관리는 이처럼 인력의 동기유발을 위해서 매우 중요한 사안이다. 보상이 직무만족의 5가지 주요 요인들 가운데에 반드시 포함되는 것도 그만큼 중요함을 뜻하는 것이다.

하지만 언제나 예산이 빠듯한 기업들로선 운영비, 인건비 염려와 동시에 고성과를 촉진할 보상을 생각해야 하는 딜레마에 놓일 수밖에 없다. 보상과 성과가 직결되도록 잘 설계된 보상전략만이 직원과 사용자 모두에게 이익을 가져다줄 수가 있다. 이러한 전략은 이상적으로 업무상 성과를 내는 자가 보상을 받는 진정한 능력주의(meritocracy) 환경을 만들어 준다. 모든 이들이 한결같이 바랄 수 있는 이러한 보상과 성과가 연계되는 보상전략을 설계하기 위해서 경영자는 다음의 사항들을 실천해 볼 만하다.

- 포괄보상에 주안점을 두는 게 좋다　기본급(base pay)만으로는 효과적인 보상전략이 되기 어렵다. 개별 보상요소들이 포괄보상 전략하에서 구조화되어서 이것들이 조직과 직원 모두들 지원할 수 있어야 한다. 금전보상 외에도 커리어개발 같은 비금전보상까지 포함한 포괄보상이 필요하다. 금전과 비금전의 적절한 혼합비를 정하고 나서 올바른 행동 유도를 위한 예산을 할당하고 직원들에게 가치를 창출케 하여 투자수익률을 높여야 한다. 이러한 전략으로 고성과자들이 원하는 것을 제공해줄 수 있다.
- 기업과 개인의 목표를 서로 연계시켜야 한다　기업의 비즈니스 목표 대비 수행 정도에 따라 보상이 이루어져야 한다. 기업이 일하는 방식과 직원들이 보상받는 방식 간에는 관련성이 있어야 하는데 이것이 곧 목표정렬(goal alignment)인 셈이다. 기업의 전략적 목표가 수립되면 매니저들이 이러한 목표를 개인 수준으로 내려서 공유될 수 있게 해야 한다. 개인 목표의 설정은 매니저와 직원 간에 성과가 어떻게 평가되는지에 관해 논의할 기회를 준다. 따라서 성과에 대한 기대를 더욱 명확히 할 수 있게 해준다.
- 인재를 정확히 평가해야 한다　일선 매니저들은 조직 전반에 걸쳐서 측정된 기준에 근거하여 개개인의 성과를 평가해야 한다. 적게 일하고 많이 벌려는 것이야말로 비즈니스라 할 만하지만, 이러한 상충적인 니즈에 균형을 제공하는 것이 바로 정확한 평가다. 상·중·하로 피평가자들을 구분하는 것이 노력을 요하는 일이긴 해도 그것은 그만한 가치가 있다. 어느 한 매니저가 최고라고 평가한 자를 다른 매니저도 똑같이 그렇게 평할 거라고 어찌 확신할 수 있겠는가? 생각만큼 쉽지 않다.

- **엑셀 프로그램에서 탈피해야 한다** 보상에 대한 기획이 HR 담당자들에겐 꽤 나 복잡한 일이지만 엑셀 프로그램에만 의존하고 있는 회사들이 아직까지 많다. 데이터 변화나 숨은 오류들로 개인 급여나 기업 예산에 영향을 끼칠 수도 있는 엑셀 함수식(formulas)의 이용보다는 웹기반의 자동시스템 사용이 늘고 있다. 성과관리시스템과 보상의 연계로 가시성을 높여서 현명한 급여결정을 유도하고, 가상 시나리오를 이용해 예산을 낭비하지 않게 해주는 이점도 있다. 또한 오류를 줄이면서 시간과 비용까지 절약할 수 있게 한다.
- **직원들의 승인과 동의를 득해야 한다** 소통을 통해 직원들의 관심과 이해, 수용을 이끌어낼 커뮤니케이션 전략을 가져야 한다. 회사의 보상 프로그램이 처음엔 잘 운영되지만 아무리 좋은 것이라도 지속적인 강화가 필요하다. 정확하게, 솔직하게, 그리고 자주 커뮤니게이션을 하지 않으면 보상전략은 실패하기 쉽다. 직원들은 자신들이 이해할 수 있는 보상 프로그램에 대해서 더 우호적으로 생각하기 마련이다. 커뮤니케이션 노력이 프로그램의 활용과 만족을 높여준다는 사실을 꼭 명심해야 한다.

어찌 보면 사용자와 직원 간 관계의 핵심은 보상의 교환이나 또는 그 절차라고 할 수도 있다. 최근까지의 보상 연구는 이러한 내부 조점을 가지고서 주로 조직의 특성들과 인사제도를 반영했다. 이제는 노동시장이나 이해관계자들의 관심 같은 외부 요인들로 시선을 돌릴 필요성이 거론된다. 직무평가나 급여수준에 관한 연구들이 내부 노동시장 초점의 대표격이라 할 수 있는데, 여러 가지 변화에 따라 조직들도 위계를 단순화하고 비정규직의 채용을 늘리면서 보상의 결정이 외부 노동시장과 더 긴밀한 관련을 갖게 되었다. 따라서 일각에서는 과거의 연구결과들을 새로운 비즈니스 환경에서도 적용 가능한지 알아보기 위한 연구가 새로 필요하다는 주장도 제기되고 있다.

하이데거의 숲 | 임금피크제

임금피크제는 근로자가 일정 연령에 도달한 시점부터 임금을 삭감하는 대신에 고용을 보장하는 제도를 말한다. 현재 우리나라에서 임금피크제를 적용하는 나이는 평균 56.8세이며 정년은 평균 60.1세로 조사됐다. 적용되는 임금피크제의 유형은 정년을 보장하되 정년 전 일정 시점부터 임금을 조정하는 방식인 '정년보장형', 기존의 정년을 연장하는 대신 정년 몇 년 전 또는 정년 시점부터 임금을 조정하는 방식인 '정년연장형', 그리고 정년퇴직 후 계약직 또는 촉탁직 등으로 고용형태를 변경하여 재고용하는 대신 임금 및 직무 등을 재설정하는 방식인 '고용연장형' 등이 있다.

국내 대기업의 70%는 임금피크제를 이미 도입했고 8.2%는 앞으로 도입할 계획이 있거나 논의 중이라고 한다. 임금피크제를 실시함으로써 기업은 무엇보다도 인건비 부담을 조금이나마 줄일 수 있다. 또한 숙련 근로자를 비교적 낮은 임금으로 활용할 수 있게 됨으로써 그 여유분을 신규 고용에 활용해서 미래 인력을 양성할 수 있는 기대효과를 가진다. 한편 정부 입장에서는 고령자가 경제활동을 함으로써 사회 전체적인 생산증가를 기대할 수 있으며, 또한 고용 안정과 사회보장비용 부담완화, 고령인력 활용, 노동력부족문제 해결 등의 효과를 볼 것이라 기대한다.

정년보장형 임금피크제

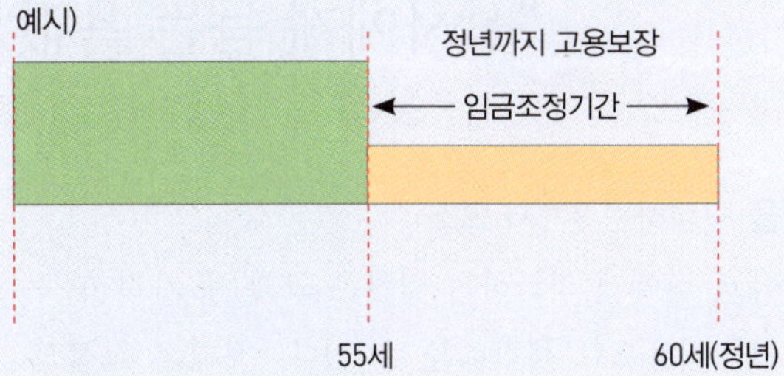

정년연장형 임금피크제

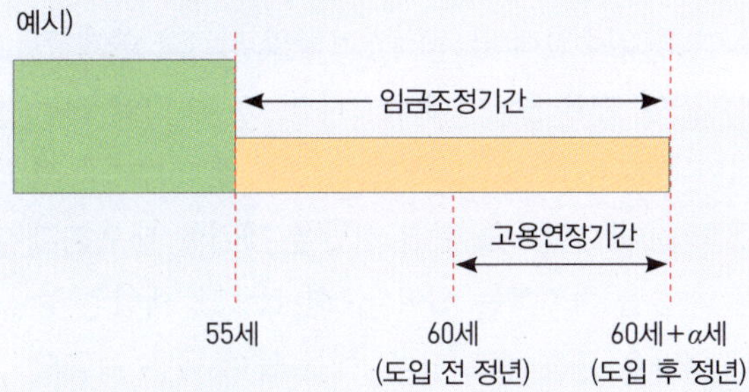

고용연장형 임금피크제

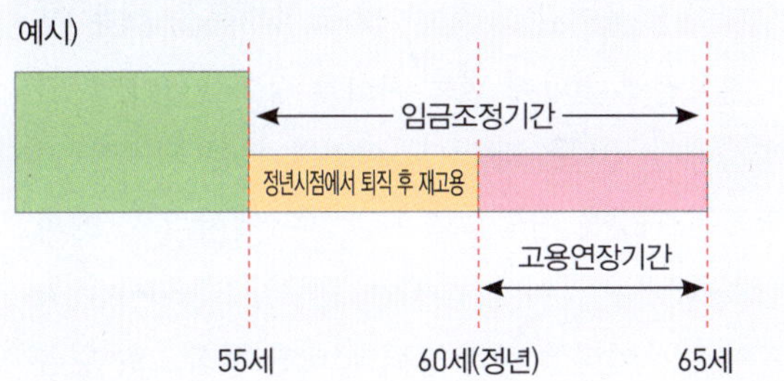

HR News

"상사에게 듣는 욕값도 월급에 들어 있죠"

월급을 구성하는 3가지 요소

회사에서 나에게 지급하는 월급은 크게 세 가지 항목에 대한 비용으로 생각해볼 수 있다. 첫째는 직접적으로 내가 쏟는 시간과 역량에 대해 지불하는 물리적 비용이다. 공식적으로는 하루 8시간, 주 5일 근무이므로 보통 일주일에 약 40시간가량의 시간을 쏟게 된다. 여기에 출퇴근을 위해 약 2시간, 그 외 가끔 저녁 회식이나 야근 등으로 퇴근 후 시간을 부가적으로 회사에 바친다. 하루 중 취침 시간을 제외한 대부분의 활동 시간을 차지하는 셈이다. 회사는 또 개인의 능력과 역량을 돈을 주고 산다. 예를 들어 나는 지금의 회사에서 일을 하고 성과를 내기까지 십수 년간 공부해서 대학에 들어갔고, 전공 및 교양과목을 배운 후 다시 대학원에 진학해 전문 지식을 강화했으며, 다양한 회사에서 경력을 쌓았다. 이러한 모든 과정을 거쳐 축적된 역량을 바탕으로 지금 회사에서 업무 성과와 실적을 내는 것이다. 회사는 일주일 약 80시간 동안 쏟아붓는 이러한 나의 능력에 대한 보상으로 월급을 주는 것이다.

다음으로 정신적인 비용이다. 세상의 모든 월급쟁이는 회사 규모에 상관없이 업무와 조직문화 적응 등으로 엄청난 스트레스를 받는다. 업무 실적과 성과에 대한 스트레스는 말할 것도 없고, 내가 원하지 않는 상황과 부딪혀야 하며, 맞지 않는 사람과 상대해야 하는 등 각종 어려움이 따른다. 많은 직장인이 이직을 고민하는 갖가지 이유 중 직장 상사나 동료와의 갈등과 불화가 매우 큰 비중을 차지한다. 연봉이나 업무 여건에 대한 불만보다 매일 얼굴을 봐야 하는 사람들과의 불편한 관계가 사람을 더욱 피폐하게 만든다. 이 때문에 실제 업무에 쏟는 물리적인 80시간뿐 아니라 때로는 하루 종일, 심지어 잠자리에 누운 순간까지 회사와 관련된 복잡한 일이 머릿속을 떠나지 않는다. 이로 인해 때로는 불면증에 걸리기도 하고, 스트레스성 위장병이나 심장병 등 각종 질환에 시달리기도 한다. 모든 사람이 각자의 가족에게는 귀한 아들이고 딸이며 가장인데, 회사에서는 전혀 일면식이나 관계가 없던 사람이라도 상사라는 이유만으로 앞에서 굽실거리며 고개를 숙여야 한다. 설령 상사가 옳지 않은 판단이나 행동을 해도 그 앞에서 바로 반기를 들거나 반항하는 것은 우리나라 정서상 아직 용납되지 않는다. 어떤 경우에는 자신의 잘못이 아닌데도 상사의 오해나 동료의 실책으로 호되게 혼나고 욕을 먹기도 한다. 이러한 정신적인 스트레스는 직급을 떠나 월급쟁이라면 어느 누구도 피해갈 수 없는 숙명이며, 회사에 주는 월급에는 이에 대한 보상도 포함되는 것이다.

셋째는 기회비용이다. 기회비용(opportunity cost)은 경제학 용어다. 한정된 자원으로 경제활동을 할 때 지금 취한 선택 때문에 포기해야 하는 다른 선택의 가치를 표현하는 비용이다. 경제생활에서 경제활동은 다른 경제활동을 할 수 있는 기회를 희생하는 것으로 이루어진다고도 할 수 있다. 그러므로 지금 취한 경제활동에서 얻을 수 있는 가치는 희생된 활동을 통해 얻는 가치보다 높아야 한다. 그렇지 않으면 경제적 관점에서 손해를 보는 것이고 효율이 떨어지는 활동을 하는 것이다. 개인도 마찬가지다. 우리는 하루 대부분을 회사에서 보낼 뿐 아니라 그 외 시간에도 업무와 조직 등 회사에 대한 생각을 하며 보낸다. 그러다 보면 자신의 인생이나 경력 개발을 위해 가질 수 있는 좋은 기회를 놓치게 된다. 지금 내가 선택해서 일하고 있는 회사가 최상인지, 만약 다른 선택을 했다면 어떤 결과가 있을 것인지는 아무도 모른다.

하지만 현재의 회사 생활에 불만이 있을수록 다른 선택에 대한 아쉬움은 커지고, 회사 업무에도 집중할 수 없게 된다. 지금 이 순간도 많은 직장인이 이런 기회비용에 대한 손실과 후회를 줄이고자 다른 회사에 이력서를 내고 이직을 준비 중일 것이다. 그런 직원이 많을수록 회사 입장에서는 눈에 보이지 않는 업무 손실이 클 수밖에 없다. 특히 이직으로 이어질 경우 다시 직원을 뽑고 업무와 조직에 적응할 때까지 투입되는 비용도 엄청나다. 그러므로 회사는 직원들이 다른 선택을 했을 때 얻을 수 있는 기회비용에 대한 보상까지 월급에 포함시켜야 한다. 그래야 직원들은 현재 회사를 최적의 선택으로 인정하고 충성심을 갖고 최선을 다해 일할 것이다.

사장이든, 직원이든 회사와 월급에 대한 철학과 관점을 재정립하자. 자신의 월급 명세서에 찍혀 있는 단순한 숫자를 세 가지 비용 항목으로 정리해 보자. 자신이 처한 상황과 마음 상태에 따라 각 비용 항목의 비율은 달라진다. 만약 월급이 100만 원인데 자신이 회사에서 엄청난 정신적 스트레스를 받고 있고, 상사로부터 시달림을 받는다면 그 정신적 비용에 대해 회사에서는 30만 원을 지불하는 것이다. 앞에서 언급한 내 부하직원처럼 담당 임원에게 30분 넘게 혼나고 깨졌다면 아마 그날은 특별히 그 비용으로 회사에서 10만 원의 매값을 치른 것으로 보면 될 것이다.

기회비용에 대한 보상 부분을 따져 보자. 다른 회사를 다니는 친구 이야기를 들어보니 월급도 나보다 많고, 업무 환경이나 미래 비전도 좋아 보인다. 그 친구가 부럽고, 이 회사에 들어온 것이 후회도 되지만, 그렇다고 즉시 사표를 내고 새 출발할 용기는 없다. 이런 고민을 갖고 있다면 회사에서는 그 기회비용에 대해 30만 원을 지불하는 것이다.

그리고 남은 40만 원이 내가 물리적으로 일한 시간과 업무, 성과에 대한 비용이다. '고작 40만 원?'이라고 생각할지 모르지만 사실이 그렇다. 모두들 주중 공식적인 40시간에 부가적인 40시간을 더해 약 80시간이라는 긴 시간을 회사에 바치고 있다고 말하지만 과연 그 시간에 얼마나 회사에 집중하고 올인하고 있는가? 회사에 앉아 있는 하루 10시간 중 온전히 업무에 쏟아붓는 시간은 과연 얼마나 되는가? 식사를 하고 담배를 피우고, 커피를 마시고 스마트폰을 쳐다보는 시간이 과연 얼마나 되는가? 직장상사나 동료에 대한 불만과 짜증, 불화로 미루거나 차질을 빚고 있는 업무가 얼마나 되는가? 더 잘 나가는 동료들 때문에 속상해하고, 다른 생각을 하느라 놓친 아이디어나 기획안이 얼마나 되는가? 과연 나는 온전히 40만 원만큼의 가치라도 회사에 기여하고 있는가? '그렇다'라고 자신 있게 말할 수 있는 사람도 많이 있겠지만, 부끄럽게도 나는 그렇지 못한 것 같다. 하지만 고맙게도 회사는 다른 정신적 비용과 기회비용을 포함한 100만 원의 월급을 나에게 입금해준다.

일할 맛나는 조직문화 만들어야

밥값을 하는 직장인은 월급에 대해 명확한 관점이 있다. 100만 원만큼 제대로 밥값을 하려면 정신적인 비용과 기회비용을 줄여야 한다. 온전히 물리적인 시간과 업무 성과로만 월급을 받는 직원이 많을수록 그 회사는 강해지고 성공 가능성도 커진다.

이것은 직원들만의 책임이 아니다. 더 정확히 말하면 사장과 경영진의 책임이 훨씬 더 크다. 직원들이 불필요한 스트레스를 받거나 고민에 빠지지 않고 일에만 집중할 수 있도록 명확한 비전을 제시하고 일할 맛나는 조직문화를 만들어야 한다.

출처: https://news.joins.com/article/22342884#none

단원요약

1. 포괄보상 전략은 어떤 기한 내에 바람직한 결과를 얻기 위해 조직이 자원 배분을 명확히 하려는 실천방안이다. 포괄보상은 사용자가 직원들을 유지하면서 동기를 유발하고 만족시키려고 활용하는 메커니즘으로서 단지 현금만으로 보상하는 것보다 효과 면에서 더 클 수가 있다.

2. 내·외적 형평성을 보장하는 가운데 조직이 전략적인 성공을 이루도록 돕는 것이 보상관리의 목적이다. 이것은 결국 고용관계의 쌍방을 위해 공정하고 수긍할 만한 하나의 보상시스템을 마련하는 것이다. 이 시스템은 노무비를 통제할 수 있게 설계되어야 하고 효율성을 달성해 생산성을 증가시킬 수 있어야 한다.

3. 보상전략을 개발하기 위해서는 포괄보상의 영향을 검토하고 포괄보상 전략의 계획을 수립한 후 실행 및 재평가를 거쳐야 한다. 이러한 과정에서는 조직의 보상철학이 담긴 의사결정들, 즉 보상의 근거를 정하기, 직무 내에서의 차등지급, 시장상황을 감안한 급여수준 결정 등이 이루어진다.

4. 임금조사를 실시하고 직무평가를 거쳐 각 급여등급마다 급여범위를 책정한 후, 다시 내·외부 형평성을 재차 확인하고 콤파비율 등을 평가하여 임률을 조정한다. 여기서 새롭고 폭넓은 급여밴드의 적용은 상사와 부하 모두를 그 안에 포함시킬 수 있고, 또한 새로운 급여폭의 고려 없이도 상하로 조금씩 이동시키는 것을 가능케 한다.

5. 내적 형평성은 직무의 상대적 가치와 급여가 관련되어야 해서 유사 직무들 간에는 비슷한 급여가 지급되어야 한다는 개념이고, 외적 형평성은 노동시장 내 타 기업들의 비교대상자가 받는 것만큼 급여가 지급되어야 한다는 개념이다.

6. 직무평가란 직무별 보상수준을 결정하기 위해 직무의 상대적인 가치를 비교 분석하는 과정이다. 직무내용과 가치를 요소들로 분해한 후, 그 직무가 보유한 각 요소의 등급(직무 대 기준)이나 정도(직무 대 직무)에 따라 평가하는 점수법 및 요소비교법이 대체로 많이 쓰이는 직무평가 방법이다.

7. 보상과 성과가 연계되는 보상전략을 설계하기 위해서 경영자는 포괄보상에 주안점을 두는 게 좋다. 또한 기업과 개인의 목표를 서로 연계시켜야 한다. 이 밖에도 인재를 정확히 평가해야 하며, 직원들의 승인과 동의도 득해야 한다. 보상에 대한 기획을 위해선 엑셀 프로그램에서도 탈피해야 한다.

논의할 문제

1. 과거에 비해 직원들의 워라밸, 커리어 성장 등이 강조되는 분위기다. HR에서는 포괄보상의 균형 유지를 위해서 어떤 시도가 새롭게 요구될까?

2. 지급능력 범위 내의 보상을 통해서 회사가 더욱 평판을 드높일 수 있는 방안으로는 어떤 것이 있을까?

3. 브로드밴딩 시행이 아직 조직에 적응이 덜 된 직원들에게는 불안감만 더해줄 수 있는데 어떻게 하면 이를 해소하고 그들의 사회화까지 도울 수 있을까?

4. 보상 관련 정보를 구성원들에게 공개하는 회사가 있는 반면 그렇지 않은 회사도 있다. 이러한 공개와 비공개에 대한 각각의 장·단점은 무엇일까?

5. 제한적일 수밖에 없는 금전적인 보상 외에 직원들의 동기를 유발시켜서 조직성과를 높일 수 있는 방법으로는 무엇이 있을까?

더 읽을거리

Armstrong, M. (2006). *A Handbook of human resource management practice* (10th Ed.). London: Kogan Page.

Armstrong, M., & Murlis, H. (2007). *Reward management: A handbook of remuneration strategy and practice* (5th Ed.). London: Kogan Page.

Dulebohn, J. H., & Werling, S. E. (2007). Compensation research past, present, and future, *Human Resource Management Review 17*, 191-207.

Giancola, F. L. (2009). Is total reward a passing fad? *Compensation & Benefits Review, 41*(4), 29-35.

Heneman H. G., & Judge T. A. (2000). Compensation attitudes: A review and recommends for future research. In Rynes, S. L., & Gerhart, B. (Eds.), *Compensation in organizations: Progress and prospects*. San Francisco: New Lexington Press.

Kantor, R., & Kao, T. (2004). Total rewards: Clarity from confusion and chaos. *World at Work Journal, 13*(3), 7-15.

Ledford, G. E. Jr., & Mohrman, S. A. (1993). Self-design for high involvement: A large-scale organizational change. *Human Relations, 46*(2), 143-173.

Patnaik, D., & Padhi, P. C. (2012). Compensation management: A theoretical preview. *Asian Journal of Marketing & Management Research, 1*(1), 39-48.

Stringer, C., Didham, J., & Theivananthampillai, P. (2011). Motivation, pay satisfaction, and job satisfaction of front-line employees. *Qualitative Research in Accounting and Management, 8*(2), 161-179.

Xavier, B. (2014). Shaping the future research agenda for compensation and benefits management: Some thoughts based on a stakeholder inquiry. *Human Resource Management Review, 24*, 31-40.

Zingheim, P. K., & Schuster, J. R. (2000). Total rewards for new and old economy companies. *Compensation & Benefits Review, 32*(6), 20-23.

Chapter 10

인센티브와 복지혜택

01 인센티브제의 전략적 필요성

02 복지혜택

03 보상과 복지혜택을 위한 아젠다

학습 목표

이번 장을 마친 후 다음과 같은 것들을 할 수 있을 것이다.

1. 인센티브의 의미와 목적을 이해한다.
2. 인센티브와 관련된 모티베이션 이론들의 핵심 내용을 설명한다.
3. 개별 인센티브와 팀 기반 인센티브의 장·단점을 비롯해 각각의 용도를 요약한다.
4. 복지혜택의 역할과 그 중요성을 설명한다.
5. 복지혜택을 종류별로 나열하고 그 특징들을 각각 비교한다.
6. 선택적 복지혜택과 더불어 아웃소싱, 수당화에 대해 논의한다.
7. 더 나은 보상과 복지혜택을 위해 연구자, 실무자들이 취해야 할 노력을 규명한다.

체포왕

실적 경쟁에서 살아남아야 하는 경찰도 평범한 직장인?!

영화 《체포왕》 포스터

"포상금을 3천만 원을 걸면 뭐하냐구! 받을 재주가 없는데"

열 받은 서대문 경찰서장은 범인을 잡아 놓고도, 매번 마포 경찰서에 빼앗기는 강력팀원들에게 소리소리 지른다. 서대문서로 발령받은 정의찬 팀장은 범인 검거율이 가장 높은 경찰에게 상과 포상금 3천만 원이 지급된다는 사실을 듣고, 2010년 체포왕이 되리라라는 의지를 불태운다.

그러나 정의찬은 번번이 마포서 황재성 팀장에게 범인을 빼앗긴다. 경찰대학 출신의 정의찬은 결혼전세자금 마련을 위해 포상금을 꼭 타려 하고, 마포서 황재성은 순경출신으로 경관 승진을 위해 서울시 검거 실적 1등을 거머쥐려 한다.

"그렇게 기를 쓰고 실적실적 하는 이유가 뭐예요?"

"그렇게 하지 않으면 나 같은 순경 출신 누가 거들떠보기나 하겠어? 열심히 뛰어봐야 너 같은 먹물한데 밀리는 게 이 바닥 생리 아니냐."

서로 체포왕이 되려고 혈안이 된 이때, 마포 성폭행사건이 연쇄적으로 발생하여 일명 마포 발발이를 잡기 위해 마포서와 서대문서의 공조수사가 펼쳐진다. 용의자를 찾은 정의찬과 황재성!

"먼저 수갑 채운 놈이 임자."라며 용의자를 뒤쫓으나 서로 잡으려다가 범인을 코앞에서 놓치고 만다. 아무런 성과 없이 수사본부가 해체되고 황재성은 지구대로, 정의찬은 제7초소로 문책 인사를 당한다.

한 달 후, 황재성의 도움을 받은 소녀가 성폭행을 당하게 되자, 그동안 "사흘 뒤져서 안 나오면 미제야 덮어."라며 쉽고 빠른 실적 위주의 사건 수사를 해왔던 황재성이 이번엔 정의찬과 함께 마포 발발이를 잡기 위해 끈질기게 매달린다.

드디어 범인을 잡아 정의찬이 먼저 수갑을 채운다. 정의찬은 마포 발발이 사건으로, 황재성은 실적점수 1등으로 체포왕을 공동 수상한다.

영화 속 주인공들 중 한 사람은 결혼전세자금 마련을 목표로, 다른 한 사람은 승진을 위해서 각각 체포왕이 되려고 한다. 사정은 각기 달라도 이 두 사람에게 상과 포상금은 매력적인 인센티브로 작용한다. 성과급으로도 알려진 인센티브는 성과기준을 초과 달성한 직원들에게 지급하는 금전적인 보수를 말한다. 하지만 인센티브를 마치 로또쯤으로 여기거나 오히려 못 받으면 안 되는 것인 양 생각하는 이들도 직장인들 중에는 생각보다 많다. 따라서 업무를 더 잘한 사람이 더 큰 보상을 받아야 마땅하나 인센티브제도의 위험성이 그 이점만큼이나 크다는 사실도 알아야 한다. "사흘 뒤져서 안 나오면 미제사건이야."라는 영화 속 대사에서와 같이 범인 검거보다도 실적에만 집착하는 모습이 그렇다. 인센티브와 관련된 지표에만 신경을 쏟고 그 외의 요소들은 무시하기 십상인데, 내적 모티베이션을 훼손하고 외적 모티베이션만 남게 되는 것은 사명감을 필요로 하는 직무들에서 특히 문제가 될 만한 일이다.

01 인센티브제의 전략적 필요성

직원들이 언제나 최선을 다할 것이라 믿고 싶어도 경영자나 매니저들은 보다 더 높은 생산성을 위해선 인센티브제가 필요하다는 것을 안다. 인센티브는 간단히 말해 직원들의 생산량에 근거한 임금을 말하는 것으로서 자신의 일에 대한 오너십(ownership)을 갖게 만들어 노력과 성과를 향상시킬 수 있다. 또한 시간이나 연공시스템보다도 직원들이 더 많은 노력을 기울이도록 만들 수 있으며 고성과자를 유인, 유지하기 위한 보상전략을 지원해 준다.

1.1 인센티브의 의미와 목적

인센티브
바람직한 활동이나 행동을 위한 동기유발 장치로서 일종의 유인책 또는 부가적인 보상

인센티브(incetives)란 미리 정한 성과기준을 초과 달성한 자들에게 지급하는 금전적 보수(financial rewards)를 말한다. 일례로 매출 중의 일부를 판매원에게 지급하는 커미션(commission)이 대표적이다. 금전으로 주로 지급되지만 요즘은 회사에 따라 근사한 저녁식사나 선물 등 비금전의 형태로 지급되는 경우도 있다. 일한 시간이 아닌 성과로 보상되는 인센티브 지급은 **성과급**(pay-for-performance)으로도 우리에게 알려져 있다. 인센티브는 사실 다음의 것들을 가정한다. 첫째, 직무들 중엔 다른 직무들보다도 조직 성공에 더 기여하는 직무가 있다. 둘째, 사람들 중에도 다른 이들에 비해 업무를 더 잘하며 생산적인 직원이 있다. 셋째, 업무를 더 잘 수행하는 직원들은 더 많은 보상을 받아야 마땅하다.

하이데거의 숲 | **금전 vs. 비금전 인센티브**

금전 인센티브(cash incentives)는 직원들에게 주로 지급되는 인센티브 형태이지만 이것이 결코 현명한 선택이 못된다고 주장하는 연구들이 있다. 경기변동으로 인해 현금 보상은 유지가 그만큼 어려운 점도 있지만 직원들도 이에 대해 감흥을 느끼지 않게 되었다는 것이다. 인센티브라기보다는 그저 보상패키지의 일부로서 여겨지기 쉽다는 것도 사실이다.

그러나 비금전 인센티브(non-cash incentives)는 이보다 더 효과적일 수 있다고 말한다. 손쉽게 수여되는 현금과 달리 보상으로서 눈에 더 확연히 드러나고 기억에 더 남아 계속 회자될 수도 있다. 가령 금전 인센티브는 직원들의 지갑을 두텁게 해줄 뿐이지만, 여행 인센티브 같은 것은 잊기 어려운 경험이면서 특별 감사를 느끼게 해준다는 것이다. 가치를 느끼게 해주는 보상에 직원들은 고마워하게 된다.

넷째, 직원들이 받는 총 보상 중에 얼마만큼은 성과와 직결되는 부분이 있어야 한다는 것 등이다.

개개인의 노력과 성과는 다르기 마련이다. 급여등급마다 폭(pay ranges)이 달랐던 것도 이 때문이다. 사용자는 고성과자들을 보상해 그들이 인정받는다는 느낌이 들게 되길 바란다. 인정만한 모티베이션 도구가 없기 때문이다. 하지만 급여수준(pay levels)만으론 이같이 하는 데 한계가 있으므로 고성과자들에게 더 큰 보상을 제공할 방안을 찾고자 했던 것이 인센티브를 생각해낸 이유다. 인센티브가 사용되는 또 다른 이유는 이러한 변동급(variable pay)이 인건비 부담을 개인에게 전가시켜 준다는 점에 있다. 회사 실적이 나쁠 때 성과급을 적용받는 직원이라면 보수가 줄기 쉽다. 성과는 연동되므로 회사로선 많은 보상을 할 필요가 없어지는 것이다. 이 밖에 인센티브는 기업의 전략과도 관련된다. 적절한 교육이수와 정신자세를 갖춘 인재들 없이 조직의 목표를 이루기란 어렵다. 인재들에겐 마땅히 목표와 결부된 인센티브가 제공되어야 하며 결국 이들의 행동이 목표로 향하도록 이끌 수 있다.

하지만 인센티브제가 지닌 잠재적인 긍정 영향에도 불구하고 모든 게 생각대로 되는 것이 아니라는 것도 인식해야 한다. 우선 모든 직원들에게 연말 등 매번 같은 시기에 1/N로 인센티브를 주면 이를 월급으로 인식하는 경향이 있고 게다가 당연시하는 문제까지 생긴다. 인센티브는 그야말로 동기유발과 고마움을 느껴야 한다. 그래서 생각지도 않다가 인센티브를 받게 될 때 가장 효과적일 수 있다고 한다. 지급 시기를 연말 등으로 고정하는 것보다는 오히려 아이가 아플 때나 혹은 입학 같은 축하해야 할 일이 생겼을 때 인센티브를 주는 것도 좋은 방법이 될 수 있다. 이외에도 인센티브제가 성공을 거두지 못하는 경우가 종종 있는데 그 이유들을 좀 더 살펴보면 다음과 같다.

- '받는 만큼 일한다.' 신드롬　보상이 특정 성과지표들과만 긴밀히 연관돼 있을수록 직원들은 그 지표에만 더 초점을 맞추고 그 외의 다른 직무 요소들은 무시하기가 쉽다. 일종의 중독을 초래하게 된다. 심지어 남에게만 도움이 되는 정보라고 생각되면 동료끼리라도 이를 주려고 하지 않을 것이다.
- 성과관리시스템이 형편없는 경우　직무와 무관한 행동이나 결과를 보상하는 것은 고성과자가 조직을 떠나도록 만들 가능성이 있다. 도전적이고 혁신적

인 직원들을 원하면서 창의적으로 사고하는 사람들에 대해 지금까지 보상한 적이 없는 조직이 있다면 그 직원들이 과연 어떨지 상상해보라.

- 보상을 대수롭지 않게 여김 인센티브제에 의해 고성과자들과 저성과자들이 차별화되지 못하는 경우다. 가령 고성과자들에게는 급여의 5%를 인상하고 평균적인 사람들에겐 3~4%의 급여 인상을 한다면 직원들은 보상에 대해 중요치 않게 여길 수밖에 없다. 이러한 생색내기용 인센티브는 주지 않는 것보다 나쁜 영향을 미친다
- 매니저들이 책임의식 결여 매니저들은 평가를 좀 부풀려서라도 직원들에게 자기가 적정하다 여기는 보상을 제공한다. 마찬가지로 직원들도 손쉽게 달성할 목표를 설정함으로써 언제나 평가결과는 높은 보상으로 이어지게 된다.
- 내적 모티베이션을 훼손하고 외적 모티베이션만 존재 여러 경우에 직무를 수행하는 외적 가치가 열정 같은 내적 동기를 넘어서는 일들이 조직 내에서 비일비재해진다. 단기적인 사고와 함께 시야까지 좁혀져서 결국엔 창의성을 말살하게 된다.
- 직원들에 비해 지나친 임원들에 대한 보상폭 CEO에 대한 보상이 일반 직원들의 보상보다 360배나 더 많다면 어떨까? 이러한 큰 차이는 조직의 성과가 눈에 띌 만큼 크지 않다면 특히 심각한 도덕적 문제로 이어지기 쉽다. 위화감과 함께 선의보다는 편법이나 속임수를 조장하고 만다.

가장 속편한 인센티브 지급 방식은 바로 1/N. 그러나 이러한 생색내기용 인센티브는 받는 이가 고마워하지 않고 그로 인한 효과도 미미해 주지 않는 것보다 오히려 나쁜 영향을 미친다. 직원들이 생각지도 않다가 선물 같은 인센티브를 받아 놀랐을 때 인센티브 효과는 가장 크다고 한다.

요컨대 인센티브제가 성공을 거두려면 계속해서 소통할 수 있는 명료하며 이해가 쉬운 제도가 개발되어야 한다. 이를 위해선 기본급과는 별도로 인센티브를 명확히 규정하고 권리로 인식되는 일이 없도록 실질적인 개인/팀/조직의 성과 차를 근간으로 해야 한다. 조직의 목표와 연계하여 현실적인 성과측정 방법을 사용하고 예외적인 성과를 보상하며 강화시킬 만큼의 충분한 연간 인센티브 예산도 확보해야 한다. 게다가 제도의 실행 및 관리와 관련된 간접비용을 사전에 적절히 고려하고 통제할 수 있어야 한다.

1.2 인센티브와 관련된 모티베이션 이론들

인센티브는 개별 직원의 행동에 어떻게 영향을 미칠까? 여기서는 모티베이션의 기능에 대해서 살펴보기로 한다. 모티베이션은 사람의 행동을 이해하고 연구, 분석하는 데 있어서 중요한 요인이다. 이것은 조직의 목적 달성을 위해 직원들이 취하는 행동에 어떤 동기가 작용하는지를 경영자나 매니저들이 규명하는 데에 도움을 준다. 목표 달성을 향한 노력의 강도, 방향, 지속성을 설명하는 프로세스로 정의되는 모티베이션은 개인 내면의 느낌이다. 흔히 충족되지 못한 욕구에서 모티메이션이 일어나 특정 행동을 유발하는 경우가 있다. 인센티브와 관련하여 직원들의 모티베이션 이해에 도움을 주는 몇 가지 이론들이 있는데, [표 10.1]은 모티베이션 이론들의 원리를 요약적으로 보여준다.

▶ 매슬로우에 의하면, 직원들은 생리(physiological), 안전(safety), 사회(social), 자존(ego), 자아실현(self-actualizing)이라는 5가지 욕구 수준을 가지고 있다. 어느 한 수준에서 결핍(deficit)이 발생하면 이를 메우기 위한 인간의 행동이 유발된다. 고차원 욕구로 가기 위해서는 우선 저차원 욕구가 충족되어야 함을 그는 주장했다. 페널티가 주어지는 인센티브는 하위 니즈에 만족하도록 직원들의 능력을 제한하여 동기가 유발되지 않을 수 있는 반면, 성공을 나누는 인센티브라면 상위 욕구를 추구하게 만들어서 동기를 유발시킨다. 평소 직원들의 욕구 수준을 잘 파악하여 적절한 인센티브가 되도록 해야 한다.

표 10.1 | 모티베이션 이론들과 원리

이론	참고문헌	동기유발 원리
모티브와 욕구	Maslow(1943)	생리, 안전, 사회, 자존, 자아실현처럼 욕구에 위계가 있다.
2요인이론	Herzberg(1959)	직장에서 동기를 유발하고 만족시키는 방식에 영향을 주는 요인은 두 종류가 있다.
기대이론	Vroom(1964)	기대의 강도에 의해서 쏟을 노력이 결정된다.
공정성이론	Adams(1963)	직원들은 자신과 타인 사이의 공평성을 위해 노력한다.
강화이론	Skinner(1953)	매니저들은 좋은 결과를 가져올 행동을 긍정적으로 강화시켜야 한다.
목표설정이론	Locke & Latham(1990)	구체적이며 도전적인 목표들이 쉽거나 없는 목표하에서보다 성과를 지속적으로 잘 이끈다.
에이전시이론	Jensen & Meckling (1976)	상대의 최대이익 내에서 다른 쪽도 행동할 거라는 기대에 내포된 이해 충돌에서 문제가 생긴다.

▶ 허쯔버그의 2요인 이론에선 도전적인 일이나 성취감, 인정 등의 내적인 동기요인들(motivators)이 직무만족을 불러오는데, 이것이 없다고 불만족이 나타나는 게 아니라 만족이 없는 상태가 된다고 주장한다. 반면 급여나 직업안정 같은 외적인 위생요인들(hygienes)은 직무불만족과 관련된다고 주장한다. 보상을 통해 성과가 얻어진다면 여기서 보상은 기본 욕구를 충족시키는 데 필요한 것 그 이상의 금액 지불을 의미한다. 급여 수준은 이처럼 중요하다. 인센티브가 동기요인으로서 작용할 수 있으려면 그 전에 반드시 최소한의 필요조건이 충족돼야 하기 때문이다.

▶ 브룸이 제안한 기대이론은 개인의 노력이 성과를 가져오고 성과는 보상될 것이라는 기대에 기초한다. 보상은 긍정적일 수도 부정적일 수도 있는데 보상이 긍정적이면 직원들의 동기가 더욱 유발되기 쉽다. 특정 방식으로 행동하려는 성향의 세기는 기대의 강도(strength of an expectation)에 달려있다는 것이 이 이론의 요지다. 따라서 인센티브는 반드시 보상으로 보일 수 있을 만큼 커야 한다. 직원들은 가장 많은 보상을 받을 수 있는 행동을 택하므로 큰 인센티브일수록 효과적이다. 또한 직원들 자신의 능력 평가도 중요해서 조직들은 목표 수행에 요구되는 훈련과 자원의 니즈에 대해서도 잘 알아야 한다.

▶ 아담스의 공평/공정성 이론은 직원들이 그들 자신과 타 직원들 간의 공평성(equity)을 위한 노력을 기울인다고 말한다. 비교에서의 불공평이 한 개인을 부조화 내지는 긴장 상태에 놓이게 해서 이를 완화시키기 위한 행동을 스스로 하게끔 만든다는 것이다. 즉 종업원들은 지각된 산출물(예: 급여)이 지각된 투입물(예: 노력, 업무 행동)과 동등해져야 동기가 유발된다. 따라서 조직 내에서 직원들에 대한 인센티브의 공평성과 일관성은 중요하다. 그들의 급여-노력 균형을 타 직원들과 비교하며 평가하기 때문에 상대적인 보수가 특히 중요하다.

▶ 강화이론에서 부정적인 결과를 낳는 행동은 되풀이되지 않지만 긍정적인 결과를 가져오는 직원들의 행동은 반복해 일어난다고 말한다. 즉 보상이 성과를 유발하고 유지하게 만든다. 매니저들은 긍정적인 행동에 대해선 외적인 보상을 통해 강화시키고 부정적인 행동은 피드백과 처벌 등으로 강화시켜야

한다. 이를 위해서 인센티브는 성과 발생 직후에 즉시 뒤따라야 한다. 또한 보상을 하지 않는 것도 원치 않는 행동을 없애는 하나의 방법이 될 수 있다. 성과급을 지급하는 타이밍은 매우 중요하다.

▶ 구체적이며 도전적인 목표들(specific difficult goals)은 목표가 쉽거나 없을 때보다 성과를 잘 유도한다는 목표설정의 근본원리를 다수의 연구와 메타분석이 입증해왔다. 이상적인 목표는 또한 행동의 시작과 그 끝의 시점이 근접(proximity)할수록 좋다. 이는 아이들이 왜 수학보다도 자전거 배우는 데 동기가 더 유발되는지 이유를 말해준다. 따라서 가시선(line-of-sight)은 중요하다.

HR Map | 무엇이 직원들을 동기유발케 하나?

Nelson & Economy(2005)는 직원들은 돈만 원하는 게 아니라고 주장하면서 비용을 적게 들이면서도 얼마든지 의욕적이고 활기찬 직원들을 개발하고 유지할 수 있다고 제안한다. 최선을 다해 직원들이 조직의 목표를 완수하는 것은 본질적으로 금전만이 아닌 다른 요소들 때문이라는 것이다. 따라서 매니저들은 직원들의 동기유발을 위해서 다음과 같은 것들을 할 수 있어야 한다.

❖ 칭찬(praise) 이메일 혹은 메시지를 보내 매니저들이 직원에게 감사하다고 말하는 것이다. 이는 그들을 인정한다는 것을 뜻하며, 결과적으로 평상시보다 더 많이 노력하도록 독려한다.

❖ 지원과 참여(support and involvement) 직원들에게 직무와 관련된 필요한 정보를 제공함으로써 지원하고, 그들의 의견과 아이디어를 구함으로써 의사결정 과정에 참여시킬 수 있게 된다.

❖ 자율성 및 권한(autonomy & authority) 직원들은 본인이 업무 방식을 선택하고 자원도 배분할 수 있게끔 자율성과 권한을 제공함으로써 결정권을 가지고 다른 것들도 관리하게 된다.

❖ 유연한 업무 시간(flexible working hours) 일하는 시간뿐 아니라 가족, 종교, 여가 시간 등도 직원들의 삶에서 중요한 요소이다. 매니저들은 이를 주지하여 직원들의 그들의 시간을 유연하게 활용할 수 있도록 지원해야 한다.

❖ 학습과 개발(learning and development) 직원들에게 기회를 제공하여 그들이 직무에 대한 지평을 넓히고, 직장에서의 가치와 시장성을 높여주는 새로운 지식과 기술을 습득할 수 있게 해줘야 한다.

❖ 관리자의 시간 투입(manager availability and time) 매니저들은 시간을 더 투입해서 직원들을 격려하고 일에 대한 가치를 부여해야 한다. 이러한 시간들이 실질적으로 학습과 커뮤니케이션, 질문에 대한 응대, 아이디어나 의견들을 청취하는 역할을 한다.

다양한 동기유발 요소들이 있지만, 위의 요소들은 성별에 따라 다르게 영향을 미친다는 연구결과도 있다(Gupta & Tayal, 2013). 남성들에겐 지위, 권력, 안전성 등의 요소가 생산 증가를 위한 동기를 유발시키는 반면, 여성들의 경우는 안정, 성취감, 근무여건, 감사표시 등의 요소들이 더 우선시 되는 것으로 나타났다.

직원들 스스로 성과 목표에 영향을 미칠 수 있다는 확신이 들게 해야 한다. 인센티브를 중요한 성과 목표의 달성 여부에 따라 지급하고 그 보상의 정도를 목표 난이도와 일치시키는 것도 좋다.

▶ 에이전시 문제는 쌍방의 어느 쪽이든 다른 쪽의 최대이익 안에서 행동할 것이라는 기대 속에 내포된 이해 충돌(conflict of interest)로 발생한다. 가령 전문경영인 자신에겐 득이 되지만 회사엔 해가 되는 거래를 성사시키려는 경우가 그렇다. 그 한쪽이 사적인 이익과 업무상 책무 간의 부조화로 인해 신뢰를 상실할 때 발생하므로 인센티브는 반드시 조직 목표와 긴밀하게 연계되어 있어야만 한다. 불완전한 연계에선 생산성의 손실이 있을 수 있다. 직원들이 성과급을 수용하는 대신 급여가 불안정해지는 것을 원치 않으니까 일종의 임금 프리미엄으로서 포괄보상의 증액을 요구할 수 있다.

1.3 인센티브의 종류

인센티브는 직원들의 동기를 유발하기 위한 좋은 방법이지만 어떤 인센티브 프로그램을 운용하느냐에 따라 그 결과에서는 큰 차이가 만들어진다. 많은 회사들에선 이것이 개별 인센티브냐 아니면 팀 기반 인센티브냐 하는 문제로도 압축될 수 있을 것이다. 개별 및 팀 기반 인센티브를 절충해서 적용하는 것도 물론 가능하다. 노력에 대해 적절히 보상받는다는 느낌을 개인별로 가질 수 있으면서 또 동시에 저성과자들도 팀을 위해 자기방식으로 공헌함으로써 보상받을 기회를 얻을 수 있어야 한다. 개별 및 팀 기반 인센티브 양쪽 모두를 이해함으로써 경영자나 HR 매니저의 선택에 매우 큰 도움이 될 것이다.

개별 인센티브(individual incentives)는 명칭에서도 알 수 있듯이 정해진 평가 기준대로 잘 수행했는가에 기초해서 개인을 보상하는 것이다. 주목적은 최상위의 성과자들이 수행을 계속 이어가도록 함과 동시에 다른 직원들도 본받아서 보너스를 얻게 하려는 것이다. 개별 인센티브는 자신의 노력에 대한 보상을 직접 얻게 함으로써 고성과자들에게 성취감을 주게 된다. 성과로 인해 보너스를 얻게 되므로 직원들은 업무 향상을 위해 노력하면 누구든 보상받을 기회가 생긴다고 믿게 된다. 그렇지만 개별 인센티브도 단점이 있다. 가장 심각한 것은 불필요한 경쟁을 불러일으킨다는 점이다. 경쟁력 있는 인재를 보유하는 것이

표 10.2 | 개별 인센티브의 장·단점

장점	단점
개별 직원들의 노력을 규명하기 쉽다.	직접적인 산출물이 없는 직무들이 많다.
직원들의 바람과 보상을 서로 매칭할 수 있다.	바람직하지 않은 행동까지 조장할 수 있다.
수행과 성과 간의 연결을 용이하게 한다.	기록을 유지해야 한다는 부담이 커진다.
부진한 직원들을 자극해 열심히 일하도록 할 수 있다.	조직문화와 부합하지 않을 수도 있다.

회사를 위해 좋지만 경쟁자가 도에 어긋나는 행동을 하거나 심지어 인센티브를 얻으려 동료의 성과까지 방해하는 지경에 이를 수도 있다([표 10.2] 참조).

보너스

보너스(bonuses)는 특별한 성과에 뒤따르는 1회성 보상을 말한다. 가령, 분기 목표를 달성한 어느 한 직원에게 일시불의 보너스를 지급하는 경우가 이에 해당된다. 하지만 성과 목표를 달성했는지의 여부보다는 일정한 때가 되면 보너스(예: 명절보너스)를 주는 회사들도 있다. 이 경우처럼 직원들이 고정간격의 보너스를 기대하게 되면 모티베이션의 효과는 반감될 수 있다. 정해진 성과평가와는 별도로 직원의 공로에 대해서 무계획적으로 지급하는 특별 보너스(spot bonus)가 더 각광받는 것도 바로 이 때문이다. 특별 보너스를 잘 활용하기 위해선 그 액수를 적절히 유지해야 하며, 매우 특출한 성과를 달성한 사람들에게 이를 지급해야 한다. 하지만 이것도 유의해야 할 게 있다. 받을 만하다 믿었지만 막상 받지 못했을 때 이들 직원의 질투나 분개를 불러일으킬 수 있다는 점이다.

메릿페이

보너스와 달리 메릿페이(merit pay)는 과거 성과에 근거해 영속적인 급여 인상을 주는 것이다. 이 방식은 고성과자에게 사용자가 차별화된 급여를 줄 수 있게 한다는 면에서 유용하다. 대개 평가시스템을 통해 성과 수준을 판단하고 몇 퍼센트 인상이라는 식으로 적용된다. 하지만 메릿페이의 문제는 무엇보다도 사용자 측에서 비용이 급상승한다는 것이다. 성과가 감소하더라도 인상은 매년 지속될 수 있으며 직원들은 이를 마치 당연한 권리로 여길 가능성마저 있다. 한편 기본급 인상이 성과로 인해 결정되었다 하더라도 인플레이션이나 늘어난 소득세에 의해 직원들의 소득이 상쇄될 수 있다. 또 다른 단점은 오류의 가능성을 안고 있다는 점이다. 성과란 사실 직원의 통제 밖에 있는 요인들, 이를테면 상사의 평가오류, 동료들 및 조직의 지원 등에 의해 영향을 많이 받는데, 이 때문에 메릿페이가 불공정하다고 말하기 쉽다는 점이다. 따라서 메릿페이를 통한 모티베이션을 기대하려면,

- 성과평가에 대한 직원들의 믿음과 신뢰를 드높인다.
- 직무관련 수행기준을 정립한다.
- 정기적인 급여로부터 메릿페이를 분리한다.
- 생계비 인상과 기본급 인상분을 구분한다.
- 성과가 부진하면 메릿페이 지급을 유보한다.

피스레잇

생산직 직원들에게 기본급(base pay)에다가 피스레잇(piece rate)—*생산량을 근거로 한 임금*—을 추가로 더해서 지불하는 회사들이 있다. 예컨대 하루에 제작한 지갑의 수나 설치한 문의 수로 지급하는 식이다. 단위당 지급은 평균적인 생산을 하는 직원을 보상하는 수준에서 정한다. 시간당 10개를 생산하는 직원을 평균으로 가정해 조직이 그 사람에게 시간당 1만2천 원을 지불하려고 한다면 단위당 1,200원인 셈이다. 따라서 평균적인 직원은 10개를 생산하고 추가로 1만2천 원을 더 받게 되는 것이고, 시간당 12개를 생산하는 사람이라면 1,200×12, 즉 시간당 1만4천4백 원을 더 받게 된다. 이러한 기본적인 피스레잇(straight piece-work)도 있지만 일정 기준량 이상을 생산한 직원에게 초과분에 대해 더 높은 평가율을 적용하는 차등적인 피스레잇(differential piece rate)도 있다.

피스레잇은 직원들의 성과를 관찰할 수 있어서 셀 수 있을 때, 성과가 노력과 직접적으로 관련될 때 적용하기에 알맞다. 피스레잇 방식은 신속하게 일하도록 만들 수는 있어도 불량률을 높이기가 쉽다. 따라서 불량을 제외한 성과를 보상하는 것이 효과적일 수 있다. 최근엔 모니터링 기술의 발전으로 정확한 측정이나 관찰이 가능해져서 피스레잇의 쓰임새는 전보다 한층 더 커졌다고 할 수 있다. 차량 유리 제조업체인 미국의 Safelite AutoGlass 社는 시간당 지급하던 임금을 피스레잇으로 전환한 이후 직원당 평균 20%의 생산성 증가를 경험했다고 한다.

커미션

커미션(commission)은 매출을 발생시킨 직원에게 수익의 일정률을 지불하여 보상하는 방식을 말한다. 가령, 계약 성사 시마다 수익의 10%를 받는 보험설계사가 있다면 적절한 예일 것이다. 오늘날 대부분의 기업들은 5~20% 범위의 커미션율을 적용한다. 흔히 사용되는 방식은 '기본급+커미션 방식'으로 기본급의 안정성과 커미션의 성과 측면을 결합한 것이다. 성장추구형 기업들에선 커미션을 판매사원들에게만 국한하지 않는다. 영업직원들 사이에 잘 알려진 인센티브 수단이지만 대부분의 기술전문가들에게도 커미션을 적용할 수가 있다. 하지만 올바르게 시행되지 않으면 분명히 생산성을 저하시키기 쉽다. 자신에게 돌아오는 돈만 생각하는 직원이 고객의 니즈나 욕구를 무시해버릴 수 있다. 원치도 않는 물건을 고객에게 강매하게 되면 고객과 기업 간의 관계에 해를 줄 수 있다. 또한 커미션 구조가 불명확하면 직원들 간의 경쟁을 과열시키게 된다.

한편 보상을 득하는 소수 최상위의 성과자를 보유하는 것과 달리, **팀 기반 인센티브**(team-based incentive)는 팀 전체를 보상하는 데 초점을 둔다. 조직 내에서 주요 단위부서나 업무팀에 의해 실현된 효율성 향상의 이익을 공유할 수 있도록 해준다. 팀 기반 인센티브의 가장 큰 장점이라면 스킬 차이가 설령 난다 해도 모든 이들에게 보상 받을 기회를 동등하게 준다는 것이다. 게다가 팀 성과를 떨어뜨리고 보상을 통째로 날리는 자가 되길 바라는 사람은 아마 없을 것이므로 직원들이 더 동기 유발될 수도 있다. 팀 접근은 이처럼 개인주의적 사고보다는 팀원들 간의 협력을 부추긴다. 하지만 이 역시 단점도 있기 마련인데 최상위의 성과자들은 저성과자들도 자신만큼의 보상을 받는 것에서 박탈감을 갖기 쉬우며, 성과가 바닥인 사람들 역시 팀 동료들의 압력에 시달리기가 쉽다([표 10.3] 참조).

사회적 태만
홀로 일할 때보다 팀원으로서 공동으로 일할 때 덜 노력하는 경향

표 10.3 | 팀 기반 인센티브의 장·단점

장점	단점
팀워크를 더 좋게 한다.	사회적 태만이 발생할 수 있다.
개인의 시야를 넓혀준다.	개인의 성과가 저평가될 수 있다.
감독이 덜 필요해진다.	동료들로부터의 사회적 압력이 고성과자의 노력을 저하시킬 수 있다.
개인 인센티브제에 비해 개발이 쉽다.	협력 대신 집단 내분이 벌어질 수 있다.

소그룹 인센티브

소그룹 인센티브(small-group incentive plans)는 업무부서나 프로젝트팀을 보상하기 위한 인센티브를 말한다. 생산이나 서비스의 기준들을 충족 또는 초과했을 시에 팀성원들 전체가 인센티브를 받는 것으로 측정 가능한 그룹성과에 따라 개인 지급률이 정해지는 보상이라고 할 수 있다. 보상과 성과 간의 효과적인 연계를 제공하고, 특히 중요한 면이라면 개인보다는 팀 성과에 초점을 둠으로써 업무에서의 유연성 증가를 불러온다는 점이다.

게인셰어링

게인셰어링(gainsharing)은 직원들 재량으로 노력하여 생산성면에서 기대 이상으로 얻은 초과 이득을 공유하는 것을 말한다. 예상을 넘어선 노동비 절감이나 지난해 대비 원가 절감 등이 여기에 해당된다. 주로 종업원제안이나 위원회를 통한 경영참가 등으로 이것들이 달성될 수 있다. 미리 정해진 산식에 따라 금전적 이득을 조직 및 직원들과 함께 나누는 프로그램인 게인셰어링은 생산성이 기준점(baseline)을 초과하면 합의된 절감액을 직원들에게 배분하는 식이다. 게인셰어링의 목적은 원가효율 증대, 비용 감축, 작업절차 개선, 그리고 수익성 개선에 주안점을 두는 것이다. 비교적 흔한 유형으로는 다음 두 가지가 있다.

- 스캔론 플랜(Scanlon plan) 직원들과 경영진들은 비용절감을 위해 서로 협력하며, 매출 대비 인건비 비율이 특정기준 이하로 계속 유지하면 직원들에게 금전보상을 제공한다.
- 임프로셰어(improshare) 업무 팀의 전반적인 생산성에 기초하여 보너스를 지급하는 방식으로, 그룹의 피스레잇 기준을 정해서 그 기준을 초과하면 매주 보너스를 지급한다.

프로핏셰어링

프로핏셰어링(profit sharing)은 기업 이익의 일부를 전체 직원들과 공유하는 프로그램이다. 이 프로그램은 소속 조직의 이익 증진에 기여를 통해서 직원들이 소득증가의 기회를 얻도록 하고자 시행된다. 하지만 전사 차원의 인센티브로써 수익성에 제한적 영향만을 미치는 개인의 개별 노력을 보상하는 데에는 그다지 효과적이라고 말할 수 없다. 대신에 이 프로그램은 모든 구성원의 기여를 인정함으로써 회사에 대한 헌신과 몰입을 유도하는 데에 효과적이다. 다양한 종류의 프로핏셰어링이 존재하지만, 자주 사용되는 3가지의 기본적인 형태는 다음과 같다.

- **현재 방식**(current plans) 이익이 확정되면 그 즉시 직원들에게 현금이나 주식으로 지급된다.
- **거치 방식**(deferred plans) 신탁회사에 맡겨서 관리되며 개별 직원들의 계좌로 차후 입금된다.
- **절충 방식**(combination plans) 이익분배액 중 일부는 거치되며 다른 일부는 현시점 기준으로 지급받을 수 있다.

이상을 요약하면 인센티브들을 [표 10.4]와 같이 두 차원의 매트릭스로 구분해 볼 수 있다. 첫 번째 차원은 성과측정의 수준(level of performance measurement)으로서 개인과 집단을 구분했고, 두 번째 차원은 기본급의 증가 여부(contribution to growth in base pay)를 나타낸다. 1번 셀에는 개인의 성과측정이고 기본급 증가를 가져오는 메릿페이가 해당된다. 보통 다른 인센티브들보다 액수는 적어도 메릿페이는 해마다 누적되므로 고성과자들에게 큰 차이를 만들어 준다. 기본급 증가가 없고 개인 인센티브인 2번 셀에는 피스레잇과 커미션이 있다. 직원들이 기준을 충족하면 기본급을 받고 그 이상일 땐 피스레잇 인센티브를 받는다. 커미션도 특정 공헌에 인센티브를 연결시키는 것은 마찬가지다. 이들이 받는 액수는 메릿페이보다도 더 크며 횟수도 더 빈번할 때가 많다.

인센티브 중에는 명확히 어느 한 셀로 구분 짓기 어려운 것도 있는데 보너스야말로 개별과 집단 수준 양쪽에 모두 해당될 것 같다. 예컨대 관리상의 보너스(managerial bonus)는 부서의 생산성과 부서 내 개인들의 행동을 모두 종합하여 평가하기 쉽다. 기본급 증가가 없는 개별 보너스는 다른 인센티브들과 마찬가지로 상당액이 지급되고 연 1회만 지급되는 것은 아니다. 집단 수준 역시 기본급 증가의 유·무로 나뉠 수 있는데, 기본급 증가의 경우는 실례를 찾기가 어렵다. 회사의 이익목표가 달성되면 지급받는 프로핏셰어링, 그리고 더해진 가치나 절감한 비용을 직원들과 경영진이

표 10.4 | 인센티브 분류

	개인	집단
기본급 증가 유(有)	1. 메릿페이	4. 소그룹인센티브
기본급 증가 무(無)	2. 피스레잇 커미션 보너스	3. 프로핏셰어링 게인셰어링 보너스

나누는 게인셰어링이 흔히 사용되는 집단 인센티브라고 할 수 있다. 이들 인센티브가 개개인들에겐 그들의 기본급에 따라 차등 지급되게 된다.

이상에서 다룬 것들 외에도 **경영자 및 임원들을 위한 인센티브들(incentives for mangers & executives)**이 있다. 대부분의 기업들은 경영자와 임원들의 단기간 성과 촉진을 목적으로도 보너스제도를 매년 운영하고 있다. 사용자들은 이들 임원들이 장기적 관점에서 의사결정을 할 수 있도록 장기간의 인센티브도 활용한다. 스톡옵션이 바로 이러한 인센티브로서 경영진과 조직의 이해를 서로 통합시키려고 고안된 것이다. **스톡옵션(stock options)**은 정해진 가격으로 일정량의 주식을 살 수 있는 권리를 일컫는다. 예컨대 2년 후 주당 3만 원의 권리라 할 때 실제 6만 원이 되었다면 스톡옵션을 행사해서 3만 원에 매입 후 6만 원에 되팔아 이익을 얻을 수 있다. 반면 주식의 시세가 정해진 옵션 가격보다 낮은 경우라면 해당 스톡옵션은 행사되지 않음으로써 무용지물이 된다. 따라서 전문경영인(CEO)으로선 최대한 고가일 때 옵션을 행사하고자 하는 바람에서 단기에 주가 급등을 이뤄내야 하는 유인을 갖게 될 것이다.

스톡옵션
미래의 정해진 시점에 사전에 정한 가격으로 일정량의 주식을 직원들이 살 수 있도록 해 주는 권리

스톡옵션제에 대한 근거로 대리인이론(agency theory)이 자주 언급되곤 한다. 소유주라면 당연히 회사 이익을 증가시키길 원하겠지만 전문경영인은 이익 극대화를 위해 일할 유인이 항상 있는 것이 아니다. 주식으로 보상할 수 있을 때 전문경영인의 관심은 소유주의 관심과 좀 더 가까워질 수 있고 양측이 점차 같은 목표로 향하게 된다. 그러나 해당 옵션을 실제 행사하기 전까지는 이들의 이

그림 10.1 | 임원 인센티브에 대한 비판과 반박

비판들		반박들
• 임원 보상이 종종 기업성과와 무관하게 이루어진다.	↔	• 임원들에 대한 확보 경쟁이 보상 패키지의 증가를 이끌었다.
• 이사회는 고성과 임원, 저성과 임원 할 것 없이 상당한 규모의 보수를 제공한다.	↔	• 전문경영인(CEO)은 책임이 크고 결과에도 막대한 영향을 끼친다.
• 퇴직 이후까지도 임원들이 그 직장에서 보상과 보너스를 받아서는 안된다.	↔	• 임원들보다도 유명 스포츠 선수나 연예인들은 훨씬 더 많은 돈을 번다.
• 포괄 보상 패키지가 너무 과하다.	↔	• 전문경영인은 따로 정해진 근무시간이 없고, 중압감 속에서 중대 결정들을 한다.
• 기업의 성공에는 전문경영인뿐 아니라 많은 사람들이 기여한다.	↔	• 단기 이익과 주가에 의해 기업성과를 측정하는 것은 불충분하다.

해가 일치되는 게 아니라는 비판도 있다. 스톡옵션의 목적이 대리인을 소유주로 만들어 회사와 이해를 일치시키는 것인데, 주식시장이 하락세면 옵션 행사가가 주가보다 비싸져서 관심은 더욱 멀어지게 된다. 최근 회계 규정이 바뀌면서 스톡옵션의 매력은 더 떨어지고 있다. 다만 경쟁력 있는 보상을 지불하기가 어려운 스타트업(start-up)들에서는 여전히 인기를 유지 중이라고 한다.

스톡옵션 외에도 경영진과 임원들을 위한 인센티브로는 여러 가지 것들이 더 있을 수 있다. 대표적인 한 가지만 소개하면 임원 특전(perks)은 임원들을 위한 특별한 복지혜택으로서 주로 현금이 아닌 것들로 구성된다. 흔케는 차량과 기사 제공, 헬스장/골프장 회원권, 1등석 항공권, 전용항공기 이용, 스트레스 상담 등이 있다. 임원들 대다수가 조직 내·외부에서 자신을 'VIP'로 보이게 만들어주는 시각적인 심볼(symbols)들을 가치 있게 여긴다. 특전은 또한 실질적인 절세 효과도 제공하는데, 이런 것들은 수입으로서의 세금이 매겨지지 않기 때문이다. 하지만 일각에서는 임원 보상이 과연 '적절한지'에 대한 여러 의문을 제기하기도 한다. 다음의 질문들을 이용해서 이에 대해 판단해보는 것도 좋을 듯싶다.

- 과연 다른 기업에서도 이 사람을 임원으로 고용할까?
- 어떤 식으로 자사 임원의 보상을 동종 산업 내 유사 기업과 비교할 수 있을까?
- 임원의 급여는 사내 다른 직원들의 급여와 비교해서 일관성이 있는가?
- 투자자들은 무엇으로 임원의 성과 정도를 보상할 것 같은가?

복지혜택 02

정부는 경제적 능력이 부족한 사람들을 경쟁의 영역에서 보호하고자 생존권의 차원에서 공적복지(public welfare)를 제공한다. 이에 반해 자사 종업원들의 복지를 위해 시행하는 기업복지 프로그램(company welfare programs)은 직원 사기를 진작시키고 생산성을 향상시키는 인센티브의 성격도 갖는다는 점에서 사회보장과의 차별성을 갖는다. 오늘날과 같은 경쟁 환경에서는 구직자들도 월급이나 보너스 그 이상의 것을 생각한다. 그들은 보상패키지를 추구하며 삶의 질을 더욱 강조하기 때문에 이제는 복지혜택도 경영진이 기획하여 관리해야 하는 또 다른 보상 측면이라 할 수 있다.

2.1 복지혜택의 역할

복지혜택
직원과 그 가족들의 경제적 안정과 생활의 질을 향상시키기 위해 임금이나 제 수당, 그리고 상여금 이외에 제공되는 간접적인 제 급부와 시설물, 제도 등을 의미

복지혜택(benefit)이란 조직 멤버십의 일환으로서 직원들에게 제공되는 간접적인 보상을 말한다. 복지혜택은 우선 직원의 유인, 유지, 그리고 동기유발에 기여한다. 다양한 종류의 복지혜택은 사용자가 직원들의 니즈에 부합하는 보상을 제공하는 데 도움을 주기 때문이다. 직원들로서도 복지혜택이 경제적 안정을 도모하는 데 도움이 되리라고 기대한다. 복지혜택은 특히 정부의 규제 대상이란 점에서 중요한 역할을 한다. 수많은 복지혜택이 모두 법으로 강제되는 것은 아니지만 이러한 생각이 보편화됨에 따라 직원들의 기대를 높이게 되었다. 대다수 사용자들도 회사에 적격인 인력을 유인하기 위해서는 그들에게 의료나 퇴직관련 복지혜택 등을 제공하는 것이 필요하다고 느낀다. 다만 타 보상들과 달리 복지혜택에는 상당한 비용이 소요되므로 HR은 반드시 이에 대한 세심한 관심이 요구된다.

쉽게 짐작되듯이 복지혜택은 직장에 관련된 여러 가지 판단, 이를테면 구직이나 은퇴 같은 의사결정에 큰 영향을 미친다. 게다가 위에서 언급한 것처럼 복지혜택 비용은 보통 총 인건비의 40%나 차지할 정도로 사용자들에겐 부담이 큰 지출이다. 따라서 이러한 중요성을 고려하여 조직은 반드시 복지혜택에 대한 정보를 가지고 직원들과 커뮤니케이션해야 한다. 직원들도 복지혜택의 가치를 잘 알게 되고 또한 이로써 그들의 동기를 높이려는 조직의 목표를 달성키 위해서도 필수적이다. 사용자들은 직원들이 이러한 메시지를 전달받고 이해가능성까지 높이려고 안내서 발간이나 미팅, 인트라넷, 메모, e-메일 등 다양한 매체들을 사용할 수 있다. 직원들과 구직자들이 실상은 지금 어떤 복지혜택을 누리는지, 그리고 이것의 시장가치가 어떠한지에 대해 잘 모르고 있는 경우가 허다하다.

오늘날 사회복지(social welfare)의 한 축을 담당하는 기업복지([그림 10.2] 참조)

그림 10.2 | 사회복지의 종류

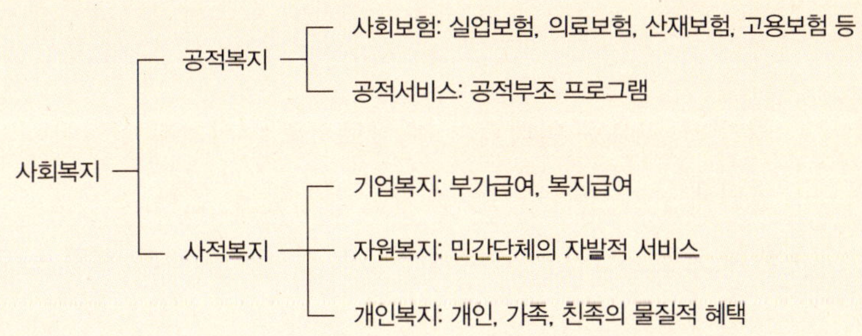

는 산업화의 산물이다. **오웬**(R. Owen)의 온정주의 경영이 기업복지의 초창기 형태라고 문헌들은 기술한다. 하지만 기업복지의 발전을 설명하는 데 있어 그 필요성을 강조하는 시각은 우선 효율성 측면에서 이직으로 인한 비용이 높은 기업들이 직원들의 **장기근속을 유도하기 위한 기제**로 기업복지를 이용해왔다고 주장한다. 숙련 노동자가 이직이라도 하게 되면 신규 채용과 훈련을 위해 추가비용을 부담해야 하므로 이들을 계속 잔류시키려고 승진과 복지혜택이라는 유인책을 사용한다는 것이다. 또한 직원 유인 및 통제의 관점에서 설명하는 이론은 기업가들이 그들의 자본축적에 방해되는 **노동 동기의 약화 문제를 해결하기 위해 도입한 기제**가 복지혜택이라고 말한다. 특히 생산직에 비해 과업을 단순 분할하기 어려운 사무직의 경우는 이들의 직무수행을 통제할 합리적인 노무관리의 일환으로서 기업복지가 발달된다고 주장한다.

로버트 오웬
19세기 초에서 중기까지 영국 사회주의자의 한 사람, 산업자본가로서 고임금경제론을 주장하여 실제 기업경영에 실천한 사람으로 그에 의해서 온정주의적 노사관계가 비롯되고 일반화됨

노동력을 확보하고 확보된 노동력을 효과적으로 활용하기 위한 역할 외에도, 복지혜택은 조직과 직원간의 일체감 형성, 생활 지원을 통한 임금의 보완, 더 나아가 사회보장제도의 보완 기능을 한다. 이러다보니 기업들의 복지비 지출은 지금까지 계속해서 상승세를 보여 왔다. 외환위기를 겪으며 정리해고 퇴직금이 급격히 증가한 1990년대 말 이후 일시 감소세는 있었어도 꾸준히 증가해온 게 사실이다. 특히 법정 복지혜택은 1987년 민주화선언 이후 노동운동이 점차 활성화되고 복지에 대한 요구가 대폭적으로 증가함에 따라 더욱 크게 증가했다. 향후에도 이러한 복지혜택이 전체 보상 중에서 차지하는 비중이 더 커질 것인가에 대한 대답은 아마도 다음의 이유들로 인해서 "그렇다"가 될 것이다. 더구나 기업의 규모가 클수록 노조의 활동이 왕성하고 지불능력 면에서도 여유가

있어서 그 가능성은 더 커지리라고 예상한다.

- 세금 혜택 근로소득에 대해 누진세를 적용하지만 복지혜택에 대해서는 과세를 하지 않는 경우가 많다. 따라서 현금소득에 비해 실질 내지 잠재적 가치가 큰 것으로 인식되며, 회사로서도 손비처리 인정이나 적정이익 유지로 법인세 등에서 각종 절세효과를 기대할 수 있다.
- 법적 요건 법규는 기업들에게 특정 복지혜택의 제공을 요구하며 이로써 국회에서는 실업수당, 상해보험 등과 같은 의무적인 복지혜택들을 법제화했다. 1963년 산업재해보상보험법의 제정에 이어 1988년에는 의료보험제도와 국민연금제도를 실시, 1995년에는 고용보험제도를 도입했다.
- 노조의 입김 단체교섭의 주요 골자는 보통 종업원 복지에 초점을 두고 있기 때문에 기업의 복지비 지출이 수년간에 걸쳐 지속적으로 증가해왔다. 1987년 이후 노동운동이 활성화되면서 노사 간의 교섭에서 임금인상 자제의 반대급부로, 그리고 정부의 임금통제정책의 회피수단으로 복지제도의 신설이 많았다.
- 대량 구매 만약 기업이 직원들을 위한 복지혜택을 대량으로 구매한다면 같은 것들을 개별로 구매했을 때보다 더 저렴할 수 있다. 대표적인 규모의 경제효과는 명절선물지급(대량으로 생필품 구매)이나 휴양시설 이용, 단체보험 가입으로 보험료 등에서의 비용절감으로 나타난다.

이외에도 복지혜택은 종업원에 대해서는 근로의욕 및 직장생활에 대한 만족증진, 고용안정성 향상, 불만요인 감소, 사용자와 관계 개선 등의 효과를, 기업에 대해서는 생산성 증대, 팀워크 강화, 결근율과 이직률 감소, 채용 및 교육훈련비 절감, 노사관계 개선 등의 긍정적인 효과를 유발하는 것으로 인식되고 있는 것도 복지혜택 확충의 한 요인이라고 할 수 있을 것이다.

하이데거의 숲 | 급여와 복지혜택의 차이점

복지혜택과 급여 모두 종업원에 대한 보상이지만 직접적 성격의 급여, 간접적 성격의 복지혜택은 서로 대조를 이루므로 이를 파악하는 것이 복지혜택을 이해하는 데 좀 더 도움이 될 것이다. 이들 간의 차이점을 하나씩 살펴보면 다음과 같다.

구별요소	급여	복지혜택
보상 형태	직접적 보상 금전보상	간접적 보상 비금전보상
보상 체계	개별적 보상 (차등지급)	집단적 보상 (공동이용)
보상 요구	필연적 요구	필요에 의한 요구
보상 효과	기업: 경제적 이윤창출 종업원: 소득, 효과	기업: 사회적 이윤창출 (책임) 종업원: 심리적 만족감, 사회공동체의식 제고

출처: 김식현(1998).

- ❖ 첫째, 노동의 질, 양, 능률 등에 따라 급여 차이가 있지만 복지혜택의 제공은 신분기준에 따라서 운영되고 있다. 다시 말해, 연령, 성별, 지위, 근속연수 등에 따라 지급조건이나 내용에 차이가 있을 수 있지만 원칙적으로 노동의 질이나 양, 능률 등에 의해 차등을 두지 않는다.
- ❖ 둘째, 복지비용은 기본적으로 집단적 보상의 성격을 갖는다. 실질적인 복지혜택 금액은 일정기간에 지출한 총액을 평균종업원수로 나누어 1인당으로 산출하기 때문에 개별적으로 표시된 금액을 현금으로 지급하는 급여와 달리 집단보상의 성격을 띤다.
- ❖ 셋째, 복지혜택은 필요성의 원칙에 의해 제공된다. 복지혜택의 구체적인 내용이 설정되어 있어도 종업원 자신에게 그 상황이나 조건이 발생하지 않으면 그 혜택은 주어지지 않는다. 예컨대 결혼축의금은 결혼이라는 사유, 의료보험의 혜택은 질병의 사유가 발생한 경우에만 주어진다.
- ❖ 넷째, 필요성의 원칙에 의해 지급되는 복지혜택은 당연히 그 용도가 한정된다. 급여는 어떻게 지출하든지 고용계약에 따른 종업원의 의사에 달린 것이지만, 복지혜택은 그 필요성의 내용에 따라 용도가 제한을 받는다.
- ❖ 다섯째, 복지혜택은 일종의 기대소득이 된다. 일정기간 내에 전 직원이 복지혜택을 누리게끔 상황이 전개되는 경우는 매우 드물다. 어느 시점에서는 혜택을 누리지 못하더라도 언젠가 조건이 되면 자신에게도 반드시 제공되리라는 확실한 기대를 가질 수 있게 해준다.
- ❖ 여섯째, 복지혜택은 다양한 형태로 제공된다. 급여는 현금으로만 지급되는 것이 원칙적으로 되어 있는 반면, 복지혜택은 현금 외에도 현물이나 서비스의 제공, 시설물의 이용 등을 통해서도 지급된다.
- ❖ 마지막으로 복지혜택은 종업원의 생활수준을 안정시키는 기능을 한다. 급여는 그 상승으로 인해 생활수준의 직접적인 향상을 초래하지만, 필요성의 원칙에 의해 지급되는 복지혜택은 생활수준의 직접적인 향상보다는 그 안정화에 기여한다.

2.2 복지혜택의 종류와 범위

기업 내에서 제공되는 복지혜택의 종류와 범위를 구분하는 가장 기초적인 기준은 그 제도에 법적 강제성이 부과되어 있는지의 여부다. 강제성이 부과되어 있는 제도라면 사용자의 자발성을 찾기 힘들다. 두 번째 기준은 그 제도가 종업원들에게 주어져야 할 기본적 노동조건의 성격을 갖는지의 여부다. 가령 위험한 환경에서 일하는 직원들에게 방호복이나 방호장비 등을 지급하는 것은 복지혜택이라고 하기보다는 고용유지를 위한 사용자의 필수 조치라고 하는 편이 옳다. 세 번째 기준은 제도 운영을 위한 재정 부담의 주체가 누군지에 관한 것이다. 기업이 부담하는 것이 당연한 것 같지만 어떤 경우는 기업과 노동자가 공동으로 부담하거나 아니면 기업과 국가가 공동으로 부담할 수도 있다.

앞의 [그림 10.2]에서 보듯이 여기서의 복지혜택은 사회복지 중에 공적복지 내의 사회보험, 그리고 민간복지 중에서 기업복지를 포함하는 것이다. 전자를 법에 의해 정해지는 복리후생이라는 의미에서 법정 복지혜택이라고 지칭하고, 후자를 법정 외 복지혜택이라고 한다. 엄격한 의미로는 기업이 자발적으로 제공하는 법정 외 복지혜택만 기업복지에 포함시켜야 하지만 기업 종사자들의 경우 사용자가 이들을 대신해서 사회보험을 징수하고 보험편익을 대행해서 제공하기 때문에 일반적으로 두 영역을 모두 포함하여 복지혜택을 다루는 경우가 많다. 또한 제도 운영과 관련해서 기업이 보험료의 일부를 의무적으로 지원하므로 그러한 내용에 대해서도 이해가 필요하다.

법정 복지혜택

법정 복지혜택은 국가의 법률에 의거하여 사용자가 노동자에게 반드시 제공하도록 정해놓은 복지 프로그램이다. 핵심은 노동 능력의 상실에 대비한 산업재해보험, 의료보험과 노동 기회의 상실에 대비한 연금보험, 실업보험 등 4개 보험이다. 우리나라는 노령, 실직, 질병 등에 대비한 사회보험에 모든 국민을 의무적으로 가입시키는 사회보장제도를 실시한다. 사회보험은 개인보험처럼 자유의사에 의해서 가입하는 것이 아니며, 보험료를 개인, 기업, 국가가 서로 분담하는 것이 원칙이다. 보험료 계산에 있어서도 위험의 정도보다는 소득에 비례하여 분담함을 원칙으로 함으로써 소득재분배의 기능을 가진다.

- 산업재해보험 산재근로자와 그 가족의 생활을 보장하기 위해 국가가 사업주로부터 소정의 보험료를 징수하여 그 기금으로 사업주를 대신해 산재근로자에게 보상해주는 제도이다. 따라서 다른 사회보험과 달리 보험료 전액을 기업이 부담한다. 산재보험은 원칙적으로 업무상 재해에 대한 보험이므로 부상, 질병, 장해, 사망이 발생한 경우 그것이 본인의 업무상의 사유에 기인한 것이라는 증거가 필요하다.
- 의료보험 종업원들의 질병을 예방하거나 조기에 발견하여 건강을 유지할 수 있게 하고 발병 시에는 보험기능을 활용해 의료비 부담을 덜어주어 근로자의 생활 안정과 건강 유지를 도모하는 제도이다. 국민의 건강이 사회안전과 경제성장에 중요한 것처럼 구성원들의 건강은 개인의 작업의욕이나 생산성에 영향을 미치며, 또한 전체적인 작업장의 분위기나 사기에도 영향을 미친다.
- 연금보험 소득활동을 할 때 보험료를 납부하여 모아두었다가 나이가 들거나, 갑작스러운 사고나 질병으로 사망 또는 장애를 입어 소득활동이 중단된 경우, 본인이나 유족에게 연금을 지급함으로써 기본생활을 유지할 수 있도록 하는 제도이다. 국민연금은 18세 이상 국민이 일정기간 가입, 만 65세부터 혜택을 받는 것이 기본이며 의료보험에서와 마찬가지로 사용자가 보험료의 반을 지원한다.
- 고용보험 근로자가 실직했을 때 일정기간 급여를 지급함으로써 실업으로 인한 생계 불안을 극복하고 생활 안정에 도움을 주어 재취업의 기회를 주는 제도이다. 실업에 대한 위로금이나 고용보험료 납부의 대가로 지급되는 것이 아니다. 실업급여는 적극적인 재취업 활동을 위한 활동 지원금이다. 다양한 실업예방사업 및 구직촉진사업을 병행하는 적극적 노동시장정책을 표방하여 도입된 고용정책의 핵심수단이다.

우리나라에서 실시 중인 법정 복지혜택은 소위 4대 보험 외에도 퇴직금과 유급휴가제도가 있다. 퇴직금은 종업원이 사직 시 발생하는 일회성 지불금을 말한다. 1년을 근무한 경우 **평균임금**의 30일치를 퇴직금으로 적립하도록 되어 있으며, 퇴직시점에서 근무한 기간에 상응하는 퇴직금을 산정해서 지급하도록 하고 있다. 예컨대 25년을 근무하고 퇴직하는 경우 퇴직시점에서 평균임금을 산

평균임금
평균임금을 산정해야 할 사유가 발생한 시점부터 이전 3개월간에 그 근로자에 대하여 지급된 임금의 총액을 그 기간의 총일수로 나눈 금액(근로기준법 제2조)

4대 보험은 근로자의 권익보호를 위한 국가제도로서 선택 가입이 아닌 의무 가입의 사회보험을 말한다. 건강보험, 고용보험, 산재보험, 그리고 국민연금이 이에 해당된다. 근로자가 1명만 있어도 반드시 가입해야 한다. 단 주 15시간 미만 근로자는 가입이 제외된다.

정한 후 평균임금에 근무연수 25를 곱한 금액이 지급해야 할 퇴직금이 된다. 퇴직금은 자발적이든 비자발적이든 회사를 이직하는 근로자의 생활 및 생계안정에 매우 중요한 역할을 한다. 특히 은퇴자들에게 있어서 퇴직금의 존재는 그 무엇보다도 중요한 의미를 지닐 수 있다.

또한 우리나라는 사용자가 1년간 80% 이상 출근한 근로자에게 15일의 유급휴가를 주어야 한다는 연차 유급휴가를 근로기준법에서 규정하고 있다. 처음에는 15일이지만 3년 이상 계속 근로한 자에 대해서는 계속근로연수 매 2년에 대해 1일씩을 가산한 유급휴가를 주도록 규정하고 있고 휴가 총일 수는 25일로 제한하고 있다. 이는 종업원들이 휴식을 취하고 활기를 되찾게 하는 기회를 제공함으로써 그들이 더욱 생산적일 수 있게 도움을 준다. 또한 이를 통해 직원 유지도 촉진할 수 있게 된다. 병가, 휴가, 또는 하루 이틀 정도의 개인사유로 인한 휴가 외에 기업들은 매년 특정일수만큼의 유급휴식(월차)도 제공하고 있으며 종업원들은 이를 다양한 목적으로 사용할 수 있다.

법정 외 복지혜택

법정 외 복지혜택은 국가적 차원이 아니라 조직적 차원에서 자발적으로 실시하는 임의적인 복지제도로서 자발적 복지혜택이라고도 한다. [표 10.5]를 보면 알 수 있듯이 주거, 식사, 문화, 경조 관련 비용과 학비보조, 휴양 비용 등이 포함된다. 국가의 사회보험(산재보험, 의료보험, 연금보험, 고용보험)이 거의 없던 시절에 국가를 대신해 기업이 근로자와 그 가족의 부양을 지원하는 차원에서 시작되었기에 의식주 성격의 복리혜택이 우선적으로 적용되어 왔고 그 전통은 아직도 어느 정도 유지되고 있다고 볼 수 있다.

환언컨대, 복지혜택 프로그램을 제공하는 이유는 직원들의 동기와 열의를 높여 경쟁우위를 창출하려는 것이다. 이러한 시각에서 복지혜택의 제공에 앞서서 이해해야 할 것들이 있다. 먼저 조직이 얼마만큼의 복지혜택을 제공할 수 있느냐의 문제다. 보통 직접적인 보상의 몇 퍼센트로서 계산한다. 하이테크 기업에서는 일반적으로 기본 보상의 확대를 우선시하는 대신 퇴직관련 복지혜택은 도

표 10.5 | 국내 대기업들에서의 복지혜택 예시

법정복지		직무관련 법정 외 복지			시설관련 법정 외 복지
• 퇴직금제도	• 요양보상	• 유류대	• 재형저축장려금	• 생활자금 대여	• 오락·휴게실
• 유급휴가	• 장애보상	• 주차비	• 경조금	• 금융공제제도	• 도서실
• 연월차휴가	• 유족보상	• 중식	• 당직비	• 기숙사	• 체육시설
• 생리휴가	• 최저임금제	• 건강검진	• 전근여비	• 사택(임대주택)	• 운동장
• 산전산후휴가	• 의료보험	• 생명보험	• 지급임차료	• 자사제품 할인	• 목욕탕, 샤워장
• 병가	• 산재보험	• 통근버스	• 휴가포상	• 사보험지원금	• 탁아시설
• 휴업보상	• 국민연금	• 피복비	• 포상	• 공제회기여금	• 의료시설
• 육아시간 허용	• 고용보험	• 사내동호회 지원	• 주택자금 대여	• 사보 발간비용	• 휴양시설(콘도)
		• 기념품비	• 주택구입자금 지원		• 식당(구내/지정)
		• 학자금	• 전월세자금 지원		• 소비조합

출처: 송호근(1995).

외시되곤 한다. 가용예산 파악한 후에는 어떤 형태의 복지혜택을 제공할지 정해야 한다. 대부분의 인력이 어린 자녀를 둔 부모들이라면 자녀 돌봄 같은 가정 친화적인 복지혜택이 관심을 끌 것이다. 고령층이라면 연금제도, 젊은 층이라면 휴가나 사회 네트워크 제공에 더 매료될 것이다. 마지막 고려사항은 복지혜택의 유연성이다. 직원들의 구성뿐 아니라 기호도 다양해짐에 따라 유연성을 부여해서 부분적으로 개별 맞춤화할 수 있게 해야 한다.

2.3 복지혜택에 대한 새로운 접근법

경쟁격화와 저성장시대를 맞아 기업에서는 연공 중심의 인적자원관리에서 업적과 성과를 중시하는 인적자원관리로 전환하고 있다. 민간뿐 아니라 공공부분에서도 연봉제 채택이 늘고 있는 것은 이를 반증한다. 이러한 사고방식은 기업복지에도 영향을 미쳐 금전보상에 복지혜택을 산입하여 지급하는 기업들도 하나둘 생겨나고 있다. 게다가 다양성을 중시하는 신세대들의 노동시장 진입, 여성의 사회진출 확대, 고령화, 그리고 생활수준의 향상 등을 배경으로 이젠 획일적인 복지혜택 프로그램으로는 그들의 니즈에 부합하기란 역부족이 되었다. 가족 구성을 보더라도 부양가족이 있는 직원부터 독신, 맞벌이 부부, **딩크족** 등으로 양상이 매우 다양화되고 있다. 이러한 변화와 함께 기존 공급자위주

딩크족
1986년경 미국을 중심으로 나타난 새로운 가족 형태로 결혼은 하되 아이를 두지 않는 맞벌이 부부

의 복지 프로그램 대안으로 거론되는 것이 카페테리아플랜, 아웃소싱, 수당화 등이다.

선택적 복지혜택(카페테리아)제도

선택적 복지혜택제도(flexible benefits plans)란 복지혜택에 관한 개인의 선호를 수용하고자 마련된 개별화된 제도로서, 통상 자신이 선호하는 복지혜택을 위해 쓸 수 있는 예산이 직원 개개인에게 주어진다. 직원들은 마치 카페테리아에서 자기가 좋아하는 메뉴를 고르듯이 회사가 제공하는 다양한 항목 중 개인 욕구와 필요에 따라 부여된 예산 내에서 선택하게 된다. 따라서 이러한 방식을 카페테리아플랜(cafeteria plans)이라고도 하며 'tailored benefit plan', 'customized benefit plan' 등으로도 불린다. 전형적인 선택적 복지혜택은 다음의 기본적인 특색을 구비하고 있다.

- 핵심 복지혜택(core benefits) 기본적인 니즈를 보장하기 위해 제공된다. 여기에는 보험 및 의료 혜택이 포함되는데 이것들은 강제적이다.
- 임의 복지혜택(optional benefits) 포인트를 통해 구매될 수 있는 것들이다. 대표적인 예로는 잡지구독, 교육비 환급, 보육료 보조, 건강검진 등이 있다.
- 포인트(credit point) 임의의 복지혜택을 구매하거나 기타 변제를 얻기 위해 사용된다. 미사용 포인트는 보통 현금화할 수 있다.
- 지출 계좌(spending account) 할당된 포인트와 그 사용내역이 기록된다.

선택적 복지혜택은 직원들로 하여금 자신이 가장 필요로 하는 복지혜택을 택할 수 있게 한다는 점이 가장 큰 장점이다. 복지를 제공하는 기업의 입장에서 빠르게 변하는 직원들의 욕구를 충족시키는 것은 복지혜택의 역할을 생각해 볼 때 매우 핵심적인 문제가 아닐 수 없다. 만약 추가 욕구가 발생하더라도 선택적 복지혜택은 일정한 비용에 다양한 선택권을 제공하는 방식이므로 큰 비용의 증가 없이도 탄력적으로 대응할 수 있다. 게다가 장기적인 관점에서 인건비의 총액관리를 가능하게 한다. 기존의 제도에서라면 노동조합의 요구로 새로운 복지항목이 추가될 경우 그 급부가 전 직원에게 적용되므로 지출증가는 불가피했다. 하지만 선택적 복지혜택을 도입하게 되면 불가능했던 임금과 복지혜택을 포함한 인건비의 총액을 통제할 수 있게 된다.

하지만 카페테리아플랜은 기업이 주기적으로 각 직원들의 패키지를 업데이트해야 하므로 추가적인 관리비용이 발생된다. 기존 제도에 비해 선택적 복지혜택제도를 도입하게 되면 관리해야 할 복지항목이 자연히 증가해서 비용이 증대될 가능성이 높다. 게다가 건강한 젊은이는 생명보험에 가입하지 않고 그렇지 못한 사람들이 생명보험을 적극 가입해 보험사로서는 지출만 늘고 수익이 감소하는 것처럼 역선택에 의한 비용 증대도 그러한 문제들 중 하나일 것이다. 그나마 관리비용은 직원 수에 반비례해서 직원이 많을수록 낮아지므로 여기서 운영의 묘를 살릴 수는 있다. 따라서 무작정 도입하기 보다는 이러한 부작용을 최소화하기 위한 노력 및 검토와 더불어 단계적인 도입도 권고된다,

자신의 니즈와 상황에 적합한 복지혜택 패키지를 고를 수 있게 하는 이 방식은 50년 이상이나 지속되어온 모두에게 단일혜택(one-benefit-plan-fits-all)이라는 개념을 대체하는 것이다. 국내에 선택적 복지혜택제도를 처음 도입한 기업은 한국IBM으로서 1997년이었다. 통상 이 제도를 운영함에 있어 전 사원에게 최소한의 복지를 제공하는 차원에서 기본 포인트를 부여하고 근속, 연령, 직급, 성과, 부양가족 등에 따라 추가 포인트를 차등 지급한다. 우리 실정에서는 근속 포인트를 채택한 기업이 많은 반면, 성과 포인트를 채택하고 있는 기업은 그리 많지 않다. 성과급을 채택하면서 이러한 차이를 복지혜택 영역에까지 확대하는 것은 기업의 조직결속에 문제를 불러와 득보다 실이 많을 수 있다는 판단을 하는 것 같다.

아웃소싱

기업들이 핵심역량에 보다 전념하기 위해 기타 부분의 업무를 외부 전문업체에 위탁하여 수행함으로써 자사의 핵심부분 강화와 동시에 지원분야 업무에 있어서도 전문성을 확보코자 하는 일종의 경영전략이 아웃소싱(outsourcing)이다. 최근 기업들에선 핵심적인 사항만 자체적으로 관리하고 나머지는 외부에 위탁하는 이러한 사례가 여러 방면에서 증가하고 있다. 처음에는 생산부문에서 시작해서 그 영역이 점차 마케팅과 연구개발, 그리고 경리와 인사, 복지혜택 같은 관리부문으로까지 확대되기 시작했다. 이런 상황에서 선택적 복지혜택의 도입 외에도 복지서비스의 아웃소싱 역시 눈여겨볼 만한 일이 아닐 수 없다.

아웃소싱을 하는 목적 중 하나는 복지관련 비용의 효율화다. 일반 기업들에

서는 복지혜택의 대상자가 자사의 직원이나 그 가족으로 한정될 뿐 아니라 제도 운영에 관한 모든 시책의 전문가를 배치하는 것이 불가능에 가깝다. 그러나 아웃소싱을 할 경우 소위 시장원리가 작동되기 때문에 복지전문 서비스사는 경쟁력 있는 가격으로 보편적인 서비스의 제공이 가능하다는 장점이 있다. 복지전문 서비스사가 제공하는 양질의 서비스는 시장가격으로 제공될 수 있는 반면, 기업이 스스로 복지제도를 운영할 경우엔 그 비용이 고정화 내지는 하방경직성을 가지게 될 가능성이 있다.

게다가 아웃소싱은 다양한 서비스의 제공과 서비스 질의 향상을 불러온다. 사회가 풍요로워지면서 그만큼 요구되는 서비스 수준은 자연적으로 높아지게 마련이며 아울러 직원 개개인의 라이프사이클, 가치관, 복지메뉴 등도 다양화될 수밖에 없다. 이러한 변화에 대응하기 위해서는 지금까지 해온 것 이상으로 폭넓은 복지 시책 및 메뉴를 제공하지 않으면 안 된다. 이것을 기업이 단독으로 대처하기란 여간해서 쉽지 않으므로 여러 면에서 문제가 뒤따를 수 있다. 따라서 기업복지에 있어서도 폭넓은 분야에서 양질의 서비스를 제공하려면 아웃소싱에 대한 검토가 불가피할 수밖에 없다.

수당화 또는 임금화

'수당화' 또는 '임금화' 역시 임금제도의 성과주의 정합성과 공평성 확보, 복지혜택의 효율화, 그리고 라이프스타일의 변화와 고용유동화 등에 따른 니즈 다양화에 대한 대응책으로 시행을 고려해볼 만하다. 예컨대 현물급여 일부를 '수당화'하여 지급하게 되면 그 운영비용과 업무량을 경감하는 효과를 기대할 수 있을 것이다. 게다가 현물성 복지혜택의 과세가능성이 향후 현실화될 경우엔 수당화하는 편이 노동조합과 직원들의 수용성 획득에도 훨씬 유리한 방안이 될 수 있다. 반면 추가비용의 발생이 불가피하다는 것도 명심해야 한다. 가령 회사의 사택제공 등을 예로 들 경우 이를 매각 또는 용도 전환하지 않는 한 수당화한 분만큼 추가지출이 발생되어 비용절감이라는 취지에 어긋날 수 있다. 직원들도 종전에 비과세되었던 현물급여를 현금으로 지급받게 되면 급여소득으로 간주돼서 과세될 뿐 아니라 국민연금, 의료보험 등 사회보험료도 동반 증가하게 된다.

보상과 복지혜택을 위한 아젠다

03

앞서 챕터 9에서 포괄보상(total rewards)의 중요성을 강조한 바 있다. 하지만 컨설팅 업계나 실무자들 사이에서의 그 유명세만큼이나 기업들이 이 개념을 채택해 운영할 법도 한데 실상은 그렇지 못한 것 같다. 학술적인 연구에서도 마찬가지로 이러한 **보상에 대한 통합적 접근이 부족**한 편이다. 특히 복지혜택과 비금전 보상에 대한 더 많은 연구가 필요하다. 경제 여건 악화로 기업들은 급여와 복지혜택에 투자할 재정 자원이 더 부족해지면서 저비용 또는 무비용 복지혜택에 관심을 갖게 되었다. 최근 미국의 한 설문 조사에 따르면 건강 프로그램을 보상 믹스에 추가한 기업이 40% 정도에 달했다. 이런 점에서 성과나 만족과 관련해 보상 믹스의 서로 다른 요소 간 상승과 상쇄가 어떻게 일어나는지를 밝히는 것은 흥미로운 주제일 수 있다. 이러한 수평적 정렬 외에 수직적 정렬 면에서는 전략과의 연계뿐 아니라 기업의 문화, 구조 및 기타 HR 정책과의 연계에도 초점을 맞추는 연구도 요구된다.

전략적인 비즈니스 파트너십의 역할이 강조되다보니 HR은 직원들보다도 조직 중심으로 치우치는 경향이 있다. 그러다 보니 직원 복지에 대한 관심이 줄어들고 결과적으로는 보상전략을 개발할 때 **직원들의 입장에 대한 고려가 부족**했던 게 사실이다. 실례로 그들의 열의를 북돋는 데에는 책임이나 동료 같은 비금전보상이 주 역할을 하며, 이직의도가 직업 안정, 커리어 기회, 기업 가치, 보상 정책 등에 의해 결정되지만, 정작 실무자들의 생각은 이와 다른 경우가 많았다. 보상 결정에 참여시키는 것이나 성과급과 직원열의 간 연계의 이점들을 입증한 연구들이 있지만, 보상 및 복지혜택 관리에 대한 직원 관여(employee involvement)의 이유와 방법, 그리고 보상에 대한 직원 관점에서의 연구가 더 많이 필요해 보인다. 이것은 다양성이 커진 인력으로 변모해 갈수록 더 중요해질 것이다. 직원의 견해를 포함시키는 것은 사업 전략과 보상을 연계하려는 소위 '기계적인 상황 모델'의 단점에서 벗어나는 데 도움이 되리라고 본다.

다음은 보상의 커뮤니케이션에 관한 것이다. 정보공유는 기업성과에 긍정적인 영향을 미치는 HR 관례로 알려져 있다. 보상 커뮤니케이션의 이점도 이처럼 이론상 명백할 수 있지만 이러한 정보를 제공하는 조직들이 별로 많지 않다. 전문가들조차 1/3 정도만이 보상에 대한 커뮤니케이션을 효과적인 것으로 본다는 조사도 있었다. 보상에 대한 커뮤니케이션의 부족은 급여 차이가 정당한 결과라는 직원들의 인식을 해치고 불확실성을 조장해서 급여 체계의 질에 대한 직원들의 믿음에까지 부정적인 영향을 미친다. 기업들에서 이러한 커뮤니케이션에 노력을 들이지 않는 이유는 먼저 평안한 인력 유지를 위해서이고, 그리고 프라이버시를 위해서거나 직원들의 내·외부 비교를 어렵게 하려는 의도일 것이다. 하지만 오히려 이것이 더 부정적일 수도 있으므로 **보상의 커뮤니케이션에 초점을 둔 더 많은 연구가 요구**된다. 복지혜택 및 비금전보상에 대한 커뮤니케이션을 포함시켜서 그 범위를 더욱 넓힐 필요가 있다.

이 밖에도 노동인구의 고령화, 문화적인 영향, 경제적 상황의 영향에 관한 연구도 흥미로울 만한 주제들이다. 과거의 보상 연구는 주로 외부 노동시장, 경제 전망 등의 영향보다는 HR 관행이나 조직적 특성 같은 내부에 초점을 맞추고 있었고, 외부 환경의 영향에 초점을 맞춘 제한적인 연구들조차도 법률 및 사회적 환경에 주로 초점을 맞추었다.

- 노동인구의 고령화(aging of working population)가 보상이나 보상관리에 어떤 영향을 미칠지 이에 대한 연구가 필요하다. 외부 비즈니스 맥락에서는 고령화에 대한 문헌이 많지만 사실상 보상에 미치는 영향에 대해서는 알려진 바가 적다. 나이든 직원들에게는 내적 동기가 더 중요하다는 것이 연구를 통해 밝혀졌다. 그들은 지위나 훈련과 승진에는 관심이 적지만 안정성이나 도움제공에는 더 많은 관심을 기울인다. 따라서 고령 직원들의 동기유발을 위해선 별도의 수단이 필요할 것이다.
- 최근 문화적인 맥락(cultural context)이 다른 두 나라, 홍콩과 핀란드에서의 성과에 대한 금전보상과 비금전보상의 영향 차이가 연구되었다. 남성성, 집단주의, 높은 권력거리, 낮은 불확실성 회피로 간주되는 홍콩인들에겐 기본급과 승진이 더 강력한 성과 유도 요인인 반면, 여성성, 개인주의, 낮은 권력거리, 높은 불확실성 회피 성향을 가진 핀란드인들은 대체 근무, 훈련/개발, 팀 기반 인센티브 등을 더 선호한다고 밝혀졌다. 이처럼 문화는 금전보상과 비금전보상의 차별적 영향에 대한 인식차에 통찰력을 줄 수 있다.

- 노동인구의 고령화와 문화적인 맥락 외에도 보상과 관련된 거시적 환경으로는 경제 상황(economic situation)이 있다. 오늘날 세계 경제는 저마다 다른 속도로 전개되고 있다. 일례로 중국과 인도 같은 신흥개발국들의 성장률은 EU국가들보다 높다. 이러한 차이는 보상제도에도 영향을 미친다. 서양의 예처럼 연간 생계비 조정과 고령인구의 증가를 포함하는 보상제도가 제한적인 경제성장하에서도 지속 가능할지 의문이다. 이런 점에서 기업들이 노동시장에서의 매력을 결합하여 경쟁력을 유지하기 위해 어떤 보상 전략과 시스템이 거시적 경제 상황과 전망에 가장 적합할지를 알아내는 것이 향후 연구의 중요한 부분이 될 것이다.

이전 챕터 9에서는 합리적인 보상제도의 중요성 내지는 필요성에 대해 학습했다. HR 매니저나 경영자들에겐 직원들로부터 최고의 성과를 이끌어내면서 그들을 유지하는 것이 초미의 관심사일 것이다. 하지만 보상만으로는 이러한 목적을 이루기가 쉽지 않으므로 직원들이 최상의 기여를 할 수 있도록 그들을 북돋우기 위해서 보상 이외에 다른 무언가가 더 필요했다. 이러한 시각에서 인센티브의 최대 이점은 이것이 직원들에게 성과를 거둬야 하는 이유를 제공한다는 것이다. 사용자가 직원들에게 관심을 쏟고 있으며 그들과 오래도록 같이 하고 싶다는 마음을 전달하기 위한 가장 좋은 방법은 인센티브 외에도 복지혜택을 제공하는 것이다. 복지혜택은 비금전적이고 멤버십 기반이라는 점에서는 차이가 있어도 이 역시 직원들을 유인하고 유지하는 데 있어 한몫을 한다고 할 수 있다. 이와 같이 인센티브와 복지혜택의 마련이 보상의 보완 기능을 하는 것으로 알려져 있다.

HR News

위메프, 남성도 30일 출산휴가 지급…보육비 매달 20만 원 지원

자녀 간호·졸업·입학 시 연차소진 없는 유급휴가… 여성 '90일+10일' 출산휴가 적용

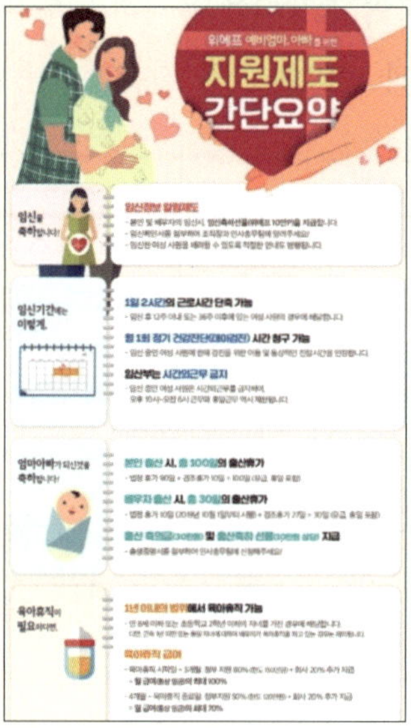

위메프가 10월 강화되는 정부의 출산·육아 지원 정책을 넘어서는 복지제도를 운영, 사내 워킹대디·워킹맘의 '워라밸'(Work & Life balance) 강화에 나선다.

위메프는 임직원 출산·육아 단계별로 경제적, 시간적 비용까지 실질적인 도움을 받을 수 있는 다양한 제도들을 마련, 운영 중이라고 25일 밝혔다.

가장 눈에 띄는 부분은 배우자 출산 시 남성 직원에게도 총 30일의 유급휴가를 지급하는 점이다. 기존 유급휴가 3일을 10일로 확대하기로 한 정부 정책보다 3배 많은 휴가를 부여하는 것. 30일의 유급휴가는 출산 전후 필요에 따라 나눠서 사용할 수 있다.

위메프 여성 직원 역시 법정 기준 90일 외에 추가로 유급휴가 10일을 더한 100일을 출산휴가로 사용할 수 있다.

육아휴직 중에는 양육비 부담을 덜 수 있도록 정부 지원금 외 추가 급여를 지급한다. 육아휴직 시작일부터 3개월까지는 정부 지원 80%, 회사 지원 20%로 통상 임금의 최대 100% 수준 급여를 지급한다. 4개월부터 육아휴직 종료일까지는 통상 입금의 최대 70% 수준(정부 지원 50%, 회사 지원 20%) 급여를 지급한다. 위메프가 부담하는 20% 추가 급여는 상한액이 없다.

미취학 자녀가 있는 직원은 보육료 보조를 받는다. 가정 양육(유치원 등원 포함) 시 20만원 상당의 지원금을, 아이가 어린이집을 통학하면 15만 원 상당 지원금과 정부 지원금의 50% 어린이집 직접 지원 혜택을 제공한다. 미취학 자녀가 2인 이상이면 보조금도 비례해 늘어난다.

'자녀졸업/입학/간호휴가' 역시 위메프 직원들이 요긴하게 사용하는 특별한 휴가다. 자녀간호휴가는 자녀의 간병을 위해 연차 소진없이 사용할 수 있는 휴가제도다. 진단서, 소견서만 제출하면 유급으로 매년 최대 5일까지 휴가를 쓸 수 있다. 초등학교 이상 자녀의 졸업식과 입학식 당일에도 특별 휴가를 사용할 수 있다. 연차 소진 없는 유급 휴가다.

조직 내 임신 소식을 공유하고 임신한 동료를 배려하기 위해 '임신정보 알림제도'도 마련해 임신 시 회사에 알리도록 했다. 본인은 물론 배우자가 임신한 경우에도 축하 선물을 지급한다.

위메프 관계자는 "가족 친화적인 복지는 직원들의 행복지수를 높이고, 이는 업무 성과에도 도움이 된다"며 "앞으로도 직원들에게 실질적인 도움을 줄 수 있는 다양한 지원 제도들을 마련하고 보완하겠다"고 설명했다.

출처: http://www.inews24.com/view/1210662

단원요약

1. 미리 정한 성과기준을 초과 달성한 자들에게 지급하는 금전적 보수가 인센티브이다. 사용자는 고성과자들을 보상해 그들이 인정받는다는 느낌을 갖길 바라며, 또한 인건비 부담을 개인에게 전가시켜 준다는 이점 때문에 인센티브를 활용한다.

2. 직원들이 조직의 목적 달성을 위해서 취하는 행동에 어떤 동기들이 작용하는지를 경영자나 매니저들이 규명하는 데에 모티베이션이 도움을 준다. 주요 이론들로는 매슬로우의 욕구이론, 허쯔버그의 2요인 이론, 브룸의 기대이론, 아담스의 공정성이론, 스키너의 강화이론, 로크의 목표설정이론 등이 있다.

3. 개별 인센티브의 주목적은 최상위의 성과자들이 수행을 계속 이어가도록 함과 동시에 다른 직원들도 본받아서 보너스를 얻게 하려는 것이다. 보너스, 메릿페이, 피스레잇, 커미션 등이 있다. 한편 팀 기반의 인센티브는 팀 전체를 보상하는 데 초점을 두어 팀원들 간의 협력을 부추긴다. 소그룹 인센티브, 게인셰어링, 프로핏셰어링 등이 있다.

4. 복지혜택이란 조직 멤버십의 일환으로서 직원들에게 제공되는 간접적인 보상을 말한다. 다양한 종류의 복지혜택이 사용자가 직원들의 니즈에 부합하는 보상을 제공하는 데 도움을 주기 때문에 직원의 유인, 유지, 그리고 동기유발에 기여한다. 복지혜택은 직장에 관련된 여러 가지 판단, 이를테면 구직이나 은퇴 같은 의사결정에도 큰 영향을 미친다.

5. 법정 복지혜택은 국가의 법률에 의거하여 사용자가 노동자에게 반드시 제공하도록 정해놓은 복지 프로그램이다. 노동 능력의 상실에 대비한 산업재해보험, 의료보험과 노동 기회의 상실에 대비한 연금보험, 실업보험이 있다. 법정 외 복지혜택은 조직적 차원에서 자발적으로 실시하는 임의적인 복지제도로서 자발적 복지혜택이라고도 한다. 주거, 식사, 문화, 경조 관련 비용과 학비보조, 휴양 비용 등이 포함된다.

6. 기존 공급자위주의 복지 프로그램 대안으로 거론되는 것들이 카페테리아플랜, 아웃소싱, 수당화 등이다. 카페테리아플랜은 복지혜택에 관한 개인의 선호를 수용하고자 마련된 개별화된 제도이다. 복지관련 비용의 효율화를 위해 아웃소싱이 고려되며, 수당화 역시 임금제도의 성과주의 정합성과 니즈 다양화에 대한 대응책으로 시행을 고려해 볼 만하다.

7. 보상과 복지혜택을 위한 아젠다로서 보상에 대한 통합적 접근과 직원 입장에 대한 고려, 그리고 보상의 커뮤니케이션에 초점을 둔 향후 연구들이 필요하다. 이 밖에도 노동인구의 고령화, 문화적인 영향, 경제적 상황의 영향에 관한 연구에 대해서도 관심을 가져야 한다.

논의할 문제

1. 소위 '받는 만큼 일한다.' 주의인 사람들에게 적용하여 인센티브 효과성을 높일 만한 가장 좋은 모티베이션 이론은 무엇일까?

2. 금전 인센티브가 직장에서의 성과나 자기개발 동기를 유발하는데 생각만큼의 위력을 발휘 못하는 이유는 무엇일까?

3. 경영진 및 임원들을 위한 인센티브가 과하다는 비판이 있다. 이들에 대한 차별화된 보상과 이들의 성과, 조직에 대한 기여도는 어느 정도의 상관이 있는 것일까?

4. 복지혜택이 전체 보상 가운데 차지하는 비중이 점차 더 커질 것이라고 예상하는 전문가들이 많은데 왜 그런 것일까?

5. 인센티브의 효과는 꽤 단기적이라고 말한다. 이에 대한 의견을 말해보고 그 이유를 설명해보라.

6. 조직의 간접적 보상 및 복지혜택제도의 효과성을 평가하는 것이 왜 중요할까? 그리고 과거보다 최근 들어서 이것이 더 중요해진 까닭은 무엇일까?

더 읽을거리

김식현 (1998). 우리나라 人事管理의 變化에 대한 考察: '80년대 후반 노동조합의 영향을 중심으로. 경영논집, 32(2), 54-76.

김정한, 박찬임, 오학수 (2004). 기업복지의 실태와 정책과제. 서울: 한국노동연구원.

송호근 (1995). 한국의 기업복지 연구. 서울: 한국노동연구원.

Chiang, F. F. T., & Birtch, T. A. (2012). The performance implications of financial and non-financial rewards: An Asian Nordic comparison. *Journal of Management Studies, 49*(3) 538-570

Cole, N. D., & D. H. Flint (2003), Perceptions of distributive and procedural justice in employee benefits: Flexible versus traditional benefit plans. *Journal of Managerial Psychology, 19*(1), 19-40.

Hong, J., Yang, S, Wang, L., Chiou, E., Sun, F. & Huang, T.(1995). Impact of employee benefits on work motivation and productivity. *International Journal of Career Management, 7*(6), 10-14.

Kooij, D. T. A. M., De Lange, A. H., Jansen, P. G. W., Kanfer, R. & Dikkers, J .S. E. (2011). Age and work-related motives: results of a meta-analysis. *Journal of Organizational Behavior, 32*(2), 197-225.

Koretz, D. (1997). The assessment of students with disabilities in Kentucky (CSE Tech. Rep. No. 431). Los Angeles: Center for Research on Standards and Student Testing.

Luthans, F., & Stajkovic, A. D. (1999). Reinforce for performance: The need to go beyond pay and even rewards. *Academy of Management Executive, 13*, 49-57.

Márquez, A., & Fombrun, C. J. (2005). Measuring corporate social responsibility. *Corporate Reputation Review* 7(4), 304-308.

Michael T., & Robyn L. Raschke (2016). Understanding employee motivation and organizational performance: Arguments for a set-theoretic approach. *Journal of Innovation & Knowledge, 1*(3), 162-169.

Nelson, B. & Economy, P. (2005). *The management bible*. New Jersey: John Wiley & Sons.

Xavier, B. (2014). Shaping the future research agenda for compensation and benefits management: Some thoughts based on a stakeholder inquiry, *Human Resource Management Review 24*, 31-40.

P / A / R / T

05

웰빙과 유지

Employee Well-being and Retention

Chapter 11

정신건강 및 스트레스 관리

학습 목표

이번 장을 마친 후 다음과 같은 것들을 할 수 있을 것이다.

1. 정신건강의 중요성과 직장에서의 심리적 웰빙에 대해 논의한다.
2. 직무 스트레스의 개념을 이해하고 그 원인들을 규명한다.
3. 스트레스 발생 메커니즘을 파악하고 징후 및 증상을 서술한다.
4. 리스크관리의 차원에서 스트레스 관리 프로세스를 적용한다.
5. EAP의 도입배경 및 효과, 그리고 운영방식 등에 대해 설명한다.
6. HRM 연구의 초점변화를 직장 웰빙의 관점에서 이해한다.

잠깐만 회사 좀 관두고 올게

성과에만 집착하는 상사로 인해 잠재력 발휘는커녕 소진되어가는 아오야마

영화 〈잠깐만 회사 좀 관두고 올게〉 포스터

"사람은 무엇을 위해 일하는 걸까? 만약 살기 위해 일하는 거라면 나는 살아 있다고 말할 수 있을까? 몸이 납덩이처럼 무겁다. 쉬고 싶다. 자고 싶다. 너무…피곤하다. 내일 같은 건 안 와도 돼."

아오야마 타카시(青山隆)는 오늘도 회사 출근이 두렵다. 출근 후 부장과 함께 아침체조가 시작된다. 체조할 때도 부장은 아오야마에게 "팔 쭉쭉 펴, 이렇게 해야지, 이렇게" 하며 팔을 마구 잡아당긴다. 체조 후에는 사훈을 복창하게 한다. "10분 지각마다 벌금 천 엔!, 유급휴가는 필요 없다. 몸만 둔해진다."

오늘도 전임자의 실수로 거래처에서 광고 클레임이 들어오자 부장은 아오야마를 발로 차고, 때리고 윽박을 지른다. "지금은 네가 담당이잖아, 그럼 네가 확인해야지, 실적부터 올려, 이 멍청아! 계약 하나 못 따오는데도 일을 주는 건다 네가 아들 같아서야. 그런데도 깽판이나 치고 지금 나 엿 먹이냐? 꾸물대지 말고 당장 가." 너무 무서워서 주눅 든 아오야마는 헐레벌떡 사무실을 나온다.

번번이 취업에 실패하던 아오야마는 지금 다니는 회사로부터 연락을 받고 뛸 듯이 기뻐했다. 꿈과 희망도 있었고 의욕도 있었다. 회사에 보탬이 되고픈 마음이 왜 없겠는가? 하지만 요샌 부장에게 혼나면 머릿속이 새하얘진다.

퇴근하는 부장은 손해난 건 아오야마 월급에서 깎는다 하고, 다음날 아침회의 자료 정리를 시켜 오늘도 어쩔 수 없이 야근이다. 3개월간 야근만 150시간을 넘겼지만 수당은 나오지 않는다. 퇴근 길 아오야마는 너무 피곤해 쉬고 싶고, 자고 싶다는 충동을 느끼면서 기차가 들어오는 선로 쪽으로 쓰러지는 순간, 야마모토 유(山本優)가 그를 구해준다.

이렇게 만난 야마모토가 아오야마를 변화시키고, 2번째 아오야마의 자살을 막아 자신과 가족들을 소중히 생각할 수 있도록 돕는다. 야마모토의 도움으로 굳은 결심을 하게 된 아오야마! "여기서 잠시 기다려줄래? 잠깐만 회사 좀 관두고 올게."라고 야마모토에게 말한다. 아오야마는 야마모토의 도움으로 스스로 행복해 하는 일을 찾을 수 있게 된다.

인적자원관리의 본질이 직원들의 심리적 웰빙에 있다는 것을 생각하게 해주는 영화다. 단기성과에만 집착해 직원의 잠재력도 이끌어내지도 못한 채 정서적 소진에 이르게 하는 부서장의 모습이 처음부터 부각된다. 누구에게도 쉽지만은 않은 직장생활이겠지만, 지금 다니고 있는 직장이 과연 내 자신을 위한 것인지, 그렇게까지 참으며 해야만 하는 일인지와 같은 근본적인 고민에 들게 했다면 그는 이미 도를 넘어 위태로운 지경에 와있다고 볼 수 있다. 야마모토란 인물이 등장해 이 영화에선 자살도 막고 삶에 희망도 불어넣어 주지만 이러한 역할들은 사용자와 HR이 나서서 해야 하는 것들이다. 신체 및 심리적 웰빙은 직원들에게도 이롭지만 사용자들에게도 도움이 된다. 삶의 많은 부분을 일터에서 보내는 그들이 즐겁게 근무하며 충만감을 갖도록 지원해야 함은 마땅하다. 특히나 생산성이나 업무성과와 관계된다면 여러 사적인 문제들까지도 회사가 나서서 심각해지기 전에 선조치를 취하는 게 바람직한 접근방식일 것이다.

01 웰빙

정신건강
사람들이 자신의 잠재력을 이해해가면서 삶의 스트레스에 대처하고 생산적으로 보람을 갖고 일할 수 있으면서 속한 공동체에서도 기여할 수 있는 웰빙의 상태

최근 들어 **정신건강** 이슈가 매우 중요하게 인식되고 있다. 빠른 속도의 변화가 진행됨에 따라 직원들의 웰빙이 위협받고 있다는 생각에서인 것 같다. 웰빙(well-being)이란 용어는 직원들의 신체적, 정신적 건강을 일컫는다. 스트레스로부터 자유롭고 물리적으로도 안전한 환경에서 직원들이 근무해야 함을 시사한다. 단순한 행복감 그 이상으로서 웰빙은 만족스럽고 행복한 느낌뿐 아니라 한 인간으로서 발전하면서 충만함을 느끼며 공동체에 기여하는 것을 뜻한다. 이러한 관점에서 건강한 노동력(a healthy workforce)이란 곧 긍정적인 정서를 지녀서 결국에는 더 행복하고 더 생산적인 직원이 되는 것이다. 안정적인 웰빙은 사람들이 자신의 심리적/사회적/물리적 도전에 부응하기 위해 그에 상응한 필요 자원을 보유할 때를 말한다. Dodge 등의 연구(2012)는 가진 자원보다도 도전이 더 크면 시소가 아래로 내려가는 것처럼 그들의 웰빙이 저하된다고 말한다([그림 11.1] 참조).

심리적 웰빙
한 개인의 자기 삶에 대한 주관적인 평가

직장에서 **심리적 웰빙(psychological well-being)**의 중요성을 입증한 연구들이 많이 있다. 심리적 웰빙은 한 개인이 삶의 도전과제들을 얼마나 잘 처리하고 있는지를 나타낸다. 한결같이 심리적 웰빙이 직원들의 신체건강과 정(+)적인 상관이 있고, 그들 개인뿐 아니라 조직 수준의 성과에 대해서도 강한 예측변인임을 밝히고 있다. 단지 병이나 질환이 없는 것이 아니라 신체/정신/사회적 웰빙이 완벽한 상태를 건강(health)이라고 규정한 세계보건기구 WHO의 정의만 봐도 정신건강의 중요성이 특히나 강조됨을 알 수 있다. 심리적 웰빙은 사회의 한 구성원으로서 개인이 얼마나 잘 기능하고 있는지를 알려 주는 기준과 관련된

그림 11.1 | 웰빙의 개념

다. 하지만 심리적 웰빙이 정확히 무엇인지, 어떻게 측정하는지 등에 대해선 학자들마다 의견이 서로 분분한 것이 사실이다. 이와 관련하여 긍정 심리학(positive psychology)으로부터 비롯된 두 개의 큰 줄기를 소개하면 다음과 같다.

- 쾌락주의(hedonic)로 알려진 첫 번째 것은 유쾌함이나 기분 좋음에 관한 것으로서 긍정적인 느낌을 경험하는 것에 관계된 웰빙을 설명한다. 이러한 해석의 전형적인 예가 바로 직장에서 직무만족과 정서에 대한 연구들이다.
- 행복주의(eudaimonic)로 일컬어지는 두 번째 것은 목적을 갖는 것을 중시한다. 즉 삶이나 일에서 중요한 목표를 이룰 수 없다면 인생과 직업을 향유할 수 없다고 가정한다. 일에서 의미를 찾지 못하면 그 사람이 직업에 만족하기 어려운 것과 같다.

이러한 두 접근법에 기초해 직장에서 심리적 웰빙(psychological well-being at work)의 정의는 직장에서 긍정적인 정서를 경험하는 정도, 그리고 의미와 목적을 경험하는 정도를 융합하고 있다. 이로써 직장이라는 구체적인 상황을 규정하면서도 훨씬 더 많은 의미를 담을 수 있게 되었다. 한 개인 삶의 질과 정신건강에 영향을 주고 이로 인해 생산성에도 영향을 끼치는 것이 바로 직무이기에 직원들의 웰빙은 조직의 최대 관심사가 된다. 직장에서 웰빙의 3가지 측면들이라고 한다면 직무만족(job satisfaction), 심리적 웰빙(psychological well-being), 그리고 신체적 웰빙(physical well-being)을 빼놓고 말하기 어려울 것이다.

▶ 직무만족　이전에도 정의한 바 있듯이 직무만족은 자신의 직무나 직무 경험들로부터 오는 유쾌한 감정 상태이다. 직무만족은 자신의 업무관련 보상에 대한 가치 판단이 반영되기도 하는데, 그러한 보상에는 과업 보상(task rewards)과 조직 보상(organizational rewards)이 있다. 전자는 흥미와 도전감, 스킬과 능력의 활용처럼 일을 하는 것과 직접적으로 관계된 보상이며, 후자는 과업성과를 유도하기 위해서 조직에 의해 지급되는 보상이다. 직무만족은 성과를 계속해서 향상시키려는 의도로 이어지고 이것이 서비스 품질을 위해선 필수조건이다.

▶ 심리적 웰빙　웰빙의 정의는 사실 심리적 웰빙에서 비롯되었다. 심리적 웰빙은 긍정적인 감정을 가지고 사는 삶으로서 부정적인 경험에 대해서도 효율

적으로 잘 대처하는 것이다. 단순히 괴로움이나 정신적 문제에서 자유로운 것 그 이상의 자율성(autonomy), 목적이 있는 삶(purpose in life), 남들과의 좋은 관계(positive relation with others), 성장하고 있는 느낌(personal growth), 주변에 대한 통제력(environmental mastery), 자신에 대한 수용(self-acceptance) 등의 차원을 갖는다. 이들 6개 요소에서 높은 점수를 얻으면 심리적 웰빙이 높은 사람으로 간주된다. 대체로 이들은 반대 경우의 사람들보다 직장 성과 면에서 더 낫다고 알려져 있다. 개인이 스트레스를 관리함으로써 심리적 웰빙은 강화될 수 있다.

▶ 신체적 웰빙 건전하고 안전한 일에 관여함으로써 직원들은 신체적 웰빙을 보장받게 된다. 작업장에서 상해 및 사고의 위험을 줄이거나 신체적 부담이 없도록 합리적인 근로시간을 보장하는 것도 신체적 웰빙을 위한 하나의 방안이 된다. 그러나 사용자들이 근무 환경의 중요성을 간과하지 않는 것이 현실에서는 무엇보다도 중요하다. 작업장 환경은 직원들의 건강이나 몰입에 지대한 영향을 미친다. 즉 건강하게 고성과를 내는 노동력의 밑거름이 된다. 물리적, 사회적, 그리고 전반적인 구조는 직원의 행동과 태도, 사기에 직접적으로 영향을 준다.

신체 및 심리적 웰빙은 직원들에게도 이롭지만 사용자에게도 도움이 된다. 이러한 의미에서 조직 구성원의 긍정 정서로서 **직무열의**(job engagement)와 함께 최근 주목을 받는 또 하나의 긍정 심리상태, 직무 **번영감**(thriving at work)에 대해 간략히 소개한다. 인간이면 누구나 본질적으로 개발과 성장의 욕구가 있는데, 이러한 욕구를 충족시켜 나갈 때 경험하는 것으로서 업무 수행 중 에너지의 충만함과 직무열의를 느끼고 또 하루하루 발전해 나아감을 인식하는 것을 말한다. 심리적 웰빙이 객관적 지표로서 개인 삶의 질에 관한 종합 요소들을 다룬다면, 번영감은 직장에서 적응 및 발전을 위해 경험하는 긍정 정서에만 주로 초점을 둔다. 이러한 정서를 구성원들이 경험하게 하기 위해서는 상호신뢰와 존중의 분위기에서 스스로 결정권을 갖고 활발한 지식공유를 할 수 있는 여건이라야 한다. 번영감을 충분히 느끼는 사람들은 그렇지 않은 자들보다 과업 수행 수준이 높으며 동료로부터의 부정적인 영향도 완화하고 더 나은 건강관리를 유도하는 것으로 밝혀졌다.

직무열의
일터에서 경험하는 긍정적이고 열정적인 마음가짐인 활력, 헌신, 몰두의 특징을 나타내는 상태

번영감
직무수행 중 활력감과 학습감을 동시에 경험하는 구성원들의 긍정적인 심리상태

하이데거의 숲 | **웰빙의 유지 및 촉진을 위한 팁**

조직들은 이제 웰빙을 직원들에게 해줘야 하는 혜택이나 책임 정도쯤이 아닌 비즈니스 성과를 위한 전략이라고 본다. 외국의 한 설문조사에서, 응답자의 43%는 웰빙이 조직의 사명과 미래상을 강화한다 믿었고, 60%는 직원의 유지율을 개선한다고 답했다. 61%는 직원 생산성과 사업실적을 개선한다고도 답했다. 단지 23%만 웰빙 프로그램이 보험료 절감을 위해 설계되었다고 했다. 웰빙이 성과를 높인다는 발상을 지지하는 증거들은 계속 늘어나고 있다. 생산성 상실로 인한 비용이 의료 및 약제 비용보다도 약 2.3배가량 더 많았다는 연구결과도 그렇다. 이러한 관점에서 개인에게 필요한 신체적, 심리적 웰빙 전략을 소개하면 다음과 같다.

신체적 웰빙 전략	심리적 웰빙 전략
• 충분한 수면을 취하라 사람들은 하루 7~8시간의 수면이 필요하다. 취침 시간을 규칙적으로 하면 결국 생체리듬을 찾는데 도움이 된다. • 영양섭취를 하라 스트레스는 식욕을 변화시킨다 정크푸드를 먹게 되고 과식하거나 식욕을 잃게 되기도 한다. 소량의 음식을 규칙적으로 먹는 게 중요하다. • 알코올과 카페인을 삼가라 일시적인 완화만 주는 것들로 의존해서는 안 된다. 평소보다 더 무기력하게 만들 수도 있으므로 다른 대체물을 찾는 편이 낫다. • 많이 움직여라 운동을 하려면 노력이 들지만 힘이 나게 해주고 스트레스를 관리하는 데 도움을 준다. 체육관을 가든 혼자서 뛰든 시간의 일부를 운동에 투자하라. • 물을 많이 마셔라 피로를 유발하는 원인 중 하나가 바로 수분의 부족이다. 물을 마시는 것은 별로 힘도 아닌데도 그 이익은 참으로 막대하다.	• 타인과의 네트워크를 가져라 친구, 동료, 가족들과의 관계를 쌓고 유지하는 것이 삶을 풍요롭게 해주고 어려운 시기에 바라는 지원까지도 제공한다. • 심호흡을 기억하라 단지 심호흡만으로도 스트레스에 관여하는 호르몬을 감소시킨다. 숨을 깊게 마신 후 천천히 내뱉는 것으로도 집중력을 되찾을 수 있다. • 불필요한 생각을 버려라 사람들은 비현실적인 기대나 비관적인 생각을 한다. 마음을 다잡고 의식적으로라도 이러한 것들에서 벗어나 유익한 생각을 해야 한다. • 배울 것을 찾아봐라 새로운 취미나 관심사를 만들려는 도전감이 재미와 만족, 자신감을 줄 수 있다. 친구와 함께 배우거나 관심 주제로 수업을 듣는 것도 좋다. • 마음챙김을 연마하라 현 순간에 집중하려 하고 있는 그대로를 받아들여야 한다. 마음챙김(mindfulness)이 생각을 분산되지 않게 해주며 신체에도 좋은 효과를 준다.

성인들은 삶의 많은 부분을 일터에서 보내므로 사용자들은 직원들이 즐겁게 근무하며 충만감을 갖도록 도와줄 방법들에 대해 고민해 볼 필요가 있다. 이것은 직원들의 **잡 크래프팅**(job crafting)과도 관련된다. 챕터 4에서 설명했듯이, 직원들이 자신의 스킬과 흥미에 적합한 그런 방식으로 직무를 변화시켜 직무만족을 증진하는 것을 말한다. 잡 크래프팅을 통해 직원들은 자신의 업무에서 작지만 의미 있는 변화를 이뤄내고 또 생각을 전환해서 스스로 자기 역할의 목적에 더욱 중점을 둔다. 이와 같이 정신적으로 건강한 사람들은 따뜻하고 믿음이 가는 관계를 경험하며 개인적으로 발전하고 있다는 느낌도 갖는다. 그들은 삶의 목적을 가지고 있고 주변의 환경을 자신의 니즈에 맞게 변화시켜 가게 된다. 인적자원관리란 바로 이러한 사람들의 웰빙 유지와 더불어 궁극적으로 조직의 경쟁력을 유지, 향상시키는 것이다.

잡 크래프팅
조직 구성원이 직장에서 수행하는 각각의 과업들 및 그와 관련된 인간관계를 주도적으로 변화시킴으로써 직무 전체에 대한 인식을 근본적으로 바꾸는 일련의 과정

02 스트레스

편안한 느낌과 건전하고 안정된 삶처럼 궁극적으로 개인의 행복에 관한 것이 웰빙이란 사실을 알 수 있었다. 하지만 스트레스(stress)는 변화가 일어날 때 신체가 느끼는 일반적인 반응이다. 성인들에겐 웰빙이 직무관련 스트레스와 긴밀한 연관이 있기에 스트레스 관리나 스트레스 감축과 같은 용어들과 결부될 수밖에 없는 것 같다. 스트레스는 개인의 웰빙에 도전 또는 위협으로 지각되는 상황에서 적응력을 보이는 반응으로서, 만성적이고 극심한 스트레스는 **소진**(burnout)에까지 이르게 하는 원인이 된다. 직무 스트레스의 특수 형태라고도 할 수 있는 소진은 수많은 직무요구들로부터 비롯되는 정서고갈과 몰개성화, 성취감 저하라는 양상을 띤다.

소진
에너지와 자원의 지나친 소모에 의해서 지쳐 불능에 이르게 되는 것

2.1 직무 스트레스의 원인들

사람들이 병원에 가면 가장 많이 듣는 병의 원인이 스트레스라고 한다. WHO에서도 직장스트레스로 심한 피로를 느끼고 결국 무기력감에 빠지는 소진을 질병으로 인정하기로 했다고 한다. 직장인에게 스트레스는 피할 수 없는 숙명일지 모른다. 조직의 일원으로서 원치 않는 일도 해야 하는 때가 많기 때문일 것이다. 지나친 스트레스는 정신질환으로 이어져서 극단적 선택이라는 끔찍한 결과를 낳기도 한다. 이러한 개인 측면은 차치하더라도 평소에 우울, 불안을 겪는 직원들이 결근을 하거나 실수를 하면 손실이 발생한다. 출근을 해서도 업무에 집중하지 못하는 **프레젠티즘**(presenteeism)은 특히나 큰 문제가 아닐 수 없다. 하지만 기업들은 직원들의 스트레스 상황을 방관하는 경우가 많았다. 이들 직원들을 '조직 부적응자'로 단순 규정해버리기도 했다.

프레젠티즘
업무를 수행하긴 하나 컨디션이 좋지 않아서 생산적이지 못한 상황

자신의 능력/자원 대비 압박감의 정도가 적당하고 업무 통제의 권한을 갖고 있으면서 중요 인물들에게서 지원도 받을 수 있는 그러한 직무를 하나의 건전한 직무(a healthy job)라고 볼 수 있을 것이다. **직무 스트레스**(job stress)는 바로 이러한 것들이 불가해지면 발생하는 심리적, 생리적 반응이다. 직장에서의 스트레스는 대개 업무 요구사항들을 자기 능력과 지식으로는 감당하기 어렵거나 업무 압박감이 너무 심해서 이를 효과적으로 처리할 능력이 안 되면 발생하게

직무 스트레스
직무의 요건이 개인의 능력과 자원, 니즈와 잘 맞지 않을 때 생기는 신체 및 감정상의 해로운 반응들

된다. 직원들의 건강 및 업무에서 직무 스트레스는 중요하다. 스트레스를 받게 되면 혈액에서 스트레스 호르몬의 집중도가 올라감으로써 우리 몸은 반응을 보이게 된다고 한다. 그러나 이것이 지속될 경우에는 면역체계에 과부하가 걸려서 건강을 해치게 된다. 이러한 스트레스의 문제들을 개인과 직장으로 나누어 정리한 것이 [표 11.1]이다. 이제 이 같은 문제들을 야기하는 직장에서의 스트레스 원인들에 대해서도 살펴보자. 대개 다음의 4가지로 구분해 볼 수 있을 것이다.

표 11.1 | 직무 스트레스의 문제들

개인의 문제	직장/조직의 문제
• 건강을 위협	• 결근과 이직의 증가
• 웰빙/삶의 질을 해침	• 생산성의 감소
• 목표 성취를 방해	• 불만증가와 사기저하
• 자존감/확신을 훼손	• 구인상의 문제
• 개인의 발전을 저해	• 소통문제와 갈등의 증가

- 시간관련 원인　주어진 시간에 비해 해야 할 일이 너무 많을 때 생기는 스트레스다. 시간압박과 역할과중, 그리고 시간압박과 신체/심리적 기능장애의 관계는 지금까지 많이 연구되었다. 한시적인 시간압박은 업무완수의 동인이 될 수도 있지만 지속적인 시간압박은 대개가 해롭다.
- 대인관련 원인　직장인이라면 누구나가 경험하는 것으로 사람 간의 교류에서 비롯되는 스트레스다. 일반적으로 유형을 보면 역할갈등, 이슈갈등, 상호작용갈등 등이 있다. 이것들은 조직에서의 생산성이나 만족에 심각한 부정적 효과가 있다.
- 상황적인 원인　한 개인이 생활하는 환경이나 주변 여건으로부터 발생하는 스트레스다. 가장 흔한 상황 스트레스라고 하면 비우호적인 근무조건과 빠른 변화속도 등을 들 수 있다. 새로운 업무시스템에 적응을 요하거나 터널 속에서 홀로 작업해야 하는 근무여건 등이 예시로 적절할 것이다. 일상의 변화와 질병 및 상해의 관계는 많은 연구들이 입증해 왔다.
- 잠재적인 원인　아직 발생하진 않았어도 발생할 것만 같은 불유쾌한 사건으로 인한 스트레스와 관계된다. 예컨대 구조조정이나 다운사이징을 경험한 조직에서는 직원들이 나도 곧 직장을 잃을 수 있다는 불안, 정든 동료들과도 헤어질 수 있다는 근심 등으로 부담을 느낄 수 있다. 중년에 퇴직에 대한 걱정과 생기를 잃는 것에 대한 두려움은 더 클 수가 있다.

직장에서 마주하는 여러 압박과 요구들에 대처하도록 돕는 자원들로는 개인특성(personal characteristics)과 근무환경(work situations)이 있을 수 있다, 사용자

하이데거의 숲 | 흔한 직무 스트레스의 원인 5가지!

갈수록 험악해지는 각종 범죄는 물론, 경제침체에 따른 스트레스, 무한 경쟁사회에서 살아남아야 한다는 강박감까지 현대인들은 복잡 다양한 이유들로 정신건강을 위협받고 있다. 경제 활동의 주체인 직장인들의 경우, 업무나 인간관계에서 오는 스트레스 강도가 정도를 넘어서 심각한 수준에 이르고 있다.

- ❖ **성격타입(personality type)** 타입 A는 빠르게 움직이고 활동적이며 경쟁심과 시간관념은 있는 대신 인내심이 부족하며 일에 몰두하는 특성이 있다. 반면 타입 B는 이와 반대 성향을 보이는 성격이다. 타입 A는 타입 B보다 스트레스를 경험하기 쉽다.
- ❖ **조직문화 및 조직에서의 변화(organizational culture and change)** 조직문화가 긍정적일수록 직원들의 스트레스가 적다. 정리해고의 공포하에선 스트레스가 매우 심할 것이다. 이처럼 변화 또한 많은 이들에게 스트레스를 준다. 큰 변화를 계속해서 추구하는 문화에선 심한 스트레스를 겪게 된다.
- ❖ **관리스타일(management behavior)** 결정권의 부재 역시 스트레스를 유발한다. 참여를 유도하는 관리는 스트레스를 덜 주는 반면 독단적인 상사는 직원들에게 스트레스를 가져다준다.
- ❖ **업무형태(type of work)** 어떤 업무는 다른 업무에 비해서 스트레스가 더 심할 수 있다. 직무를 즐기며 임하는 사람들은 그렇지 않은 사람들보다 더 만족해하며 스트레스 관리도 잘하게 된다.
- ❖ **대인관계(interpersonal relations)** 함께 지내기 힘든 사람들과의 계속되는 갈등은 스트레스를 유발한다.

는 직장내 인프라, 업무처리 방식, HRM 등에 투자함으로써 이러한 자원들의 증가를 가져다 줄 수 있다. 과거엔 사용자들이 스트레스의 원인보다도 그 희생자들을 비난하는 양상이었지만, 점차 직원들이 해를 입지 않게끔 하는 것이 사용자의 책임이라고 보는 분위기가 돼가고 있다. 직원들의 스트레스를 관리하는 것이 장기적으로는 사용자들에게도 이익이다. 재차 말하지만 스트레스가 이직은 물론 병가나 조기퇴직 등을 유발하기 때문이다. 조직에 남더라도 스트레스를 겪는 직원들은 성과가 떨어지며 사고율도 높인다. 따라서 원인이 되는 압박요인들부터 찾아내고 이들에 취약한 직원들이 누군지 판단해야 하며 현재의 조치만으로 과연 충분한지 검토가 이루어져야 한다.

2.2 스트레스의 징후와 증상들

스트레스 원인들에 어떻게 대처하느냐에 따라 웰빙에 도움 혹은 방해가 될 수도 있다. 대부분의 경우에 직장인들은 그러한 원인들에 무심코 적응해가며 일상적으로 임무를 수행해 가곤 한다. 하지만 스트레스 그 자체가 병이 아닐지라도 그것이 너무 과도하거나 오래 지속되면 정신이나 신체적인 병을 유발하게 된다. 직무 스트레스의 원인들을 앞서 살펴보았지만 스트레스는 과연 어떻게 생기게 되는 것일까? 사람들이 스트레스를 느끼는 정도는 불안반응과 적응, 이 두 가지의 생리적인 보호기제(protective physiological mechanisms) 기능에 달려있다고 한다. 이러한 두 메커니즘이 제 기능을 못하거나 상호 전환이 어렵게 되면 스트레스가 발생된다고 한다.

설문에 기초한 사회재적응 평가척도(Social Readjustment Rating Scale)는 중요한 생활사건의 변화로서 스트레스를 측정한다. 가령 배우자의 사망을 100, 이혼은 73, 별거 65, 결혼 50, 은퇴 45, 임신 40, 배우자의 취업이나 실직 26, 상사와의 갈등 23 등이다.

- **불안반응(alarm reaction)** 생명의 위협에 직면하면 생리적인 각성이 일어나는데, 근육이 긴장하고 호흡과 맥박이 빨라진다. 어두운 골목에서 강도라도 만나면 이런 반응이 발생하여 싸우거나 도망치는 식이다. 하지만 직장에서의 위협은 상사의 비인격적인 언행 같은 심리적인 것들이라 이럴 만한 성격이기보다는 신경전에 임하기 쉽다.
- **적응(adaptation)** 이것은 자극이 더 이상 위협이 되지 않음을 알면 반응을 멈추게 하는 매커니즘이다. 예컨대 주사를 처음 맞게 되면 그 통증에 놀라지만 횟수가 거듭되면서 우리의 반응이 점차 무뎌지는 것과 같다. 만약 이러한 과정이 기능적이지 못하다면 신체 손상과 정신 고갈이 초래되고 만다.

이것은 스트레스 관리의 개별적 접근법에 그 토대를 제공한다. 스트레스를 줄이는 개인의 능력은 어떤 상황 내에서의 위협에 대한 평가와 그 위협을 다루는 자신의 스킬에 대한 평가에 달려 있다. 이러한 평가는 과거 스트레스의 대응 경험에서 형성되어, 또다시 미래의 행동과 그 평가에 영향을 준다. 결국 이러한 과정이 계속 반복되며 상황 평가 및 반응 방식의 변화에 의해 스트레스가 관리된다고 할 수 있다. 미국 심리학회(APA)에 따르면, 스트레스를 급성, 간헐적 급성, 만성의 3가지 범주로 분류하기도 한다.

- **급성(acute) 스트레스** 흔한 유형으로 단기간 발생하며 항상 부정적인 것은 아니다. 현재의 긴장이 미래의 스트레스 상황에 대처할 수 있도록 뇌의 발달을 훈련하고 자극하는 데 도움이 되기 때문이다. 근래에 발생한 사건이

나 다가오는 도전과 요구에 대한 반응적 사고에서 자주 비롯된다.

- **간헐적 급성(episodic acute) 스트레스** 자주 스트레스를 받거나 그 유발 요인들에 빈번히 노출되고 현재의 삶이 위기에 처한 사람들에게 발생한다. 종종 과부하로 압박감을 느끼고 너무 많은 책임을 지면서 도저히 수행하기 어려운 비현실적인 요구와 비합리적인 목표를 이루려는 사람들이 겪는다.
- **만성(chronic) 스트레스** 가장 해로운 유형의 스트레스로 간주되며 급성 스트레스와는 반대된다. 통제할 수 없는 삶처럼 매우 심각하며 장기적인 문제를 안고서도 이에 대한 해결책을 찾는 것을 포기할 때 발생한다. 신체와 정신 건강 모두에 악영향을 미칠 수 있다.

스트레스의 징후나 증상들은 사람마다 모두가 제각각일 것이다. 위장장애처럼 신체적 증상을 주로 경험하는 사람이 있는가 하면, 과민증 같은 정서적 증상들이 집중적으로 나타나는 사람들도 있다. 따라서 매니저들은 생각과 행동에 있어서 그만큼 더 유연해질 필요가 있다. [표 11.2]는 스트레스를 겪는 직원들의 증상을 파악할 때 실제 활용될 수 있도록 일반적인 징후나 증상들을 나열하여 보여준다. 더 심각한 상황을 만들기 이전에 미리 선조치를 할 수 있게 해주므로 매니저들로서는 이러한 것들에 대한 이해가 반드시 필요하다. 실제로 미국의 제약사 존슨앤존슨에서는 트럭운전사들의 정신건강을 챙겨 사고율을 40%나 낮췄던 사례가 있다. 선조치는 그만큼 파급력을 경감시켜서 스트레스 원인들의 축소나 제거를 훨씬 수월하게 해준다.

당연히 위 세 측면에서의 개인적인 결과들은 조직에까지 그 영향을 미친다.

표 11.2 | 스트레스의 징후 및 증상

신체적 효과	정서적 효과	행동적 효과
• 질병에 노출 위험	• 외로움, 우울증, 절망감	• 알코올중독
• 만성 고혈압	• 성마름	• 약물중독
• 위궤양	• 분노, 적대감, 폭력	• 과도한 흡연
• 두통과 요통	• 혼란	• 섭식장애
• 설사, 속쓰림, 위염, 췌장염	• 갈등	• 강박행동
• 여드름, 건선, 포진, 두드러기, 습진, 불임 등의 악화	• 조울증	• 일/여가의 비효과적 활용
	• 수면장애	• 낮은 업무강도에도 과민반응

대표적인 것 중 하나는 바로 업무능력의 저하이다. 직원에게는 스트레스가 업무의 생산성 저하나 업무처리 미숙으로 이어진다. 매니저들의 경우도 의사결정의 질이 떨어질 수 있고 점차 과민해짐에 따라 대인관계에서 어울리기가 힘들어져 인적자원을 제대로 관리 못하는 결과를 자초할 수 있다. 또 다른 예라면 스트레스가 업무태도에 끼치는 부정적인 영향이다. 직무만족과 사기, 조직몰입의 정도에 모두 악영향을 줄 수 있다. 이로 인해 직급에 상관없이 사소한 일에도 불평을 늘어놓는 사람들이 늘게 되고 마지못해서 요구되는 만큼의 일만 최소한으로 하는 등의 부정적인 결과들이 초래된다.

그러나 이미 언급했듯이 스트레스라고 하여 항상 나쁜 것만 있는 것은 아니다. 도전에서 오는 스트레스는 심리적으로나 신체적으로 힘을 내게 만들어서 새로운 스킬을 습득하고 업무를 완수할 수 있게 해준다. 도전을 충족하고 나면 긴장이 풀리며 만족감을 느끼게 해준다. 이것이 바로 유익한 스트레스(eustress)다. 하지만 '희망고문'이란 말이 있듯이 도전이 때로는 결코 이룰 수 없는 직무 요구가 되어버리기도 한다. 이런 식의 유해한 스트레스(distress)가 질병과 상해, 직무실패를 불러오게 되는 것이다. 스트레스는 이처럼 이중성을 갖고 있다. 이러한 관점에서 [그림 11.2]는 스트레스의 정도와 성과수준의 관계를 보여준다. 적절한 수준의 스트레스는 삶의 필수요소인 셈이다.

커리어의 어느 시점에서건 직장인이라면 스트레스로 인한 영향을 한두 번 쯤은 받는다. 미국의 사례이긴 해도 여성 44%, 남성 36%가 스트레스로 직장을 그만두려 한다는 보고도 있다. 직원들의 스트레스를 관리하기 위해선 매니저들이 그것을 어떻게 인지할 수 있는지부터 배울 필요가 있다. 스트레스는 몸과 마음, 그리고 행동에도 여러 방식으로 영향을 미치는데, 이들 모두가 **투쟁 아니면 도피**(fight-or-flight response)라는 심리적 변화와 직접적으로 결부된다. 따라서 직원들이 전과 다른 행동을 눈에 띄게 보인다면 스트레스가 심하다는 신호일 수 있다. 예컨대 휴식시간이나 지각이 이전보다 잦아지고 예민해져서 싸우려드는 모습을 보다 자주 보게 된다면 의심해볼 만하다.

그림 11.2 | 스트레스와 성과의 관계

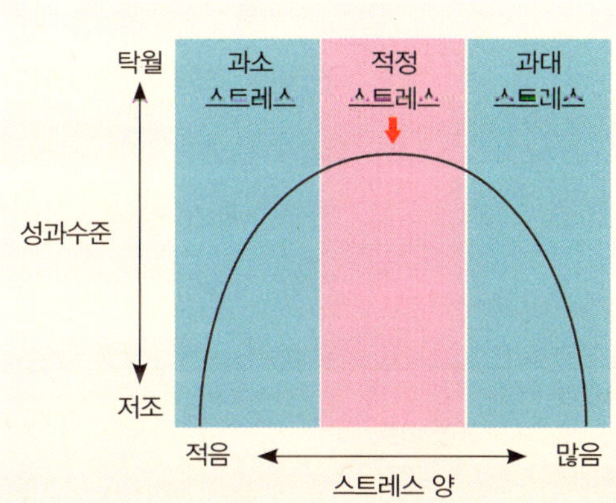

하이데거의 숲 | 직원들이 스트레스를 받는지 알아보기 위한 체크 포인트

팀 내 모든 것이 순조롭게 잘 돼가고 있다고 여겨져도 시간을 들여서 한번 꼼꼼히 살펴보자. 그러면 스트레스의 징후들을 하나둘씩 발견할 수가 있다. 리더나 혹은 매니저로서 직원들의 스트레스 수준을 점검해보는 일은 매우 중요하므로 다음과 같이 스스로 자문해 볼 것을 권한다.

- ❖ 직원들이 일을 완수하기 위해 점심을 거르는 때가 있는가? 휴식도 없이 책상에 붙어있는 사람들은 헌신적으로 보일지 몰라도 이것은 건강에 매우 해로운 습관이다. 점심도 챙겨먹고 산책도 하는 것이 필요한데 이를 못한다는 것은 심각한 징후로 볼 수 있다.
- ❖ 일과 후에도 직원들이 자주 일에 매달리고 있는가? 가정은 일에서 벗어나 휴식과 충전의 장소가 되어야 한다. 야근이나 주말근무는 직원들에게서 시간과 가정, 그리고 웰빙에 필요한 인간관계들을 강탈하는 것이 된다.
- ❖ 직원들이 일을 성급히 서둘러서 하는 편인가? 보고서와 같은 것들이 검토도 없이 미완성 상태로 제출되는가? 해야 할 일이 늘 많다고 여겨서 스트레스가 심한 사람들은 서둘러 일처리를 하다가 종종 수준 이하의 성과를 내고 만다.
- ❖ 직원들이 몹시 감정적이고 초조해하며 화를 잘 내는가? 갑자기 눈물을 보이거나 질문에 신경질적으로 응하는 등 평소와 다르게 행동을 하는 직원이 있다면 이것은 그들이 여러 압박에 시달리고 있다는 증거가 될 수 있다.
- ❖ 회의 중에 집중도가 떨어지는 직원이 있는 것을 눈치 채고 있는가? 관여된 프로젝트가 얼마나 많은지도 알고 있는가? 생각해야 할 것이 너무 많은 경우 뇌에는 과부하가 걸리고 그러다 보면 팀은 중심을 잃어 생산성이 하락하게 된다.

2.3 직무 스트레스에 대한 리스크관리 접근법

리스크관리
조직이 위험에 처하면 이를 활용해 위험을 조절하고 경감할 수 있도록 마련된 활동 및 방안들

직무 스트레스는 직원과 사용자 양측 모두에게 심각한 결과를 초래할 수 있다. 이미 잘 아는 바와 같이 사람들을 불행하게 만들고 성과에도 악영향을 끼쳐서 결국엔 조직의 경쟁력마저 저하시키는 원인을 제공한다. 스트레스가 심한 직원들의 건강관리에 들어가는 비용은 일반 직원들보다도 46% 이상 더 발생된다는 연구결과가 말해주듯이, 직무 스트레스가 장기적인 문제로 발전해서 회복이 불가한 지경에 이르기 전에 미리 관리법을 모색하는 것이 중요하다. 우리나라 사람들이 자주 사용하는 외래어 중 1위가 스트레스(stress)였다는 보도도 있었다. 스트레스는 결코 별거 아닌 것이 아니다. 직장에서 스트레스를 관리하기 위해서 다음과 같은 리스크관리 프로세스(risk management process)를 적용해 보는 것도 좋을 것이다.

- 위험요소의 규명(identify the hazards) 직장에서의 위험요소를 규명하는 일이 우선적으로 해야 하는 첫 번째 단계다. 이것은 직장 내의 잠재적인 위험 요소들을 살펴보는 것을 의미한다. 직무관련 스트레스는 생산성 수준, 결근율, 사직/이직률, 퇴직자인터뷰, 직원만족도, 고객피드백, 사고발생률 등을 평가하여 판단할 수 있다.
- 위험에 대한 산정(assess and prioritise the risk) 이 단계에서는 스트레스에 노출됨으로 인한 상해나 질병 가능성과 그 결과를 평가한다. 스트레스의 위험요소들은 직원들의 고충이해와 직원 간 상호작용 관찰, 일대일 면담 등에 의해서 평가된다. 포커스 그룹(focus groups)이나 전직원 서베이(worker survey)가 활용될 수도 있는데, 이를 통해 어느 위험요소들이 어떤 상해나 질병과 관계되는지 명확한 정보를 제공할 수 있다.
- 위험에 대한 조치(control risks) 위험을 평가했다면 상황에 가장 적절한 대응 조치가 선택/실행되어야 할 차례다. 특정 조치가 선택되면 그 이유는 정당화될 수 있어야 한다. 흔히 위험요소를 변경하는 정도에 머물고 말기 때문이다. 예를 들자면 직무 요구를 줄여주는 것이 곧 해당 직원의 자율성 감소로, 또는 동료/상사의 지원 확대가 그들의 직무 요구 증가로 끝나는 경우 그렇다.
- 조치에 대한 총평(review control measures) 늘 그렇듯이 마지막 단계는 대응 조치의 효과성을 검토하는 것으로서 계획대로 잘 실행되었는지를 확인하는 것이다. 선택한 조치들이 효과적이었나 외에도 이것들이 수정을 요하는지 판단하는 것도 중요하다. 직무관련 스트레스를 위한 리스크관리는 일회성이 아니라 조직에서 계속되어야 하는 것이다.

하나의 법직인 의무로서뿐만 아니라 업무관련 스트레스의 리스크를 관리하는 차원은 조직의 발전 전략(organizational improvement strategy)으로도 볼 수 있다. 이를 위해서 직무 스트레스 해소를 위한 조직차원의 관심과 경영진의 노력부터 먼저 있어야 한다. 어떠한 조직변화를 추구하든지 고위경영진의 몰입이 늘 그 핵심에 있게 마련이다. 리스크관리와 같은 프로그램들이 인력, 시간, 재원 같은 자원들을 많이 요구하는 것 같아 보여도 장기적으로는 이들 자원들을 꽤나 절감하게 해준다. 게다가 스트레스 관리의 전 과정 모든 활동들에서 직원들의 참여 역시 필수적이다. 솔직하며 빈번한 소통으로 그들의 몰입을 유도하는 것이 태도나 행동 변화를 위해서 요구된다. 직원들의 참여를 요청하는 것은 그들의 솔루션 수용과 실천을 더욱 용이하게 만든다.

현재까지의 연구들에선 환경요인들, 특히 작업장의 특성이 성격특성 같은 개인 요인들보다 소진과 더 상관있음을 보고한다. 흥미롭게도 세계 금융위기 이후 이에 대한 정책적 대응 중 하나는 다름 아닌 노동시간과 관련이 있었다. 과잉노동은 피곤을 야기하며 직장에서 안전상의 위험도 뒤따른다. 노동시간 단축 요구와 관련된 주요 주장 중 하나는 바로 장시간 노동으로 인한 건강상의 문제다. 흡연과 음주, 체중증가와 같은 건강치 못한 생활방식과도 관련된다고 알려져 있다. 그러나 노동시간을 주당 50에서 40시간으로 줄이는 것이나 40에서 30으로 줄이는 것이 감소폭은 같아도 여파는 다를 수 있다. 노동시간이 건강 및 안전의

HR Map | 노동시간 단축과 양성평등

노동시간 단축은 잠재적으로 노동시장 및 가정에서의 양성평등 개선에 기여할 수 있다. Mutari & Firgart(2001)도 표준 주당 노동시간의 단축은 노동시장에서의 양성평등과 가사노동의 재분배를 위한 장기적인 해법이라고 밝힌 바 있다. 주로 일자리 창출 전략으로 도입되었지만 주당 노동시간 단축은 남성과 여성의 동등한 노동시장 참여를 가능함으로써 양성평등을 개선시킬 수 있다. 그 기본적인 메커니즘은 다음과 같이 설명될 수 있다.

- ❖ 첫째, 양육과 가사를 유급노동과 병행해야 하는 여성들에겐 주당 노동시간이 줄게 되면 그 해법을 찾기가 용이해진다. 게다가 노동시간 단축을 통해 고용이 재분배되고, 이로 인한 부가적인 일자리들은 여성들에게 더 많이 돌아갈 수 있다.
- ❖ 둘째, 여성은 노동시간 단축으로 노동시장에서 남성과 동등한 지위를 얻게 된다. 양육과 가사에 대한 책임 때문에 일에서 시간투자가 제한되었던 여성들이 정규직으로도 일할 수 있게 되고 노동시간과 관련된 규범들을 따를 수 있게 되기 때문이다.
- ❖ 셋째, 주당 노동시간이 단축되면 남성이 양육과 가사 노동을 더 분담할 수 있게 되어 가사일 부담이 재조정될 수 있다. 이렇게 되면 여성이 안고 있던 책임이 일부 경감되고 여성의 노동시장 참여를 더욱 촉진할 수 있을 것이다.

여성이 노동시장에서 활발한 활동을 벌이고자 해도 양육과 가사에 대한 부담 때문에 남성이 유급노동에 할애하는 시간만큼 업무에 헌신한다는 것이 더 어려웠다. 여성은 커리어상의 기회 측면에서 불리한 상황에 놓일 수밖에 없었던 것이다. Albertsen et al. (2008)은 약 60개 이상의 연구들을 검토한 결과, 대부분의 연구에서 장시간 노동과 워라밸 사이에 유의한 부(−)적 관계가 있음을 발견했는데, 이러한 부정적인 효과는 남성보다도 여성에게서 더 두드러졌다.

논쟁에서 유일의 변수는 아니기 때문인데, 노동시간 단축이 비정형적이거나 업무강도 증가로 이어지면 오히려 건강상의 실제 효과는 더 부정적이게 된다.

국가의 정책방향도 역시나 두 방향으로 요약된다. 독일, 오스트리아, 스웨덴 같은 국가들은 노동시간 단축을 위한 정책 프레임워크를 확대하여 국가보조금이나 재정인센티브를 사용자에게 지급했다. 이러한 정책은 대량해고를 방지하고 일자리를 보존하여 경제위기의 완충제 역할을 했다는 평가를 받는다. 하지만 일자리 나누기라기보다는 실업 나누기라는 비판도 컸다. 반면 노동시간을 유연하게 하여 초과근무 사용을 더 쉽고 저렴하게 만드는 법을 제정한 국가들도 있다. 벨기에가 이에 해당되며 프랑스도 노동시간에 대한 회사차원의 합의에 우선권을 주었다. 스페인과 포르투갈은 금융위기 이후에 비용절감을 위해 공무원의 노동시간을 더 연장했다. 이러한 정책적 대응들은 위기의 여파 완화, 기업경쟁력 문제의 해결, 예산적자 감축 등의 다양한 정책적 우선순위를 반영한다.

03 근로자지원 프로그램

HRM과 조직성과 간의 긍정적 관계를 입증한 자료들은 수없이 많았지만 HRM 정책 및 제도가 어떻게 성과의 향상에 기여하는지가 여전히 인사·조직 분야에서는 주요 관심사로 자리하고 있다. '최상의 적합(best fit)'으로부터 '모범적 제도(best practice)'로 HRM 연구의 초점이 변화해 왔음에도 직원 웰빙의 관점이 도외시된 면이 인정되기 때문으로 보인다. 이전의 연구들이 고성과나 고몰입 작업시스템을 기반으로 한 HRM과 더 나은 조직성과에 관해서 다루었다면, 최근엔 이들이 어떻게 직원들의 직장 삶의 질(quality of working life)에 영향을 끼치는지에 관한 이해에 더 관심을 기울이게 되었다. 그동안 무시되어온 직장 웰빙의 관점에서 HRM을 재고하는 기회가 마련된 것이라고도 할 수 있다.

3.1 근로자지원 프로그램의 등장

HR 담당자나 경영자들 모두 직장 내 스트레스가 어떤 양상을 보이는지 파악하

그림 11.3 | 미국 직장인들의 EAP 이용

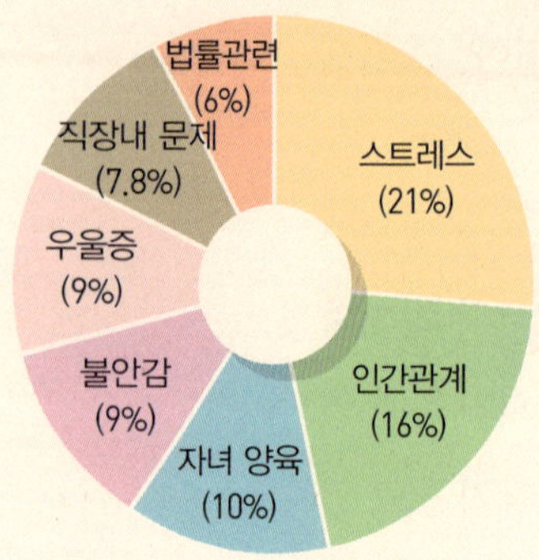

고 또 문제를 일으킬 만한 시점에까지 다다르지 않도록 늘 주의 깊게 관찰해야 한다. 다수의 기업들은 이를 위해 복지혜택의 일환으로서 **근로자지원 프로그램**(EAP: employee assistance program)을 시행하고 있다. 이것은 개인사나 가정의 문제, 그리고 직장 관련 이슈들로 고민하는 직원들에게 전문적이며 신뢰할 만한 지원을 무상으로 제공해주는 것을 말한다. 대다수의 EAP 프로그램들은 직·간접적으로 정신건강에 대해 다룬다. 전문가를 고용해 문제의 해결을 돕고 실천방안을 마련할 수 있게 해준다. 일상에서의 문제들을 신속하게 처리할 수 있게 해줌으로써 직원들이 정상적인 생활을 영위할 수 있게 도와준다.

EAP
직무성과에 영향을 미칠 수 있는 개인적 문제를 완화하기 위해 조직 내부나 외부의 자원을 활용해 제공하는 사회심리적 서비스

개인적인 문제들로 고충을 겪는 직원들을 직장이 나서서 돕는 EAP는 일반적으로 직원 및 그 가족들을 위한 단기의 카운슬링과 장기의 전문가도움 서비스로 운영되며 그들이 필요로 하는 자원들을 얻을 수 있게끔 지원이 제공된다. [그림 11.3]은 미국의 직장인들이 주로 이용하는 EAP를 조사해 보여주는 자료다. EAP를 통해 제공되는 서비스들로는 업무 스트레스에 관한 것 외에도 다음의 사항들까지 그 종류가 매우 다양하다.

- 직장에서의 성격 갈등 직장인들 상당수는 직장에서 발생한 갈등을 처리하는 데에 많은 시간을 들인다. EAP 카운슬러의 도움으로 갈등을 다루는 조언을 얻어서 스트레스를 줄이고 동시에 회사의 비용 손실도 줄이게 된다.
- 약물과 알코올중독 현대인들은 적어도 중독 증세 하나쯤은 다들 갖고 있다. 미국에서도 알코올과 약물 중독으로 인해 연간 약 6,000억 정도의 사회적 비용이 발생된다고 한다. 중독에 관한 전문가가 직원과 접촉하며 이들이 회복에 이를 수 있게 지원한다.
- 정신건강의 문제 인구의 20% 정도에서 매년 우울증 같은 정신질환이 발병한다는 연구가 있다. EAP의 이점은 이들을 조기에 카운슬러를 만나게 하여 장기 치료를 받는 지경에 이르지 않고 빠른 회복의 길로 인도한다는 점이다.
- 가정 내 환자 돌봄 직원들이 업무 외적인 일에서 부담을 느끼는 경우가 많다. 가령 건강이 악화된 노부모 봉양 등이 있을 수 있는데, EAP 카운슬러

는 이러한 스트레스에 대처하도록 도와주고 그들이 자원을 적절히 쓸 수 있게 도와준다.

- 법률 및 가정에 대한 도움　가정사가 복잡하다면 그만큼 직원들은 일에 집중하기 어렵게 된다. 이혼이나 양육권 등의 문제로 에너지를 낭비하고 걱정과 분노가 있는 직원이라면 법률자문을 지원해서 문제해결을 위해 돕는다.
- 기타 고충들에 대한 지원　직원들은 사랑하는 사람의 사망이나 급격한 일상의 변화로 인한 충격 등 다양한 고충을 겪는 경우가 많다. EAP는 고충 담당 카운슬러를 연결해 주고 이러한 삶의 도전들을 잘 이해하고 치유될 수 있게끔 도와준다.

2009년부터 근로자의 스트레스 해결을 지원하고자 근로복지공단(www.workdream.net)에서는 EAP를 무상으로 지원하고 있다. 주로 기업복지가 취약한 300인 미만 중소기업 혹은 300인 미만 중소기업 근로자인 경우 신청이 가능하다.

위의 이러한 것들이 아무런 조치 없이 그대로 방치되면 직원들의 건강과 웰빙에 심각한 영향을 줄 뿐만 아니라 그들의 직무성과에까지 악영향을 주게 된다. 우울증 한 가지 요인만으로도 1인당 각각 결근으로 연간 252만 원, 비효율 근무로 488만 원의 비용 손실 효과가 있다는 국내의 한 연구결과가 있다. 집중력 저하, 잦은 결근, 서비스의 질 저하 등 이 모두가 사적인 문제의 해결과 결부되기 쉬운 것들이다. EAP는 이러한 보다 일반적인 니즈들이 있다는 인식과 함께 파괴적일지 모르는 제반 문제들에 대한 지원을 제공하기 위해 점차 다양화되었다. 기업이 법률 조언을 받기 위해 고문변호사를 두는 것처럼 고문정신과 의사나 고문심리전문가를 둬야 할 필요성을 점차 인식해가는 추세다.

3.2 근로자지원 프로그램의 운영

EAP는 상담 형식으로 운영되는 것이 대다수다. 스트레스를 포함해 어느 이슈로든 도움을 원하는 직원들이 EAP와 접촉할 수 있게 하는 것이 제일 중요하다. 접촉 시점에서는 문제의 경중에 따라 분류한 뒤 적절한 카운슬러를 소개해준다. 카운슬러는 단기 처치를 제공하거나 유용한 자원을 일러주며 필요시 상담도 진행한다. 요즘은 기술 발전에 힘입어 과거의 대면방식과 달리 e-카운슬링을 제공하는 경우가 많아졌다. 이전에 비하면 유연성의 증가로 여러 걱정거리

HR Map | EAP에 대한 개관

Walsh(1982)는 EAP를 접근법과, 기능, 위치로 구분하여 그 개념의 기원에서부터 다루며 이해하기 쉽게 설명한다. 그가 제시한 아래의 〈그림〉은 초기 알코올중독 프로그램에서 발전한 EAP, 점차 진단적인 처치를 강화하는 EAP, 그리고 조직의 안팎에서 운영되는 다양한 모습의 EAP까지 일목요연하게 정리해 보여준다. EAP가 인적자원관리에서 중요한 역할을 한다는 것이 최근 널리 인정받고 있다. 이직과 결근을 감소시키고 성과향상에 유익하다는 평가는 물론, 더 다양한 인력의 통합을 촉진하여 EAP와 다양성관리 간의 연계에까지 긍정적인 영향을 미친다. 경영진의 지원을 통해 직원들의 웰빙을 불러오고 이로써 조직이 EAP의 비용 효율성을 장기적으로 활용할 수 있게 해준다. EAP와 웰빙지향 HRM의 결합(wellbeing-oriented HRM)은 성과중심관점(performance-driven perspective)에 도전하면서 EAP를 하나의 관리 도구에서 경영 전략의 일부로서 볼 수 있게 상당한 이론적 변화를 가져왔다.

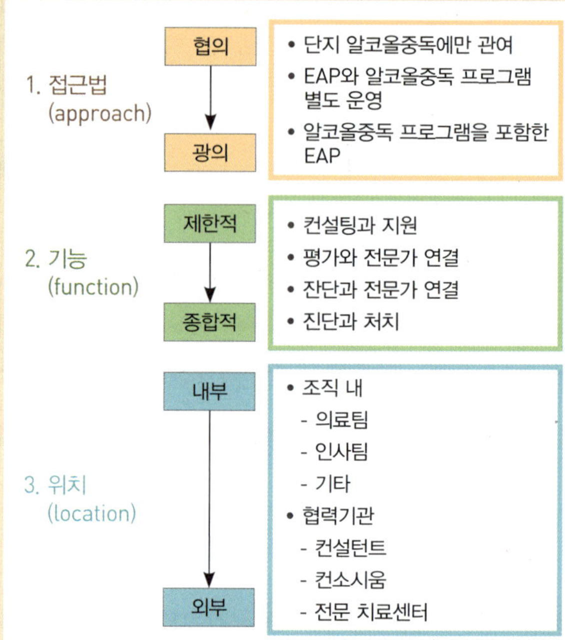

를 덜 수 있게 되었다. 우선 IT에 익숙한 젊은 층에서 호응이 좋을 뿐만 아니라 시간적으로 바쁜 이들에게 매우 좋은 옵션이 되고 있다. 또한 주변인들에게 사생활 노출을 꺼리는 직원들에게도 비밀 유지가 용이해서 선호된다. EAP는 이런 식으로 직원의 특수한 개인적인 문제들을 이해하고 그들에게 적절한 카운슬러를 연결해 문제를 해결할 수 있게 도와준다.

다시 강조하지만 EAP를 제공해야 하는 이유는 직원들의 생산성이나 업무성과와 관련 있는 여러 사적인 문제들이 더 심각해지기 전에 EAP가 미리 해결해주기 때문이다. 게다가 이것은 종업원 유지를 통해 간접적으로 기업이 경쟁우위를 달성하도록 해준다는 믿음도 주기 때문이다. EAP를 운영하기 위해서 우선 제공하려는 서비스를 가용예산과 직원들의 인구통계특성을 감안해 결정해야 한다. 그다음은 자체적으로 운영할지 아니면 전문기관과 계약할지를 운영방식을 정한다([표11.3] 참조). 이것이 결정되고 나면 마지막으로 직원들에게 EAP

표 11.3 | 국내 기업의 EAP 서비스 모델

모델	장점	단점
내부(사내)모델	• 이용의 편리성 • 기업의 요구에 대한 민첩한 대응력 • 조직 문화와 사업에 대한 이해를 바탕으로 한 효과적 대응 • 인사 등 타 기능과의 공조를 통한 효과적 대응	• 서비스(상담 등) 내용에 대한 유출 가능성에 대한 불안감 • 상대적으로 높은 초기 투자 비용 및 관리비용(내부 직원) • 조직의 요구에 따른 서비스 내용의 변질 가능성(조직 변경 등)
외부(사외)모델	• 비밀 보장에 대한 높은 신뢰 • 서비스의 전문성 확보 용이 • 니즈 변경에 따른 비용 관리의 용이성	• 이용시 상대적으로 불편(물리적 제약) • 조직문화 및 사업의 특수성에 대한 이해부족으로 인한 효과성 저하 • 타 기능과의 공조 등에 대한 제약
혼합(사내외)모델	• 내부, 외부 모델의 장점을 조합하고자 하는 취지 • 하지만 상대적으로 어느 쪽 모델에 가까운가에 따라 해당 모델의 장단점이 나타남 • 내외부 서비스 프로세스 정립 및 각자의 역할 정의, 내부 서비스 제공자의 관련 전문성 강화에 대한 필요성이 높음	

출처: 동아비즈니스 리뷰

를 알리고 교육하는 일이다. 사용자는 그 유용성을 설명하면서 동시에 무상서비스라는 점과 비밀보장이라는 점을 강조해 신뢰도를 높여가야 한다. EAP는 이런 식으로 포괄적인 직원 복지혜택에서 중요한 일부로 자리매김해 갈 수 있다.

그렇지만 EAP의 효과성을 입증한 연구가 있긴 해도 그 증거 면에서 아직 논쟁의 여지가 많다. HR 전문가들도 EAP 서비스를 경험한 사람들로부터 긍·부정의 말을 동시에 듣는다고 한다. 가장 큰 이슈는 역시 예상할 수 있는 것처럼 EAP가 비밀보장 서비스가 못 된다는 점이다. 회사에 따라서는 이것이 얼마든지 사실일 수 있다. 사용자가 관여되므로 카운슬러에게 말하는 내용이 곧장 HR의 귀에 들어갈 것이라는 의심부터 하기 쉽다. 영향을 끼칠 것이라는 두려움에서 벗어나기 쉽지 않을 것이다. 그리고 EAP 분야는 그 유용성과 적용 확대를 정당화할 만큼 충분한 연구가 뒷받침되지도 못했다. EAP가 효과적이라 쳐도 방법론상의 문제 때문에 확신을 주기가 어렵다. 일례로 단일의 사례연구나 프로그램 평가에 국한된 것들이 주류다. 일반화하기 어려운 것들로서 전문학술지에선 발간된 게 별로 없다. 더구나 그동안 변화의 폭이 컸던 관계로 지금 현시점에서 효과적일 수 있는 지원제공 모델의 연구 필요성이 제기되고 있다.

우리나라에서는 1997년 IMF 이후 구조조정과 평생직장 개념의 붕괴가 EAP

도입의 계기가 되었다. 고용시장에서의 경쟁과 업무과다, 소득수준 감소에 따른 맞벌이가 강제되는 사회 분위기, 직장-가정의 양립 추구, 삶의 질에 대한 가치 추구 등 다양한 스트레스 원인에 따른 양상으로 대두되었다. 특히 고용불안은 직장인들의 스트레스 수준을 크게 높였으며, 실업에 의한 가족 해체, 아동복지의 미비 등은 심각한 사회적 문제를 초래했다. 이러한 시대 상황을 거치면서 직무 스트레스의 급상승, 은퇴, 정신/육체적 건강문제 급증, 문화 충격, 시간관리, 음주 및 흡연 등으로부터 다양한 기업환경 변화에 대응하기 위해 국내 기업들에서도 EAP의 도입 필요성이 제기되었다.

국내에 EAP라고 명명된 서비스가 도입된 것은 1999년 듀폰코리아에서 도입한 것을 시초로 보는 것이 중론이다. EAP 중 심리상담 부문이 특화되어 운영되고 있는 것은 1994년 삼성의 생활문화센터를 중심으로 시작되었고, EAP 전문기업이 활동하기 시작한 2004년부터는 외부형 EAP가 본격적으로 발전하기 시작했다. 2004년 휴먼다이나믹스(Human Dynamics) 한국지사가 설립되면서 비로소 국내에서도 EAP 시장이라고 할 만한 것이 생겨났다고 한다. 이어 2005년에 순수 국내 자본으로 설립된 다인C&M이 설립되면서 EAP 시장을 넓혀가기 시작했다.

표 11.4 | 국내 기업들의 EAP 도입 현황

<table>
<tr><td rowspan="5">내부모형
(1994~)</td><td rowspan="5">사내상담실 등 EAP 초기모델인 기업상담 출현</td><td>삼성그룹</td><td>상담실을 비롯한 복지문화센터 설립</td></tr>
<tr><td>포항제철</td><td>서울 광양에 대규모로 도입</td></tr>
<tr><td>삼성전자</td><td>열린상담센터(서울, 수원, 구미 등 총 9곳)</td></tr>
<tr><td>LG전자</td><td>MC연구소, R&D캠퍼스, LG CNS 등 총 3곳</td></tr>
<tr><td>SK</td><td>하모니아 직원상담 프로그램 운영</td></tr>
<tr><td>외부모형
(2004~)</td><td>EAP 전문기업 출현</td><td>EAP 전문기업</td><td>GS 칼텍스, KTF, 유한 킴벌리, 하이마트, 현대 하이스코, 듀폰 코리아, 한국 P&G, 구글 코리아, 한국 Microsoft, 엘카코리아, 능률교육, 한국전력기술, 한국수자원공사, 한국수력원자력, 한국화학연구원, 한국 전자통신연구원</td></tr>
<tr><td rowspan="3">정부
지원형
(2007~)</td><td rowspan="3">정부 지원 사업 개시</td><td>노동부
(사회적일자리사업)</td><td>근로자 심리상담지원 프로그램, 한국 EAP협회를 중심으로 서울, 인천, 구미 등 전국 주요 산업단지 11곳에 센터 개소</td></tr>
<tr><td>서울시</td><td>직원대상 스트레스관리 프로그램 및 자녀의 정서관리 프로그램 운영</td></tr>
<tr><td>보건복지가족부
(지역사회서비스 혁신 사업)</td><td>부산광역시를 선두로 대구, 광주광역시가 동참, 근로자들의 근로의욕 향상과 가족문제 예방을 위한 근로자지원 프로그램, 제조업 종사 근로자 대상으로 직장생활 적응 및 업무효율성 향상 프로그램 운영</td></tr>
</table>

출처: 한국EAP협회(2009). 근로자지원 프로그램(EAP)의 합리적 도입운영모델 연구

3.3 HRM과 성과

여러 연구자가 조직 내 가용한 업무자원(availability of work resources)과 업무량의 정도(level of work road) 간의 관계에 기초해서 직원들이 스트레스와 웰빙을 어떻게 경험하고 지각하는지 제안해 왔다. 이를테면 스트레스에 직면했을 때 충분한 자원을 보유한 직원들이라면 그 부정적 효과로부터 영향을 적게 받는다는 것이다. 즉 자원의 손실은 스트레스를 겪는 데 결정적이며 반면 자원의 이용은 부정적인 면을 줄이는 데 한몫하게 된다. 또 다른 중요한 축으로서, 과도한 업무량은 기한 안에 완수할 수 없을 만큼 일을 많이 부여받고 있다고 여기는 것을 말한다. 이러한 과한 업무량 지각은 심리적 고통과 직무불만족으로 이어짐을 연구자들이 꾸준히 입증해왔다. 어찌 보면 도전이나 자유, 자율 같은 조직 내 창의성(organizational creativity) 강화를 위한 차원들이 곧 심리적 웰빙을 위한 필요조건이기도 하다. 의사결정에서 영향력이 적고 자율성도 없으며 통제 속에서 업무량만 많으면 스트레스를 경험하게 되며, 결국엔 직원들의 몰입과 관심이 줄어들어 더 이상 일을 의미 있게 보지 않게 된다.

HRM이 가중된 외부 경쟁의 위협에 잘 대응할 수 있게 하여 경영성과를 높인다고 전통적으로 알려져 왔다. 이러한 전략 지향성(strategic orientation)은 매니저들이 전적으로 활용해야 하는 자원이 인력이라는 생각을 떠올리게 함으로써 HRM의 'hard' 실용주의 역할을 강조하는 것이 된다. 이것은 통제를 강조해서 규칙과 절차를 통해 효율의 증대와 인건비 감소에 중점을 두는 것이다. 이에 반해 인본주의 접근법에서는 'soft' 또는 'high commitment'를 HRM에 접목시켜 왔다. 효과적인 HRM은 의사결정 참여, 팀워크, 원활한 소통, 훈련이나 개발 같은 것들이 중시되는 근무환경을 만드는 것이다. 따라서 이러한 개발적 접근법을 채택하는 조직들은 직원들의 성과를 강화시키기 위해 상호이해에 기반을 둔 임파워먼트나 신뢰구축 등을 위해 노력한다.

Hard HRM
인적자원은 단지 생산을 위한 수단에 불과하여 그 이상 이하도 아니라고 보는 HRM

Soft HRM
직원들을 생산수단이 아니라 인간으로서 대우받게 해주는 HRM

흔히 리더 행동과 직원 스트레스 간의 관계를 다룬 연구들은 스트레스 관리에 있어서 리더십의 역할이 중요하다는 것도 보여주는데, 리더십이야말로 웰빙을 촉진할 수 있으며 직원들 개인의 성장과 발전을 위한 기회를 제공해주기 때문이다. 알려진 바에 의하면 대체로 관계지향적인 리더(the relation-oriented leader)는 낮은 수준의 스트레스 및 소진과 관련이 있다. 또한 높은 수준의 동료

만족, 낮은 수준의 결근이나 이직, 갈등과 관련된다. 과업지향적 리더(the structure-oriented leader)의 경우는 관리에 치중하므로 스트레스를 유발할 수도 있지만, 오히려 규범이나 절차, 역할의 정의와 함께 불확실성을 줄여주기 때문에 스트레스를 줄여주기도 한다. 한편, 변화와 관계지향을 한데 합친 것 같은 변혁적 리더십(transformational leadership)은 직원들이 스트레스를 잘 관리할 수 있게 하는 데에 효과가 있다. 거래적 리더십(transactional leadership)과 비교해서도 그렇다는 것이 더욱 널리 알려져 있다.

HR News

직원의 정신 건강을 챙기는 핵심 키워드 3가지

정신 건강은 인생의 모든 면에 영향을 준다. 마찬가지로 직원을 위한 정신 건강 관리가 점점 중요해지는 것도 전혀 놀라운 것이 아니다. 직장내 웰빙을 높인 효과는 명백하다. 사기를 높이고, 근속 연수를 늘리며 생산성을 향상한다. 그러나 한 설문조사에 따르면 응답자의 56%는 회사가 직원의 정신 건강 문제에 적절하고 효과적으로 대응하지 못한다고 답했다.

가장 중요한 것은 안전하고 자발적인 업무 환경에 대한 직원의 요구를 이해하는 것이다. 이는 단기간에 뚝딱 만들 수 있는 전략이 아니다. 기업의 모든 측면에 정착시키는 작업이 필요하다. 직원의 웰빙을 지원하려고 하지만 어디서 어떻게 시작해야 할지 막막한 기업을 위해 직원의 웰빙을 개선하는 몇몇 팁을 제시한다.

열린 문화

서로 돕고 지지하는 문화를 만들기 위해서는 시간과 리소스 측면에서 모두 꾸준한 투자가 필요하다. 명상 시간이나 도움의 시간 같은 것을 만드는 것 이상의 노력을 들여야 한다. 무엇보다 팀원들이 자신 어떤 문제나 주제를 편안하게 제기할 수 있는 팀 분위기를 만들어야 한다. 이는 관리자가 열린 논의의 가치를 깨달아야 한다는 것을 의미한다. 어려움에 부닥친 직원이 다른 이의 경험을 공유하고 도움을 받을 수 있는 절차를 만드는 것이기도 하다.

동시에 기업은 관리자에게 인간관계에 대한 교육을 제공해 그들이 사려깊으면서도 영리한 커뮤니케이터가 될 수 있도록 해야 한다. 자비오(Jobbio)의 설문조사 결과를 보면 응답자의 49%가 직장내 정신 건강 문제에 있어 자신의 매니저가 가장 큰 영향을 준다고 답했다. 직원 간의 웰빙을 장려하는 관리 구조를 만들면 더 높은 직업 만족도와 더 낮은 이직률, 의료 비용 감소 등의 효과를 기대할 수 있다.

협동

협업과 논의를 장려하는 업무 환경은 정신 건강에도 좋다. 긍정적인 사회적 상호작용이 있는 환경에서 일할 때 더 행복한 것이다. 따라서 직원들이 모이고 논의하기 쉽도록 사무실 구조를 바꾸는 것이 좋다. 공유할 수 있는 업무 공간과 휴식 공간이 필수이며, 자연광과 식물, 애완동물 우호적인 정책도 도움이 될 것이다.

또한, 팀 경기도 협동심을 기르고 업무 시간 동안의 긴장을 없애는 훌륭한 방법이다. 신체적 건강에도 도움이 되는 것은 물론이다. 따라서 풋볼 리그 같은 외부 토너먼트에 기업 이름으로 참가해보자. 이와 같은 팀원 간의 결합은 마음을 하나로 모으고 스트레스를 해소하는 데 효과적이다.

건강한 환경

건강한 행동을 장려하기 위한 실질적인 노력을 해야 한다. 보통 팀 모임을 한다고 하면 술을 곁들이거나 아니면 술집에서 진행하는 것이 일반적인데, 꼭 그럴 필요는 없다. 먼저 팀 모임을 맥주 대신 운동 중심으로 바꿔보자. 매주 요가나 에어로빅 같은 운동 교실을 열어 헬스클럽 회원권이나 운동복을 저렴하게 제공하는 식이다. 이러한 비용이 부담스럽다면, 다른 방법도 있다. 건강식을 제공하거나 휴가를 모두 사용하도록 강제할 수도 있다.

삶과 일의 조화는 오늘날 인재를 유치하고 유지하는 것은 물론 직원이 더 좋은 성과를 내기 위해서도 점점 더 중요해지고 있다. 실제로 한 설문조사 결과를 보면, 임금에 이어 업무 시간의 유연성이 이직시 가장 중요한 고려사항인 것으로 나타났다. 직원의 삶과 일의 조화를 고려하고 인정하는 것은 이제 기업의 가장 중요한 역할 중 하나가 됐다.

출처: http://www.ciokorea.com/news/39859

단원요약

1. 웰빙이란 용어는 직원들의 신체적 정신적 건강을 일컫는다. 스트레스로부터 자유롭고 물리적으로도 안전한 환경에서 직원들이 근무해야 함을 시사한다. 신체 및 심리적 웰빙은 직원들에게도 이롭지만 사용자들에게도 도움이 된다.
2. 직무 스트레스란 직무의 요건이 개인의 능력과 자원, 니즈와 잘 맞지 않을 때 생기는 신체 및 감정상의 해로운 반응들이다. 시간에 비해 해야 할 일이 너무 많을 때 느끼는 시간관련 스트레스, 사람간의 교류에서 비롯되는 대인관련 스트레스, 환경이나 주변 여건으로부터 발생하는 상황적인 스트레스, 아직 발생하진 않았어도 발생할 것만 같은 잠재적인 스트레스 등이 있다.
3. 사람들이 스트레스를 느끼는 정도는 경고반응과 적응, 이 두 가지의 생리적인 보호기제 기능에 달려있다. 스트레스의 징후나 증상은 사람들마다 모두가 제각각일 것이다. 위장장애처럼 신체적 증상을 주로 경험하는 사람이 있는가 하면, 과민증 같은 정서적 증상들이 집중적으로 나타나는 사람들도 있다.
4. 직무 스트레스가 장기적인 문제로 발전해서 회복이 불가한 지경에 이르기 전에 미리 관리법을 모색하는 것이 중요하다. 이를 위한 리스크관리 접근법은 직장 내 잠재적인 위험요소의 규명을 시작으로 스트레스로 인한 상해나 질병 가능성과 그 결과를 평가하여 위험을 산정한다. 그러고 나서 상황에 가장 적절한 대응 조치를 선택/실행한 후 그 조치들의 효과성을 검토한다.
5. 근로자지원 프로그램(EAP)은 개인사나 가정의 문제, 그리고 직장관련 이슈들로 고민하는 직원들에게 전문적이며 신뢰할 만한 지원을 무상으로 제공해주는 것을 말한다. 직장 주도의 노력인 EAP는 일반적으로 직원 및 그 가족들을 위한 단기의 카운슬링과 장기의 전문가도움 서비스로 운영되며 그들이 필요로 하는 자원들을 얻을 수 있게끔 도움을 제공한다.
6. 이전의 연구들이 고성과나 고몰입 작업시스템을 기반으로 한 HRM과 더 나은 조직성과에 관해서 다루었다면, 최근엔 이들이 어떻게 직원들의 직장 삶의 질에 영향을 끼치는지에 관한 이해에 보다 더 관심을 기울이게 되었다. HRM 연구의 초점이 '최상의 적합'으로부터 '모범적인 제도'로 변화해 왔음에도 직원 웰빙의 관점이 도외시된 면이 있었던 것이 사실이다.

논의할 문제

1. 조직들에서는 자율복장제, 호칭파괴, 야근 없는 날 등과 같은 새로운 시도들을 끊임없이 하고 있다. 직원들의 심리적 웰빙에는 이것들이 얼마나 효과가 있을까?
2. 직무마다 발생하는 스트레스와 증상들이 다양할 것이다. 현재 내가 처한 상황에서 가장 큰 스트레스의 원인 및 증상, 그리고 그에 따른 대응책은 무엇일까?
3. 직장 내 괴롭힘을 자행할 만한 동료나 또는 비인격적 언행을 일삼을 매니저를 선발 과정에서부터 식별해내는 방법이 있을까?
4. 조직이 EAP를 통해서 약물중독 같은 지극히 개인적인 일탈 행동들을 과연 얼마나 효과적으로 예방할 수 있을까?
5. 비밀보장 서비스가 못 된다는 우려는 EAP의 치명적인 단점으로 거론된다. 어떻게 하면 이러한 논쟁거리를 효과적으로 불식시킬 수 있을까?

더 읽을거리

Artazcoz, L., Cortes, I., Escrib a-Agüir, V., Cascant, L., & Villegas, R. (2009). Understanding the relationship of long working hours with health status and health-related behaviours. *J. Epidemiol. Community Health, 63*, 521-527.

Bannai, A., Tamakoshi, A. (2014). The association between long working hours and health: a systematic review of epidemiological evidence. *Scand. J. Work, Environ. Health, 40*, 5-18.

Beer, M., Spector, B., Lawrence, P. R., Mills, D. Q., & Walton, R. E. (1984). Managing human assets: The groundbreaking Harvard Business School Program. New York, NY: Free Press.

Cooper, C., & Robertson, I. (2001). *Well-Being in Organisations: A Reader for Students and Practitioners*, John Wiley and Sons Limited, Chichester.

Currie, D. (2001). *Managing employee well-being: A guide for human resources managers*. Chandos Publishing (Oxford) Limited, Oxford.

De Spiegelaere, S., & Piasna, A. (2017). 왜 그리고 어떻게 노동시간을 단축해야 하는가. 유럽노총연구소(European Trade Union Institute, ETUI).

Dodge, R., Daly, A., Huyton, J., & Sanders, L. (2012). The challenge of defining wellbeing. *International Journal of Wellbeing, 2*(3), 222-235.

Donnelly, E., Valentine, C., & Oehme, K. (2015). Law enforcement officers and Employee Assistance Programs, *Policing: An International Journal, 38*(2) 206-220.

Hsu, Y., Wang, C. & Lan, J. (2020). Evaluating the performance of employee assistance programs (EAP): a checklist developed from a large sample of public agencies. *Asia Pacific Journal of Management, 37*(3). 935-955.

Huppert, F. A. (2009). Psychological Well-Being: Evidence Regarding Its Causes and Consequences. *Applied Psychology: Health and Well-Being, 1*, 137-164.

Reynolds, S. (1997). Psychological well-being at work: Is prevention better than cure? *Journal of Psychosomatic Research, 43*(1), 93-102.

Ryan, R. M., & Deci, E. L. (2001). On happiness and human potentials: A review of research on hedonic and eudaimonic well-being. *Annual Review of Psychology, 52*, 141-166.

Ryff, C. D. (1995). Well-being in adult life. *Current Directions in Psychological Science, 4*(4), 99-104.

Sehnbruch, K., Burchell, B., Agloni, N., & Piasna, A. (2015). Human development and decent work: why some concepts succeed and others fail to make an impact, *Development and Change, 46*(2), 197-224.

Sparks, K., Cooper, C. L., Fried, Y., & Shirom, A. (1997). The effects of hours or work on health: A meta analytic review. *Journal of Occupational and Organizational Psychology, 70*, 391-408.

Spector, P. E., & Fox, S. (2002). An emotion-centered model of voluntary work behavior: Some parallels between counterproductive work behavior (CWB) and organizational citizenship behavior (OCB). *Human Resource Management Review, 12*, 269-292.

Tucker, P., Folkard, S. (2012). Working time, health and safety: A research synthesis paper. Geneva: International Labour Office.

Chapter 12

직원 유지와 해고

학습 목표

이번 장을 마친 후 다음과 같은 것들을 할 수 있을 것이다.

1. 이직 유형들을 서술하고 이직 혹은 잔류의 결정요인들을 규명한다.
2. 다운사이징의 개념과 그 전략들을 설명한다.
3. 다운사이징 프로세스를 이해하고 각 단계별 고려사항들을 논의한다.
4. 다운사이징의 사후 영향과 극복 방법들에 대해 논의한다.
5. 직원들이 조직을 떠나는 다양한 이유들과 직무배태성에 대해 설명한다.
6. 유지관리의 기획을 탤런트 매니지먼트의 시각에서 논의한다.
7. 구체적인 직원 유지의 방안들을 상황에 맞게 요약하고 제안한다.

미쓰 루씨힐

구조조정을 인원 감축으로만 생각지 않고 공장과 그 직원들을 지킨 루씨!

영화 〈미쓰 루씨힐〉 포스터

"가지 말아요, 제 곁에 있어줘요."

루씨(Lucy Hill)는 자신의 비서 블란체(Blanche Gunderson)에게 회사를 관두지 말고 블란체가 맛있게 만드는 타피오카 푸딩으로 회사를 살려보자고 제안한다.

루씨는 마이애미에 본사를 둔 멍크푸드(Munck Food)의 직원이다. 이 회사의 미네소타 뉴얼름의(New Ulm) 공장이 회사의 이윤을 깎아먹는다고 그녀를 공장 소장으로 파견하게 된다. 처음 루씨는 공장 문을 닫아야 된다고 생각했지만, 회사는 멍크푸드의 대표제품인 '로켓바'를 업그레이드 시키고, 공장의 기존설비를 자동화시설로 바꿔 직원을 반으로 줄이라고 한다.

첫 출근하자마자 열정적으로 해고자 명단을 작성하기 시작하는 루씨!

공장에 새 소장이 부임할 때마다 누군가가 해고되었던 적이 있었던 공장직원들은 루씨에게 짓궂은 장난을 치는데…

이에 화가 난 루씨가 공장장 스투(Stu Kopenhafer)를 해고하자, 전 직원들이 항의의 표시로 태업에 동참한다.

견디지 못한 루씨가 마이애미로 돌아가려다 자동차 사고로 눈 속에 갇히게 되고, 티격태격하던 조합장 테드(Ted Mitchell)가 루씨를 구해준 것을 계기로 새 소장은 차츰 뉴얼름 사람들에게 마음의 문을 열고 고마워하게 된다.

그러나 회사는 뉴얼름 공장의 폐쇄를 명령하고, 이에 불복한 루씨는 본사로 돌아가 경영진을 설득해보지만 실패한다. 이때 블란체에게 서류를 요청하는데 함께 놓여있던 해고자명단을 블란체가 보고 루씨에게 실망해 회사를 그만두려 한다.

루씨는 그녀에게 사과하며, 그녀의 특별한 비법의 맛있는 '타피오카 푸딩'을 본사 몰래 제품화하여 성공한다. '공장 사람들의 밥줄을 그렇게 끊을 순 없다'고 방법을 강구했던 루씨의 노력이 결실을 맺는다.

한 식품회사의 여성 임원이 시골 공장의 구조조정을 위해 오는 것으로 이 영화는 시작된다. 야심차게 임무를 수행해보려던 그녀가 지역 사람들의 텃세에 부닥치고 만다. 본사의 플랜이 갑자기 공장폐쇄로 바뀌게 되지만 구조조정의 키워드는 여기서도 다운사이징인 듯하다. 구조조정을 인원 감축으로만 생가지 않고 사업재편이나 신사업으로 돌파구를 마련하는 주인공의 선한 영향력이 꽤나 인상적이다. 공장은 마을을 먹여 살리는 중요한 곳임을 깨달은 루씨는 대량해고에서 직원들을 구해내고 협력적인 노사관계를 실천해보려는 모습을 보여준다. 다운사이징이든 공장폐쇄든 이러한 중대결정 전에는 가능한 다른 대안들부터 검토하고 나서 최후의 수단으로 이를 사용해야 함에도 사측은 채용동결, 초과근무제한, 임금동결/삭감, 근무시간단축, 무급휴가 등의 대안은 시행조차 하지 않았던 모양이다. 직원들을 위해서 최선을 다하는 주인공의 진정성만이 마침내 그들의 협조를 불러왔다. 타피오카의 상품화라는 좋은 아이디어가 나올 수 있던 것도 우연같아 보이지만 직원들의 마음을 얻었기에 가능했던 일 같다.

01 이직이란 무엇인가?

사용자 입장에서 평생 함께하고픈 직원들이 있다면 그들을 어떻게 유지할 수 있을지가 오늘날 기업들이 직면하는 중요한 이슈들 중 하나일 것이다. 조직들이 직원을 유지하길 원한다면 상식적으로 이직을 줄일 필요가 있다. 직장을 떠나는 직원들은 여러 가지의 이유들로 그만두게 된다. 어떤 사람은 학업을 위해, 또 어떤 사람은 육아를 위해, 그리고 정년퇴직을 하는 사람이나 또는 충동적으로 화가 나 그만두는 사람들도 있다. 이것들 외에도 정리해고된 사람이나 자진해서 회사를 그만두는 사람까지 그 이유는 그야말로 천차만별이라 할 수 있다. 이 모두가 **이직**(turnover)으로 불릴 만한 것들이다. 그러나 이를 좀 더 자세히 들여다보면 다음과 같은 구분이 가능해진다.

이직
직원들이 조직으로 들고나는 이동

[그림 12.1]에서 보는 것처럼 이직 유형의 첫 번째 구분은 자발적인 이직과 비자발적인 이직이다. 자발적 이직(voluntary turnover)은 직원이 주도하는 이직으로서, 가령 다른 직장으로 옮기기 위해 그만두는 것이 좋은 예다. 직원이 때마침 다른 직장에서 더 좋은 제안을 받았을 수도 있다. 현재 직위나 보상이 불만족스럽다고 느껴서거나 커리어 변화를 추구할 수도 있다. 자발적 이직은 대개 유능한 직원들의 이탈과 관계되므로 조직으로선 많은 비용을 감당해야 할 때가 많다. 한편 비자발적 이직(involuntary turnover)은 조직에 의해 주도되는 것으로서 회사가 직원에게 그만둘 것을 요청할 때다. 그 이유들로는 저조한 성과나 행동의 문제에서부터 회사의 예산삭감이나 구조조정(restructuring)까지 매우 다양하다. 자발적, 비자발적 이직 이 두 경우는 각각 다른 관리기법들을 필요로 한다.

그림 12.1 | 이직 유형의 구분

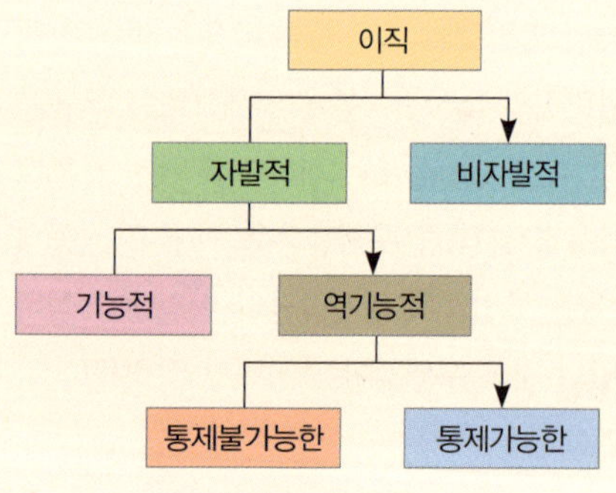

또 다른 구분 방식은 이직이 기능적인 것이냐 아니면 역기능적인 것이냐에 관한 것이다. 역기능적 이직(dysfunctional turnover)은 조직에 해로운 것으로서 고성과자나 대체 불가한 기능인력의 이탈 같은 형태가 있다. 반면 기능적인 이직(functional turnover)은 조직에 해가 되지 않는 이직으로서 이러한 예로는 저성과자나 대체 용이한 직원들이 스스로 떠나는 것이 해당된다. 사실 기능적인지, 역기능적인지의 문제는 꽤나 상대적일 수 있다. 귀중함이나 대체불가 여부가 직무나 조직, 산업, 그리고 여건에

한 조사에 따르면 젊은 직장인들은 32살까지 평균 4번의 이직을 한다고 한다. 그리고 직장인 10명 중 7명은 이직에도 최적의 시기, 이른바 골든타임이 존재한다고 생각하는 것으로 나타났다. 그들이 꼽은 골든타임 1위는 '3년차'였다.

따라 매우 다를 수 있기 때문이다. 게다가 인재 유지가 그 비용보다 상회하는지에 대한 대답 역시도 조직의 전략이나 노동시장의 상황에 따라 너무도 다르기 마련이다.

이번엔 이직을 통제할 수 있는 것인지 그 여부에 따른 구분이 있을 수 있다. 조직이 원한다고 하여 귀중한 모든 인재를 유지할 수 있는 것은 아니다. 직원 유지에 공을 아무리 많이 들였어도 떠날 직원들은 떠나기 마련이다. 이 같은 통제불가능한 이직(unavoidable turnover)은 건강문제로 퇴사하는 직원처럼 조직으로서는 어찌할 수 없는 원인들로부터 기인한다. 하지만 이와 달리 통제가능한 이직(avoidable turnover)은 조직이 영향을 끼칠 수 있을 만한 원인들에서 비롯되는 이직이다. 이를테면 만족도가 낮아서 일을 그만두려는 직원에게 직무재설계(job redesign)를 통해 상황을 바꿔주거나 스킬개발의 기회를 제공하는 등 영향을 끼쳐서 이탈을 막을 수 있는 것들이 그 예라고 할 수 있다.

자발적인 이직률이 낮다는 것은 문화적으로나 재정적으로나 건강한 조직이라는 징표이다. 오늘날 기업들이 직면하는 가장 큰 이슈 중 하나가 유지하고픈 인재들을 어떻게 유지하느냐이다. 그러나 이직 혹은 잔류 결정 시 직원들이 중시하는 요인들에 대해 HR 담당자들은 의외로 이해가 부족하다는 사실이 한 조사에서 드러냈다. [표 12.1]을 보면 직원들이 전혀 생각지 않는 성장 및 발전의 기회를 가장 중요한 요인이라고 꼽은 반면, 4, 5위로 각각 뽑은 동료와의 협력이나 직장 내 신뢰수준은 아예 생각지도 못했다. 기업측의 생각과는 달리 상사와의 관계, 일-삶의 균형이 직원들이 가장 중시하는 근속의 결정요인들이었다. 특히 여성 직원들의 경우에는 유연근무시간, 대체휴일 및 휴가사용, 그리고 육아지원 같은 것들을 포함한 일-삶의 균형이 더 중요한 것으로 조사되었다.

노동시장 여건이 썩 좋지 않고 직원들이 조직에 남으려는 의도가 강하다 할지라도 이직문제는 늘 중요하다. 유지관리를 등한시하는 조직은 유능한 인재를

표 12.1 | 이직 혹은 잔류의 결정요인에 관한 HR 담당자와 직원들 간 인식 차이

HR 담당자들이 중시하는 요인 5가지	직원들이 중시하는 요인 5가지
1. 성장 및 발전의 기회	1. 상사와의 관계
2. 보상의 질	2. 일-삶의 균형
3. 직무스트레스	3. 업무의 의미감
4. 상사와의 관계	4. 동료들과의 협력
5. 일-삶의 균형	5. 직장 내 신뢰수준

잃을 불씨를 남기기 때문이다. 직원의 이탈은 우선 회사의 시간, 자금, 기타 자원을 소비하게끔 만든다. 한 연구에 따르면 직접적인 대체비용(direct replacement costs)이 직원 1인 연봉의 50~60%나 되며, 총비용(total costs)은 90~200%까지도 된다고 한다. 하지만 경우에 따라선 생산성이나 기술이 더 뛰어난 인재의 채용으로 이어져 이익을 준다는 사실도 잊지는 말아야 한다. 이직은 어쨌거나 조직의 성과에 지장을 초래하기가 쉽다. 미국 간호사를 표본으로 한 연구에서 침상 단위당 운영비의 68% 정도를 이직이 차지하는 것으로 드러났다. 특히 **사회 자본**(social capital)을 많이 가진 직원들의 높은 이직률은 조직성과에 매우 치명적일 수 있다는 흥미로운 결과도 있었다.

사회 자본
사람 간의 연결고리, 네트워크, 관계들, 그리고 이들로부터 비롯되는 가치를 의미

하이데거의 숲 | 이직비용

이직비용이 기존 직원 연봉의 최소 2배라는 말이 있다. 5,000만 원을 받던 직원이 그만두면 최소 1억 원이 든다는 얘기다. 종업원이 자발적으로 기업을 떠나고 해당 일자리가 신규 인력에 의해 대체되는 과정에서 발생하는 비용, 즉 이직과 관련하여 발생되는 비용들을 나열해보면 다음과 같다.

- ❖ 이탈비용(separation costs) 이탈 방지를 위해 투입한 HR 담당자와 부서장의 시간과 노력을 비롯해 사직인터뷰 시간, 업무공백으로 인한 비용, 분쟁 시 법적 비용, 제공된 복지혜택 등이 포함된다.
- ❖ 대체비용(replacement costs) 모집 및 공고 비용, 후보자 조사비용, 면접관이나 HR 담당자의 시간과 노력, 추천인 사례비, 배치 및 이동관련 비용, 경영진과 부서장의 시간과 노력, 응시관련 비용, 신원조회 비용, 신체검사 비용 등이 포함된다.
- ❖ 훈련비용(training costs) 오리엔테이션에 들인 시간, 훈련 담당자들의 시간과 노력, 훈련자료 개발비, 부서장의 시간과 노력, 동료들이 코칭에 들인 시간과 노력 등이 있다.
- ❖ 간접비용(hidden costs) 명확치는 않아도 충분히 생길 수 있는 생산성 감소와 서비스의 질 저하, 그리고 그 밖의 연쇄 이직 발생, 프로젝트의 지연 등이 있다.

이직률이 높을수록 이직비용은 증가하게 된다. 하지만 최적의 이직률은 0이 아니다. 이직비용과 유지비용에 의해서 결정되는 것이다. 이직률을 낮추기 위해서는 그만큼 높은 유지비용(예: 고임금, 보다 나은 복지혜택, 직무만족 증진 프로그램 등)이 요구된다.

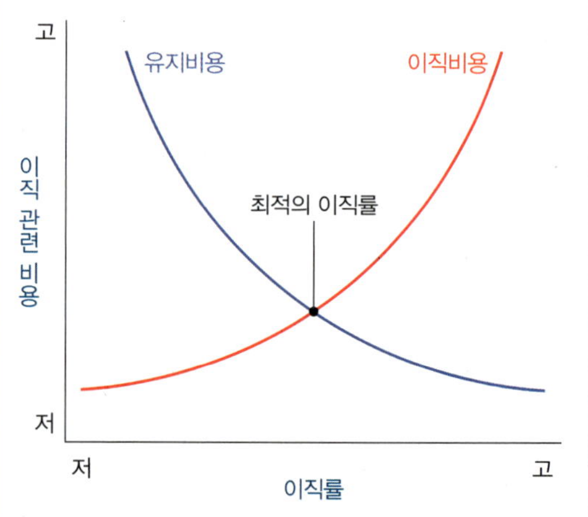

다운사이징

02

앞에서도 언급했지만 직원들이 비자발적인 이직을 하게 되는 대표적인 경우라면 **다운사이징**(downsizing)을 들 수 있다. 다운사이징은 운용중인 전체 직원들 중에서 인원수를 감축하는 것이다. 기업의 경쟁력을 제고하기 위해 기업 내 불필요하고 비효율적인 부분을 제거함으로써 더욱 가볍고 날쌘(lean & mean) 조직으로 만드는 것이 다운사이징의 목표라고 할 때 그 의도 자체는 긍정적이다. 그러나 무분별한 다운사이징은 가볍고 날쌘 조직 대신 가볍고 기운 없는(lean & frail) 조직으로 만드는 부정적인 효과를 가져올 수도 있다.

다운사이징
무엇이든 작고 적게 한다는 것에 통용되는 '규모축소'라는 의미

2.1 다운사이징의 개념과 유형

다운사이징이란 효율 및 효과성 향상을 위해 인력의 영구 감축 방안을 의도적으로 시행하는 것이다. 따라서 개중엔 다운사이징을 나중에 재고용할 심산으로 일시적으로 감축하는 **정리해고**(layoff)와 구분 짓는 사람들도 있다. 또한 조직이 의도적으로 시작하는 것이라서 다운사이징은 단순 쇠퇴(decline)에 따른 규모 축소와도 구별된다. 기업들에선 다운사이징을 위한 여러 기법들을 사용하는데, 조기퇴직을 유도하려고 인센티브를 지급하거나 또는 자회사들로 전출을 내보내기도 하지만 가장 일반적인 것이라면 정해진 인원과 고용을 종료하는 것이다. 합리적 감축(rightsizing)은 기업이 보다 적은 인원으로 운영되어야 한다는 신념하에서 다운사이징하는 것이다. 반면 지나친 감축(dumbsizing)은 바람직한 효과를 얻는 데 실패한 다운사이징이다.

정리해고
경제 경영상의 이유로 직원들의 고용을 일시적으로 종료하는 것

다운사이징은 의도를 했건 하지 않았건 간에 결국 업무 프로세스(work process)에 영향을 미치게 된다. 설령 단순한 인원 감축이었어도 예전보다는 적은 수의 사람들이 전과 동일한 양의 업무를 수행해야 하므로 변화가 일게 마련이다. 따라서 넓은 의미에서의 다운사이징은 조직의 효율성, 생산성, 그리고 경쟁력을 개선하기 위해 조직 인력의 규모, 비용구조, 업무프로세스(work process) 등에 변화를 가져오는 일련의 조치들을 일컫는다. 1980년대 이후 다운사이징은 전략적으로 정당성을 얻기 시작했다. 다운사이징은 경영진이 비용절감과 성과향상으로 쇠퇴해가는 조직을 반등시키기 위해 선호하는 방법이다. 여기서 인

표 12.2 | 다운사이징 전략의 3가지 유형

	인원 감축형	업무 재설계형	시스템 변환형
초점	인원수	직무, 부서	문화
제거대상	사람	업무	사고방식
추진속도	조속	중도	점진
추진기한	단기	중기	장기
애로사항	장기적인 적응	신속한 효과 달성	단기간 비용 감축
예시	자연감소 정리해고 희망퇴직	기능/부서 통폐합 직무재설계 계층 축소	직원 참여 모든 것의 단순화 상향적 변화

출처: Cameron(1994).

원 감축형(workforce reduction strategies), 업무 재설계형(work redesign strategies), 시스템 변환형(systematic strategies)의 3가지 다운사이징 유형들에 대해 설명하면 다음과 같다.

희망퇴직
근로자가 본인의 의사에 따라 퇴직을 하거나, 사용자가 인원 감축을 위하여 근로자에게 퇴직 희망 여부를 물어 해고하는 것

▶ **인원 감축형** 보통 다운사이징 하면 떠올리게 되는 유형으로서 명예퇴직, 정리해고, 전직지원(outplacement), 자연감소(attrition) 등을 통해서 이루어진다. 단기적이고 가시적인 효과 때문에 가장 많이 사용되고 있지만 부작용도 많다. 장점이라면 즉각적인 인원의 감축과 조직이 처한 상황의 심각성을 그 구성원들에게 명확하게 알리는 효과가 있다. 반면 누가 감축대상이 될지 몰라 불안감을 야기하고 개인이 떠나면서 어떤 중요한 지식이나 스킬의 손실이 발생할지 예측이 안 된다는 것은 큰 단점이 아닐 수 없다.

▶ **업무 재설계형** 인원이 아니라 업무 수를 줄이는 것으로서 인원 감축을 대체 또는 병행해가며 이루어진다. 기능의 제거, 조직 내 작업집단의 제거, 혹은 제품의 제거 등을 통해 이루어질 수 있고, 또한 업무의 재설계, 단위부서의 통합, 근무시간의 단축 등을 통해서도 이루어질 수 있다. 이 접근법은 단순화된 구조로 인해 생존 구성원들에게 과중한 업무를 지우는 부작용을 피할 수 있다. 그러나 인원 감축에 비하여 경영성과 도출이라는 면에선 효과적이어도 고용조정과 응집력 등에서는 많은 역효과를 유발할 수 있다.

▶ **시스템 변환형** 위의 두 방법들보다는 체계적인 형태로서 인원이나 업무만

을 변화시키는 것이 아니라 조직문화나 구성원들의 태도, 가치 등을 변화시키는 데 초점을 맞추는 접근법이다. 지금까지 추진해온 사업과 다른 새로운 제품, 시장의 형성들을 목표로 하는 시스템 변환 차원의 다운사이징으로서 단발성의 프로그램이나 목표가 아니라 지속적인 개선을 가져오는 개념으로 정착시키는 것을 말한다.

이와 같이 다운사이징은 폭넓은 개념으로 이해될 수도 있으나 언론이나 경영현장에선 인원 감축을 통한 경영합리화 성도로만 인식되고 있는 게 사실이다. 다운사이징으로 인한 이익이라면 인건비 절감, 신속해진 의사결정, 원활한 소통, 제품개발주기 단축, 직원들의 몰입과 고객 대응력 증가 등이 주류를 이루지만 이러한 결과들이 그저 환상에 불과하다는 연구결과도 많다. 2002년 왓슨 앤 와이엇(Watson & Wyatt)이 조사한 바에 의하면, 과거 경제위기의 시점에서 구조조정으로 비용절감 필요성을 느낀 기업들 중 그 목표를 이룬 기업은 47%에 불과했다. 게다가 다운사이징을 했던 S&P500 기업들을 분석한 자료에서도 정리해고가 없던 기업들과 비교하면 오히려 그들이 더 나은 실적을 보여주기도 했다. 다운사이징으로 주가가 반짝 상승하는 경우도 많지만 장기적으로 가치가 오르는 경우가 드물다는 결과들을 내놓고 있다.

하이데거의 숲 | **직원을 비용으로 보는 기업, 자산으로 보는 기업**

다운사이징을 하며 직원들을 사무실 용품이나 전구처럼 마치 소모품 취급을 하는 기업이 있는 반면, 그들을 기업 혁신과 개선의 원천으로 보는 책임감 있는 기업들도 있다. Cascio(2002)는 구조조정의 이슈들을 살피면서 직원들에 대한 기업의 접근방법, 즉 직원을 절감해야 하는 비용으로 보느냐 아니면 발전시켜야 하는 자산으로 보느냐에 따라 두 부류의 기업들로 나눌 수 있다고 했다.

❖ 절감해야 하는 비용으로 보는 기업(employees as costs to be cut) 회사 운영에 필요한 최소의 인원과 비즈니스가 요구하는 핵심 인원을 강조한다.

❖ 개발해야 하는 자산으로 보는 기업(employees as assets to be developed) 비즈니스가 이루어지는 방식 변화에 중점을 둠으로써 사람들을 효과적으로 활용한다.

사람은 비용이며 잠재적인 위협으로까지 보는 것은 인사관리에 대한 전통적 접근법이다. 그러나 직원을 고용하는 이유는 그만한 장점이 있고 업무능력이 있기 때문이다. 조직의 목적은 직원의 장점을 생산적인 것으로 바꾸고 약점을 생산과 무관한 것으로 바꾸기 위한 것이 되어야 한다. 비즈니스 성장의 발판을 직원들에게서 찾으려고 노력해야 한다.

2.2 다운사이징 프로세스

그럼에도 불구하고 다운사이징이 종종 고려될 수밖에 없는 것은 다음의 이유들 때문일 것이다. 우선은 어떤 기능이 불필요해진 경우다. 가령 자동화나 아웃소싱 등으로 특정 프로세스가 더 이상 필요치 않게 된 것이 이에 해당된다. 다음은 조직이 수익을 내지 못하고 비효율적이어서 현 예산으로는 인력을 유지할 수 없는 경우다. 세 번째로 전략적 방향 및 니즈 변화를 겪으며 조직이 새로운 목표를 위해 인력을 재정비하고자 할 경우이다. 경제적/합리적 관점에 따르면 이것들은 기업이 비용을 절감하고 효율성과 수익성 향상을 목적으로 다운사이징하는 것이 된다. 기업들은 이처럼 합리적이며 이기적이라는 게 핵심 가정이다. 복잡한 환경에 대처하며 내부 활동들을 유지하려고 전략들을 조정하는 효율추구시스템(efficiency driven system)으로 조직들을 간주한 합리주의 조직이론가들과 같다.

앞서서 다운사이징이 기대만큼의 이익을 잘 가져다주지 않는다고 했는데, 그 이유들 가운데에는 준비의 부족도 있다. 오랜 준비를 요하는 다음의 활동들, 즉 다운사이징 시행 여부 결정(making the decision to downsize), 다운사이징 기획(planning the downsizing), 다운사이징 공표(making the announcement), 그리고 다운사이징 시행(implementing the downsizing) 등 4단계를 주의 깊게 살펴보자([그림 12.2] 참조). 다운사이징 프로세스를 성공리에 마치려면 공표 이전부터 철저한 계획마련이 먼저 요구된다.

▶ 1단계: 다운사이징 시행 여부 결정 다운사이징 절차의 첫 단계는 그 시행 여부를 결정하는 것이다. 이러한 중대 결정 이전에 모든 가능한 대안들부터 검토한 다음 최후의 수단으로 다운사이징을 사용해야 할 것이다. 실제로 채용동결, 초과근무제한, 임금동결/삭감, 근무시간단축, 무급휴가 등의 대안을 활용해서 난국을 극복한 기업들의 사례가 많다. 만약 대안 검토 후에도 뾰족한 수가 없다면 정리해고와 함께 다운사이징을 고려할 수밖에 없다. 다운사이징의 이유를 경영진은 명확히 정의할 필요가 있으며 또한 단기 해법으로 이를 활용하는 것은 절대 금물이다. 다운사이징은 회사의 비전과도 어우러져서 이것이 어떻게 경쟁력 창출에 기여하는지를 분명히 보여줘야 한다.

▶ **2단계: 다운사이징 기획** 다운사이징의 공표 전에 플래닝부터 가동하는 것이 매우 중요하다. 공표 전에 다운사이징을 위한 노력의 50% 정도는 이미 투입된 상태라야 한다는 말도 있다. 다운사이징 기획 시에 고려해야 하는 이슈들이라면 다음의 것들이 있을 수 있다.

- 다운사이징 전략의 초점을 어디에 둘 것인가?
- 다운사이징 프로세스를 실행시킬 주체는 누구인가?
- 조직과 결별할 사람을 어떻게 선별할 것인가?
- 떠나는 사람이 받게 될 보상은 무엇이고 언제 지급할 것인가?
- 남은 사람들의 직무는 언제, 어떤 식으로 재구조화할 것인가?
- 필요한 훈련들로는 어떤 것들이 있을까?

위 질문들에 대한 논의는 다운사이징을 기획하고 주도할 전담 팀에서 이루어진다. 이러한 팀은 HR, 재무, 생산, 홍보 등 각 기능별 전문가들로 구성되어야 한다. 조직 구성원들 모두의 이익을 대변해야 하며, 아울러 이해관계자들과 소통을 위해서 팀원들은 책임을 분담해야 할 필요도 있다. 다운사이징의 영향하에 놓인 사람들, 즉 정리해고 대상자나 생존자 등을 규명하고 그들의 입장을 플랜에 반영하는 것이 팀의 과업 중 하나다. 팀은 이 밖에도 역량이 부족한 영역에선 전문가의 도움을 구한다. **아웃플레이스먼트**(outplacement) 전문기관을 통해 전직을 지원하는 것이 좋은 예다. 이로써 해직자들의 구직활동을 지원할 수 있고 생존 직원들로부터의 신뢰 또한 얻게 된다.

아웃플레이스먼트
기업의 구조조정이나 정년에 따라 퇴직하는 근로자에게 각종 지원을 통해 실직의 충격을 최소화하고, 전직·창업 등 새로운 일자리를 찾도록 지원해주는 제도 혹은 행위

▶ **3단계: 다운사이징 공표** 이 단계에서의 주요 활동이라면 불가피한 사정의 설명과 더불어서 기대 이익의 공지라고 할 수 있다. 경영진은 다운사이징의 이유와 진행 프로세스를 설명해야 하며 예기치 못한 경영상의 이유를 들이 조직 구성원들이 원인 제공자가 아님을 이해시켜야 한다. 이와 동시에 모든 구성원들에게 공표를 해야 하는데 결코 매스컴 등을 통해 듣게 해서는 안 될 일이다. 다운사이징으로 인한 이득이나 결별 절차, 생존자들을 위한 서비스에 관한 정보까지 제공해야 마땅하다. 이 단계에서는 회사의 비전을 설명하면서 다운사이징이 회사 정상화에 어떻게 도움이 되는지 이해시켜서 회사와 함께 자신의 미래도 전망할 수 있게 하는 것이 무엇보다 중요하다.

그림 12.2 | 다운사이징 프로세스

다운사이징 하기로 결정 1단계

- 최후 수단으로서 다운사이징 활용
- 신뢰할 만한 비전을 마련

다운사이징 기획 2단계

- TF팀 구성
- 제반 고려사항들을 규명
- 원활한 업무 진행을 위해 전문가를 활용
- 매니저들을 대상으로 교육실시
- 비즈니스 상황에 관한 정보제공

다운사이징 공표 3단계

- 불가피했던 이유를 설명
- 결정사항들을 발표
- 사전 공지
- 구체적이며 시의적절한 공표
- 휴유일 제공

다운사이징 시행 4단계

- 진실을 말하며 소통
- 해직자들의 구직 지원
- 차후 있을 감원계획을 발표
- 공정한 시행과 해직자 예우
- 희망퇴직 장려
- 직원들의 참여와 협조 요청
- 커리어 상담 제공
- 잔류자들에게 훈련 제공

출처: Mishra, Spreitzer, & Mishra(1998).

▶ 4단계: 다운사이징 시행 이전 단계들이 준비/약속의 단계라고 한다면 이번엔 이를 실현시키는 단계이다. 여기서의 핵심은 커뮤니케이션과 직원들의 동참이다. 직원들에겐 면대면으로 진실을 말하는 것이 중요하다. 정직한 답변이 신뢰와 필요성 인식을 높일 수 있다. 해직자들에게 진정성을 보이는 일은 생존자가 자신과 회사와의 관계 판단 시에 참고가 된다는 점에서 중요하다. 최선을 다하는 모습을 보이면 그만큼 생존 직원들의 충성심, 생산성, 몰입도가 증가되기 쉽다. 그들에게서 구조조정(restructuring)에 관한 좋은 아이디어도 나올 수 있어 직원들의 동참이 성공을 위해선 필수적이다. 업무 재설계(work redesign)에 참여시키면 자신의 미래를 설계할 수 있다는 느낌을 줄 수도 있을 것이다.

2.3 다운사이징의 사후 영향과 극복

경영진이 다운사이징의 복잡성을 미처 파악 못하고 문제의 예견이나 기획에 실패해서 뜻하지 않은 결과를 낳는 경우가 종종 있다. 다운사이징 관리 미숙에 따른 조직분위기의 침체는 말할 것도 없고 충성한들 소용없다는 식의 경영진 불신이 조직 내에 팽배해질 위험이 커진다. 생존 직원들도 남 생각할 겨를 없이 위험을 어떻게든 피해가려고 한다. 모두가 생산적인 일보다는 자신의 안위에 관한 정보 추구에 노력을 쏟으면서 벌어지는 일들이다. 사기는 저하되고 생산성도 떨어지기 십상이다. 인원 감축은 전문 인력과 조직의 지식 손실을 낳고 성과기준 하향과 실행력 부족도 가져올 수 있다. 이로 인해 혁신과 성장을 위해 인적자산과 이들 간의 관계에 의존하는 **학습조직**(learning organization)이 저해되거나 와해되고 만다.

학습조직
성공을 목적으로 지식을 수집, 관리, 활용하기 위해서 학습하며 스스로 변혁을 추구하는 조직

다운사이징의 부정적 결과들을 최소화하기 위해 사용자들은 보통 무급휴직(unpaid sabbaticals)이나 조기퇴직(early retirement)과 그 전별금 등을 통해 잡음을 최소화하면서 감축 목표에 도달하려 한다. 물론 회사가 여유만 있다면 자연감축(attrition)까지 기다리는 것이 더 좋겠지만, 정리해고가 불가피하다면 떠나야 하는 직원들에게 미치는 충격을 완화하기 위해 사전예고와 함께 공정한 절차로 가급적 한 번에 단행해야 한다. 또한 재취업 기회나 재훈련 등의 자원을 제공하면서 최대한 예를 갖춰서 그들을 대우해야 한다. 한편 정리해고 후 조직에 남는 사람들도 불안정 상태에 놓이게 되는 것은 다르지 않다. 다행히 살아남아 동기유발되는 경험이 될 수도 있지만 대개는 불신과 원망, 생산성 저하로 이어질 수 있다. 심리적 계약이 깨짐으로써 열의가 저하되는 것이다.

해직자들과 마찬가지로 생존자들이 어떻게 반응할건지에 대한 결정적 요인들 중 하나는 감축 과정에서의 공정성 지각이며, 불공정했다고 판단될 경우엔 충성도가 급격히 떨어지게 된다. 뿐만 아니라 정리해고가 불러온 업무환경의 변화에 의해서도 그들은 많은 영향을 받게 되는데, 이들을 살펴보면 다음과 같은 관심사항들이 있다.

- 다가올 해고에 대한 불안　생존자들의 직무불안이 정리해고 후에 대개 증가한다. 단 번에 의한 것이 아니라 점차적으로 규모를 축소하기 때문인데 이러한 불안감이 생존자들의 생산성, 열의, 사기 등에 부정적인 영향을 미친다.
- 이전과 달라진 변화된 직무　생존자들은 일의 양과 질이 달라지는 것을 우려한다. 일할 수 있는 사람이 적어져서 업무량 자체가 늘기도 하고 자율성, 다양성, 복잡성 등 중요 속성 면에서 업무의 성격이 뒤바뀔 수 있다.
- 커리어 기회에 대한 불안　생존자들은 조직 내에서 커리어 기회의 불확실성을 느끼게 된다. 자신의 커리어를 다시 재평가하게 되고 개인이 속한 직군이나 산업에 정리해고가 미치는 영향을 생각하게 만든다.

- **직장에 관한 가치관의 변화** 생존자들은 심리적 계약이 깨져서 믿을 것은 자신밖에 없다는 것을 뼈저리게 인식하게 된다. 이로써 커리어 성공보다는 일/삶의 균형으로 더 관심이 옮겨지게 만들 수도 있다.
- **다른 생존 동료들과의 관계** 스트레스를 느끼고 모든 것이 불확실해 보이는 시점에서 그들은 생존한 다른 동료들의 눈치를 살피면서 자신의 생각이나 행동을 정하게 된다.
- **떠나게 된 동료들과의 관계** 조직에 남게 된 직원들은 생존과 관련된 죄책감을 느낄 수 있으며 해고된 동료들과 교류가 있더라도 이로 인해 어색함을 느낄 수 있다.

이상으로 생존자들의 걱정거리들에 대해서 살펴봤다. 사실 생존자들에겐 조직이 해직자만큼의 시간과 자금을 쏟지도 않고 상대적으로 소홀하다는 견해가 있다. 생존자들이 다운사이징을 극복해 나가도록 돕기 위해 해고를 공정하게 실시하는 것은 물론, 매니저들은 직장에서의 업무량 증가 같은 부정적인 변화에 대처할 수 있도록 지원하며, 조직의 미래와 긍정적 변화에 그들이 집중해 갈 수 있게 격려도 해줘야 한다. 정리해고 전부터 핵심인재들에게는 조직에 남아 헌신해 달라고 요청을 해야 하며, 그들이 기대하는 것과 해줄 수 있는 것을 매니저로서 준비하는 일이 요구된다. 정리해고 후에는 남은 인력을 재편성해야 할 것이며, 다음과 같은 다양한 조치들은 이러한 프로세스를 좀 더 용이하게 해줄 수 있을 것이다.

- **직원들의 노력을 요청** 정리해고의 충격이 좀 진정되었다 싶으면 경영진은 즉시 생존자들이 새 업무환경에서 역할을 제대로 해나갈 수 있게 기회를 만들어줘야 한다. 이로써 그들도 위협받던 통제감을 어느 정도 되찾게 된다.
- **업무 효율화를 추구** 자신의 일뿐만 아니라 해고된 사람들이 하던 일마저 상당부분 해야 한다는 것이 생존자들의 한결같은 불만이다. 부가가치가 적은 일을 제거하기 위해서는 조직이 훨씬 더 노력해야 한다.
- **직무충실화의 강화** 정리해고 후의 환경은 생존자들의 관심을 높이기 위해 직무재설계를 하는 데 좋은 계기가 되기도 한다. 흥미로운 일은 더 많은 헌신과 생산성을 가져올 뿐만 아니라 동기유발을 불러온다.
- **새로운 기회 인식시키기** 기회들이 사라졌고 성공가능성도 줄었다고 생각

HR Map | 다양한 고용조정의 방법들과 그 장·단점

고용조정을 위한 인력방출관리를 두 가지로 구분할 수 있다. 먼저 정리해고(layoff)를 중심으로 고용총량(종업원 수)에 대한 양적인 삭감, 그리고 다음으로는 고용총량은 그대로 유지한 채 기존 인력의 활용법을 변경하는 일자리나누기(job sharing) 방식이 있다. 구조조정은 필연적으로 야기되는 고용조정, 특히 정리해고 등의 인력 외부방출에 따른 부작용을 최소화시키는 철저한 준비 작업을 반드시 동반해야 한다. 아래 표는 고용조정의 수단으로 노동시간의 유연화에서부터 정리해고에 이르기까지의 다양한 형태와 더불어 그에 따른 장·단점을 제시한다.

종류			장점	단점
외부 방출(해고 중심)	정리해고		• 고용조정 효과가 가장 큼 • 단기간 내 불필요한 여유인력 방출	• 노사간 갈등 증폭 • 기업이미지 손상 • 다양한 병리현상 발생
	조기퇴직		• 종업원에게 자율적 선택기회 부여 • 젊은 구성원의 승진기회 확대	• 비용증대 및 예측의 어려움 • 유능한 인력 손실 가능성 • 기존 종업원의 업무부담 증가로 인한 사기저하
내부 방출(일자리 나누기 중심)	양적 조정	초과근로 시간단축	• 실시 용이 • 비용 감축 및 생산성 향상 • 노동의 인간화	• 종업원 소득 감소 • 기계시설 감소
		정규근로 시간단축	• 고용유지 효과 큼 • 노조와의 협조관계 유지 • 노동의 인간화	• 비용증가 가능성 • 개별 기업차원이 아닌 국가 차원에서 결정
		유연적 근로시간	• 실시선택의 폭이 넓음 • 기업현실에 적합한 다양한 방법활용 가능	• 경영자의 임의성이 개입될 가능성
		휴업 및 휴직	• 선택의 폭 넓음 • 비용부담 적음	• 종업원의 소득감소 및 고용불안 야기 • 실비가동 중단
		신규채용 억제	• 노사간 갈등 적음 • 추가 비용부담 없음	• 기업의 노화현상 • 유능한 신규인력 손실로 경쟁력 약화 • 기존 종업원의 업무부담 증가로 인한 사기저하
	질적 조정	배치전환	• 종업원이 효율적 활용 • 다양한 업무능력 배양	• 높은 조정 및 적응비용 발생
		출향 및 전직	• 인력의 탄력적 활용 • 조직간 학습기회 확대	• 높은 조정 및 적응비용 발생 • 예측의 어려움
		교육훈련	• 유휴인력의 능력 개발 • 정부의 지원 활용	• 장기간 불황시 효과 미비
		임금조정	• 기업의 비용절감 • 합리적 임금체계 도입의 용이	• 종업원의 반발 • 종업원 소득감소로 인한 성과 및 사기저하 가능성 • 제한된 집단에서만 실현가능

출처: 최종태(2000).

하는 생존자들에게 조직의 리더들은 그들이 중요한 자산이고 기회를 함께 만들어갈 수 있음을 전달하며 소통해야 한다.

- **커리어 경로의 명확화** 다운사이징을 수반하는 대규모 구조조정은 회사에서 생존자 자신들의 미래 전망을 불투명하게 만든다. 따라서 그들에게, 특히 핵심인재들에게는 회사의 새로운 보상정책과 그것의 획득 방식을 분명히 해줘야 한다.
- **새로운 행동 유도하기** 종종 다른 사람의 행동 결과를 지켜보면서 사람들은 배운다. 이런 식의 인식개선 노력으로 생존자들이 회사의 정리해고 적응과 회복에 이로운 행동을 하도록 만들 수 있다.

03 유지관리

이번엔 자발적인 이직과 관련해서 요구되는 유지관리(retention management)이다. 특히 기능적이기보다는 역기능적인(dysfunctional), 그중에도 통제 불가능한(unavoidable) 이직에 대해서 유지관리가 더욱 요구된다. 인재 유지에 관한 수많은 연구들은 이직을 결정하게 된 사유와 그러한 결정에 다다르는 과정 이해에 중점을 두어왔다. 이는 아마도 이직 사유에 대한 이해를 통해서 역으로 조직에 왜 남는지에 대해서도 생각할 수 있고, 더 나아가 그러한 결정에 영향을 미치는 법을 터득할 수 있기 때문에서가 아닐까 싶다.

3.1 조직을 떠나거나 남게 되는 이유

직원들이 조직을 떠나는 이유부터 먼저 생각해보자. 이직이 매우 복잡한 프로세스인 것은 분명하다. 조직의 균형이론(organizational equilibrium theory)에 의하면 조직이 제공하는 유인(만족스런 급여, 좋은 근무조건, 발전의 기회 등)이 개인에게 요구되는 기여(시간, 노력)보다 더 작지만 않다면 직원들은 특별한 이유가 없는 이상 그 조직에 계속 남으려고 한다. 이러한 관점에서 보면 [그림 12.3]과 같이 특정 이직 동인들이 만족이나 몰입 같은 직무태도에 영향을 끼치면 이는 그만둘 생각과 구직 활동, 대안들 비교, 이직의도처럼 **철회 과정**(withdrawal process)을 촉발하게 되고, 만약 이때 이에 대한 관리가 소홀하면 끝내 이 프로세스가 이직으로까지 이어지고 만다.

그림 12.3 | 철회 과정

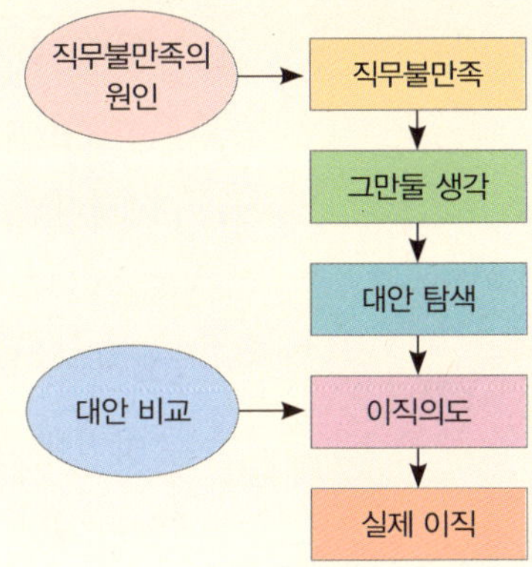

사실 직원들은 커리어 성장, 보다 나은 직무기회, 퇴직 등 각자 다른 이유로 조직을 떠난다. 한 개인의 이직 결정을 과연 미리 예측할 수 있을까? 지금까지 이 물음과 관련해 수많은 연구들이 거듭된 결과, 여러 가지 이직 동인들(drivers of turnover)이 규명되었다([그림 12.4] 참조). 가장 강력한 예측 동인들은 역시 앞서 말한 이직 프로세스의 철회 부분과 관련이 있었다. 매니저들은 이들에 대해서는 줄곧 관심을 갖고서 신경을 써야만 한다. 이 밖에도 제시된 바와 같이 조직몰입, 직무만족과 같은 태도변인, 직속상사, 역할 명확성, 직무설계, 집단응집력 등이 있다. 그리고 여기서 한 가지 흥미로운 사실은 급여나 보상이 생각만큼 중요치 않았다는 것이다. 이것들은 의외로 비교적 약한 예측변인들(predictors)에 속한다는 말이다.

철회행동
심리적으로나 신체적으로 조직과 분리되었다고 여겨질 때 직원들이 취하는 행동

한편 겉보기만으론 설명이 쉽지 않은 이직도 있다. 예컨대 현 직무에 만족하는 것 같은데도 떠나는 경우다. 아마도 더 좋은 대안이 있어 떠나는 것(leaving for something better)일 텐데 예상 못했던 조건을 제안 받아서 마음에 동요가 일

그림 12.4 | 이직의 예측변인들

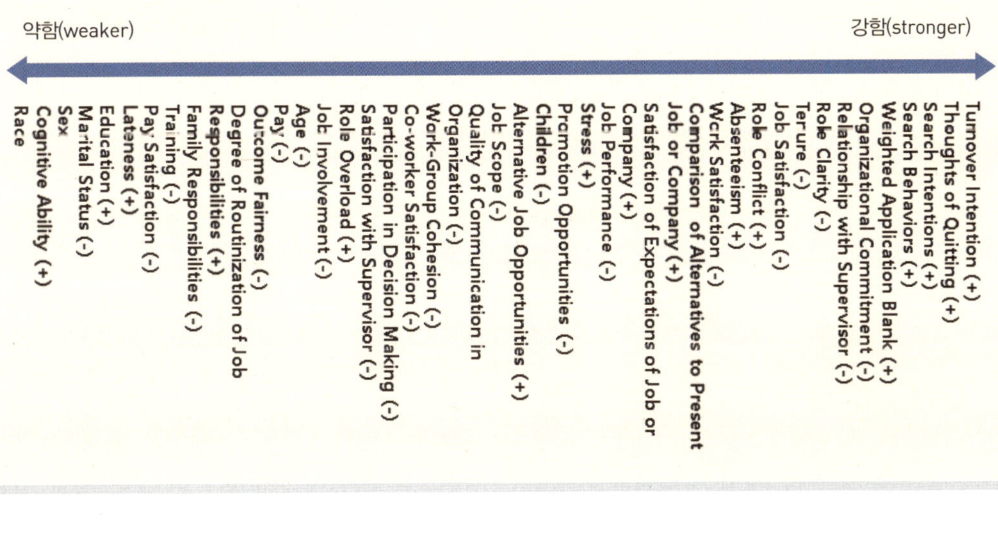

었을 수도 있다. 또한 계획에 따라(following a plan) 떠나는 사람도 있다. 이미 세웠던 플랜에 따라 행동하는 것이므로 이것은 직무만족과는 별 상관이 없을 수 있다. 하지만 별 계획도 없이(leaving without a plan) 떠나는 사람도 종종 있는데 이것은 이번 일 이전의 어떤 불만족과 관련이 있을 수 있다.

그렇다면, 조직에 남으려 하는 사람들은 도대체 무슨 이유 때문에서일까? 사람들이 조직에 남게 되는 이유를 이해하는 것도 떠나는 것에 대한 이해만큼이나 중요하다. 최근의 어떤 연구들은 직원들이 자신의 직무나 모임 등에서 뿌리내리는 방식에 대해 조사했다. 사람들은 사회생활을 해나가면서 직장 안팎에서 연줄이나 관계를 만들어 가는데, 직장을 떠나게 된다면 이러한 연결고리(connections)가 끊기기 쉽고 재조정해야 하는 번거로움도 발생한다. 이러한 연결고리가 많은 사람들이라면 여기서 빠져나오기가 더욱 어려워져서 그 조직에 머물러야만 하는 이유를 갖게 된다고 한다. 이 같은 **배태성(embeddness)**을 공고히 만드는 연결고리들은 대체로 다음과 같은 3가지 유형이 있다.

배태성
개인이 조직이나 직업적인 환경에 애착을 갖는 정도

- 유대(links) 동료, 업무부서, 멘토, 친구, 친척 등과의 유대를 포함한 다른 사람/집단/ 조직들과의 관계성이다. 조직과 모임에서 타인들과 많이 연결된 사람들은 점점 더 배태되어 떠날 이유가 적어진다.
- 적합(fit) 직원들 스스로 자신의 직무, 조직, 모임과 어울린다고 보는 정도를 나타낸다. 이를테면 외근을 선호하고 그러한 기회들이 많은 직무를 하던 사람이 외근 기회가 주어지지 않는 직무로 전환하기란 쉽지 않다.
- 희생(sacrifice) 직장을 떠나게 되면 한 개인이 어쩔 수 없이 포기할 수밖에 없는 가치를 설명한다. 근속 기반의 금전적 보상, 우호적인 근무 환경, 승진 기회, 모임에서의 지위 등이 그 예들이다. 출혈이 클수록 배태성이 짙어지고 머물 가능성은 높아진다.

직무배태성(job embeddness)은 이직이나 직무탐색과 상당한 부(−)의 상관이 있음을 여러 연구들이 밝혔다. 직무만족, 조직몰입 같은 직무태도가 직원 잔류나 이직에 영향을 미치긴 하지만 상대적으로 작은 영향밖에 없으므로 직무 외적인 요인도 고려해야 한다는 시각에서 직무배태성 개념이 소개되었다. Chow 등의 연구(2012)는 홍콩 거주 126명의 중국인을 대상으로 한 조사에서 조직 내·외에 네트워크를 형성한 직원들의 이직의도가 현저히 낮은 것을 입증했다.

국내에서도 송병식 등의 연구(2010)가 제주지역 서비스업 종사자 236명을 대상으로 유대, 적합, 그리고 희생의 3가지 범주 모두 이직의도에 부(−)의 영향을 미치는 것을 발견했다. 또한 이직의도에 대한 이러한 영향의 순서는 희생, 적합, 유대 순으로, 특히 희생이 잔류가능을 높인다는 것을 밝힌 연구도 있었다.

3.2 유지관리의 기획

이직의 예측변인들과 직원들의 배태성에 대한 이해는 인재 유지에 관심을 쏟는 HR 실무자들 누구에게나 매우 유용하다. 하지만 이것만으로는 충분치 않을 수가 있다. 유지관리를 가장 효과적으로 하려면 태도조사나 보너스지급 같은 일회성 노력들의 올바른 조합을 찾는 것은 물론, 이직의 성격과 원인들을 지속적으로 진단해야 할 필요가 있다. 실제로 조직들 상당수는 유지관리를 탤런트 매니지먼트 전략(talent management strategy)이라는 큰 틀 안에서 통합적으로 하고 있는 경우가 많다. 회사마다 제각기 여건에 알맞은 목표 및 도전과제를 갖고 있어도 유지관리를 위한 플랜은 다음의 단계들을 거치는 게 보편적이다.

1단계: 이직분석을 통해 문제의 여부 판단

앞에서도 언급했듯이 자발적인 이직이 모두 조직에 해가 되는 것은 아니다. 정말 문제가 되는지 파악하려면 **이직분석(turnover analysis)**을 해볼 필요가 있다. 이직분석은 "얼마나 많은 직원들이 그만두나(이직률)?" "그만두는 사람들은 누구인가?" 그리고 "현재 이직의 수익 대비 비용은 어느 정도인가?"와 같은 질문들에 대해 검토한다.

- 특정기간 동안의 **이직률**을 계산해 보고나서 이직의 유형, 직무 카테고리, 직무 레벨, 지리적인 위치, 그 외의 기타 범주들까지 하나하나 면밀히 살펴봐야 한다. 이러한 검토가 집중해야 할 핫스폿을 규명할 수 있게 해준다.

  이직률 = (직원들의 평균 인원수/그만두는 직원의 수)×100

- 그만두는 이들에 대한 질의도 이직이 기능적인 것이지 아닌지를 평가하는 데 중요하다. 조직으로서는 직원 모두가 똑같이 중한 게 아니므로 성과나 스킬수준, 근속연수, 그리고 소외계층 여부에 관한 데이터 분석이 있어야 한다. 이직이 정말 문제가 되는지 완전히 이해하려면 이러한 정보는 꼭 필요하며 효과적인 유지전략 개발에도 도움을 준다.

- 이직관련 득 대비 실은 얼마까지 허용할지에 대한 명확한 구상이 있어야만 납득할 만한 투자회수율(ROI)을 얻기 위한 전략들을 설계할 수가 있다. 이런 정보를 활용해서 단위당 이직비용뿐만 아니라 총 이직비용을 계산할 수 있게 된다.

이직분석 외에 **벤치마킹**(benchmarking)이나 **니즈분석**(needs analysis)도 이직의 문제성 여부 판단에 추가적인 정보를 제공할 수 있다. 예컨대 연이직률이 18%라고 할 때 이것을 높다고 말할 수 있는지 판단해보자. 제조업 분야의 매니저급에서는 이를 매우 높다고 말할 수도 있겠지만, 농수산물 유통업의 시급 직원들 사이에선 결코 높은 편이 아닐 수도 있다. 이 경우처럼 벤치마킹을 통해서는 산업이나 경쟁사들 대비 이직률 비교가 가능해진다. 또한 내부적으로도 이직률이 증가하면 이것이 과연 전반적인 증가인지, 아니면 특정 부문이나 지역에서의 증가인지를 쉽게 파악할 수 있게 해준다.

니즈분석을 통해서는 산업계 동향이나 노동시장에서의 인력수급 추세를 읽을 수 있다. 조직 내부에서의 니즈평가로 향후의 전략적인 목표와 이로 인한 인재의 요건 등도 미리 전망해볼 수가 있다. 인력수요를 발생시키며 반대 경우보다도 이직을 더욱 문제시 되게 만드는 전략들도 니즈분석을 통해 사전 평가가 가능해진다. 또 어떤 전략적 플랜은 조기퇴직이나 퇴직장려금 제공으로 인력을 감축하는 동시에 다른 핵심인재들을 유지하는 방식을 취하는 등 이직관리에 있어 더욱 세밀한 접근까지도 가능해질 수 있다.

2단계: (문제라고 판단 시) 유지전략의 개발

이직이 문제가 된다는 판단이 서면 회사 상황을 고려하여 보편적 유지전략(broad-based strategies)이나 맞춤형 유지전략(targeted retention strategies) 중 어느 하나를 고려하게 된다. [표 12.3]은 이직비용, 이직률, 기능적 이직의 여부를 지표로 삼아 유지전략 개발을 위한 가이드를 제공하고 있다. "회사의 연간 이직률을 5% 이하로 낮춘다."는 식으로 일반적인 유지관리 원칙에 근거해서 회사 전체의 이직률을 낮추려 하는 것이 바로 **보편적 유지전략**이다. 조직 전체를 지향하는 이 같은 전략의 개발에 도움을 줄 만한 데이터는 이직의 주원인들을 규명하는 유지조사(retention research)나 다른 조직의 모범 사례들(best practices)에서 주로 얻게 된다.

표 12.3 | 유지전략의 적용

이직 비용	감당할 만한 수준				감당하기 어려운 수준			
이직률	적정	적정	높음	높음	적정	적정	높음	높음
이직 형태	기능적	역기능적	기능적	역기능적	기능적	역기능적	기능적	역기능적
대응책	• 현상유지 • 예의주시	• 투자축소 • 맞춤전략	• 투자축소 • 보편전략	• 투자축소 • 보편/맞춤 전략	• 비용 합리화	• 맞춤전략	• 보편전략	• 보편/맞춤 전략

출처: Allen (2008).

맞춤형 유지전략은 특정 조직만의 이직 원인들에 초점을 맞춰 이를 해결하려는 것이다. 가령 특정 부문이나 지역에서 역기능적인 이직이 유난히 높고 직무 만족도 낮으며 상사와의 관계가 안 좋아서 이러한 차이가 이직률로 나타났다면 이 부문/지역을 겨냥한 유지전략을 개발해야 한다. 마찬가지로 대체 불가한 스킬을 보유한 직원들 사이에 이직이 높거나 사직하는 직원들이 한결같이 급여에 대한 불만을 토로한다면 이를 콕 집어서 유지전략을 개발해야 함이 마땅하다. 유지에 촉각을 세워야 하는 직원들, 그들의 인풋에 관심을 기울임으로써 맞춤형 유지전략은 전체 조직을 대상으로 하는 전략보다 비용 면에서 훨씬 효과적일 수 있다.

특정 집단이나 유형의 직원들이 각기 다른 이유들로 이직한다는 것을 알 수 있다. 하나의 맞춤형 전략을 개발하려면 퇴직자 인터뷰나 재직자 포커스그룹 등을 통해 데이터를 얻어야 한다. 사직인터뷰(exit interviews)는 조직을 떠나는 이유를 청취하려고 사용한다. 하지만 조직의 통제 밖에 있는 외부요소들이나 둘러대며 부정적인 언급을 가급적 회피하는 단점이 있어서 사후 사직인터뷰(post-exit interview)를 그 대안삼아 실시하기도 한다. 재직자 포커스그룹(current-employee focus groups) 역시 맞춤형 유지 전략을 개발하기 위한 중요한 정보원천이다. 이 방법은 조직을 떠나려 했었던 이유들이나 잔류를 결정하게 되었던 이유, 향후 회사와 함께하기 위해 중요하게 생각하는 요소들에 더욱 집중할 수 있도록 해준다.

3단계: 계획의 실행 및 평가

다른 변화주도에서와 마찬가지로 유지전략의 실행에 앞서서도 최고경영진의 지지를 얻고 매니저들의 이해와 동참을 구하기 위해서는 커뮤니케이션 플랜부터 준비돼 있어야 한다. 유지전략을 실행한 이후엔 평가도 뒤따라야 한다. 가령, 얼마나 이직했고, 어떤 사람이 떠났고, 조직이 투자해서 회수된 게 무엇인지 따져봐야 한다. 이러한 결과가 회사의 유지목표와는 과연 부합했는지? 그렇지 않았다면 비현실적인 목표를 수정해야 할 필요가 있는지, 아니면 새로운 데이터 수집을 더 필요로 하는지, 그도 아니면 더 효과적인 실행방법을 개발해야 할 필요성이 있는지 등의 검토로 이어진다. 이들 질문은 유지전략에 대한 객관적인 평가를 가능케 하고 필요한 변화를 만들도록 해준다.

3.3 유지를 위한 구체적인 방안들

유지관리의 기획에 이어서 구체적인 유지 방안들을 제시할 차례다. 앞서 1.1에서 언급되었던 직원들이 생각하는 이직 혹은 잔류의 결정요인들, 즉 상사와의 관계, 일-삶의 균형, 업무의 의미감, 동료와의 협력이나 직장 내 신뢰수준 등을 다시 떠올려 봐도 좋을 것이다. 조직이 유지 목표들을 달성해가는 데에 중대한 도움을 제공해줄 만한 HR 제도들이 분명 있을 수 있다. 조직의 유지전략 목표달성에 일조하는 HR 제도들에 대해서는 이미 여러 연구들이 설명해왔는데, 대부분 모집, 선발, 사회화, 훈련개발, 보상, 감독, 직원 열의 등을 공통적으로 거론했다. 이들 각각과 관련해 조직들에서 적용해 볼 만한 방안들에 대해 살펴본다.

- 모집 직원들의 이직과 모집제도는 관련이 깊다. 모집 과정에서의 사실적인 직무소개(realistic job preview: RJP)의 역할은 특히 중요하다.
- 선발 **바이오데이터**(biodata)의 활용이 효과적이다. 쉽게 이직하는 사람과 그렇지 않은 사람을 구별하는 데 유용하다고 한다.

바이오데이터
직원 선발에서 사용될 수 있는 배경 정보와 개인 특성들

- 사회화 사회화 프로그램을 통해서 신규 직원들이 조직에 뿌리내리게 도울 수 있다. 학습경험을 공유할 수 있고 롤모델도 찾는 계기도 된다.
- 훈련/개발 이러한 기회는 시장성을 높여서 이직을 조장할 수도 있고 또한 반대로 만족과 함께 성장기회를 부여해 이직을 낮출 수도 있다. 후자를 위해선 다른 상황에는 적용이 어렵게 특정 직무에 한정된 훈련(job specific training)을 제공해야 한다.

- 보상 매력 없는 보상으로는 인재를 유인하거나 유지하기가 곤란해진다. 선도전략을 적용하되 기본급(base pay) 외의 다른 보상들의 조합으로 개인들의 니즈에 맞추는 보상이 되어야 한다.
- 감독 상사가 싫어서 떠난다는 말이 있는데, 사실 이를 뒷받침하는 연구들도 많다. 직원들과 좋은 관계를 유지하고 **비인격적 감독**(abusive supervision)이 발생하지 않도록 매니저들에 대한 교육을 강화하고 리더십을 잘 준비시킬 필요가 있다.
- 직원 열의 직원들의 열의를 높이는 것 역시 조직에서 인재를 유지하는 데 큰 도움이 된다. 이를 위해서는 직무설계를 고려할 수도 있겠고 사실상 이제까지 언급한 것들 모두 팁이 될 수 있다.

비인격적 감독
직원 입장에서 상사가 적대 행동을 언어나 혹은 비언어적으로 계속한다고 생각하는 정도

HR 담당자들 중 대다수가 직원 유지를 위한 현재의 노력이 불충분함을 인식하고 이러한 노력들은 더 개선되어야 한다고 이구동성으로 말한다. 그들의 평가에 의하면, 가장 중요한 사항은 우선 떠나는 이유를 알기 위해 내부조사부터 실시하는 것이며, 그 다음은 선발제도의 개선, 사직인터뷰의 실시, 경영진과 직원들 간의 평소 솔직한 소통, 그리고 훈련/개발 기회의 확대 순으로 그 중요도를 언급한다. 단순히 "회사에 대한 충성도를 높여라. 성과도 올려라."라는 식의 말과 통제만으로는 열의에 차서 성과도 내야 하는 그들을 유지할 수 없다. 이제는 구호가 아니라 HR 전략과 제도를 마련하여 이를 실행에 옮기는 것이 직원들의 유지관리를 위해서 더 필요하다고 할 수 있다.

HR News

항공업계 '다운사이징' 바람

공급과잉과 대외여건 악화 등 난기류를 만난 국내 항공사들이 다운사이징(Downsizing) 등 비용절감에 돌입했다. 4분기 실적 악화가 현실화됨에 따라 항공사별로 인력 및 공급 효율화 등 자구책 마련에 분주한 모습이다.

15일 업계에 따르면 대한항공은 오는 11월부터 내년 5월까지 3개월 단기 희망휴직제를 실시한다. 단기 희망휴직 대상은 운항승무원 등 일부 직군을 제외한 근속기간 만 2년 이상의 전 직원이다.

◆ 첫 단기휴직제 실시하는 대한항공　창사 이래 첫 단기휴직제 실시에 대해 대한항공은 "실적악화와는 무관하다"고 선을 긋는다. 조원태 회장 취임 이후 차근히 진행 중인 '근무환경 개선' 작업의 일환이라는 설명이다.

대한항공은 "기존 상시 휴직제도(1~3년) 대비 짧은 휴직에 대한 직원의 수요를 반영해 실시하게 됐다"면서 "아직 정례화한 것은 아니며, 향후 필요시 인력상황을 검토한 후 (정례화 여부를) 결정하게 될 것"이라고 전했다.

다만 업계 안팎에선 이번 조치가 비용절감과 무관하진 않다고 보는 시각이 적지 않다. 실제 대한항공의 올해 상반기 영업이익은 전년 동기 대비 81.9%가량 감소한 467억 원에 그치는 등 실적 악화는 현실화되는 분위기다.

또 다른 대한항공 한 관계자는 "최근 발권업무가 대폭 무인화됐고, 일본노선 공급축소가 확대되면서 현장직은 물론 객실승무직에서도 인력운용에 상대적인 여유가 생긴 상황"이라며 "회사 측으로선 인건비를 절감하는 효과를 거둘 수 있지 않겠나."라고 설명했다.

◆ 인력·사업·노선·좌석 다 줄이는 항공사　다운사이징 바람은 업계 전반에 확산되고 있다. 아시아나항공은 이미 지난 4월 전 직원을 대상으로 최장 3년의 무급휴직제를 실시키로 했다. 이스타항공도 보잉 737 맥스8 기종 운항중단 사태의 여파로 승무원 대상 3개월 순환 휴직신청을 받고 있는 상태다.

인력뿐 아니라 적자 사업·노선·좌석도 다운사이징 대상이다. 양대 대형항공사인 대한항공과 아시아나항공은 이달 초부터 대구·광주·청주공항의 화물영업 및 터미널 운영을 중단했다. KTX 등 육상운송과의 경쟁에서 열위에 처하며 적자가 누적돼 온 데 따른 결정이다.

연초 유동성 위기에 직면, 매각절차를 밟는 아시아나항공의 다운사이징은 더 폭이 넓다. 아시아나항공은 올해 초부터 인천~사할린 등 비수익 노선을 정리해 온 데 이어, 부산 등 주요지점의 철수를 단행하기도 했다.

저비용항공사(LCC)들 역시 수요위축이 본격화 된 일부 해외지점을 폐쇄하는 등 대응하고 있다. 일례로 티웨이항공은 최근 일본 기타큐슈 등 일부 지점을 폐쇄하기도 했다.

다만 전문가들은 이런 비용절감만으론 항공업계 전반에 드리운 구조적 위기를 탈피하기 어렵단 조언을 내놓는다. 윤문길 한국항공대 교수는 "내년에도 출국자 수 증가율이 1~2%대에 그치는 등 영업환경은 우호적이지 않을 것으로 예측된다."면서 "업계 구조조정이 빠르게 전개돼야 함은 물론, 각 사도 비용절감뿐 아니라 새로운 수익모델 개발이 시급하다."라고 전했다.

출처: http://news.zum.com/articles/55606111%20

단원요약

1. 이직에는 크게 직원 주도의 자발적 이직과 조직 주도의 비자발적 이직이 있다. 자발적 이직은 조직에 해가 되는지 여부에 따라 기능적 이직과 역기능적 이직으로 나뉘며, 역기능적 이직은 다시 통제불가능한 이직과 통제가능한 이직으로 구분된다.

2. 다운사이징이란 효율 몇 효과성 향상을 위해 인력의 영구 감축 방안을 의도적으로 시행하는 것이다. 다운사이징의 유형으로는 명예퇴직, 정리해고, 전직지원, 자연감소 등을 통한 인원 감축형, 업무 수를 줄이는 것으로서 인원 감축을 대체 또는 병행해가는 업무 재설계형 그리고 조직문화나 구성원들의 태도, 가치 등을 변화시키는 데 초점을 두는 시스템 변환형이 있다.

3. 다운사이징 절차의 첫 단계는 그 시행 여부부터 결정하는 것이다. 이후 중요이슈들을 고려하여 다운사이징을 기획한다. 그 다음은 결정의 불가피한 사정설명과 더불어 기대이익을 공지한다. 마지막 시행단계에서는 커뮤니케이션을 통한 직원들의 동참 유도가 중요하다.

4. 경영진이 다운사이징의 복잡성을 미처 파악 못해서 뜻하지 않은 결과를 낳는 경우가 종종 있다. 생존자들이 다운사이징을 극복해 나가도록 돕기 위해 해고를 공정하게 실시하는 것은 물론, 매니저들은 직장에서의 업무량 증가 같은 부정적인 변화에 대처할 수 있도록 지원하며, 조직의 미래와 긍정적 변화에 그들이 집중해갈 수 있게 격려도 해줘야 한다.

5. 특정 이직 동인들이 직무태도에 영향을 끼치면 이는 그만둘 생각과 구직 활동, 대안들 비교, 이직 의도처럼 철회의 과정을 촉발하게 되고, 만약 이때 이에 대한 관리가 소홀하면 끝내 이 프로세스가 이직으로까지 이어지고 만다. 하지만 배태성이 짙은 사람들이라면 여기서 빠져나오기가 더욱 어려워져서 그 조직에 머물러야만 하는 이유를 갖게 된다.

6. 이직이 정말 문제가 되는지 파악하려면 이직분석을 해볼 필요가 있다. 이직이 문제가 된다는 판단이 서면 회사 상황을 고려하여 보편적 유지전략이나 맞춤형 유지전략 중 어느 하나를 고려하게 된다. 유지전략의 실행을 위해서는 최고경영진의 지지를 얻고 매니저들의 이해와 동참도 구해야 한다. 유지전략을 실행한 이후엔 평가도 뒤따라야 한다.

7. HR 담당자들의 평가에 따르면, 유지전략 목표달성을 위해 가장 중요한 사항은 우선 떠나는 이유를 알기 위해 내부조사부터 실시하는 것이며, 그 다음은 선발제도의 개선, 사직인터뷰의 실시, 경영진과 직원들 간의 평소 솔직한 소통, 그리고 훈련/개발 기회의 확대 순으로 중요도가 언급된다

논의할 문제

1. 이직 혹은 잔류의 결정요인들에 대한 HR 담당자와 직원들 간의 인식차가 존재함을 알 수 있었다. 이러한 차이가 발생하는 근본적인 이유는 무엇일까?
2. 다운사이징이 한순간에 가볍고 날쌘 조직 대신 가볍지만 기운 없는 조직으로 탈바꿈시킬 수도 있다. 어떤 것을 유념하지 않았을 때 이 같은 경우가 초래되는 것일까?
3. 다운사이징 이후 남게 된 생존자들과의 관계에서 조직이 훼손된 신뢰를 재구축하고자 할 때 사용자의 대리인인 매니저는 이들 사이에서 어떤 태도를 보여야 할까?
4. 명예퇴직을 도입하는 기업들이 늘고 있다. 명예퇴직과 전별금은 어떤 식으로 활용해야 조직이 적정인원을 유지하는 데 도움이 될 수 있을까?
5. 직원들을 잔류시키기 위해서 직무배태성을 효과적으로 높이는 방안으로는 무엇이 있을까? 또한 이러한 방안들이 국내 거주 외국인 노동자들에게도 적용될 수 있을까?
6. 보편적 유지전략과 맞춤형 유지전략은 조직의 규모나 종업원 수, 업종 등에 따라 어떤 식으로 선택되어질지 논의해보라.

더 읽을거리

고종식 (2012). 직무배태성의 이직의도에 대한 영향 및 감성지능의 조절효과에 관한 연구: 자기 및 타인감정 평가능력을 중심으로. 산업경제연구, 25(2), 1789-1810.

송병식, 강문실, 김희철 (2010). 직무배태성과 이직의도간의 감성지능 조절효과. 상업교육연구, 24(1), 419-437.

최종태 (2000). 구조조정과 고용조정, 조정과 심판. 가을(3), 30-52, 중앙노동위원회.

Allen, D. G. (2008). Retaining talent: A guide to analyzing and managing employee turnover. *SHRM Foundation Effective Practice Guidelines Series*, 1-43.

Almadi, T., Cathers, I., Hamdan Mansour, A. M., & Chow, C. M. (2012). An arabic version of the perceived stress scale: Translation and validation study. *International Journal of Nursing Studies, 49*, 84-89.

Appelbaum, S. H., Lavigna-Schmidt, S., Peytchev, M., & Shapiro, B. (1999). Downsizing: measuring the costs of failure. *Journal of Management Development, 18*, 436-463.

Cameron, K. S. (1994). Strategies for successful organizational downsizing. *Human Resource Management Journal, 33*, 189-211.

Cascio, W. F. (2002). Strategies for responsible restructuring. *Academy of Management Executive, 16*(3), 80-91.

Cascio, W. F., & Wynn, P. (2004). Managing a downsizing process. *Human Resource Management, 43*(4),

425-436.

Davison, B. L. (2002). The difference between rightsizing and wrong sizing. *Journal of Business Strategy, 23*(4), 31-35.

Griffeth, R. W., Hom, P. W., & Gaertner, S. (2000). A meta-analysis of antecedents and correlates of employee turnover: Update, moderator tests, and research implications for the next millennium. *Journal of Management, 26*, 463-488.

Mishra, K. E., Spreitzer, G. M., & Mishra, A. K. (1998). Preserving employee morale during downsizing. *MIT Sloan Management Review, 39*(2), 83-95.

Mitchell, T. R., Holtom, B. C., Lee, T. W., Sablynski, C. J., & Erez, M. (2001). Why people stay: Using job embeddedness to predict voluntary turnover. *Academy of Management Journal, 44*, 1102-1121.

Vance, R. J. (2006). *Employee engagement and commitment*. SHRM Foundation.

Zarandona, J. L., & Camuso, M. A. (1985). A study of exit interviews: Does the last word count? *Personnel, 62*, 47-48.

찾아보기

저자 약력

강대석 인하대학교 경영학과 교수(kang0180@inha.ac.kr)

인하대학교 학부와 성균관대학교 대학원을 졸업 후 미국 Univ. of Minnesota에서 박사학위를 받았다. 조직행동 및 인적자원관리에 관한 다수의 논문들을 국내·외 유명 학술지에 매년 게재하고 있다. CPA를 비롯한 각종 자격시험에서 출제를 맡기도 했다. 기업과 정부기관들에서 자문이나 평가위원으로 활동 중이다.

제2판

딱 한 번 읽는 인적자원관리

초판 발행 2020년 4월 1일
제2판 발행 2023년 3월 1일

지은이 강대석
펴낸이 김중용
편 집 심성보
펴낸곳 도서출판 정독
경기도 고양시 일산서구 하이파크로 113, 102-204
등록 제406-2014-000093호

전 화 031)924-7203 팩 스 02)718-8554
홈페이지 www.jeongdok.co.kr 이메일 admin@jeongdok.co.kr
ISBN 979-11-6858-124-1 93320

정 가 28,000원